**新法科·法学核心课程系列教材**

## 华东政法大学
## 教材建设和管理委员会

| | |
|---|---|
| **主　　任** | 郭为禄　叶　青 |
| **副 主 任** | 韩　强 |
| **部门委员** | 虞潇浩　杨忠孝　洪冬英 |
| | 屈文生　陆宇峰 |
| **专家委员** | 王　迁　孙万怀　杜素娟 |
| | 余素青　任　勇　钱玉林 |

本书受上海市高水平地方高校（学科）建设项目资助

国家社科基金重点项目"商标注册审查制度改革研究"（项目批准号：20AFX019）的阶段性成果

Trademark Law
(4th Edition)

# 商标法学
(第四版)

王莲峰 著

# 图书在版编目(CIP)数据

商标法学/王莲峰著. —4 版. —北京:北京大学出版社,2023.1
ISBN 978-7-301-33527-7

Ⅰ. ①商…　Ⅱ. ①王…　Ⅲ. ①商标法—法的理论—中国—教材　Ⅳ. ①D923.431

中国版本图书馆 CIP 数据核字(2022)第 197573 号

| | |
|---|---|
| 书　　　名 | 商标法学(第四版)<br>SHANGBIAO FAXUE (DI-SI BAN) |
| 著作责任者 | 王莲峰　著 |
| 责 任 编 辑 | 徐　音 |
| 标 准 书 号 | ISBN 978-7-301-33527-7 |
| 出 版 发 行 | 北京大学出版社 |
| 地　　　址 | 北京市海淀区成府路 205 号　100871 |
| 网　　　址 | http://www.pup.cn |
| 电 子 邮 箱 | zpup@pup.cn |
| 新 浪 微 博 | @北京大学出版社 |
| 电　　　话 | 邮购部 010-62752015　发行部 010-62750672　编辑部 021-62071998 |
| 印 刷 者 | 北京圣夫亚美印刷有限公司 |
| 经 销 者 | 新华书店 |
| | 730 毫米×980 毫米　16 开本　27 印张　510 千字<br>2007 年 2 月第 1 版　2014 年 7 月第 2 版<br>2019 年 3 月第 3 版<br>2023 年 1 月第 4 版　2024 年 8 月第 3 次印刷 |
| 定　　　价 | 85.00 元 |

未经许可,不得以任何方式复制或抄袭本书之部分或全部内容。
**版权所有,侵权必究**
举报电话:010-62752024　电子邮箱:fd@pup.cn
图书如有印装质量问题,请与出版部联系,电话:010-62756370

# 作者简介

王莲峰，女，法学博士。华东政法大学知识产权学院教授、博士生导师，商标法研究所所长。兼职律师。

师从我国著名知识产权法专家吴汉东教授攻读知识产权法学专业博士。美国芝加哥肯特法学院访问学者，德国马克斯·普朗克知识产权、竞争法和税收法研究所访问学者；国际商标协会教授会员。

担任国家知识产权专家库专家、中国商务部海外维权专家委员会成员、国家知识产权局商标局专家委员会专家、中企商标鉴定中心专家委员会专家、国家社科基金评审专家、教育部博士论文评审专家、中国法学会知识产权法学研究会理事、上海市政府"知识产权高级人才650项目"成员、上海市经济和信息化委员会专家成员、上海市法学会知识产权法研究会理事、上海自贸区临港新片区知识产权中心专家委员会主任等。担任民建上海市委法制研究委员会执行主任，曾任上海市长宁区第六届人大代表及法制委员会委员、民建华东政法大学委员会副主委、上海市松江区委区政府法律顾问团成员、深圳国际仲裁院仲裁员。

受聘担任教育部人文社会科学重点研究基地中南财经政法大学知识产权研究中心兼职研究员、上海知识产权研究所研究员、江苏省知识产权法（江南大学）研究中心专家咨询委员会委员、复旦大学知识产权研究中心兼职研究员、河南财经政法大学兼职教授、喀什大学法政学院客座教授、河南省法治智库专家、福建省商标协会商标专家、万慧达知识产权特别顾问。

受邀参加国务院法制办、国家知识产权局条法司、商标局关于奥林匹克标志保护立法、商标法和地理标志等立法和项目评审工作；受邀参加全国性的知识产权研讨会并作主题发言；受邀参加上海市高院、上海知识产权法院、上海市浦东新区人民法院，以及广东省高院、深圳市中院有关知识产权疑难案件的研讨等。

主要教学和研究方向：知识产权法、商业标识法、商标法等；主讲的商标法课程2015年获得"上海市教委重点课程"称号；独著的《商标法学》2021年获评"首批上海高等教育精品教材"；策划并举办了十六届"华东政法大学商标设计注册和演讲大赛"，得到学生的好评；参与的知识产权法学课程荣获"2021全国高校混合式教学设计创新大赛"三等奖。

主持国家社科基金重点项目"商标注册审查制度改革研究"、国家社科基金项目"我国商标注册原则的反思与改进研究",以及司法部部级科研项目"商标和其他商业标识立法体系化研究"、上海社科基金项目"商标恶意抢注法律规制研究""贴牌加工中的商标法问题研究"等省部级项目三十余项。参与王迁教授主持的国家社科基金重大项目"互联网领域知识产权重大立法问题研究"(子课题"互联网领域商标重大立法问题研究"主持人);参与吴汉东教授主持的国家社科基金项目"完善我国知识产权制度研究"(子课题"商标制度完善"主持人)。

出版专著《商标法理论与实践》《商业标识立法体系化研究》《商标法通论》等;独著教材《商标法学》(国家级"十一五"规划教材,上海普通高校优秀教材);主编或参编《知识产权法》《知识产权法案例教学》《商标法案例教程》《外国商标案例译评》《商标资产运用及商标资产证券化》等教材与专著多部。

公开发表论文百余篇,其中多篇论文发表在《法学》《政治与法律》《知识产权》《学术交流》《上海财经大学学报》等核心期刊上。多篇论文被人大复印报刊资料《民商法学》全文转载;受邀为《中国知识产权报》撰稿近二十篇。

博士论文获得"湖北省优秀博士学位论文奖""佟柔民商法学优秀博士论文奖";先后获得"华东政法大学本科课程优秀主讲教师""汇业奖教金""三八红旗手""星光奖教金"等荣誉称号;2018年荣获中国教育工会上海市委员会、上海市教育系统妇女工作委员会颁发的"上海市教育系统比翼双飞模范佳侣"称号;2019年荣获中华全国妇女联合会授予的"全国最美家庭"荣誉称号;2019年荣获中国民主建国会颁发的"民建脱贫攻坚类先进个人"荣誉称号。

指导的博士研究生和硕士研究生先后获得国家奖学金、国家励志奖学金、中国法学会第十一届中国法学青年论坛征文一等奖、第四届"董必武青年法学成果奖"提名奖、全国大学生版权论文竞赛二等奖、中华商标协会全国高校商标热点征文比赛一等奖、校级优秀博士和硕士学位论文奖、上海市优秀志愿者,以及上海市、长三角地区等地举办的各类论文和社会实践大赛奖项等。

指导博士研究生和硕士研究生创办"莲峰山庄"微信公众号,弘扬和宣传知识产权法。

# 明德崇法　华章正铸

## ——华东政法大学"十四五"规划教材系列总序

教材不同于一般的书籍,它是传播知识的主要载体,体现着一个国家、一个民族的价值体系,是教师教学、学生学习的重要工具,更是教师立德树人的重要途径。一本优秀的教材,不仅是教师教学实践经验和学科研究成果的完美结合,更是教师展开思想教育和价值引领的重要平台。一本优秀的教材,也不只是给学生打下专业知识的厚实基础,更是通过自身的思想和语言的表达,引导学生全方位地成长。

习近平总书记深刻指出:"当代中国的伟大社会变革,不是简单延续我国历史文化的母版,不是简单套用马克思主义经典作家设想的模板,不是其他国家社会主义实践的再版,也不是国外现代化发展的翻版,不可能找到现成的教科书。"新时代教材建设应当把体现党和国家的意志放在首位,要立足中华民族的价值观念,时刻把培养能够承担民族发展使命的时代新人作为高校教师编写教材的根本使命。为此,编写出一批能够体现中国立场、中国理论、中国实践、中国话语的有中国特色的高质量原创性教材,为培养德智体美劳全面发展的社会主义接班人和建设者提供保障,是高校教师的责任。

华东政法大学建校70年以来,一直十分注重教材的建设。特别是1979年第二次复校以来,与北京大学出版社、法律出版社、上海人民出版社等合作,先后推出了"高等学校法学系列教材""法学通用系列教材""法学案例与图表系列教材""英语报刊选读系列教材""研究生教学系列用书""海商法系列教材""新世纪法学教材"等,其中曹建明教授主编的《国际经济法学概论》、苏惠渔教授主编的《刑法学》等教材荣获了司法部普通高校法学优秀教材一等奖;史焕章研究员主编的《犯罪学概论》、丁伟教授主编的《冲突法论》、何勤华教授与魏琼教授编著的《西方商法史》及我本人主编的《诉讼证据法学》等教材荣获了司法部全国法学教材与科研成果二等奖;苏惠渔教授主编的《刑法学》、何勤华教授主编的《外国法制史》获得了上海市高校优秀教材一等奖;孙潮教授主编的《立法学》获得"九五"普通高等教育国家级重点教材立项;杜志淳教授主编的《司法鉴定实验教程》、何勤华教授主编的《西方法律思想史(第二版)》和《外国法制史(第五版)》、高富平教授与黄武双教授主编的《房地产法学(第二版)》、高富平教授主编的《物权法讲义》、余素青教授主编的《大学英语教程:读写译(1—4)》、苗伟明副教授主编的《警察技能实训教程》等分别入选第一批、第二批"十二五"普通高等教育本科国家级规划教材;王立民教授副主编的《中国法制史(第二版)》荣获首届全国优秀教材二等奖。1996年以来,我校教师主编的教材先后获得上海市级优秀教材一等奖、二等奖、三等奖共计72项。2021年,由何勤华教授主编的《外国法制史(第六版)》、王迁教授主编的《知识产权法教程(第六版)》、顾功耘教授主编的《经济法教程(第三版)》、王莲峰教授主编的《商标法学(第三版)》以及我本人主编的《刑事诉讼法学(第四版)》等5部教材获评首批上海高等教育精品教材,受到了广大师生的好评,取得了较好的社会效果和育人效果。

进入新时代,我校以习近平新时代中国特色社会主义思想铸魂育人为主线,在党中央"新工科、新医科、新农科、新文科"建设精神指引下,配合新时代背景下新法科、新文科建设的需求,根据学校"十四五"人才培养规划,制定了学校"十四五"教材建设规划。这次的教材规划一方面力求巩固学校优势学科专业,做好经典课程和核心课程教材建设的传承工作,另一方面适应新时代的人才培养需求和教育教学新形态的发展,推动教材建设的特色探索和创新发展,促进教学理念和内容的推陈出新,探索教学方式和方法的改革。

基于以上理念,围绕新文科建设,配合新法科人才培养体系改革和一流学科专业建设,在原有教材建设的基础上,我校展开系统化设计和规划,针对法学专业打造"新法科"教材共3个套系,针对非法学专业打造"新文科"教材共2个套系。"新法科"教材的3个套系分别是:"新法科·法学核心课程系列教材""新法科·法律实务和案例教学系列教材""新法科·涉外法治人才培养系列教材"。"新文科"教材的2个套系分别是:"新文科·经典传承系列教材"和"新文科·特色创新课程系列教材"。

"新法科"建设的目标,就是要解决传统法学教育存在的"顽疾",培养与时代相适应的"人工智能+法律"的复合型人才。这些也正是"新法科"3套系列教材的设计初心和规划依据。

"新法科·法学核心课程系列教材"以推进传统的基础课程和核心课程的更新换代为目标,促进法学传统的基础和核心课程体系的改革。"新法科"理念下的核心课程教材系列,体现了新时代对法学传统的基础和核心课程建设的新要求,通过对我国司法实践中发生的大量新类型的法律案件的梳理、总结,开阔学生的法律思维,提升学生适用法律的能力。

"新法科·法律实务和案例教学系列教材"响应国家对于应用型、实践型人才的培养需要,以法律实务和案例教学的课程建设为基础,推进法学实践教学体系创新。此系列教材注重理论与实践的融合,旨在培养真正能够解决社会需求的应用型人才;以"新现象""新类型""新问题"为挑选案例的标准和基本原则,以培养学生学习兴趣、提升学生实践能力为导向。通过概念与案例的结合、法条与案例的结合,从具体案件到抽象理论,让学生明白如何在实践中解决疑难复杂问题,体会情、理与法的统一。

"新法科·涉外法治人才培养系列教材"针对培养具有国际视野和家国情怀、通晓国际规则、能够参与国际法律事务、善于维护国家利益、勇于推动全球治理体系变革的高素质涉外法治人才的培养目标,以涉外法治人才培养相关课程为基础,打造具有华政特色的涉外法治人才培养系列教材。

"新文科·经典传承系列教材"以政治学与行政学、公共事业管理、经济学、金融学、新闻学、汉语言文学、文化产业管理等专业的基础和主干课程为基础,在教材建设上,一方面体现学科专业特色,另一方面力求传统学科专业知识体系的现代创新和转型,注重把学科理论与新的社会文化问题、新的时代变局相联结,引导学生学习经典知识体系,以用于分析和思考新问题、解决新问题。

"新文科·特色创新课程系列教材"以各类创新、实践、融合等课程为基础,体现了"新文科"建设提出的融合创新、打破学科壁垒,实现跨学科、多学科交叉融合发展的理念,在教材建设上突破"小文科"思维,构建"大文科"格局,打造具有华政特色的各类特色课程系列教材。

华东政法大学2022年推出的这5个系列教材,在我看来,都有如下鲜明的特点:

第一,理论创新。系列教材改变了陈旧的理论范式,建构具有创新价值的知识体系,反映了学科专业理论研究最新成果,体现了经济社会和科技发展对人才培养提出的新要求。

第二,实践应用。系列教材的编写紧密围绕社会和文化建设中亟须解决的新问题,紧扣法治国家、法治政府、法治社会建设新需求,探索理论与实践的结合点,让教学实践服务于国家和社会的建设。

第三,中国特色。系列教材编写的案例和素材均来自于中国的法治建设和改革开放实践,传承并诠释了中国优秀传统文化,较好地体现了中国立场、中国理论、中国实践、中国话语。

第四，精品意识。为保证系列教材的高质量出版，我校遴选了各学科专业领域教学经验丰富、理论造诣深厚的学科带头人担任教材主编，选派优秀的中青年科研骨干参与教材的编写，组成教材编写团队，形成合力，为打造出高质量的精品教材提供保障。

当然，由于我校"新文科""新法科"的建设实践积累还不够丰厚，加之编写时间和编写水平有限，系列教材难免存在诸多不足之处。希望各位方家不吝赐教，我们将虚心听取，日后逐步完善。我希望，本系列教材的出版，可以为我国"新文科""新法科"建设贡献华政人的智慧。

是为序。

华东政法大学校长、教授　叶　青

2022 年 8 月 22 日于华政园

# 第四版修订说明

本书自 2007 年首版,历经 2014 年第二版和 2019 年第三版后逐步完善。2019 年《商标法》进行了第四次修正,与之相关的商标行政法规和司法解释进行了修改,并出台了新的商标管理规章;2018 年国务院机构改革,国家知识产权局隶属于新组建的国家市场监督管理总局,商标授权审查评审机构也发生了变化。为此,2019 年下半年,作者开始本书第四版的修订工作,此次修改的主要内容按照全书的顺序依次为以下几方面:

第一章更新了集体商标和证明商标的法律规定,增加集体商标的相关实例和案例。

第二章根据近年商标法律法规的修改,更新了商标法律规范性文件和最高人民法院审理商标案件的司法解释;增加了《商标法》第四次修正的内容、《商标法》第 4 条的理解与适用的典型案例。

第三章根据 2021 年 11 月 16 日国家知识产权局公布的《商标审查审理指南》,增加了商标注册申请和审查的原则,即诚实信用和禁止权利滥用原则、保护合法在先权利原则;修改完善了商标申请拒绝注册的绝对理由和相对理由,并增加了相关案例及法律适用;修改了商标注册申请审查程序的相关内容。

第五章增加了业界关注的商标权许可期限届满后,后发商誉及利益分配的相关问题及典型案例;根据新的规定,修改了商标权质押的相关内容,增加了质押的典型实例;将原第六章商标权评估改为本章的第五节,并根据法规变化,更新了部分内容和实例。

第六章修改了商标权撤销的类型及对应的法律后果;增加了"撤三"案件中商标使用的认定;根据 2019 年《商标法》修正的内容,增加了禁止注册绝对理由的事项(第 4 条、第 19 条)和相关法律适用、典型案例和实务应用;将商标撤销和无效的机构称谓统一修改为国家知识产权局。

第七章根据 2019 年《商标法》修正后的条款及国家知识产权局 2020 年公布的《商标侵权判断标准》,充实了商标侵权判断的混淆可能性及其类型的内容、细化了商标侵权行为类型;增加了销毁假冒注册商标的商品的民事制裁的规定;根据 2021 年 1 月 1 日起施行的《中华人民共和国民法典》和 2021 年 3 月 3 日起施行的《最高人民法院关于审理侵害知识产权民事案件适用惩罚性赔偿的解释》,

丰富了商标侵权惩罚性赔偿内容及该惩罚性赔偿条款的法律适用；新增了商标侵权免于赔偿责任的具体情形和典型案例。

第八章增加了驰名商标认定环节，补充了驰名商标认定的原则；增加了TRIPS协定对驰名商标的跨类保护；完善了美国对驰名商标的淡化保护；更新了德国和日本对驰名商标保护的内容。

第十章根据国务院机构改革后新的机关设置，更改了原有商标管理机关的称谓和职责。

第十一章根据国务院机构改革方案，修改了地理标志管理和注册的机构；增加了2020年9月24日国家知识产权局发布的《地理标志保护规定（征求意见稿）》修改说明及相关内容；增添了农产品地理标志的登记保护、地理标志专用标志的变化等内容。

第十二章增加了美国2020年《商标现代化法案》、2019年德国商标法的修改和法国商标法的重大修改等内容。

为便于读者学习查阅，本版在原有的附录里增加了附录三《最高人民法院关于审理商标民事纠纷案件适用法律若干问题的解释（2020年修订）》，更新了2019年修正的《反不正当竞争法》，增加了2022年3月20日起施行的《最高人民法院关于适用〈中华人民共和国反不正当竞争法〉若干问题的解释》部分条款。

本次修订还对书中的相关案例进行了更新和替换，对全书的思考题进行了修改和增加，删除和合并了一些重复的内容。

感谢读者对本书一如既往的关心和支持，本次修订吸纳了读者提出的宝贵意见和建议。感谢华东政法大学对本书出版的资助。本书为作者主持的国家社科基金重点项目"商标注册审查制度改革研究"（项目批准号：20AFX019）的阶段性成果。

2022年是新中国《商标法》实施40周年，作者通过对本书第四版的修改完成以示纪念。

王莲峰

2022年6月6日于上海苏州河畔

# 第三版修订说明

本书于2007年首次出版,2014年修订出版了第二版,2018年8月开始进行第三版的修订工作。第三版的修订内容主要包括以下几个方面:

一、更换和补充了新的案例。比如,第一章增加了"'皇家礼炮'立体商标侵权案""QQ提示音声音商标申请案",第七章增加了"'非诚勿扰'商标无效宣告行政纠纷案",第十章增加了"小肥羊商标纠纷案""法国葡萄酒平行进口纠纷案"等。

二、增加了附录二"2002年和2014年《商标法实施条例》对比版"和附录三"《反不正当竞争法》相关条款",便于读者学习和使用;删除了第二版的附录三"第十版《商标注册用商品和服务国际分类》2013年文本的修改说明"。

三、修改和完善了全书主要章节的内容,对一些文字错误和表述不当的地方进行了更正和补充。其中,对第十章"商标权限制及侵权抗辩"中的文字表述,根据商标法规定,进行了适当调整和规范;对第十三章"国外商标法"中部分国家商标立法的内容进行了更新;对第十四章"商标保护的国际公约"中的部分内容进行了完善。

四、2018年上半年,国务院出台机构改革方案。根据该方案,拟组建国家市场监督管理总局,不再保留国家工商行政管理总局、国家质量监督检验检疫总局、国家食品药品监督管理总局,实行统一的市场监管。同时,将重新组建国家知识产权局,负责保护知识产权工作,推动知识产权保护体系建设,负责商标、专利、原产地地理标志的注册登记和行政裁决,指导商标、专利执法工作等。截至本书定稿前,国家知识产权局的内部机构及职责还不明朗,故此,本书相关商标管理部门和相关法律法规的表述,只能依照现行的商标法律法规的表述,特此说明。

本次修订工作量较大,感谢余丙南老师、杨凯旋博士,以及康瑞、陶芷松、丁佳杰和顾子皓等硕士对本书的校阅工作。

感谢同行和广大读者对本书修订工作的建议和指正!

感谢北京大学出版社对本书出版的大力支持和帮助,感谢徐音、尹璐编辑对本书的顺利出版所做出的贡献和付出!

感谢华东政法大学分配的教授工作室,使我得以在鸟语花香的环境里舒心地进行写作!

王莲峰<br>
2018年12月1日于格致楼

# 第二版修订说明

本书于 2007 年 2 月首次出版,同年 8 月第 2 次印刷,并被评为普通高等教育"十一五"国家级规划教材,2015 年荣获上海普通高校优秀教材奖。从本书首版至今,商标法领域发生了许多新的变化。随着社会对商标的进一步认识,以及商标法新规定和司法解释的颁布,引发了理论和实务中一些新问题和新案例。特别是 2013 年 8 月 30 日全国人大常委会通过了修改后的《商标法》,该法于 2014 年 5 月 1 日生效并实施。新的《商标法》对原有立法进行了较大的修改,吸纳和增加了一些新的规则和内容,删除了部分法条。修改后的《商标法》更加符合中国的国情和实际需要,更有利于保护商标权人的利益。结合 2013 年《商标法》的内容,本书第二版从以下几个方面进行了修订:

一、根据 2013 年修改的《商标法》和教学的实际需要,对本书的章节顺序和内容进行了调整。将商标权的取得和终止分为独立的两章;将商标权无效合并到"商标权终止"一章,将其作为权利灭失的一种类型;将集体商标和证明商标合并到第一章第二节"商标的类型";将域名的法律保护合并到第一章第三节"商标与其他商业标记"。

二、根据 2013 年修改的《商标法》,对相关章节的内容作了更新和修改。比如,在第一章商标分类中增加了声音商标;第二章增加了第三次修改《商标法》的背景及主要内容;第三章修改了商标申请注册的程序;第六章增加了撤销和无效的事由及不同的法律后果;第八章增加了商标侵权的类别,并对赔偿责任进行了修改;第九章完善了驰名商标的认定和保护;第十二章第四节修改了我国对地理标志保护的单行法模式中的部分内容等。

三、结合每章内容,增加了"典型案例""法律适用""理论研究""实务应用""实例分析"等板块和内容,便于读者更好地学习和掌握相应的商标法律条文和规则,学以致用,解决实际问题。其中的案例部分多来自 2008—2012 年的《最高人民法院知识产权案件年度报告》及其近年来发布的 50 个知识产权典型案例等。

四、本书附有 2001 年和 2013 年颁布的《商标法》对比表,便于读者学习和比对,从整体上了解新商标法修改的主要内容;同时,为教学需要,书后附有《商标注册用商品和服务国际分类》。

需要说明的是，本书第二版的修订主要是针对2013年我国《商标法》第三次修改后的内容，书中的国外商标法和国际公约部分章节的内容，因为时间关系，不在本次修订之列。

本书对第一版存在的一些不当之处进行了更正，感谢读者对本书的关注和建议。限于笔者水平，本书修订后，还会存在一些问题和不足，期望广大读者提出指正意见和建议，以便在今后的修订中不断加以完善。

感谢高富平教授百忙之中阅读本书稿，并对本书的完善提出了宝贵意见和建议，感谢研究生高阳、张莎莎、张银丽、袁媛、荣盼盼等同学提供和查阅资料；感谢北京大学出版社王业龙主任，以及徐音、尹璐编辑认真负责地为本书进行编审工作；感谢华东政法大学知识产权学院的大力支持。

谨以此书祝贺我亲爱的女儿硕士毕业！祝福她马年事事如愿！

王莲峰

2014年1月23日于上海华政园

# 第一版前言

21世纪，我们迈进了商标品牌时代！小小的商标已从一枚符号逐渐演变成一种商业信誉，一种财富的象征。商标正通过改变社会的生产方式改变着人们的生活方式。与此同时，商标自身也在悄然发生变化。从平面、文字图形的组合到三维立体和颜色的组合，闪烁舞动的商标充斥着现实社会和网络空间的每个角落，强烈冲击着人们的视觉。多姿多彩的商标伴随着商品，涌向市场，流进千家万户，浸入了消费者的心间。各地政府紧锣密鼓地实施商标品牌战略；驰名商标的行政和司法认定此起彼伏；企业争创驰名商标热情高涨；自然人的商标注册又添一道独特的风景线。

随着经济的发展，商标的无形财产属性愈加彰显，商标法的作用日益突出。我国《商标法》在1982年颁布后，分别于1993年和2001年作了两次修订。毋庸置疑，修改后的《商标法》在较大程度上保护了商标权人的利益，更好地体现了现代法治的理念。正如国外学者所言，商标法的修改史实质上就是商标权人权利的扩张史。进入新世纪后，国内外形势发生了重大变化，作为与经济发展密切相关的商标法也要与时俱进。在2005年下半年，国家启动了对《商标法》的第三次修订工作。本书就是在这样的背景下完成的。

本书在体例的构建上力求创新，突破传统的章节结构安排，以编为板块进行设计，以求商标法学的结构更趋科学、合理。作者认为，商标法学的板块设计，不仅有助于促进商标法学自身体系的科学化发展，同时也有利于读者对商标法学理论的内在联系的理解和对商标法学知识的掌握。按此思路，本书依商标法学内在的逻辑机理分为五编：

第1编：商标和商标法基本理论；

第2编：商标注册和管理；

第3编：商标权经营；

第4编：商标权保护；

第5编：国外商标保护。

上述各编设计力求既注重逻辑关系的安排又兼顾每章内容的协调，便于读者从整体上把握商标法学结构的内在联系。

本书旨在对商标法作全面和深入的分析和研究。从商标和商标法的基本理论切入，第1编阐述了商标的概念、特征和历史发展，分析了商标的分类以及商标和其他商业标记的关系，重点论述了我国商标法的基本原则，探讨了商标法的修改及需要进一步完善的内容。本书独具特色的是第2编商标注册和管理。该编以对商标的行政管理为主线，包括商标注册、注册商标无效的裁决、商标管理三章。因内容多为商标申请注册和撤销的程序规定且与商标行政管理行为有关，故将其归于一编。商标权是商标法律制度的核心内容。商标经注册产生专有权后，如何充分利用商标权使其发挥出最大的经济效益？本书在第3编商标权的经营中，从不同方面对此问题进行了分析，内容包括商标权的利用、转让、许可、质押、投资、评估等。本编还研究阐述了我国现行《商标法》未明确规定的一项制度，即商标权的限制制度及其类型。第4编论述了商标权保护的基本规定及需要实行特殊保护的几类商标，包括驰名商标、集体商标、证明商标和地理标志。第5编介绍和评析了部分国家的商标法及商标保护的国际公约。

商标法学是一门应用性很强的学科。因而，本书在注重理论体系研究的同时，结合实际案例，针对商标法领域中出现的新问题，如商标权的质押、商标权的评估、商标的反向假冒、地理标志的法律保护、网络域名等进行了分析和研究，提出了相关的立法建议，以期为我国的经济建设服务，实现法律的最终价值和目标。

全书每编设有引言、每章设有导读指出本章的重点和难点，有助于读者从整体上把握各编、章的逻辑结构；在有些章节前加有引例，通过案例引出本章要学习的内容；在每章后面附有思考题和案例分析，便于读者将理论和实践相结合；同时书中介绍了一些国外立法和判例，以开阔读者视野。

这些年来我在研究知识产权法的过程中，得到了我的博士生导师吴汉东教授的悉心指导和关怀；在写作本书的过程中，得到了我任教的华东政法学院校院两级领导的支持、鼓励和帮助；尤其是高富平教授在百忙中通读审阅了我的初稿，提出了不少宝贵的意见，使我受益匪浅。在此，我对他们以及所有关心、帮助过我的人们表达我真诚的谢意和感激之情。

柏拉图曾说，一个人的幸福由两方面构成：一是个人是否具备享有幸福的条件；二是看他是否生活在一个良性的环境中。很庆幸我是一个幸福的人，徜徉在华政浓郁的学术氛围里，沐浴着我们知识产权学院大家庭的温馨，享受着同事和亲人们的关爱！时值初秋，窗外丹桂飘香，沁人心脾，采撷几缕送给帮助过我的同事、同学、朋友们，祝好人一生平安！

本书的出版，得到了北京大学出版社的大力支持，对徐音、杨丽明两位编辑的敬业精神深表钦佩，在此一并致谢。

虽历经酷暑寒冬，辛勤写作，但本书难免有不足和疏漏之处，恳请学界同仁和广大读者批评指正。

王莲峰
2006年初秋于上海

# 目　录

**第一章　商标概述** …………………………………………………………（1）
　**第一节　商标的概念和功能** ………………………………………………（1）
　　一、商标的定义 ………………………………………………………（1）
　　二、商标的起源和发展 ………………………………………………（2）
　　三、商标的功能 ………………………………………………………（3）
　**第二节　商标的类型** ………………………………………………………（5）
　　一、商品商标和服务商标 ……………………………………………（5）
　　二、平面商标和立体商标 ……………………………………………（7）
　　　典型案例　我国首例颜色组合商标侵权案 ………………………（9）
　　　典型案例　"皇家礼炮"立体商标侵权案 …………………………（14）
　　三、声音商标和气味商标 ……………………………………………（15）
　　　理论研究　声音商标的注册与保护 ………………………………（15）
　　　典型案例　"QQ"提示音声音商标申请案 …………………………（16）
　　四、集体商标和证明商标 ……………………………………………（17）
　　　典型案例　"城口老腊肉"集体商标侵权纠纷案 …………………（20）
　　　实务应用　"涪陵榨菜"证明商标 …………………………………（22）
　　　典型案例　"舟山带鱼"证明商标案 ………………………………（25）
　　五、联合商标和防御商标 ……………………………………………（26）
　　　实务应用　联合商标的使用 ………………………………………（27）
　**第三节　商标与其他商业标记** ……………………………………………（30）
　　一、商标与商品名称 …………………………………………………（30）
　　　典型实例　"优盘"商标被撤销案 …………………………………（31）
　　二、商标与商品装潢 …………………………………………………（31）
　　三、商标与商号 ………………………………………………………（31）
　　四、商标与商务标语 …………………………………………………（32）
　　五、商标与特殊标志 …………………………………………………（32）
　　六、商标与域名 ………………………………………………………（33）
　　　理论研究　域名与知识产权保护的协调 …………………………（34）

实务应用　我国域名的注册及保护 …………………………（35）
　　　思考题 ……………………………………………………………（36）

## 第二章　商标法概述 ………………………………………………（37）
### 第一节　商标法的调整对象和基本原则 …………………………（37）
　　一、商标法的概念 …………………………………………………（37）
　　二、商标法的调整对象 ……………………………………………（37）
　　三、商标法的基本原则 ……………………………………………（38）
### 第二节　商标法律制度的沿革 ……………………………………（39）
　　一、国外商标法律制度的沿革 ……………………………………（39）
　　二、我国商标法律制度的沿革 ……………………………………（40）
### 第三节　商标法的渊源和作用 ……………………………………（43）
　　一、商标法的渊源 …………………………………………………（43）
　　二、商标法的作用 …………………………………………………（45）
### 第四节　我国商标法四次修改的背景及主要内容 ………………（46）
　　一、1993年《商标法》修改的主要内容 …………………………（46）
　　二、2001年《商标法》修改的主要内容 …………………………（47）
　　三、2013年《商标法》修改的主要内容 …………………………（50）
　　四、2019年《商标法》修改的主要内容 …………………………（59）
　　　理论研究　商标法中恶意的界定 ………………………………（60）
　　　典型案例　恶意抢注"冰墩墩""谷爱凌"等商标注册 ………（61）
　　　思考题 ……………………………………………………………（63）

## 第三章　商标注册的申请和审查 …………………………………（64）
### 第一节　商标注册的申请及原则 …………………………………（64）
　　一、商标注册申请的主体 …………………………………………（64）
　　二、商标注册申请的文件及要求 …………………………………（65）
　　三、商标申请的优先权 ……………………………………………（68）
　　四、商标注册申请和审查的原则 …………………………………（70）
　　　法律适用　对商标申请在先与同日申请的理解 ………………（70）
　　　理论研究　诚实信用原则的适用 ………………………………（72）
### 第二节　商标申请拒绝注册的理由 ………………………………（73）
　　一、拒绝注册的绝对理由 …………………………………………（73）

　　　　法律适用　不以使用为目的的恶意商标申请行为的判断 … (74)
　　　　典型案例　自然人申请多件商标的审查 ……………………(75)
　　　　法律适用　地名商标注册的例外情形 ……………………(76)
　　　　典型案例　"中国劲酒"商标申请的审查判断 ……………(77)
　　　　实务应用　商标显著性的分类 ………………………………(78)
　　　　典型实例　"大众"车标的固有显著性 …………………(79)
　　　　典型案例　"六个核桃"商标通过使用获得显著性 ………(80)
　　　　典型案例　"宅急送"商标权的丧失 ………………………(80)
　　　　典型案例　"BEST BUY"商标使用获得显著性的判断 …(81)
　　　　典型案例　"费列罗"巧克力立体商标案 …………………(83)
　　二、拒绝注册的相对理由 ……………………………………………(86)
　　　　典型案例　"酷狗"商标驳回案 ……………………………(86)
　　　　法律适用　其他特定关系人抢注在先使用商标的认定 …(87)
　　　　典型案例　明知他人在先使用商标而申请注册 …………(88)
　　　　法律适用　其他合法在先权益适用要件 …………………(90)
　　　　典型案例　"007"商标异议案 ……………………………(90)
第三节　商标注册申请的审查和核准 ……………………………………(91)
　　一、商标注册申请的形式审查 ………………………………………(91)
　　二、商标注册申请的实质审查 ………………………………………(92)
　　三、初审公告、异议及复审 …………………………………………(93)
　　　　实务应用　异议主体和理由的变化 ………………………(94)
　　四、商标注册的核准 …………………………………………………(95)
第四节　商标国际注册 ……………………………………………………(97)
　　一、商标国际注册的资格和条件 ……………………………………(97)
　　二、商标国际注册的程序 ……………………………………………(98)
　　三、商标国际注册的保护期限 ………………………………………(99)
　　　　思考题 ………………………………………………………(99)

**第四章　商标权取得** ……………………………………………………(100)
　第一节　商标权及其内容 ………………………………………………(100)
　　一、商标权的概念 ……………………………………………………(100)
　　二、商标权的特点 ……………………………………………………(100)
　　三、商标权的内容 ……………………………………………………(102)

## 第二节 商标权取得的方式 (102)
　　一、商标权的原始取得 (102)
　　二、商标权的继受取得 (103)
## 第三节 商标权保护期限和续展 (104)
　　一、商标权保护期限 (104)
　　二、商标权续展 (104)
　　　思考题 (105)

# 第五章 商标权利用 (106)
## 第一节 商标权使用 (106)
　　一、商标权使用的意义 (106)
　　二、商标权使用的方式 (107)
　　　理论研究　商标使用及其完善 (107)
## 第二节 商标权许可 (108)
　　一、商标权许可及其意义 (108)
　　二、商标权许可的种类 (109)
　　　法律适用　商标权被许可人的诉讼地位 (109)
　　三、商标使用许可合同的内容 (110)
　　四、商标使用许可合同的备案 (111)
　　　典型案例　"红牛"商标许可协议终止后商誉增值及商标的归属 (112)
## 第三节 商标权转让 (113)
　　一、商标权转让的概念和形式 (113)
　　二、商标权转让的原则 (113)
　　三、商标权转让的程序 (114)
　　四、商标权转让的限制 (115)
　　　实务应用　商标权转让前商标使用许可合同的效力问题 (116)
　　　实例分析　"梅朵"商标许可和转让纠纷案 (116)
## 第四节 商标权投资和质押 (117)
　　一、商标权投资的意义和要求 (117)
　　二、商标权质押 (118)
　　　典型实例　商标质押融资实例 (119)
　　　实例分析　"天宇"商标权质押 (121)

第五节　商标权评估……………………………………………(122)
　　　一、商标权评估的概念及意义 …………………………………(122)
　　　二、商标权评估的类型 …………………………………………(125)
　　　三、商标权评估的方法 …………………………………………(125)
　　　　实务应用　商标权评估应注意的问题 ………………………(126)
　　　　实例分析　"王老吉"系列注册商标的评估 ………………(127)
　　　　思考题 …………………………………………………………(129)

第六章　商标权终止……………………………………………………(130)
　　第一节　商标权注销 ………………………………………………(130)
　　　一、商标权注销的含义及类型 …………………………………(130)
　　　二、商标权注销的程序 …………………………………………(130)
　　第二节　商标权撤销 ………………………………………………(131)
　　　一、商标权撤销的含义及其类型 ………………………………(131)
　　　　实务应用　注册的文字商标是否允许部分改动 ……………(131)
　　　　典型案例　"摩卡"商标商品通用名称撤销案 ……………(132)
　　　　法律适用　注册商标成为其核定使用商品的通用名称的
　　　　　　　　　认定 ………………………………………………(133)
　　　　典型案例　"Black Friday"注册商标撤销案 ………………(135)
　　　　典型案例　"撤三"案件中注册商标使用的认定 …………(136)
　　　　典型案例　"法宝"服务商标使用认定纠纷案 ……………(138)
　　　　法律适用　注册商标连续3年不使用被撤销的认定 ………(139)
　　　　理论研究　注册商标不使用之正当理由的界定 ……………(140)
　　　二、商标权撤销程序及救济 ……………………………………(141)
　　　　理论研究　注册商标连续3年不使用可否作为异议案件的
　　　　　　　　　抗辩理由 …………………………………………(142)
　　第三节　商标权无效 ………………………………………………(142)
　　　一、商标权无效的含义及类型 …………………………………(142)
　　　二、违反禁止注册绝对理由的无效宣告 ………………………(143)
　　　　实务应用　"地名具有其他含义"的理解 …………………(144)
　　　　典型案例　"双十一"注册商标无效案 ……………………(147)
　　　　法律适用　"欺骗手段"或者"其他不正当手段"的认定 …(148)
　　　三、违反禁止注册相对理由的无效宣告 ………………………(149)

　　　　法律适用　"恶意注册"无效的认定 …………………………………… (150)
　　　　典型案例　超过5年的注册商标无效宣告案 ……………………… (151)
　　　　典型案例　"非诚勿扰"商标无效宣告案 ………………………… (154)
　　四、商标权无效的法律后果 ……………………………………………… (155)
　　　　实例分析　注册商标无效的相关问题 ……………………………… (156)
　　思考题 …………………………………………………………………… (157)

## 第七章　商标侵权行为的认定和法律责任 …………………………… (158)
### 第一节　商标侵权行为的认定 …………………………………………… (158)
　　一、商标权的保护范围 …………………………………………………… (158)
　　二、商标侵权行为的认定标准及考虑因素 ……………………………… (159)
　　　　典型案例　"RITZ"服务商标纠纷案 …………………………… (162)
　　　　典型案例　"齐鲁"商标纠纷案 …………………………………… (163)
### 第二节　侵犯商标权行为的类型 ………………………………………… (164)
　　一、同种商品上使用与其注册商标相同的商标 ………………………… (164)
　　二、同种或类似商品上使用与注册商标相同或近似的商标 …………… (165)
　　　　法律适用　认定商标相同或者近似的原则 ……………………… (166)
　　　　实务应用　判断类似商品或类似服务的标准 …………………… (167)
　　　　典型案例　"富士宝"商标使用类似商品的认定案 ……………… (167)
　　　　典型案例　"白家"与"白象"商标近似和商品类似
　　　　　　　　　纠纷案 ……………………………………………… (169)
　　三、销售侵犯商标专用权的商品 ………………………………………… (170)
　　四、伪造和擅自制造及销售他人注册商标标识 ………………………… (171)
　　五、更换注册商标并将该商品又投入市场 ……………………………… (171)
　　　　典型案例　"枫叶"商标反向假冒案 ……………………………… (172)
　　　　典型案例　"温蓝得"商标反向假冒案 …………………………… (174)
　　　　理论研究　隐性反向假冒是否构成商标侵权 …………………… (175)
　　六、故意为侵犯他人商标专用权行为提供便利条件 …………………… (175)
　　　　典型案例　"香奈儿"商标权纠纷案 ……………………………… (176)
　　　　典型案例　网络商标纠纷案 ………………………………………… (177)
　　七、造成其他损害的行为 ………………………………………………… (178)
　　　　典型案例　"途牛"商标侵权及不正当竞争案 …………………… (179)

### 第三节 商标侵权的法律责任 (181)
一、商标侵权的民事责任及赔偿额的认定 (181)
  实务应用　法定赔偿的适用 (184)
  法律适用　商标侵权惩罚性赔偿条款的适用 (185)
  典型案例　首例获赔商标惩罚性赔偿金案 (186)
  典型案例　商标权人3年不使用丧失民事赔偿请求权 (187)
  典型案例　首例"即发侵权"商标案 (191)
二、商标侵权的行政责任 (192)
三、商标侵权的刑事责任 (193)
  典型案例　制售假冒注册商标罪案 (195)
  思考题 (195)

## 第八章　驰名商标认定和保护 (196)
### 第一节　驰名商标的概念和特征 (196)
一、驰名商标的概念及立法 (196)
二、驰名商标的特征 (197)
### 第二节　驰名商标认定 (198)
一、驰名商标认定机构和途径 (198)
  典型案例　"吉利"驰名商标认定案 (200)
二、驰名商标认定的原则 (201)
  法律适用　驰名商标不得做广告 (202)
三、驰名商标认定的参考因素 (203)
  法律适用　当事人主张商标驰名的证据 (205)
### 第三节　驰名商标保护 (206)
一、国际公约对驰名商标的保护 (206)
  实务应用　TRIPS协定对驰名商标的跨类保护 (207)
二、部分国家对驰名商标的保护 (207)
  实务应用　商标淡化及表现形式 (207)
  法律适用　美国《联邦商标淡化法》的修正 (208)
  理论研究　德国商标法对驰名商标的保护特色 (209)
三、我国对驰名商标的保护 (211)
  典型案例　"新华字典"未注册驰名商标侵犯商标权及不正当
       竞争纠纷案 (211)

典型案例　"宝马"驰名商标跨类保护……………………………(214)
　　　典型案例　恶意注册超5年的商标可申请无效宣告…………(215)
　　　典型案例　"伊利"商标反淡化案……………………………(217)
　　　理论研究　驰名注册商标的跨类保护并非全类保护…………(218)
　　　典型案例　"杏花村"商标异议复审案…………………………(219)
　　四、企业自身对驰名商标的保护……………………………………(220)
　　　思考题……………………………………………………………(222)

## 第九章　商标权限制及侵权抗辩……………………………………(223)
### 第一节　商标正当使用…………………………………………(223)
　　一、商标正当使用的概念及立法……………………………………(223)
　　二、商标正当使用的构成条件………………………………………(224)
　　　典型案例　美国"Micro Colors"商标侵权案 ………………(225)
　　　理论研究　存在混淆可能性是否为正当使用的构成
　　　　　　　　要件……………………………………………………(226)
　　三、商标描述性正当使用……………………………………………(227)
　　　典型案例　通用名称抗辩案……………………………………(227)
　　　典型案例　"鲁锦"商标及不正当竞争纠纷案…………………(229)
　　　典型案例　商品主要原料和成分抗辩案………………………(231)
　　　典型案例　地名商标抗辩案……………………………………(232)
　　四、商标说明性正当使用……………………………………………(233)
　　　典型案例　美国说明性使用的典型案例………………………(234)
　　　典型案例　"立邦"侵害商标权纠纷案…………………………(235)
　　　典型案例　超出正当使用范围构成商标侵权案………………(236)
### 第二节　商标先用权……………………………………………(238)
　　一、商标先用权及其立法……………………………………………(238)
　　二、商标先用权的构成要件…………………………………………(239)
　　三、商标先用权行使的限制…………………………………………(239)
　　　理论研究　商标先用权是否要满足知名度的要求……………(241)
　　　典型案例　"小肥羊"商标纠纷案………………………………(242)
　　　典型案例　"狗不理"服务商标纠纷案…………………………(244)
### 第三节　商标权用尽和平行进口………………………………(245)
　　一、商标权用尽和平行进口的含义…………………………………(245)

二、我国关于平行进口的规定 ……………………………………… (247)
　　　　典型案例　法国葡萄酒平行进口纠纷案 ………………… (247)
　　三、商标权用尽的限制 ……………………………………………… (249)
　　　　典型案例　滑稽模仿 ……………………………………… (249)
　　　　思考题 ………………………………………………………… (250)

## 第十章　商标管理 …………………………………………………… (251)
### 第一节　商标管理机关的职责 ……………………………………… (251)
　　一、商标管理的概念和意义 ………………………………………… (251)
　　二、商标管理机关及其职责 ………………………………………… (252)
### 第二节　商标使用管理 ……………………………………………… (253)
　　一、注册商标的使用管理 …………………………………………… (253)
　　二、未注册商标的使用管理 ………………………………………… (254)
### 第三节　商标印制管理 ……………………………………………… (255)
　　一、商标印制管理的概念 …………………………………………… (255)
　　二、商标印制管理的内容 …………………………………………… (256)
　　　　实例分析　使用非法商标存在的问题 …………………… (258)
　　　　实例分析　使用"双龙"商标法律意见书 ……………… (259)
　　　　思考题 ………………………………………………………… (259)

## 第十一章　地理标志的保护 ………………………………………… (260)
### 第一节　地理标志的特点和法律属性 ……………………………… (260)
　　一、地理标志的概念和特点 ………………………………………… (260)
　　二、地理标志的法律属性 …………………………………………… (262)
### 第二节　地理标志与相关标记的区别 ……………………………… (263)
　　一、地理标志和商标的区别 ………………………………………… (263)
　　二、地理标志和货源标记的区别 …………………………………… (264)
　　三、地理标志和商号的区别 ………………………………………… (265)
　　四、地理标志和商品通用名称的区别 ……………………………… (266)
### 第三节　地理标志的国际保护 ……………………………………… (266)
　　一、国际公约对地理标志的保护 …………………………………… (267)
　　二、国外立法对地理标志的保护 …………………………………… (271)
### 第四节　我国对地理标志的保护 …………………………………… (272)
　　一、商标法对地理标志集体商标和证明商标的注册

　　　　保护 …………………………………………………………… (272)
　　　典型案例　"BORDEAUX 波尔多"地理标志集体商标
　　　　保护 …………………………………………………………… (274)
　　　理论研究　地理标志集体商标的权利行使及限制 ………… (276)
　　　典型案例　"安吉白茶"地理标志证明商标侵权案 ………… (278)
　　　理论研究　可否采用商标法模式保护地理标志 …………… (279)
　　二、专门法对地理标志产品的保护 ………………………………… (282)
　　三、农村农业部对农产品地理标志的登记保护 ………………… (285)
　　四、地理标志专用标志的变化 …………………………………… (287)
　　思考题 ………………………………………………………………… (289)

# 第十二章　世界其他主要国家和地区的商标法 ……………………… (290)
## 第一节　欧盟商标法 ……………………………………………… (290)
　　一、欧盟商标概述 ……………………………………………… (290)
　　二、欧盟商标的特点 …………………………………………… (291)
　　三、欧盟商标的注册标记和不予注册的标记 ………………… (292)
　　四、欧盟商标的注册程序 ……………………………………… (292)
　　五、欧盟商标注册的利弊 ……………………………………… (293)
## 第二节　德国商标法 ……………………………………………… (293)
　　一、德国商标立法 ……………………………………………… (293)
　　二、德国商标法的主要内容 …………………………………… (294)
　　三、2019年德国商标法的修改 ………………………………… (296)
## 第三节　法国商标法 ……………………………………………… (298)
　　一、法国商标法的历史沿革 …………………………………… (298)
　　二、法国商标法的主要内容 …………………………………… (299)
　　三、法国商标法的重大修改 …………………………………… (302)
## 第四节　日本商标法 ……………………………………………… (304)
　　一、日本商标立法 ……………………………………………… (304)
　　二、日本商标法的主要内容 …………………………………… (305)
## 第五节　美国商标法 ……………………………………………… (308)
　　一、美国商标立法 ……………………………………………… (309)
　　二、《兰哈姆法》的主要内容 …………………………………… (309)
　　三、美国《商标现代化法案》 …………………………………… (312)

思考题 …………………………………………………………… (313)

## 第十三章 商标保护的国际公约 …………………………………… (314)
### 第一节 《建立世界知识产权组织公约》 ………………………… (314)
一、《建立世界知识产权组织公约》的内容 …………………… (315)
二、世界知识产权组织的地位及其机构 ………………………… (315)
### 第二节 《保护工业产权巴黎公约》 ……………………………… (316)
一、《巴黎公约》及其联盟组织 ………………………………… (316)
二、《巴黎公约》对商标保护的原则 …………………………… (318)
三、《巴黎公约》对商标的专门规定 …………………………… (320)
### 第三节 《与贸易有关的知识产权协定》 ………………………… (324)
一、TRIPS协定的地位 ………………………………………… (324)
二、TRIPS协定的主要内容 …………………………………… (325)
三、TRIPS协定的特点 ………………………………………… (326)
四、TRIPS协定对商标权的规定 ……………………………… (327)
### 第四节 《商标国际注册马德里协定》及其议定书 ……………… (330)
一、《商标国际注册马德里协定》 ……………………………… (330)
二、《商标国际注册马德里协定议定书》 ……………………… (333)
### 第五节 《商标注册条约》 ………………………………………… (335)
一、《商标注册条约》的产生 …………………………………… (335)
二、《商标注册条约》的内容 …………………………………… (335)
### 第六节 《商标注册用商品和服务国际分类尼斯协定》 ………… (336)
一、《尼斯协定》的产生 ………………………………………… (336)
二、分类表的内容及作用 ………………………………………… (336)
### 第七节 《建立商标图形要素国际分类维也纳协定》 …………… (338)
思考题 …………………………………………………………… (338)

## 附录一 《中华人民共和国商标法》对比表(2001年、2013年和2019年)
…………………………………………………………………… (339)

## 附录二 《中华人民共和国商标法实施条例》对比表(2002年和2014年)
…………………………………………………………………… (362)

附录三　最高人民法院关于审理商标民事纠纷案件适用法律若干问题的
　　　　解释 …………………………………………………………………（388）

附录四　中华人民共和国反不正当竞争法（部分条款）………………（392）

附录五　最高人民法院关于适用《中华人民共和国反不正当竞争法》若干
　　　　问题的解释（部分条款）………………………………………（394）

附录六　商标注册用商品和服务国际分类 ………………………………（397）

参考文献 ……………………………………………………………………（400）

# 第一章 商标概述

## ☞ 本章导读

商标依附于商品,是识别同类商品或服务来源的标记。商标是商品的信息载体,从经济学意义上,能够帮助消费者降低搜索商品的时间和成本,商标和我们的生活紧密相连。本章主要讲解商标的概念和功能、商标的各种分类,特别是我国商标法修改后新增加的商标种类,以及商标与其他商业标记的区别。

## 第一节 商标的概念和功能

### 一、商标的定义

"商标"一词为外来词,英文表述为"trademark"或"brand"。在中国,人们俗称其为"牌子"。商标是世界通用的法律用语,但各国对商标的表述不同。《法国知识产权法典》对商标的定义为:"商标或服务商标是指用以区别自然人或法人的商品或服务并可用书写描绘的标记。"①《英国商标法》对商标的定义为:"商标是指任何能够以图像表示的、能够将某一企业的商品或服务与其他企业的商品或服务区分开来的标记。"②世界贸易组织《与贸易有关的知识产权协定》(英文简称为"TRIPS协定")对商标的定义为:"商标是指任何能够将一个企业的商品或服务区别于另一个企业的商品或服务的符号或符号的组合。"③我国2013年8月30日修改的《中华人民共和国商标法》(以下简称《商标法》)第8条规定:"任何能够将自然人、法人或者其他组织的商品与他人的商品区别开的标志,包括文字、图形、字母、数字、三维标志、颜色组合和声音等,以及上述要素的组合,均可以作为商标申请注册。"④

综合考察中外商标立法的规定,本书认为,商标是指商品的生产经营者在其商品或服务上使用的,由文字、图形、颜色、三维标志和声音等要素或其组合构成

---

① 《法国知识产权法典》第L711-1条。
② 《英国商标法》第1条。
③ 《与贸易有关的知识产权协定》第15条第1款。
④ 与2001年第二次修改的《商标法》相比,该条取消了"可视性",增加了"声音商标"。

的,具有显著特征,便于识别同类商品或服务来源的标记。对消费者而言,商标是"认牌"购货的符号和标记,是商品的"脸",可帮助消费者缩短购物的时间成本;对企业而言,商标是识别同类商品或服务的标记,通过广告宣传,让消费者记住该企业生产的商品或提供的服务。如"海尔"电器、"华为"手机、"荣威"汽车等。商标就像一座桥梁,把生产厂家和消费者联系起来。

## 二、商标的起源和发展

商标作为商品的标记,是随着商品经济的发展而产生的。在自然经济条件下,人们生产的目的主要是自给自足,因此,谈不上商品交换,也就不可能出现商品的标记。随着社会生产力的提高,有了剩余财产,商品交换有了可能,商品经济开始出现。为了商业中交换的需要,人们开始在商品上使用标记。最初的标记,一般表现为生产者在其产品上标注一些不同的字母、符号或者姓名,以区分不同的制造者。

我国出土的西周时期的陶器上,就有工匠"郭彦"的署名。战国时期,商品经济有了进一步的发展,在一些固定的市场上,出现了"郑之刀""越之剑"等兵器。在西方,西班牙游牧部落为了和他人交换产品,把不同的烙印打在自己的牲畜上,以区别不同的所有者。所以,英语"brand"(烙印)一词,就含有标记的意思。可见,当时这些在商品上使用的标记,已经具有区别不同生产者的功能。但它们的作用很单一,不具有宣传产品和保证产品质量的功能。因此,还不能称之为现代意义上的商标。

我国的汉唐时期,经济文化比较发达。当时的首都长安,已成为世界贸易的中心,交通便利,和中亚、西域、印度等国家和地区交易频繁,经济很繁荣。这一时期的商品上出现了各种不同的花纹、图案以及文字,已达到美化商品和吸引顾

图1 我国发现最早、较完整的"白兔"商标

我国发现最早、较完整的商标是在北宋时期,山东济南刘家功夫针铺所用的"白兔"商标。它是一个文字和图形的组合商标,商标中心是一只手持钢针的白兔,图形上方刻有"济南刘家功夫针铺"八个大字;左右刻有"认门前白兔儿为记"的字样;商标下方的文字为:"收买上等钢条,造功夫细针,不误宅院使用。客转与贩,别有加饶,请记白。"这个商标基本具备了现代商标的全貌。该商标的印刷铜板(见左图)现陈列在中国国家博物馆,它是世界商标历史上珍贵的文物。

客购买的目的。同时,在一些商品上也出现了一些赞扬商品的文句。曹操《短歌行》中就有"何以解忧,唯有杜康"这样赞美杜康酒的词句。伴随着商品经济的发展,在商品上使用标记已经十分普遍。此时,也开始在商品上明码标价,标出了货名和产地等。这一时期的商品标记已具有宣传广告的功能。

到了宋元时期,商品经济有了更进一步的发展,生产者和经营者为了使自己的产品区别于其他的同类产品,更多地使用商标标记,树立自己商品的信誉,便于购买者认牌购货。这时的商标也逐步完备起来,不仅有文字商标、图形商标,而且还出现了文字和图形的组合商标。

我国明清时期,由于自然经济仍占据统治地位,商标的进步很缓慢。到了清朝,虽出现了"同仁堂""六必居""泥人张"等商号,也不过是汉唐以来商业性标记的延续。清朝嘉庆年间,北京的六必居酱菜园,在其酱菜篓子外面贴有"六必居"的标签,其意义在于向购买者说明,如发现质量问题,六必居酱菜园负责调换或赔偿。该商标已具有质量保证和信誉保证的属性,同时兼具区别商品来源和广告宣传的功能。这种商标被认为是符合现代意义的商标。同一时期的西方国家,由于商品经济的快速发展,商标的使用更为广泛,商标的作用更为突出,商标的形式也更为完备。

现代商标出现于19世纪。现代商标和早期商标相比,其特点主要有:商标不仅仅是一种商品标记,它已成为一种无形资产;商标具有价值,可以转让买卖;商标是一种工业产权,受到法律的保护。

19世纪中叶,西欧国家率先对商标予以保护,将其纳入法律调整的范围。商标作为一种专有权,在各国的商标法中得到确立。随着世界经济贸易的发展,商标的法律保护呈国际化的趋势。19世纪下半叶开始,国际社会先后缔结了保护商标的国际公约,并成立了相应的组织,商标进入了一个全面发展的时期。

### 三、商标的功能

商标的功能,是指商标在商品生产、交换或提供服务的过程中所具有的价值和发挥的作用。商标是商品经济发展的产物,在现代社会,商标已成为生产者创立信誉和开拓市场的重要工具,是生产者和消费者相互沟通的重要媒介,因此商标"被广泛视为降低信息和交易成本的工具"[1]。商标的功能主要有:

---

[1] Robert P. Merges, Peter S. Menel, Mark A. Lemley, *Intellectual Property in the New Technological Age*, 2nd ed., Aspen Publishers, 2000, p. 557.

## （一）识别功能

识别商品或服务来源的功能，是商标最基本的功能。在现代社会里，商标的这一功能尤为重要。因为市场上有许多相同的商品和服务，这些商品和服务来自不同的厂商和经营者，各厂家的生产条件、制作工艺、产品和服务质量及管理水平参差不齐，价格也会有所不同。企业要想在激烈的市场竞争中吸引住消费者的目光，使他们能够选择自己的商品，就必须在其商品上有一个醒目的商标，让消费者容易识别。

通过不同的商标，消费者可以判断出商品或服务出自不同的企业，从而识别商品或服务的来源，作出自己满意的选择。例如，现在市场上的化妆品琳琅满目，有"羽西""大宝""小护士""玉兰油""雅芳"等，这些不同的商标，表示了相同商品的不同来源，从而把生产厂家区别开来。

## （二）品质功能

由于商标代表着不同的商品生产者和服务的提供者，即使同一种商品、同一项服务因生产者和服务者不同，其质量也会不同，因此，商标也表明了其所代表的商品质量的好坏，而商品质量是决定商品信誉和商标信誉的关键。消费者通过商标对那些质量稳定、可靠的商品进行选择。对生产经营者而言，必须不断提高和改进其产品质量和服务质量，以维护其商标的信誉，保证其生产的商品与提供的服务具有相同的质量标准，以吸引消费者购买自己的商品。

## （三）宣传功能

在市场竞争中，利用商标进行广告宣传，可迅速为企业打开商品的销路。由于生活节奏的加快，人们的消费活动逐步以广告和商标为依据，通过商标了解商品或服务的来源和质量。因此，商标被称为商品的无声推销员。借助商标进行宣传，也是商品生产者或服务的提供者提高其商品或服务知名度的较好途径。通过广告宣传，使商标成为家喻户晓的标志，消费者可以记住商标，并通过商标记住商品，同时让消费者熟悉该产品并了解市场信息，对于引导和刺激消费都能起到很好的效果。

## （四）文化功能

企业的发展也需要深厚的文化底蕴。一个企业商标的构成、表现形式以及宣传方式也在向社会传递着该企业的文化。如耐克公司把"耐克"作为运动服装的商标，"耐克"（Nike）一词在希腊神话中意为胜利女神，用在体育用品上很贴切。"桑塔纳"（Santana）是德国大众汽车公司的商标，该词来源于美国著名的大峡谷常年刮的一股旋风，该旋风以速度之快而闻名于世。这些商标不仅展现出历史、地理以及艺术方面的知识，也表现出企业以人为本的理念和文化。

## 第二节 商标的类型

按照不同的划分标准,商标可分为不同的类型。根据各分类标准划分出来的商标种类并不是一成不变的,随着市场经济的发展和完善还会出现新的商标种类。另外,一个商标可从不同的角度同时扮演着几种商标的角色。如"绿色食品"标志,它既是文字和图形组合的平面视觉商标,又可以作为商品商标和服务商标;它既是一种证明商标,又是我国的著名商标。了解商标的类型,有助于设计和使用商标,同时,对企业实施商标策略有积极的意义。

**一、商品商标和服务商标**

按商标的使用对象来划分,可将商标划分为商品商标和服务商标。

(一)商品商标

商品商标,是指商品的生产者或经营者,为了使自己生产或经营的商品与他人生产或经营的商品相区分而使用的标志。这种商标是人们生活中最常见的一种商标。如使用在汽车上的"奔驰""宝马"等标记,使用在体育用品上的"李宁""邓亚萍"等标记,均为商品商标。商品商标是使用最广泛的商标。

(二)服务商标

1. 服务商标的含义及其保护

服务商标,是指提供服务的经营者,为将自己提供的服务与他人提供的服务相区别而使用的标志。服务商标由文字、图形或者其组合构成。如用于宾馆业的"香格里拉"标记、金融业的"交通银行"标记、快餐业的"麦当劳""肯德基"标记、旅游业的"中国旅游"标记、航空运输业的"南方"航空公司标记等,均为服务商标。服务商标是第三产业迅速发展的产物。早在1883年缔结的《保护工业产权巴黎公约》中就写进了保护服务标记的内容,但当时并没有把它放在与商品商标同等的位置,未要求成员国必须给服务标记以注册保护。所以,成员国国内法对于服务标记是可以自由确定保护方式的。

对于服务标记,不是所有国家都给予注册保护。在英国及其他一些国家的商标法中,找不到有关服务标记的保护规定,但英国的判例法、普通法却对服务标记提供保护。1946年,美国第一次在其成文商标法《兰哈姆法》中把服务标记的保护放到与商品商标保护同等的地位。《兰哈姆法》第45条对服务标志的规定为:服务标志是指表示自己服务的相同性、与别人的服务区别开、在进行服务时或广告上使用的标志。广播、电视节目的标题,出场人物的姓名,以及其他有特点的表现方式(distinctive features),即使这些是广告主的商品广告,也可以作为服务标志取得注册。和其他国家保护服务标志的法律相比,美国关于服务商标的规定是进步的。其特点主要有:第一,尽可能地用保护商品商标的方法保护服务标志,而且,其权利效力与商品商标相同;第二,服务商标不仅用于服务,也可用于广告;第三,服务商标不仅指文字、图形、标记或其结合,也包括广播节目中各种有特色的表现形式,如音响、主题音乐、口号等;第四,除了服务业的商业性服务的标志,广告主进行的商品广告,也可作为广播方面的服务标志取得注册。①

1958年里斯本会议上对《保护工业产权巴黎公约》作了修改,要求各成员国保护服务商标。此后,不少国家修订了本国的商标法对服务商标提供保护,如1979年修订的联邦德国商标法就增加了保护服务标记的内容。世界上现有100多个国家办理服务标记注册。在1891年缔结的《商标国际注册马德里协定》和1994年的《与贸易有关的知识产权协定》中都确认了服务商标的法律地位。

2. 我国对服务商标的保护

我国于1985年、1989年分别参加了《保护工业产权巴黎公约》和《商标国际注册马德里协定》后,开始办理外国来华注册的服务商标。随着我国第三产业的迅速发展,为适应市场经济发展的需要,1993年修改的《商标法》增加了对服务商标保护的规定。1993年7月1日我国开始办理国内服务商标的核准注册。服务商标的适用范围主要包括航空、铁路、旅店、餐饮、银行、广告、旅游等公共服务部门。例如,"二校门"是清华大学的典型建筑。为了将清华大学提供的教育服务和科研服务与他人提供的相同或类似服务相区别,清华大学于2002年9月16日将"二校门"图案申请注册为服务商标。这也是清华大学继1998年注册"清华""清华钟形图案"商标后的第三个服务商标。②

(三)商品商标与服务商标的区别

第一,两者的使用对象不同。商品商标是指将商品生产者或经营者的商品同他人的商品区别开来的一种标志,具有区别商品不同出处的功能,表明商品的质量和特点。服务商标是作为将服务提供者的服务同他人的服务区别开来的一种标志,具有区别服务不同出处的功能,表明服务的质量和特点。

---

① 参见〔日〕纹谷畅男编:《商标法50讲》,魏启学译,法律出版社1987年版,第36页。
② 参见《清华大学又添注册商标》,载《江南时报》2002年9月17日第12版。

第二，两者使用的领域不同。商品商标可适用于所有的商品领域。凡是生产经营商品的行业都可使用商品商标。服务商标只能适用于服务行业，如交通运输业、旅游业、餐饮业、金融业、保险业、建筑业、娱乐业等，其适用领域受到一定范围的限制。

第三，两者的注册原则有所不同。对商品商标，在实行自愿注册原则的前提下，部分特殊商品要实行强制注册，如烟草制品。而服务商标则全部为自愿注册，不存在强制注册的问题。

第四，两者使用的方式不同。商品商标可直接附着在商品上进行出售或广告宣传。服务商标不能依附在商品上，它只能通过服务行为来显示或者通过广告宣传等方式来使用。

第五，两者出现的时间不同。商品商标出现得较早，我国历史上第一部保护商品商标的法律是1904年清政府颁布的《商标注册试办章程》。服务商标出现较晚，我国第一部保护服务商标的法律是1993年修改的《商标法》。

在实际生活中，有些企业使用的标志既是商品商标，又是服务商标。如酒店的服务商标为"好再来"，酒店也可以在其经营的食品上使用该标志，这时的"好再来"就是商品商标。

**二、平面商标和立体商标**

针对可视性的商标，依据其二维和三维状态，可分为平面商标和立体商标。

（一）平面商标

平面商标，是指商品的标记均呈现在一个水平面上的商标。根据《与贸易有关的知识产权协定》和我国《商标法》的规定，平面商标包括文字商标、图形商标、字母商标、数字商标、颜色组合商标以及上述标记的任意组合商标等。

（1）文字商标，是指商标的构成要素为纯文字，不含其他图形成分的商标。除商品的通用名称和法律明文规定不得使用的文字外，申请人可以自由选择文字作为商标。文字分为汉字、少数民族文字、数字和外国文字等（如图2和图3）。两个以上的字母和两位以上的数字也可以作为商标使用。我国的文字商标以汉字为主，出口商品上使用的商标多为外国文字。文字商标的字体不限，文字的组合可以是杜撰的、无任何意义的字和词，如"琴岛—海尔""SONY"商标。文字商标的优点是简洁明快，上口易记，如"红旗"汽车、"健力宝"饮料等。

WALK MAN

アリナミン

图 2

Galanz

格兰仕

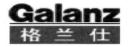

图 3

(2) 图形商标,是指由纯图形要素构成的商标。图形商标包括抽象的,如没有任何意义的图形,也包括具体的,如山川、河流和动物等。图形商标的使用在我国要早于文字商标和组合商标。图形商标的优点是外观形象、生动,易于识别和记忆,而且不受语言的限制,不论是用何种语言的国家和地区的人们,只要会识别图形,就能了解商标的含义。如“小天鹅”洗衣机的图形商标(见图 4)和标致汽车公司的徽标(见图 5)。图形商标的缺点是不便称呼。

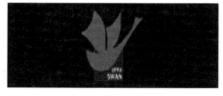

图 4

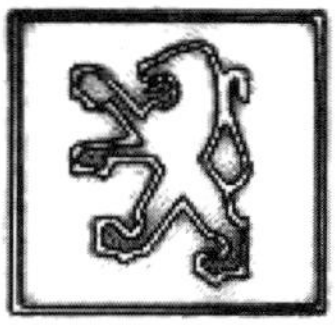

图 5

(3) 字母商标,是指由外文字母或中文拼音字母等书写单位构成的商标。如“Nike”体育用品、“Microsoft”电脑软件、“Haier”电冰箱(见图 6)、“National”电器(见图 7)等。目前使用字母商标申请注册的比例呈上升的趋势,但使用字母商标一定要有创意,才能便于消费者识别。如宝洁公司使用的字母商标为“P&G”,使其从众多的字母商标中脱颖而出,具有显著特征,也容易获得商标的注册。

Haier

图 6

National

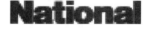

图 7

(4) 数字商标,是指由表示数目的文字或符号所构成的商标。如“555”香烟、“101”毛发再生精、“505”神功元气袋等。在我国的商标实践中,很早就有人申请注册数字商标。使用数字商标形象直观,便于识别和记忆。但是由于数字商标缺乏识别性,有些国家对此不予注册,所以我国企业的出口商品上要慎用数字商标。

(5) 颜色组合商标,是指由不同颜色为要素组成的商标。各国立法对颜色是否能注册为商标规定不一。目前主要有三种模式:第一,颜色不能作为商标申请注册。第二,颜色可以作为商标申请注册,不论是单一颜色或是几种颜色的组合。如美国最高法院于1995年3月28日对Qualites公司诉Jacobson公司案的判决认为,只要特定颜色已具有区别商品出处的特殊功能,单一色构成的商标也可以得到法律保护。[①] 第三,只有不同颜色的组合才能申请注册为商标,单一颜色的商标不能获得注册。

我国《商标法》2001年修改后,增加了颜色商标,但要求必须为两种以上颜色的组合才能申请商标注册。目前保护单色商标的国家和地区较少,如美国、意大利和韩国等。颜色组合商标是《与贸易有关的知识产权协定》的最低要求。在现实生活中,颜色本身也可以起到识别商品或服务来源的作用,能带给消费者强烈的视觉冲击,从而有利于提升广告宣传的效果,其独特的作用是其他传统商标无法比拟的。例如,"宝马"汽车的标志是一个以蓝白两色相间的螺旋桨图案,象征该公司过去在航空发动机技术方面的领先地位(见图8)。"别克"(BUICK)商标中形似"三利剑"的图案为图形商标,被安装在汽车散热器格栅上。那三把颜色不同的利剑(从左到右分别为红、白、蓝三种颜色),依次排列在不同的高度位置上,给人一种积极进取、不断攀登的感觉,它表示别克采用顶级技术,别克人是勇于登峰的勇士(见图9)。

图 8

图 9

典型案例

### 我国首例颜色组合商标侵权案

1997年,美国迪尔公司在中国成立子公司,开始在中国市场生产收割机、拖拉机等商品,迪尔公司及其子公司生产的收割机、拖拉机均统一采用"绿色车身、

---

① 参见刘春茂主编:《知识产权原理》,知识产权出版社2002年版,第582页。

黄色车轮"的颜色组合（见图10）。2009年3月21日，经我国商标局核准，迪尔公司取得上述颜色组合的商标专用权，核定使用商品为第7类农业机械、联合收割机、中耕机、收割机、割草机等，有效期为2009年3月21日至2019年3月20日。同日，迪尔公司对该商标取得注册商标专用权，核定使用商品为第12类翻斗卡车、拖拉机，有效期为2009年3月21日至2019年3月20日。

图 10

迪尔公司起诉称，其在收割机商品上一直使用颜色组合商标，该商标已成为公司商品的重要识别标志，为消费者和业界专家所熟悉和认可，具有很强的显著性和很高的知名度。该公司在生产的收割机和拖拉机上所使用的"绿色车身、黄色车轮"装潢，经过长期使用，具有区别商品来源的显著特征。2011年以来，迪尔公司发现青岛某公司和北京某公司生产、销售以及在网站上宣传其商品时，使用了与上述注册商标相同的标志，构成了对迪尔公司注册商标专用权的侵害，故请求法院判令两被告停止侵害注册商标专用权的行为，并赔偿经济损失及合理支出共计50万元。

本案中，法院查明，迪尔公司在申请注册商标时，已在申请书中明确声明该商标为颜色组合商标，并在所提交的文字说明中明确了颜色使用的具体位置和方式是：绿色用于车身，黄色用于车轮。通过迪尔公司长期、持续的宣传和使用，该商标获得了显著性，并最终取得了国家商标局的核准注册，涉案商标属于我国《商标法》规定的颜色组合商标。颜色组合商标是由两种或两种以上颜色排列组合而成的、可以区分不同商品或服务的标志。颜色组合商标的使用一般应与商品相结合，其使用中的具体形态可随商品本身的形状不同而改变。上述两被告在其生产、销售的收割机上使用了绿色车身、黄色车轮的颜色组合，与迪尔公司的颜色组合商标进行比较，绿色和黄色的使用位置相同，排列组合方式一致，颜色基本无差异,在整体形象及表现风格上均十分接近,二者在视觉上无实质性差别,构成商标相同。遂判决两被告停止涉案侵害迪尔公司颜色组合商标注册商标专用权的行为,并赔偿经济损失及因诉讼支出的合理费用共计45万元。[①] 本案是我国《商标法》将颜色组合商标纳入法律保护范围以来,法院认定被控侵权行为构成侵害颜色组合商标注册商标专用权的全国第一案。

(6) 组合商标,是指由上述文字、图形、字母、数字、颜色组合而成的商标。例如,美国福特公司的汽车商标为椭圆形的蓝色背景上写有"Ford"字母的文字、字母和颜色的组合商标,简单醒目。"Ford"犹如一只可爱、温顺的小白兔正在温馨的大自然中向前飞奔,去追逐生命中积极向上的蔚蓝。该图案象征福特汽车奔驰在世界各地,令人爱不释手(见图11)。日本丰田汽车公司的标志是由三个椭圆的环形组成,中间两个椭圆一横一竖构成一个"T",这是丰田汽车公司的英文名称"TOYOTA"的第一个字母,椭圆代表地球,反映出要把自己的产品推向全世界的愿望(见图12)。中国荣事达商标,由大写的双色字母和中文构成(见图13)。这类组合商标,图文并茂,自然融合,又具有一定的鉴赏性,在实际生活中被广泛地采用,使用率高于其他商标。

图 11　　　　　　　　图 12　　　　　　　　图 13

（二）立体商标

立体商标,是指以产品的外形或产品的长、宽、高三维标志为构成要素的商标。在实际生活中,像酒瓶、饮料瓶、香水瓶和容器及产品的独特外包装等具有立体标志的物品,可以申请立体商标。如可口可乐公司的汽水饮料的瓶形,设计独具特色,具有较强的识别性,在美国注册了立体商标。还有"麦当劳"的金色拱门标志(见图14)、"不二家"的卡通人物(见图15)、"派克"金笔的专用笔托造型等,都属于立体商标。

---

① 参见李丹、涂浩:《全国首例侵害颜色组合商标注册商标专用权纠纷案审结》,http://www.chinacourt.org/article/detail/2013/12/id/1166413.shtml,2014年1月30日访问。

图 14

图 15

立体商标是经济和科学技术发展的产物。世界上越来越多的国家开始在本国的商标法中保护立体商标,如法国、英国、美国、德国、日本等国家已在其修改后的商标法中增加了立体商标的规定。在世界贸易组织框架下的《与贸易有关的知识产权协定》中也规定各成员可要求"将视觉可感知的标记作为注册的条件"①。

我国的商标实务中也允许企业使用立体商标。例如,1986 年国家工商行政管理局发布的《名酒瓶作为商标注册的通知》中就通告了 13 家酒厂作为商标注册的 24 种瓶贴。《商标法》2001 年修改后,增加了对立体商标的保护,其中第 8 条规定:"任何能够将自然人、法人或者其他组织的商品与他人的商品区别开的可视性标志,包括文字、字母、数字、三维标志和颜色组合,以及上述要素的组合,均可以作为商标申请注册。"我国商标局从 2001 年 12 月 1 日起,开始接受立体商标的注册申请。2001 年 12 月 3 日,国家商标局受理了北京天驰知识产权代理有限公司代理北京德高尼文化艺术发展有限公司申请注册的"DEGONEY"及图形立体商标。这是中华人民共和国成立后第一个正式申请注册的立体商标。图 16—18 分别为申请注册的立体商标。

为防止不适当的注册,对用三维标志申请注册的商标又进行了一些限制。根据《商标法》第 12 条,这些限制性规定为:第一,仅由商品自身的性质产生的形状不得注册;第二,为获得技术效果而需有的商品形状不得注册;第三,使商品具有实质性价值的形状不得注册。上述三种形状要么具有技术特征,要么是商品本身所有的功能,因而不能获得立体商标的注册。

---

① 《与贸易有关的知识产权协定》第 15 条第 1 款。

图 16

设计说明:"天之蓝"是江苏洋河酒厂股份有限公司申请的立体商标。"天之蓝"酒瓶一袭天蓝外衣,三个银色的"天之蓝"字体如雄鹰在蓝天之上跃跃欲飞。瓶子由上半部的蓝色渐渐过渡成了透明的水晶瓶,线条较以往的"天之蓝"更柔美了,透过晶莹剔透的水晶瓶,让人感受到纯净蓝色的纤尘不染并见清澈见底的好酒。

图 17

设计说明:劳斯莱斯(Rolls-Royce)是汽车王国雍容高贵的标志,1911年正式成为劳斯莱斯车的车标的飞天女神的形象来自于设计者对美好爱情的期盼。飞天女神弯曲着双腿,头向着前方伸去——似乎在凝视前方的路面,若隐若现的绝妙身姿在长纱的包裹下显得更加唯美。

图 18

设计说明:酒鬼酒陶瓶是湖南酒鬼酒股份有限公司申请注册的立体商标,该陶瓶的设计立意孤绝,妙手天成,平朴里显功力,随意中见洒脱,古拙别致,大朴大雅。酒鬼酒瓶为黄永玉先生精心设计而成,并一举创下国内包装设计费之最。

## 典型案例

### "皇家礼炮"立体商标侵权案

原告公司于 2005 年获得了"皇家礼炮"系列威士忌瓶形(见图 19)的四个立体商标注册商标专用权。2013 年,原告公司发现被告公司生产、销售的"爱丽舍 21 年"威士忌的瓶形(见图 20)与"皇家礼炮"系列威士忌的瓶形,即"皇家礼炮"立体商标极为相似。原告公司于 2014 年 12 月以商标侵权及不正当竞争为由,将被告公司诉至武汉市中级人民法院,要求其停止侵权行为,赔偿经济损失 50 万元,并在相关媒体上刊登致歉声明。

法院经审理认为,由于原告主张权利的商标系结合瓶体的立体商标,所以对商标侵权的判断,重点在于被控侵权商品瓶体外形对相关消费者形成的识别性认知的判定。首先,涉案被控侵权商品系威士忌酒,与涉案五个商标核定使用商品中的酒(饮料)、威士忌酒属于同一种商品。其次,涉案被控侵权商品所使用的瓶形,与原告四个涉案立体商标相比,仅是瓶体正面的浮雕图案存在细微差异,两者在整体视觉上基本无差别,构成了高度近似。最后,虽然被控侵权商品也标注了注册商标,但该商标外形与原告主张权利的商标有着很大差异。更为重要的是,原告主张权利的商标系以瓶体为基础的立体商标,具有很高的显著性,故被告公司对其注册商标的使用并不影响商标侵权成立的认定。综上,法院认定被告公司的"爱丽舍 21 年"威士忌瓶形侵害了原告公司"皇家礼炮"立体商标的注册商标专用权。①

图 19

图 20

---

① 参见(2015)鄂武汉中知初字第 00022 号判决书。

"皇家礼炮"立体商标侵权案是我国法院认定侵犯立体商标近年来较新的案件,法院判决主要依据了最高人民法院《关于审理商标民事纠纷案件适用法律若干问题的解释》第9条的规定,即被控侵权的商标与原告的注册商标相比较,其立体形状近似,易使相关公众对商品的来源产生误认或者认为其来源与原告注册商标的商品有特定的联系的情形,从而认为本案中被告产品的瓶形与原告立体商标构成近似。

### 三、声音商标和气味商标

(一)声音商标

声音商标,是指以音符编成的一组音乐或以某种特殊声音作为商品或服务的标记。它可以是自然界中真实的声音,也可以是人工合成的声音。声音商标是不能凭视觉辨认的,只有通过听觉才能感知,因此声音商标又称"非形状商标"。例如,NBC的三声钟声、米高梅电影公司在电影片头出现的"狮吼"、诺基亚手机开机的声音以及新闻联播的开始曲等。

**理论研究**

## 声音商标的注册与保护

我国2013年修改的《商标法》第8条取消了对商标构成要素的"可视性"要求,增加了"声音"可以作为申请注册的构成要素,换言之,我国对声音商标允许申请注册。但声音商标的申请和注册不同于视觉商标,如何固化声音以便于申请、审查和查阅?如何认定声音商标的显著性?在声音商标的保护上如何界定?……这些问题需要进一步研究。[①] 声音商标在美国、法国、西班牙等少数国家和地区也得到承认。如《法国知识产权法典》第L711-1条规定:构成商标的要素包括音响标记,如声音、乐句。2001年7月31日,西班牙新的商标法案被提交到议会进行讨论,该法案旨在使西班牙的商标法与《商标国际注册马德里协定》、欧盟《关于协调信息社会版权与相关权利的指令》以及《与贸易有关的知识产权协定》的规定相一致,从而与其他欧盟国家的商标法更为融合。该法案允许注册声音商标,包括音乐、曲调、自然界的声音或其他声音;对于声音商标的保护与其他商标是相同的。[②]

---

[①] 参见王莲峰、牛东芳:《论声音商标审查采用获得显著性标准的依据及其完善》,载《中州学刊》2017年第12期。

[②] 参见陆普舜主编:《各国商标法律与实务》(修订版),中国工商出版社2006年版,第169页。

**典型案例**

## "QQ"提示音声音商标申请案

腾讯公司于2014年5月向国家工商行政管理总局商标局提出QQ软件提示音"嘀嘀嘀嘀嘀嘀"的声音商标注册申请。2015年8月,商标局驳回了该注册申请。腾讯公司不服,遂向商评委申请复审。商评委认为,作为非传统商标,声音商标必须通过使用才能取得显著性,而诉争商标"嘀嘀嘀嘀嘀嘀"仅是一个急促、单调的重复音,比较简单,缺乏商标应有的显著性,并于2016年4月驳回该声音商标申请。腾讯公司随即诉至北京知识产权法院。

一审法院经审理认为,判断声音商标是否具有显著性,除应遵循对传统商标显著性的判断规则之外,还应结合声音的时长及其构成元素的复杂性等因素综合考察。不能仅考虑其构成元素单一、整体持续的时间较短等因素,而应当综合考察诉争商标整体在听觉感知上是否具有可起到识别作用的特定的节奏、旋律、音效。"嘀嘀嘀嘀嘀嘀"声音商标虽然仅由同一声音元素"嘀"音构成,但整体在听觉感知上形成比较明快、连续、短促的效果,具有特定的节奏、音效,且并非生活中所常见,因此不属于被诉决定所认定的声音整体较为简单的情形。另外,在一般情况下,声音商标需经长期使用才能取得显著特征。而"嘀嘀嘀嘀嘀嘀"声音商标经过长期使用,在即时通信领域与QQ软件、腾讯公司之间已经建立了稳定的对应关系,在指定使用的"信息传送"服务项目上起到了商标应有的标志服务来源的功能。因此,"嘀嘀嘀嘀嘀嘀"声音商标已经具备了显著性,应当依法予以保护。遂判决撤销商评委作出的驳回复审决定。[①] 商评委不服一审法院判决,遂提起上诉。北京市高院经审理后驳回上诉,维持原判。

图21

图22

---

① 参见(2016)京73行初3203号判决书、(2018)京行终3673号判决书。

腾讯公司"嘀嘀嘀嘀嘀嘀"声音商标案是我国首例声音商标申请驳回复审行政纠纷案,法院在判决时考虑到声音商标作为新型商标与传统类型商标间显著性判断的差异,认为"嘀嘀嘀嘀嘀嘀"并非简单的重复音,且经过长期使用有了在指定服务项目上识别服务来源的功能,因此具有显著性。

(二)气味商标

气味商标,是指以某种特殊气味作为区别不同商品和不同服务项目的商标。因其不能通过视觉感知,又称"非形状商标"。例如,国外一面包房的主人,将本店烤制面包的独特香味作为气味商标申请注册。气味商标只在个别国家被承认。美国在20世纪90年代初,将一种用在缝纫线上的特殊香味作为气味商标予以保护。① 澳大利亚1995年商标法也明确规定气味商标可以获得保护。我国《商标法》没有对气味商标作出规定。

**四、集体商标和证明商标**

与一般商标不同,集体商标和证明商标有其自身特点和功能。我国首次对集体商标和证明商标进行保护的规定,是1993年7月15日修订的《中华人民共和国商标法实施细则》(以下简称《商标法实施细则》)。其中第6条规定,"经商标局核准注册的集体商标、证明商标,受法律保护。集体商标、证明商标的注册和管理办法,由国家工商行政管理局会同国务院有关部门另行制定。"为了加强对集体商标和证明商标的注册管理,国家工商行政管理总局于1994年12月30日发布了《集体商标、证明商标注册和管理办法》,对这两种商标的申请、注册、使用和管理作了具体规定,该办法于1998年12月3日作了修订。2001年我国《商标法》修改后,增加了对集体商标和证明商标保护的规定。为配合《商标法》的实施,国家工商行政管理总局于2003年4月17日再一次修改并发布了《集体商标、证明商标注册和管理办法》,自2003年6月1日起施行。

(一)集体商标

1. 集体商标的概念和特点

集体商标又称"团体商标",是指以团体、协会或者其他组织名义注册,供该组织成员在商事活动中使用,以表明使用者在该组织中的成员资格的标志。集体商标是以各成员组成的集体的名义申请注册和所有,由各成员共同使用的一项集体性权利,具有"共有性"或"公用性"。

---

① 参见刘春茂主编:《知识产权原理》,知识产权出版社2002年版,第585页。

集体商标与普通商标相比具有如下特点：

第一，集体商标的申请注册人为某一组织体。集体商标的申请人一般为工商业团体、协会或者其他组织，个人不能申请注册集体商标。普通商标的注册人范围较广，可以是自然人、法人或其他组织。

第二，集体商标的使用范围有明确规定。集体商标由该商标注册人的组织成员在商事活动中使用，不是该商标注册人的组织成员不能使用。普通商标可以许可组织以外的他人使用。

第三，集体商标的功能不同于一般商标。集体商标与普通商标均表明商品或服务的经营者，但集体商标表明商品或服务来自某组织，而普通商标则表明商品或服务来自某一经营者。

第四，集体商标的申请要提交使用管理规则。申请集体商标注册的，必须提交使用管理规则，产品或服务要按一定质量标准加以"统一"。申请普通商标则不必提交使用管理规则。

另外，集体商标准许其组织成员使用时不必签订许可合同，而普通商标许可他人使用时必须签订许可合同；集体商标失效后2年内，商标局不得核准与之相同或近似的商标注册，而普通商标失效后，只需1年，商标局就可以核准与之相同或近似的商标注册。

使用集体商标的意义在于不仅表明某种商品或服务具有共同的特征，来自于同一个组织成员所生产或提供的，而且有利于取得规模经济效益，扩大市场份额和影响力；同时，有利于发挥集团优势，维护团体信誉，保护团体及成员的利益。为了把中小企业力量集中起来，培育拳头产品，形成数量优势和质量统一管理，创立驰名商标，提高商品和服务的竞争能力，注册并使用集体商标是非常必要的。这也是发达国家曾经采用过的成功经验。

图 23

设计说明：每个牵手的人均为该组织的成员，集体商标注册人和成员可以共同使用该注册商标，圈外非集体组织的人员不得使用。大家团结起来，形成数量优势和统一产品标准，可有效提高产品竞争优势。如佛山陶瓷、沙县小吃等集体商标。

我国自1995年3月1日开始受理集体商标申请注册。随着我国企业股份制改造和企业集团的建立,越来越多的企业开始关注集体商标并进行申请和注册。如上海市豆制品行业协会于1998年7月30日向国家工商行政管理局商标局提出注册集体商标的申请。经审核,于2002年3月21日在第824期《商标公告》中予以公告,并于2002年6月21日核准注册,有效期10年(见图24)。集体商标的注册不仅有利于市民识别购买放心豆制品,扩大会员企业的市场份额,同时也有利于广大消费者监督,促进行业管理和加强行业自律,促进豆制品质量不断提高。豆制品使用集体商标,这在全国副食品行业尚属首例。

设计说明:椭圆形象征着黄豆的形状,大椭圆形代表协会,小椭圆形代表每个豆制品生产企业,寓意协会是豆制品生产企业组成的一个整体;红色的"S"是"上海"及"黄豆"的英文缩写的首个字母,两片绿色叶子既表示绿色食品,也表示上海市花白玉兰的叶子,象征着上海市豆制品行业协会在上海市政府的领导和关怀下茁壮成长。

**图24　上海市豆制品行业协会集体商标图样**

实践中,申请注册集体商标的益处为:在不改变单个成员身份的条件下,可以通过共同使用统一的商标把所有单个成员的生产经营能力有效地组合起来,形成数量优势,显现规模效应。因此,注册使用集体商标非常适合我国农副产品商标战略的实施。

2.集体商标注册人及使用人的权利和义务

根据《集体商标、证明商标注册和管理办法》的规定,集体商标注册人及使用人的权利和义务有:

第一,申请人应提交相关的文件。申请集体商标注册的,应当附送主体资格证明文件,并应当详细说明该集体组织成员的名称和地址。

第二,初审公告中应包含集体商标的使用管理规则。集体商标的初步审定公告的内容,应当包括该商标的使用管理规则的全文或者摘要。集体商标注册人对使用管理规则的任何修改,应报经商标局审查核准,并自公告之日起生效。集体商标的使用管理规则应当包括:(1)使用集体商标的宗旨;(2)使用该集体商标的商品的品质;(3)使用该集体商标的手续;(4)使用该集体商标的权利和义务;(5)成员违反其使用管理规则应当承担的责任;(6)注册人对使用该集体商标商品的检验监督制度。

第三,集体商标的使用应当符合商标法和管理规则的规定。集体商标注册人的成员,在履行该集体商标使用管理规则规定的手续后,可以使用该集体商标。集体商标不得许可非集体成员使用。使用集体商标的,注册人应发给使用人"集体商标使用证"。集体商标注册人的成员发生变化的,注册人应当向商标局申请变更注册事项,由商标局公告。申请转让集体商标,受让人应当具备相应的主体资格,并符合《商标法》《中华人民共和国商标法实施条例》(以下简称《商标法实施条例》)及《集体商标、证明商标注册和管理办法》的相关规定。

3. 集体商标的罚则和保护

集体商标注册人没有对该商标的使用进行有效管理或者控制,致使该商标使用的商品达不到其使用管理规则的要求,对消费者造成损害的,由市场监督管理部门责令限期改正;拒不改正的,处以违法所得3倍以下的罚款,但最高不超过3万元;没有违法所得的,处以1万元以下的罚款。集体商标专用权被侵权的,注册人可以根据《商标法》及《商标法实施条例》的有关规定,请示市场监督管理机关处理,或者直接向人民法院起诉。经公告的使用人可以作为利害关系人参与上述请求。

**典型案例**

## "城口老腊肉"集体商标侵权纠纷案

原告重庆城口县老腊肉行业协会于2007年申请注册了城口老腊肉(图形与文字"城口老腊肉"、字母"CHENG KOU"组合)集体商标。2013年年初,原告发现被告在第十二届重庆西部国际农产品交易会上销售的腌腊制品上未经许可使用了"城口老腊肉"组合商标,遂向法院起诉被告侵犯其商标权。被告抗辩称,其公司生产的带有"城口老腊肉"集体商标的腌腊制品上使用了自己注册的"土老福"商标,其行为合法。

法院经审理查明,被告与重庆某公司签订了委托加工合同,委托该公司生产腌腊制品。之后,被告用其自行印制的、标有"土老福"商标和"城口老腊肉"集体商标的包装袋对上述腌腊制品进行包装并销售。法院认为,被告在其所有的商品上标注"城口老腊肉"集体商标,实则是对原告拥有的"城口老腊肉"集体商标的使用。根据《商标法》的规定,有权使用集体商标的必须是该集体组织的成员,而被告并非该协会的成员。原告作为"城口老腊肉"集体商标的权利人,有权对侵犯其商标权的行为进行维权。随后法院判决被告停止侵权并承担一定损害赔偿责任。① 该案系重庆市第五中级人民法院审结的首例涉及集体商标的知识产权纠纷案件。

(二)证明商标

1. 证明商标的概念和特点

证明商标又称"保证商标",是指由对某种商品或者服务具有监督能力的组织所控制,而由该组织以外的单位或者个人使用于其商品或者服务,用于证明该商品或者服务的原产地、原料、制作方法、质量或者其他特定品质的标志。例如,纯羊毛标志、绿色食品标志、中国强制认证标志等。使用证明商标的目的在于向消费者提供质量证明,有利于企业拓展商品的销路,增强竞争能力。

图 25　纯羊毛标志

纯羊毛标志(WOOLMARK)是国际羊毛局(The Woolmark Company)的注册商标,创立于 1964 年,是全球最具盛名的纺织纤维品牌,由国际羊毛局审批其特许权。带有纯羊毛标志的产品,其羊毛含量需达 95% 以上。

图 26　绿色食品标志

绿色食品标志图形由三部构成:上方的太阳、下方的叶片和菇蕾。标志图形为正圆形,意为保护、安全。整个图形描绘了一幅阳光照耀下的和谐生机,告诉人们绿色食品是出自纯净、良好生态环境的安全、无污染食品,能给人们带来蓬勃的生命力。

绿色食品标志作为特定的产品质量证明商标,已由中国绿色食品发展中心在国家工商行政管理局注册。

图 27　中国强制认证标志

中国强制认证,其英文名为"China Compulsory Certification",缩写为"CCC",是国家认证认可监督管理委员会根据《强制性产品认证管理规定》(国家质量监督检验检疫总局令第 5 号)制定的。

---

① 改编自徐伟等:《重庆首例"城口老腊肉"集体商标纠纷宣判》,载《法制日报》2015 年 3 月 5 日。

## 实务应用

### "涪陵榨菜"证明商标

重庆涪陵地区是榨菜的发源地和中国榨菜最大、最集中的产地,涪陵榨菜是中国榨菜历史最悠久的名牌产品,它与欧洲的酸黄瓜、德国的酸甜甘蓝并誉为世界三大名腌菜而闻名中外。榨菜的商业加工始于1898年,历经百年发展,至今不衰。涪陵地区为了加强对榨菜行业的管理,提高涪陵榨菜的产品质量,维护涪陵榨菜的声誉,2000年4月21日,由涪陵区榨菜管理办公室申请的"涪陵榨菜"证明商标经国家工商行政管理总局商标局核准注册。自2001年1月1日起,"涪陵榨菜"证明商标正式使用(见图28)。据测算,从2000年到2004年,重庆涪陵区农民种植青菜头销售收入增长了194%。榨菜已成为重庆涪陵区的支柱产业项目,榨菜产业链年产值已达20亿元。"涪陵榨菜"品牌价值也在不断提升,在"2012年地理标志品牌价值"认证中,该标志排名全国第2位,品牌价值高达123.57亿元。

图28

证明商标和普通商标相比,具有以下特点:

第一,申请人必须具有法人资格。证明商标的注册人必须是依法成立,具有法人资格,且对商品和服务的特定品质具有检测和监督能力的组织,申请人一般为商会、机关或者有关团体。普通商标的注册申请人只需是依法登记的经营者,自然人、法人和其他经营者均可申请普通商标。

第二,证明该商品或服务的特定品质。证明商标表明商品或服务具有某种特定品质、原产地、原料、制作工艺和质量。普通商标只表明商品或服务出自某一经营者。

第三,注册人不能自己使用该证明商标。证明商标的注册人不能在自己经营的商品或服务上使用该证明商标。证明商标准许他人使用必须履行相应手续,发给"证明商标准用证"。普通商标的注册人必须在自己经营的商品或服务上使用自己的注册商标。普通商标许可他人使用必须签订许可合同。

第四,受让人有特殊要求。证明商标与普通商标都可以转让。但证明商标的受让人必须是依法成立、具有法人资格且具有检测和监督能力的组织。普通商标的受让者包括依法登记的个体工商户、合伙企业或其他组织。

另外,证明商标申请注册时必须提交证明商标的管理规则,而普通商标则无须提交;证明商标失效后2年内商标局不得核准与之相同或近似的商标注册,而普通商标失效后,只需1年商标局就可以核准与之相同或近似的商标注册。

对证明商标的保护始于20世纪中叶。美国1946年《兰哈姆法》第4条规定:证明商标,可按一般商标注册规定,与普通商标一样申请注册并具有同等效力。此种商标由对其适用实行管理的某些人、国家、州、市等具名申请注册。注册后与普通商标一样,受到同等保护。但商标所有人或使用人虚假使用商标于其产品或商品或服务上者除外。专利局长可专为证明商标设立注册步骤,申请手续和程序与一般商标注册大体相同。[①] 目前,世界上许多国家和地区的商标法中都对证明商标提供注册和保护。我国于1995年3月1日开始办理证明商标的核准注册。2001年修改的《商标法》中增加了对证明商标保护的规定。目前适用2003年修改的《集体商标、证明商标注册和管理办法》。

2. 证明商标注册人及使用人的权利和义务

根据《集体商标、证明商标注册和管理办法》的规定,证明商标注册人及使用人的权利和义务如下:

第一,申请人应提交相关的证明文件。申请证明商标注册的,应当附送主体资格证明文件,并应当详细说明其所具有的或者其委托的机构具有的专业技术人员、专业检测设备等情况,以表明其具有监督该证明商标所证明的特定商品品质的能力。

第二,初审公告应包括该商标的使用管理规则。证明商标的初步审定公告的内容,应当包括该商标的使用管理规则的全文或者摘要。证明商标的使用管理规则应当包括:(1)使用证明商标的宗旨;(2)该证明商标证明的商品的特定品质;(3)使用该证明商标的条件;(4)使用该证明商标的手续;(5)使用该证明商标的权利和义务;(6)使用人违反该使用管理规则应当承担的责任;(7)注册

---

① 参见工商行政管理总局商标局、中国社会科学院法学研究所合编:《外国商标法》,中国社会科学出版社1984年版,第428页。

人对使用该证明商标商品的检验监督制度。证明商标注册人对使用管理规则的任何修改,应报经商标局审查核准,并自公告之日起生效。

第三,注册人不得拒绝符合条件者使用其商标。该规定的目的在于防止注册人利用权利人的地位对市场进行垄断。保护证明商标的前提是其证明的商标或服务具有特定的品质,能够满足消费者的需求,而保护的目的则在于能够鼓励经营者为社会提供越来越多的高品质的商品。如果注册人对证明商标进行垄断性使用,即只允许一小部分厂家使用,而对于其他符合条件者不准许使用,则显然是不公平的,不利于市场经济的发展。故规定注册人不得拒绝符合条件者使用其证明商标,当然,使用人也必须履行必要的手续。

第四,注册人应当及时将使用人的情况报商标局备案。要求商标使用许可合同备案是商标行政管理的一项重要措施,证明商标的准许使用虽不同于一般商标的使用许可,但对使用人的情况进行备案同样有利于工商行政管理部门掌握该商标的使用情况,有利于及时发现、查处商标侵权、假冒注册商标的行为。而且由于证明商标的注册人不使用该商标,证明商标使用人的备案也就更有意义。具体而言,证明商标的注册人准许他人使用其商标时发给"证明商标准用证",将使用人的名称、地址、使用商品或服务等内容报商标局备案,由商标局予以公告。"证明商标准用证"应按规定的书式详细记载各项内容,由注册人签章,并可收取一定的管理费,但不得以营利为目的,应专用于该证明商标的管理。

第五,注册人不得使用该商标。证明商标的使用实际上是对商品特定品质的一种认定,即只有达到注册人所定标准的商品才准许使用该商标。如果注册人自己使用该商标,一方面自己证明自己产品的品质毫无意义,另一方面也会造成注册人与其他使用人之间的不平等,不利于企业间的公平竞争。

第六,注册人应当履行控制职责。证明商标的注册人必须履行控制职责,如果证明商标使用人的商品或者服务达不到证明商标使用管理规定的要求,对消费者造成损害的,则由注册人承担赔偿责任。

3. 证明商标注册人的罚则和保护

证明商标的注册人因对商品的质量疏于管理,给消费者造成损害的,注册人不仅要承担赔偿责任,同时,工商行政管理部门可责令限期改正;拒不改正的,处以违法所得3倍以下的罚款,但最高不超过3万元;没有违法所得的,处以1万元以下的罚款。

集体商标、证明商标的保护与普通商标完全相同,一经注册即产生专用权,任何人未经注册人同意而擅自使用即构成商标侵权行为。对于商标侵权行为,注册人可以向人民法院起诉,也可以向工商行政管理机关请求处理。

## 4. 证明商标与集体商标的关系

证明商标与集体商标既有联系也有区别,两者都是由多个生产经营者或服务提供者共同使用的商标。两者的区别表现在:

第一,功能不同。集体商标表明商品或服务来自同一组织,而证明商标则表明商品或服务的质量达到一定的标准。

第二,证明商标的申请人有特殊要求。这两种商标的申请人都必须是依法成立、具有法人资格的组织,但证明商标的申请人还必须对商品或服务的特定品质具有检测和监督能力。

第三,使用范围不同。集体商标只要是该集体成员均可使用,该组织以外的成员不得使用。证明商标则应当显示开放性,只要商品或服务达到管理规则规定的特定品质就可以要求使用证明商标。

第四,商标注册人使用商标的限制不同。集体商标的注册人可以在自己经营的商品或服务上使用集体商标,而证明商标的注册人不能在其经营的商品或服务上使用该证明商标。

## 典型案例

### "舟山带鱼"证明商标案

原告舟山水产协会为"舟山带鱼 ZHOUSHAN DAIYU 及图"证明商标的注册人,核定使用商品为第29类带鱼、带鱼片(见图29)。被告某公司生产的带鱼产品外包装标注有"舟山精选带鱼段"字样(见图30)。舟山水产协会将某公司诉至法院,认为被告产品外包装上突出使用了"舟山带鱼"字样,容易造成公众混淆,侵犯了原告的商标权,请求判令停止侵权,赔偿经济损失20万元。

法院经审理认为,"舟山带鱼"商标系作为证明商标注册的地理标志,该证明商标的注册人对于其商品并非产于该地域的自然人、法人或者其他组织在商品上标注该商标的,有权禁止,并依法追究其侵犯证明商标权利的责任。被告在涉案商品上使用的"舟山精选带鱼段"虽与涉案商标不完全相同,但其中包含了涉案商标,且以突出方式进行标注,会使相关公众据此认为涉案商品系原产于浙江舟山海域的带鱼,在被告不能证明其生产、销售的涉案商品原产地为浙江舟山海域的情况下,其在涉案商品上标注"舟山精选带鱼段"的行为,不属于正当使用,侵害了舟山水产协会的商标权,应承担相应的法律责任。据此,判决被告停止侵权,赔偿经济损失及诉讼合理费用 3.5 万元。①

图 29

图 30

本案主要涉及证明商标的保护问题,法院通过对该案件的裁判,确定了证明商标权利人的权利边界及禁用边界,界定了作为证明商标的地理标志的正当使用范围。因社会影响较大,该案入选了北京市法院 2012 年知识产权诉讼十大案例。

**五、联合商标和防御商标**

根据商标的使用目的划分,可将商标分为联合商标和防御商标。我国现行《商标法》未对联合商标和防御商标作出明确规定。但在商标实务中,已经有企业申请注册了这两种商标。注册这两种商标是为了保护其主商标,防止他人影射和搭便车。

(一)联合商标

联合商标,是指同一个商标所有人在同一种商品或类似商品上注册使用的若干个近似商标。在这些近似商标中,首先注册的或者主要使用的商标为主商标,其他的商标为该主商标的联合商标。例如,杭州娃哈哈集团公司拥有中国驰名商标"娃哈哈",为防止他人侵权,该公司又注册了"哇哈哈""哈娃哈""哈哈娃""娃娃哈""Wahaha"等商标。其中,"娃哈哈"为主商标,其他的商标为"娃哈哈"的联合商标。再如,红桃 K 集团为保护"红桃 K"不受侵害,对"红心 K""黑桃 K""红桃 A""黑桃 Q"等 33 个容易使消费者误认的商标进行了联合注册。

注册联合商标的目的,不是为了使用每一个商标,而是在于保护主商标,防

---

① 参见(2012)民高终字第 58 号判决书。

止他人注册或使用与主商标近似的商标。除此之外,也是为了适应企业发展和新产品开发的需要。对于有实力的企业,产品种类繁多,新产品不断涌现,旧产品不断更新换代,因而在业务往来时需要在与旧商品类似的新商品上,使用与原注册商标有一定近似的商标。这样既可以利用老牌子促销,又展示了新产品的风采,可谓一举多得。联合商标恰恰能满足这种需要。

联合商标的特点主要有:

第一,联合商标不得分开转让。由于联合商标是相近似的若干商标的群体,它们只能属于一个商标所有人,因此,联合商标不得分开转让或分开许可使用,必须整体处分。

第二,联合商标不受3年不使用规定之限。在要求商标必须注册和使用的国家里,通常都规定,只要使用了联合商标中的某一个商标,就可视为整个联合商标都符合使用的要求。这样,就不至于发生商标停止使用3年被撤销的问题。

第三,联合商标的注册可起到积极的防卫作用。通过申请注册联合商标,可以阻止他人注册和使用与联合商标中的主商标相近似的商标,使商标侵权者无隙可乘。

第四,联合商标可起到商标储备作用。联合商标具有储备功能,一旦市场需要,可调整商标策略,把备用商标调出来使用,如出口商可使用原已注册的汉语拼音商标等。

目前,在为联合商标提供注册保护的国家,大都不是不加区别地允许一切注册商标所有人取得这种特殊商标的注册。一般而言,只有驰名商标的所有人才会获准注册这种商标。为减少"注而不用"的商标,一些国家取消了联合商标制度。如英国在1992年取消了联合商标,日本在1996年修订商标法时,也取消了联合商标。

**实务应用**

## 联合商标的使用

联合商标在中华人民共和国成立前就有人使用。如当时的"永安堂"生产的"万金油"使用的是"虎"牌商标。为了防止他人侵权,该厂就将猪、马、牛、羊、猫、兔、狗、熊、豹、狼等14种动物作为"虎"牌的联合商标申请注册。在我国的商标实践中,不少企业已意识到联合商标的价值,开始申请和注册联合商标。如山东海尔集团申请注册的"琴岛—利勃海尔""琴岛海尔""利勃海尔""QINGDAO-LIBHL""Haier海尔"等商标即为联合商标。再如金利来公司的所有人,在申请了"金利来"商标后,又申请了"银利来""铜利来"等商标作为联合商标。

尽管《商标法》对联合商标未作明确规定,但本书认为,《商标法实施条例》对联合商标作了间接规定。该条例第31条第2款规定:"转让注册商标,商标注册人对其在同一种或者类似商品上注册的相同或者近似的商标未一并转让的,由商标局通知其限期改正;期满未改正的,视为放弃转让该注册商标的申请,商标局应当书面通知申请人。"这种商标的转让,与联合商标的特点很吻合。《商标法》第42条第2款和第3款对此作了明确规定:"转让注册商标的,商标注册人对其在同一种商品上注册的近似的商标,或者在类似商品上注册的相同或者近似的商标,应当一并转让。对容易导致混淆或者有其他不良影响的转让,商标局不予核准,书面通知申请人并说明理由。"从目前各国的商标法和商标实务来看,均把联合商标作为保护驰名商标的防卫措施之一。因此,建议再次修改《商标法》时应增加对联合商标的规定,允许企业申请和注册联合商标。

(二) 防御商标

防御商标,是指驰名商标所有人在不同类别的商品或者服务上注册若干个相同的商标。原来的商标为主商标,注册在其他类别的商品或服务上的同一个商标为防御商标。例如,青岛海尔集团不仅在冰箱、空调等产品上注册了"海尔"商标,在商品和服务分类表中的其他商品类别和服务类别上都申请注册了"海尔"商标。还有美国的"可口可乐"商标,虽然只在饮料上使用,但可口可乐公司也在其他商品和服务上申请注册了防御商标。注册防御商标的目的,是保护其主商标(一般为驰名商标)。驰名商标会产生巨大的波及作用,给所有人带来可观的利益。但一般消费者不知驰名商标所有人的经营范围,如果他人在不同类别的商品上使用驰名商标,消费者会因慕驰名商标之名,对产品来源发生误认,驰名商标所有人的信誉就会受到影响。如美国柯达公司的"柯达"商标是世界驰名的商标,主要用在柯达公司的照相机、胶卷和摄影器材上。而印度一家公司在自行车上申请注册了"柯达"商标,并以"柯达自行车公司"的名义进行经营活动。显然,该公司的做法是一种搭便车的行为。

防御商标的主要特点表现为:

第一,防御商标的注册人一般为驰名商标的所有人。一般而言,只有驰名商标所有人才有权申请注册防御商标。那些不够驰名的商标要想超出其经营范围申请注册防御商标则要受到种种限制。

第二,防御商标的构成要素应特别显著。一般的花、鸟、龙、凤等图形和名称的商标在各个类别的商品和服务项目上都已注满,只有特别新颖显著的商标才能插足。如日本索尼电气公司的商标"SONY",设计独特,具有很强的识别性,该公司不仅在电器上申请注册了"SONY"商标,还在自行车、食品等商品上注册了"SONY"商标。

第三,防御商标的注册较困难。按照国际惯例,此种商标一般难以注册。但一经注册,则不因其闲置不用而被国家商标主管机关撤销。只要主商标在使用,防御商标也视为在使用。

防御商标和联合商标尽管功能相同,均为保护驰名商标不受侵害,防止他人影射,但两者存在着很大的区别。其一,防御商标与其主商标为相同的商标;联合商标则是与其注册的主商标不同却近似的若干个商标群。其二,防御商标的注册范围一般与主商标所核定适用的范围不相同,是在其他的商品类别和服务项目上;而联合商标的注册则是在与主商标核定使用的商品相同或类似的商品上。其三,防御商标的注册人一般为驰名商标的所有人,而且申请较难获准;联合商标的注册人不一定是驰名商标所有人。

目前,世界上有部分国家和地区对防御商标给予保护。防御商标注册制度是日本商标制度的特色之一。根据《日本商标法》第64—68条的规定,如果一个防御商标通过申请取得注册,则他人在所注册的该防御商标核定使用的范围内,使用与之相同商标的行为将被视为对该防御商标的基础商标专用权的侵权行为。商标权利人可以就其所受到的侵害,提出申请停止侵权的临时禁令和赔偿的请求。[①] 我国香港地区的商标法也提供对防御商标的保护,该法规定的可申请注册的商标包括商品商标、服务商标、防御商标和证明商标。并规定防御商标指的是不以使用为目的,而在与其注册商标指定商品非类似的商品上注册的相同商标。只要原商标在使用,防御商标也视为使用。也有一些国家在修改商标法后,删除了防御商标。如牙买加的新商标法从2001年9月3日起开始施行。该法代替1958年的商标法,增加和修改了一些内容,其中就包括对防御商标的删除。

我国现行《商标法》未对防御商标加以规定,但对防御商标的注册和保护在商标行政管理实践中早已开始,如上述提到的"海尔"商标和"可口可乐"商标等。实际生活中,很多企业为保护驰名商标这一无形资产,纷纷申请和注册防御商标。如北京方正公司为保护其商标"方正",实施了防御商标和联合商标注册战略,在34类商品和8类服务上全面注册了"方正"商标,为树立统一的"方正"品牌形象和防止他人抢注奠定了法律基础。同时,在产品出口的国家和地区也申

---

① 参见陆普舜主编:《各国商标法律与实务》(修订版),中国工商出版社2006年版,第89页。

请了商标国际注册,从而提高了方正品牌在海外市场的知名度和市场占有率。从这些事例可以看到,企业已开始运用防御商标策略保护自己的驰名商标。而我国《商标法》对此没有规定,明显落后于实际生活的需要。从保护商标的国际公约来看,《保护工业产权巴黎公约》《与贸易有关的知识产权协定》中均规定了对驰名商标的特殊保护。凡是参加了上述两公约的成员方,即使其法律不保护防御商标,也必须给其他成员方的驰名商标以适当保护。但这种保护,远不如注册防御商标的保护力度大。本书认为,在市场竞争日趋激烈的今天,为更有效地保护我国企业的驰名商标,履行国际公约的义务,在修改我国《商标法》时应增加对防御商标的规定,允许企业申请和注册防御商标。

## 第三节 商标与其他商业标记

随着经济的发展,商业标记的种类也越来越丰富多彩,如商品名称、商品包装和装潢、商号、商务标语及域名等,这些标记在某种程度上也能起到识别商品或服务来源的作用。商标并不是商业标记的简称,它只是众多商业标记的一种,商标与这些相关商业标记既有联系又有区别。实际生活中,当这些标记被赋予相关权益时,也会产生权利的保护和冲突问题。[①]

### 一、商标与商品名称

商品名称是指用以区别其他商品而使用在本商品上的称号。它分为通用名称和特有名称两种。商品的通用名称,是指对同一类商品的一般称呼,如汽车、冰箱、电视等。商品的特有名称,是指表明某种特定商品的产地、性能的名称,如两面针药物牙膏、茅台酒等。对他人的注册商标,生产者和经营者不能将其作为商品的通用名称使用。同时,商标注册人在进行广告宣传和日常的使用过程中也要防止自己的不当使用。如"氟利昂""吉普""阿司匹林""凡士林"等商标,因使用不当逐渐变为商品通用名称,导致商标权人丧失商标权。

商标与商品名称的区别主要有:

(1)受保护的前提不同。构成商标的文字、图形或其组合应具有显著特征,便于识别,才有可能获得商标注册。而根据《商标法》,商品的通用名称不能作为商标申请注册,如"自行车"牌自行车等;商品的特有名称如果符合《商标法》规定

---

① 参见王莲峰、黄璟:《商业标识权利属性及其保护探析》,载《学术交流》2016年第8期。

条件的,可以作为商标申请注册。

(2) 受保护的法律不同。商标一经注册,即受到商标法保护。而针对商品名称而言,只有知名商品的名称才能受到反不正当竞争法的保护。

**典型实例**

**"优盘"商标被撤销案**

深圳朗科公司于1999年注册了"优盘"商标,使用在移动存储产品上,商标注册号1509704。北京某公司向国家工商行政管理总局商评委就该商标提出商标争议。2004年10月,商评委作出"关于撤销第1509704号'优盘'商标争议裁定书",其主要理由是朗科公司对"优盘"商标使用不当,优盘已逐渐变为移动存储商品的通用名称,丧失显著性。

### 二、商标与商品装潢

商品装潢是指商品的包装物或其附着物上的装饰设计。使用商品装潢的目的是宣传、美化商品,刺激消费者的购买欲望。商标与装潢同时用于商品或包装上,服务于同一商品。

商标与商品装潢的区别主要有:

(1) 使用目的不同。商标的使用目的是区别商品的来源,使消费者认知该商品。使用装潢的目的在于美化商品,吸引消费者,从而销售其产品。

(2) 稳定性不同。商标申请注册后,即为注册人专有,非经变更申请,不得任意改变注册商标的文字、图形或其组合。因此,商标具有相对的稳定性,不能频繁地变动商标。而装潢则不同,它要随着市场以及人们消费心理的变化而有所不同,可以随时加以改进和变动。

(3) 设计要求不同。根据《商标法》,直接表示商品名称、质量、原料、功能以及用途等特点的文字和图形不能作为商标申请注册,如"防潮"不能作为油毡的商标。而装潢设计的内容要与商品的内容一致,使消费者通过装潢了解商品的内容,如"伊利"纯牛奶包装盒上的牛即为该商品的装潢图案。

(4) 保护的法律不同。注册商标受商标法保护。商品装潢可以作为美术作品受著作权法保护,同时,知名商品的装潢还可以受到反不正当竞争法的保护。

### 三、商标与商号

商号,又称"厂商名称""企业名称",是指用于识别在一定地域内和一定行业中的不同经营者的称谓。在实际生活中,很多企业的商号和商标是一致的。如扬子电器集团公司就以"扬子"作为企业的名称和商标。

商标与商号的区别有：

（1）功能不同。商标是区别商品来源的标记。商号是辨认企业的标记。

（2）保护方式不同。商标是按照《商标法》的规定注册。而商号则依照《企业名称登记管理规定》进行登记和保护。

（3）法律效力的范围不同。商标注册后，取得商标专用权，在全国范围内有效。而商号专用权仅在一国的某一地域范围内有效。

（4）保护的法律不同。注册商标受商标法保护。商号则由《中华人民共和国民法典》（以下简称《民法典》）及《企业名称登记管理规定》来保护。

### 四、商标与商务标语

商务标语，是指经营者为了经销自己的商品或服务而制作使用的广告用语和宣传口号。实际生活中，商务标语常常和商标一起出现，用在商品或服务的宣传材料以及商品的包装上。例如维维豆奶公司的商务标语为"维维豆奶，欢乐开怀"。可见，商标与商务标语两者联系较紧密。

商务标语与商标的区别主要表现在：

（1）稳定性不同。商标一经注册，所有人不得随意改变注册商标的文字、图形或其组合，具有相对的稳定性。商务标语则要随着市场的变化、消费者追求的改变和经营者营销方式的调整而改变。

（2）专有性不同。商标注册后，其专有权由商标权人享有，他人未经权利人同意不得使用。一般的商务标语，如"质量可靠""物美价廉"等，不具有区别商品来源的功能，不能为某个人所专有和独占；有些商务标语，因其独特性，可以为某个企业所专有，如青岛海尔公司的广告语为"海尔，真诚到永远"。

（3）受保护的法律不同。商标注册后，受商标法保护。对特定的商务标语，如果符合著作权法规定的作品的条件，可以受著作权法保护，也可受反不正当竞争法保护。

### 五、商标与特殊标志

特殊标志，是指经国务院批准举办的全国性和国际性的文化、体育、科学研究及其他社会公益活动中所使用的，由文字、图形组成的名称及缩写、会徽和吉祥物等标志，[①]如中国国际进口博览会标识、"中华人民共和国成立 70 周年"活动标志等。

---

① 参见《特殊标志管理条例》第 2 条。

商标与特殊标志的区别主要是：

(1) 适用范围不同。商标适用于商品和服务项目上。特殊标志适用于文化、体育、科学研究和其他社会公益活动中。

(2) 保护的法律不同。注册商标受《商标法》保护；对于特殊标志，我国于 1996 年 7 月发布了《特殊标志管理条例》，对特殊标志进行保护。特殊标志的构成要求具有显著特征，不违反社会公共利益，而且不得损害他人的在先权，才能受到法律保护。

(3) 保护的期限不同。注册商标的保护期为 10 年，从核准注册之日起计算，期满可以申请续展，续展的次数不限，每次续展的时间为 10 年。特殊标志的有效期为 4 年，自核准登记之日起计算。提出延期申请的时间为期满前 3 个月内，延长的时间由国家知识产权局根据实际情况和需要决定。

### 六、商标与域名

域名，是指在国际互联网上的一个企业或机构的名字，是在互联网上企业间相互联络的网络地址。随着互联网在全球的迅速普及，域名已成为企业通过互联网络进行销售、交流和宣传等活动的基本标志。世界上许多著名公司都是以其主商标注册域名的，如摩托罗拉公司的域名为"www.motorola.com"、微软公司的域名为"www.microsoft.com"、中国国际航空公司的域名为"www.airchina.com"等。通过这个标志，可以找到企业和有关机构在互联网上的主页和网站。从某种意义上看，域名实际上是商标在互联网上的延伸，由此，域名又被称作"电子商标"，但域名和商标又有许多不同之处：

(1) 域名的唯一性不同于商标。商标的种类和构成有多种，而且一个商标也因其注册的产品不同而允许同时使用，如几个厂家可同时使用"月兔"牌商标生产不同的产品。但作为域名的构成是单一的，在整个互联网上是唯一的，而且只有第一家注册的机构才拥有这个域名。

(2) 域名的无地域性限制不同于商标。作为商标，在甲国注册得到法律保护并不意味着在乙国也得到保护，须重新在乙国申请注册才能得到该注册商标专用权，这是由工业产权的地域性决定的。而域名则无这样的限制，因为互联网是跨国的，不受地域制约，这也是由域名的唯一性决定的。

(3) 域名的无相似性限制条款不同于商标。注册商标要求不允许与其有相同或相似的文字、图形和组合。但在互联网上的域名，对文字的相似性没有限制，如"www.yanshan.com""www.yansha.com"，尽管这两个域名很相似，但却都是合法的域名。对企业的主商标而言，可通过注册联合商标来保护；但对域来讲,因为一个组织只能注册一个域名,靠传统的注册系列商标群的手段保护自己独特的域名就很难实施。

**理论研究**

## 域名与知识产权保护的协调

1999年,针对域名与知识产权保护的相互协调问题,世界知识产权组织(WIPO)发表了《因特网域名和地址的管理:知识产权问题》的最终报告(以下简称"报告"),向各成员方的域名注册管理机构推荐了以下三大程序:

(1) 域名注册规范程序。报告建议:第一,要求管理机构和申请人应通过签订域名注册协议确立其相互之间的权利和义务关系;第二,鼓励管理机构对申请人提供的联络信息主动进行检验,如申请人提供虚假的联络信息,管理机构可直接注销该已注册的域名;第三,鼓励申请人在进行域名注册前自愿进行查寻,并在域名注册协议中订入有关保证条款,即要求保证人承诺,无论域名的注册或是使用,都不会直接或者间接地侵犯第三方的其他知识产权。

(2) 统一争端解决程序。这套程序主要是针对因"域名注册不当"行为所引起的争议。对此,报告首先详细规范了"域名注册不当"行为的定义:若域名持有人持有的域名与异议人所持有的商品或服务商标完全一致或极其相似,且域名持有人对域名本身并不享有任何合法的权利或利益,同时域名的注册与使用均为恶意,则该域名将被认定为"注册不当"。其次,报告规定,作为争端解决程序发动的法律基础,管理机构和申请人应当在域名注册协议中明确,如发生任何因"注册不当"行为所引起的争议,均应当通过本报告确立的程序解决。最后,报告还规定了特殊的解决机构——争端解决服务提供者。这是指由域名注册管理机构授权,专业从事域名解决争议服务的非营利性组织。争端解决服务提供者掌管着一份专家名单,为保证程序的效率,服务提供者将自行从专家名单中直接指定三名专家组成专家组。专家组提供的补救措施限于以下三种:其一,取消争议域名的注册;其二,将争议域名的注册权利转让给异议人;其三,依据双方责任确定程序费用的负担。专家组作出的决定对双方当事人和域名注册管理机构均具有约束力。①

(3) 域名排他程序。域名排他程序的设置,主要体现在对驰名商标的优先

---

① 参见 WIPO 报告的附件四《关于滥用域名注册争端解决的政策》和附件五《关于滥用域名注册行政程序的规则》。

保护上。即把在《保护工业产权巴黎公约》和《与贸易有关的知识产权协定》中所确立的驰名商标保护体系延伸到网络空间中。这是一种跨越国界和具体商品或服务界别限制的独特的驰名商标保护体系。它通过指定的专家组确定是否赋予驰名商标所有者在顶级域名之下的排他权,而排他权的效力则是禁止除商标所有人外的任何第三者将该商标注册为域名。报告分别规定了排他权申请和撤销申请,并确立了排他权的标准。第一,在确立某一商标是否为驰名商标的过程中,专家组应考虑一切可以推断该商标为著名商标的情况;第二,专家组应考虑向其提交的所有材料,如商标使用的持续时间、范围及地域覆盖面,在相关社会领域中对商标的认知及识别程度,以及商标之上附带的价值等,以便从中得出该商标驰名与否的结论。专家组应当在 90 日内作出是否应当给予排他权,或者全部或部分取消既存排他权的决定。报告明确规定了专家组的决定的性质,其相关决定只是满足域名系统的管理需要,对任何国家的工业产权部门或法院不具有约束力。①

上述建议如果被采纳,就会在一定程度上缓解域名与其他知识产权之间的紧张关系并减少冲突发生的可能性,对驰名商标也将会起到较有利的保护作用。中国政府在 WIPO 报告中也提出了有关意见。

**实务应用**

## 我国域名的注册及保护

工业和信息化部负责中国互联网络域名的管理工作。其主要职责是:制定互联网络域名管理的规章及政策;制定国家(或地区)顶级域名 CN 和中文域名体系;管理在中国境内设置并运行域名根服务器(含镜像服务器)的域名根服务器运行机构;管理在中国境内设立的域名注册管理机构和域名注册服务机构;监督管理域名注册活动;负责与域名有关的国际协调。

中国互联网络信息中心负责管理 CN 域名和中文域名的申请注册。中国在国际互联网络信息中心(InterNIC)正式注册并运行的顶级域名是 CN。在顶级域名 CN 下,采用层次结构设置各级域名;中国互联网络的二级域名分为"类别域名"和"行政区域名"两类。类别域名共 6 个,分别为:AC——适用科研机构;COM——适用于工、商、金融等企业;EDU——适用于教育机构;GOV——适用于政府部门;NET——适用于互联网络、接入网络的信息中心(NIC)和运行中心(NOC);

---

① 参见 WIPO 报告的附件六《关于域名排他的政策》和附件七《关于域名排他专家组程序的规则》。

ORG——适用于各种非营利性组织。"行政区域名"共34个,适用于我国的各省、自治区、直辖市。

域名注册申请者必须是依法登记并且能够独立承担民事责任的组织。申请注册域名时,可以通过联机注册、电子邮件等方式向域名注册服务机构递交域名注册申请表,提出域名注册申请,并且与域名注册服务机构签订域名注册协议。三级域名由字母(A—Z,a—z,大小写等)、数字(0—9)和连接符(—)组成,各级域名之间用实点(.)连接。为了保持域名的清晰性和简洁性,申请域名的单位如无特殊原因应采用本单位名称的中文(汉语拼音)全称、英文全称、中文(汉语拼音)缩写、英文缩写或本单位持有的注册商标。域名长度不得超过20个字符,只能采用字母、数字和"—"的组合。另外,当单位名称的缩写与已注册域名、行业名称、地名、二级域名、专业术语等冲突时,将无法受理。域名最好与单位的性质、名称、商标以及单位平时所做的宣传相一致。这样的域名容易记忆、查找,也能很好地反映单位的形象。例如,长虹公司的域名"changhong.com.cn"就是一个选得很好的域名。

域名注册服务的原则是"先申请先注册",不受理域名预留。因持有或使用域名而侵害他人合法权益的责任,由域名持有者承担。域名注册管理机构可以指定中立的域名争议解决机构解决域名争议,域名争议解决机构作出的裁决与人民法院或者仲裁机构已经发生法律效力的裁判不一致的,域名争议解决机构的裁决服从于人民法院或者仲裁机构发生法律效力的裁判。域名争议在人民法院、仲裁机构或域名争议解决机构处理期间,域名持有者不得转让有争议的域名,但域名受让方以书面形式同意接受人民法院裁判、仲裁裁决或争议解决机构裁决约束的除外。

### 思考题

1. 简述商标的概念和功能。
2. 联合商标和防御商标有何不同?
3. 商标和商品装潢有何不同?
4. 简述商标和域名的关系。
5. 何为集体商标和证明商标?两者有何不同?
6. 简述立体商标及其限制性规定。
7. 我国《商标法》保护的种类有哪些?
8. 针对商标的分类,请分析企业如何实施商标策略。

# 第二章　商标法概述

☞ **本章导读**

商标的立法有一个历史演变的过程。1857年,法国制定了世界上最早的一部成文商标法,确立了商标的注册制度。现代的商标制度以1883年缔结的《保护工业产权巴黎公约》为标志。新中国《商标法》于1982年颁布,并于1993年、2001年、2013年和2019年作了四次修改。修改后的《商标法》基本上与国际公约保持一致。本章重点掌握我国《商标法》的基本原则,了解我国《商标法》历次修改的背景和内容,重点掌握第三次和第四次修改的主要内容。

## 第一节　商标法的调整对象和基本原则

### 一、商标法的概念

商标法,是指调整因商标的构成、注册、使用、管理和保护等所发生的社会关系的法律规范的总称。商标法所包括的法律规范,是指以商标法为主的所有调整商标法律关系的法律、法规、条例、细则和办法等的总和。

商标法的核心内容是保护商标专用权,围绕着商标权,规定了商标的构成、商标的申请注册、商标权的取得及利用、商标权的转让和使用许可、注册商标的无效宣告、商标使用的管理及保护等内容。

### 二、商标法的调整对象

商标法所调整的对象,是指因商标的注册、使用、管理和保护所发生的各种社会关系。包括以下内容:

1. 商标管理关系

商标管理关系,是指商标管理机关与商标注册申请人之间,在商标的注册、使用和管理过程中所发生的关系。具体包括:商标注册申请的核准关系;商标权的使用和转让关系;商标权的续展和保护关系;商标的印制关系等。

2. 商标使用关系

商标使用关系,是指商标注册人与他人之间因注册商标的转让、许可使用和争议所发生的关系。具体包括：对初步审定、予以公告的商标有异议的异议人与被异议人之间的关系；对已核准注册的商标有争议的争议人与被争议人之间的关系；因商标的转让、许可和继承而发生的转让人与受让人、许可人与被许可人、继承人与被继承人之间的关系等。

3. 商标管理机关内部的商标关系

商标管理机关内部的商标关系，是指国家知识产权管理部门与地方知识产权管理部门在商标管理中所发生的关系。主要表现在商标法对它们各自的职责所作的不同划分，如国家知识产权局商标局负责对申请注册的商标进行审核，地方各级市场监督管理部门负责对商标侵权行为进行查处等。

4. 商标保护关系

商标保护关系，是指商标权人与侵权人之间因保护商标专用权而发生的关系，具体包括商标的行政保护、商标的司法保护、侵权人应承担的法律责任等。

商标法通过对上述关系的法律调整，实现法律所追求的目标和任务，即保护商标专用权，促使生产者和经营者保证商品和服务质量、维护商标信誉，保护消费者利益。

### 三、商标法的基本原则

我国商标法的基本原则是指在商标立法、执法、司法以及商标管理和使用中应遵循的基本准则。具体而言，商标法的基本原则主要有以下几点：

1. 保护商标专用权与维护消费者权益相结合的原则

保护商标专用权，是商标法的核心内容和重要环节，也是商标法的立法宗旨之一。在保护商标权的同时，法律要求商标权人必须保证商品质量、维护商标信誉，以保障消费者的利益，促进社会主义市场经济的发展。

2. 注册取得商标专用权的原则

综观各国商标法，对商标专用权的确认，主要采用两种不同的制度，分别为注册原则和使用原则。注册原则是指不论申请人是否使用过商标，只有经过商标主管机关的注册登记，申请人才能取得商标专用权。使用原则是指商标专用权归首先使用该商标的人，未经使用的商标不得注册。这是一种与注册原则相对应的商标确权原则。但是在实践中，判断一个商标谁先使用不太容易，所以，目前越来越多的国家采用注册原则来确立商标专用权。我国商标法采用注册原则。① 基于我国法律传统和国情考虑，《商标法》采用申请在先为主、使用在先为辅的原则来确定商标权。② 商标申请注册采用自愿原则，但针对个别商品，要求必须注册，否则不得销售。

3. 商标注册的审查原则

商标的注册申请能否给予核准，世界各国对此采用的原则有两种：审查原则和不审查原则。审查原则是指商标主管机关在授权之前，按照法律的规定，对申请注册的商标，进行形式审查和实质审查，符合条件的，给予注册并公告。不审查原则是指商标主管机关对申请注册的商标，不进行实质审查，只对申请的文件、手续进行审查，符合条件的给予注册。采用这种原则的国家主要有瑞士、意大利、德国和土耳其等。我国采用审查原则对申请注册的商标实行全面审查。

4. 统一注册分级管理原则

统一注册是指国家授权某一部门专门负责对商标的注册工作。2018年国务院机构改革后，国家市场监督管理总局下设国家知识产权局，其中，商标局主管全国商标注册和管理的工作，其他任何机构无权办理商标注册。统一注册有助于国家对商标工作的统一管理，防止地区或部门的条块分割，能更有效地保护商标。分级管理是指由地方各级市场监督管理机关对本地区的商标使用、商标印制和商标侵权等依法进行管理和监督。

## 第二节 商标法律制度的沿革

商标法律制度的沿革经历了一个漫长的过程，它和不同时代经济的发展息息相关。商标法律制度最早发轫于西方工业发达国家，我国的商标法律制度产生于20世纪初。商标法是较早纳入国际保护体系的部门之一，随着全球经济的快速推进，商标法的国际协调已不可避免。

**一、国外商标法律制度的沿革**

国外商标法律制度的产生和发展，经历了以下几个时期：

---

① 《商标法》第3条第1款规定："经商标局核准注册的商标为注册商标……商标注册人享有商标专用权，受法律保护。"

② 《商标法》第31条规定："两个或者两个以上的商标注册申请人，在同一种商品或者类似商品上，以相同或者近似的商标申请注册的，初步审定并公告申请在先的商标；同一天申请的，初步审定并公告使用在先的商标，驳回其他人的申请，不予公告。"

(一) 19 世纪初期商标单行法规的出现

进入 19 世纪，商标被作为一种私有财产得到法律的保护。工业和商业比较发达的一些西方国家先后制定了专门法律，保护商标所有人的利益。开创近代商标制度的法律是 1804 年法国的《拿破仑法典》，该法首次肯定了商标作为无形财产与有形财产一样受法律保护。最早的商标保护的单行成文法规是 1803 年法国的《关于工厂、制造场和作坊的法律》，该法第 16 条把假冒商标视为私自伪造文件罪予以处罚。1857 年法国又制定了世界上最早的一部成文商标法，即《关于以使用原则和不审查原则为内容的制造标记和商标的法律》，确立了商标的注册制度。

(二) 19 世纪中后期商标法律制度有了进一步的发展

紧随法国其后，英国于 1862 年颁布了《商品标记法》、1875 年颁布了《注册商标法》，美国于 1870 年制定了《联邦商标法》，德国于 1874 年颁布了《商标保护法》，日本于 1884 年颁布了《商标条例》。这一时期商标保护的特点为：注册使用与不注册使用都可以取得商标的专用权。到了 19 世纪中后期，商标法律制度已经有了相当的发展。

(三) 19 世纪下半叶以后商标的保护呈现国际化的趋势

现代的商标制度以 1883 年缔结的《保护工业产权巴黎公约》为起点，该公约把商标作为工业产权的保护对象纳入了多边的国际公约的保护范围，标志着商标制度开始进入现代阶段。围绕着《保护工业产权巴黎公约》，又陆续签订了一些和商标有关的国际公约和协定，如 1891 年《商标国际注册马德里协定》《制止商品产地虚假或欺骗性标记马德里协定》、1957 年《商标注册用商品和服务国际分类尼斯协定》、1958 年《保护原产地名称及其国际注册里斯本协定》、1973 年《商标注册条约》《建立商标图形国际要素分类维也纳协定》等。这些商标国际保护条约的缔结，标志着商标的保护呈现国际化的趋势，商标法律制度的发展进入一个新时期。1994 年通过的《与贸易有关的知识产权协定》，对商标的保护提出了更高的标准，要求各成员一体遵守，商标权的保护进一步国际化。为适应世界经济的快速发展和对商标国际保护的要求，各国商标法也作了多次修改。这一时期商标保护的特点为：商标保护的国际化；注册才能取得商标的专用权；注册使用与不注册使用并行。

## 二、我国商标法律制度的沿革

虽然我国宋代就出现了商标，但由于长期处于封建社会，商品经济不发达，作为商品标记的商标也没有被广泛使用，因而，国家保护和管理商标的立法也出现得很晚。

（一）1949年以前的商标立法

1949年以前，我国的商标立法发展缓慢，概括起来，分为以下四个时期：

（1）封建社会时期。这一时期，我国工业和商业不发达，至今尚未发现完整的商标立法史料的记载。到了明朝以后，商品生产和交换有了进一步的发展，商标的争议和纠纷案件也开始出现。1736年，即清朝乾隆六年，苏松府长洲县曾处理过布商黄友龙冒用他人商标一案。经当地官府裁决为"即奉督、府、藩各宪批准勒石永禁"。这是官府查禁仿冒商标的一个典型案件。① 当时，封建官府对发生的商标纠纷，告到官府的才受理，没有专门的商标立法。到了1825年，即清朝道光五年，绮藻堂布业总公所对使用的商标进行校勘，并订立"牌谱"。规定"名牌第一第二字，或第二第三字，不准有接连两字相同，并不准接连两字内有音同字异及音形相同，如天秦或天泰、大成或大盛等字样"。这样规定的目的，是防止商标的混淆。此后各布局均以此办理，逐渐形成了一种惯例。

（2）清朝光绪时期的商标法令。我国正式使用"商标"一词，是在1840年鸦片战争后，此时中国开始进入半封建半殖民地社会。当时，西方一些国家的商品纷纷涌入我国销售，为保护其商标不被假冒，各帝国主义国家要求清政府制定商标法，以保护其商标专用权。在1902年、1903年、1904年，清政府分别和英国、美国、葡萄牙等国签订了双边条约，以保护其商标权。② 为了履行与各国签订的条约，清政府在1903年设立商部，并在商部内成立商标登录局，请当时掌管清政府海关的总税务司英国人赫德起草商标章程草案，在参照各国商标法后拟定为《商标注册试办章程》，并于1904年批准实施。这是中国历史上第一部商标法规。该章程共计28条，细目23条，主要内容为：实行注册原则和申请在先原则；注册商标有效期为20年，期满可以续展；保护商标专用权。但该法规主要是外国人包办代订的，因此立法主要是保护外国人的利益。从1904年至1923年，商标注册共25900余件，几乎全为外国商标。这也反映出中国当时的半封建半殖民地性质，无独立的主权可言。

（3）北洋政府时期的商标立法。1923年，北洋政府颁布了商标法及其实施细则。该法实行注册原则，照顾在先使用；保护商标专用权；注册商标有效期为20年，可以续展；并规定了对侵权行为的处罚等。

---

① 参见夏叔华：《商标法要论》，中国政法大学出版社1989年版，第52页。
② 1903年10月8日，清政府与美国订立了《中美续议通商行船条约》，其中使用了"商标"这一译法，这是中国的法律文件中首次出现"商标"一词。参见安青虎：《品牌与商标》，载《知识产权》2006年第4期。

(4) 国民党政府时期的商标立法。1927年国民党政府成立,1930年颁布了商标法及其实施细则。该法于1935年和1938年作了两次修改。1928年到1934年,商标注册共24747件,其中,外国人商标为16969件,占68%。到1948年,我国注册商标大约有5万件。①

(二) 1949年以后的商标法律制度

中华人民共和国成立后,先后制定了三部商标法规,这三部立法呈现出不同的特点。

(1) 1950年《商标注册暂行条例》。这是中华人民共和国第一部商标管理法规。同年9月29日,又批准实行了《商标注册暂行条例实施细则》。这一时期商标法的立法特点为:采用自愿注册原则;规定注册取得商标专用权,有效期为20年;实行申请在先和审查原则;废除外国在中国的特权;规定国民党政府商标局核准注册的商标应重新注册。《商标注册暂行条例》及其实施细则的实施,维护了生产者和经营者的利益,保护了注册商标专用权人的权益,对促进我国国民经济的发展起到了一定的作用。

(2) 1963年《商标管理条例》。为加强商标管理,督促企业保证和提高产品质量,1963年国务院公布了《商标管理条例》,同年4月,国家工商行政管理局又发布了《商标管理条例实施细则》。《商标管理条例》的主要内容和特点为:商标实行全面注册制,要求生产经营者使用的商标都要注册,没有注册的商标一律不能使用;简化商标申请注册的审定手续,对注册商标的审定由两次公告注册改为一次公告注册;明确商标是商品质量的标志;强调商标的管理监督职能,条例在立法宗旨、主管机关、监督方式等方面作了具体规定;没有对商标专用权的保护作出规定等。该条例的规定很简单,突出了商标管理的内容,有明显的时代痕迹。"文革"期间,商标法制受到破坏,商标注册工作被迫停止,商标的使用处于混乱状态。1978年,国务院决定成立国家工商行政管理局,下设商标局,并开始对全国商标进行清理整顿,恢复了商标的统一注册。随着改革开放方针政策的确立和国际国内经济形势的需要,国家开始着手制定新的商标法。

(3) 1982年《商标法》。1982年8月23日,第五届全国人大常委会第二十四次会议通过了《商标法》,于1983年3月1日起施行。同年3月10日,国务院又发布了《商标法实施细则》。这是中华人民共和国成立后制定的第一部保护知识产权的法律。这一时期商标法的主要内容和特点为:确立了对商标专用权的保护,在立法宗旨中强调保护注册商标专用权,这种立法精神体现在商标注册、

---

① 参见郑成思主编:《知识产权法教程》,法律出版社1993年版,第243页。

商标管理和商标侵权等各项制度中;申请在先和使用在先相结合;自愿注册和强制注册相结合,这是我国商标注册制度的重大改革;允许生产经营者根据自身生产经营的需要,决定是否申请注册商标;侵权纠纷实行行政处理与司法审判相结合,这是我国经实践证明可取的解决商标纠纷的方法,不仅有利于案件的迅速处理,而且有利于减轻人民法院的工作;注意吸收外国的商标法律制度,如商标的转让和使用许可制;注册商标的有效期和续展;商标禁用条款的规定等。这部《商标法》及其实施细则主要是立足国内,有许多中国特色的法律规定。如对商标实行集中注册、分级管理制;通过加强商标管理,监督商品质量等。《商标法》及其实施细则的制定与实施,使我国的商标活动有法可依,商标管理走向制度化和法律化;同时也标志着我国知识产权保护制度的建立和逐步完善。

20世纪80年代以来,我国相继加入了《建立世界知识产权组织公约》和《保护工业产权巴黎公约》,1988年11月1日起正式采用《商标注册用商品和服务国际分类尼斯协定》和《商标图形要素国际分类》,1989年和1995年先后加入了《商标国际注册马德里协定》及其议定书。为了适应我国参加的国际条约的要求,加大对商标专用权的保护,1988年1月3日由国务院批准修订、国家工商行政管理局发布了新的《商标法实施细则》,1990年国家工商行政管理局又发布了《商标印制管理办法》。我国政府在这一时期的一系列活动,使中国的商标法律制度在与国际商标法律制度的衔接方面迈出了重要的一步。

随着我国市场经济的深入发展,我国《商标法》分别于1993年、2001年、2013年和2019年作了四次修改,修改后的《商标法》与我国参加的商标国际公约的保护水平基本一致。

## 第三节 商标法的渊源和作用

**一、商标法的渊源**

商标法的渊源是指商标法律规范的表现形式或出处。我国商标法律规范的渊源包括以下几个部分:

1. 商标的基本法律

商标的基本法律是指由国家立法机关制定的商标法律,即全国人民代表大会常务委员会通过的《商标法》。

## 2. 商标法律规范性文件

商标法律规范性文件主要是指由国务院和商标行政主管部门即原国家工商行政管理总局、现国家市场监督管理总局颁布和公布的与《商标法》有关的配套法规。国务院颁布的商标行政法规为2002年8月3日公布的《商标法实施条例》，该条例于2014年4月29日修订，2014年5月1日起施行。国家工商行政管理总局公布的现行规范性文件主要包括：《关于对外贸易中商标管理的规定》《关于规范企业名称和商标、广告用字的通知》《注册商标专用权质押登记程序规定》《关于保护服务商标若干问题的意见》《奥林匹克标志保护条例》《商标评审规则》《驰名商标认定和保护规定》《集体商标、证明商标注册和管理办法》及《世界博览会标志保护条例》等。

在2018年国务院机构改革方案实施以后，国家工商行政管理总局被撤销，其商标管理职责并入了重新组建的国家知识产权局，由国家市场监督管理总局管理。在此之后，国家知识产权局、国家市场监督管理总局发布的商标法律规范性文件包括：《关于商标电子申请的规定》《规范商标申请注册行为若干规定》《商标注册档案管理办法》《商标印制管理办法》《关于〈商标法〉第五十九条第三款法律适用问题的批复》《专利、商标代理行业违法违规行为协同治理办法》《商标审查审理指南》《商标一般违法判断标准》及《商标注册申请快速审查办法（试行）》等。

## 3. 最高人民法院发布的商标司法解释

主要包括：《关于人民法院对注册商标权进行财产保全的解释》《关于审理涉及计算机网络域名民事纠纷案件适用法律若干问题的解释》《关于审理商标案件有关管辖和法律适用范围问题的解释》《关于审理商标民事纠纷案件适用法律若干问题的解释》《关于审理注册商标、企业名称与在先权利冲突的民事纠纷案件若干问题的解释》《关于审理涉及驰名商标保护的民事纠纷案件应用法律若干问题的解释》《关于商标法修改决定施行后商标案件管辖和法律适用问题的解释》及《关于审理商标授权确权行政案件若干问题的规定》等。

## 4. 我国缔结或加入的与商标有关的国际公约

主要包括：《保护工业产权巴黎公约》（1967年斯德哥尔摩文本）、《商标国际注册马德里协定》（1967年修订、1979年修改的斯德哥尔摩文本）及其议定书，以及《建立世界知识产权组织公约》《商标注册用商品和服务国际分类尼斯协定》《与贸易有关的知识产权协定》等。

## 5. 其他法律和法规中与商标有关的规定

主要包括：《民法典》及《中华人民共和国反不正当竞争法》（以下简称《反不

正当竞争法》)、《中华人民共和国刑法》(以下简称《刑法》)中的有关规定,以及国务院发布的《特殊标志管理条例》等。

**二、商标法的作用**

商标法通过对上述各种社会关系的调整,对促进社会主义市场经济的有序发展,保护商标权人和消费者的合法利益,制止不正当竞争等都起着重要的作用。具体表现为以下几个方面:

1. 保护商标专用权

商标法的核心内容是保护商标权人的专用权,维护其合法利益。这也是商标立法的宗旨之一。为此,商标法针对商标专用权作了许多规定,如商标注册的申请、审查和核准;注册商标的续展、转让和使用许可;注册商标无效宣告;注册商标专用权的保护;对于商标侵权行为,侵权人应承担的民事责任、行政责任和刑事责任;对侵权行为的法律制裁措施等。

2. 维护商标信誉

在激烈的市场竞争中,商标,特别是驰名商标是企业信誉的象征,是产品高质量的代名词。为维护和提高自己商标的信誉,企业就要在争创驰名商标的同时,积极进行科技开发,采用先进技术,降低成本,不断提高产品质量和服务质量。针对注册商标的转让和使用许可,商标法还专门规定了质量保证条款,如受让人和被许可人应当保证使用该注册商标的商品质量,许可人应当监督被许可人使用该注册商标的商品质量等。

3. 保障消费者的利益

保障消费者的利益,是我国商标法的宗旨之一。社会主义生产的根本目的,就是不断满足人民群众日益增长的物质和文化生活的需要,因此,对生产经营者而言,失去消费者和市场的需求,其生产经营活动的原动力就不复存在。为吸引更多的消费者,企业就要不断提高产品质量,推出更多更好的新产品,从而带动整个企业的发展,提升商标的信誉。对注册商标的商品粗制滥造,以次充好,欺骗消费者的,各级市场监督管理部门可以分别不同情况,责令限期改正,并可以予以通报或者处以罚款,或者由商标局撤销其注册商标。

4. 加强商标的管理

为了保障社会主义市场经济的健康发展,商标法赋予各级市场监督管理机关通过商标管理,监督商品或服务质量,维护广大消费者的利益;通过对商标印制进行管理,杜绝假冒和冒充注册商标的来源,保护商标权人的合法利益;通过查处商标侵权活动,打击假冒注册商标行为,维护正常的市场竞争秩序。

## 第四节 我国商标法四次修改的背景及主要内容

1982年8月23日,第五届全国人大常委会第二十四次会议通过了《商标法》,这是中华人民共和国成立后的第一部商标法。该法的颁布,对加强我国商标的管理、保护商标权人的利益、维护经济秩序起到了积极的作用。该法从1983年3月施行到现在,已经历了四次修订,每次修改的背景和主要内容如下:

### 一、1993年《商标法》修改的主要内容

随着社会主义市场经济的逐步建立,对《商标法》的修改也提上了议事日程。1993年2月22日,第七届全国人大常委会第三十次会议通过了《关于修改〈中华人民共和国商标法〉的决定》。1993年2月,全国人大常委会又作出了《关于惩治假冒注册商标犯罪的补充规定》,加大了惩治假冒注册商标犯罪和处罚商标侵权行为的力度。1993年7月15日,国务院批准第二次修订《商标法实施细则》。这次《商标法》修改的主要内容有:

(一)不得将地名作为商标使用

1993年《商标法》第8条第2款规定:"县级以上行政区划的地名或者公众知晓的外国地名,不得作为商标。但是,地名具有其他含义的除外;已经注册的使用地名的商标继续有效。"1993年《商标法》吸纳了国际上的通常做法,禁止将属于公共财产的地名作为商标使用。但鉴于有些地名已具备商标的显著性,具有"其他含义",《商标法》采用不溯及既往的原则,承认已注册的商标和具有其他含义的地名商标继续有效。

(二)将商标的保护范围扩大到服务商标

1993年《商标法》第4条第2、3款规定:"企业、事业单位和个体工商业者,对其提供的服务项目,需要取得商标专用权的,应当向商标局申请服务商标注册。本法有关商品商标的规定,适用于服务商标。"1993年《商标法》适应了我国第三产业迅速发展的要求,允许申请和注册服务商标,并给予服务商标与商品商标相同的法律地位。这种规定改变了我国商标法不保护服务商标只保护商品商标的历史。

(三)增加商标注册审查的补正程序

1993年《商标法》第27条第1款规定:"已经注册的商标,违反本法第八条规定的,或者是以欺骗手段或者其他不正当手段取得注册的,由商标局撤销该注册商标;其他单位或者个人可以请求商标评审委员会裁定撤销该注册商标。"

1993年《商标法》规定了商标注册无效的原因,即违反其第8条的规定,或者是以欺骗手段或者其他不正当手段取得注册的商标。同时,明确了商标注册无效的裁定机关为商标局或商标评审委员会。

(四)重新界定商标侵权行为的范围

1993年《商标法》在所列举的商标侵权行为中,增加了一项,即"销售明知是假冒注册商标的商品的"行为也属商标侵权行为。立法旨在遏制商品流通领域中的商标侵权行为,加重商品经营者的责任心。1993年《商标法》还修改了一项,即"伪造、擅自制造他人注册商标标识或者销售伪造、擅自制造的注册商标标识的"行为也是商标侵权行为,从而强调了对注册商标标识的保护。

(五)加大对商标侵权行为惩治的力度

1993年《商标法》对侵犯商标权的刑事责任作了相应的规定,假冒他人注册商标,构成犯罪的,除赔偿被侵权人的损失外,依法追究刑事责任;伪造、擅自制造他人注册商标标识或者销售伪造、擅自制造的注册商标标识,构成犯罪的,除赔偿被侵权人的损失外,依法追究刑事责任;销售明知是假冒注册商标的商品,构成犯罪的,除赔偿被侵权人的损失外,依法追究刑事责任。

**二、2001年《商标法》修改的主要内容**

为了加入世界贸易组织,和《与贸易有关的知识产权协定》相衔接,2001年10月27日,第九届全国人大常委会第二十四次会议通过了《关于修改〈中华人民共和国商标法〉的决定》,修改后的《商标法》自2001年12月1日起施行。为配合新商标法的实施,2002年8月11日国务院发布了修订的《商标法实施条例》,该条例自2002年9月15日起施行。这次《商标法》修改的主要内容有:

(一)扩大商标的构成要素

2001年《商标法》第8条规定:"任何能够将自然人、法人或者其他组织的商品与他人的商品区别开的可视性标志,包括文字、图形、字母、数字、三维标志和颜色组合,以及上述要素的组合,均可以作为商标申请注册。"原来的《商标法》只保护平面商标,而且构成要素比较简单。2001年《商标法》将商标的构成要素扩大到三维标志和颜色组合的可视性标志,增加了立体商标和颜色的组合商标,但未保护声音商标和气味商标。

(二)明确商标的注册条件

2001年《商标法》第9条第1款规定:"申请注册的商标,应当有显著特征,便于识别,并不得与他人在先取得的合法权利相冲突。"由此可见,在我国申请商标注册,不仅要求该商标具有显著特征,而且要求申请注册的商标不得与他人已经取得的权利如商号权、姓名权等相冲突。

（三）对集体商标、证明商标和地理标志进行保护

2001年《商标法》第3条第1款规定："经商标局核准注册的商标为注册商标，包括商品商标、服务商标和集体商标、证明商标；商标注册人享有商标专用权，受法律保护。"原来的《商标法》未对集体商标、证明商标和地理标志作出规定。在1993年7月修订的《商标法实施细则》中才明确了对集体商标和证明商标的保护。2001年《商标法》结合我国的实际情况，借鉴国外商标法对集体商标、证明商标和地理标志的规定，增加了对这三种新的商标的界定和保护。

（四）将商标注册的申请人扩大到自然人

2001年《商标法》第4条第1款规定："自然人、法人或者其他组织对其生产、制造、加工、拣选或者经销的商品，需要取得商标专用权的，应当向商标局申请商品商标注册。"

《商标法》在2001年修改前限制自然人作为商标的主体，如只允许领有营业执照的个体工商户、个人合伙申请商标注册。这种规定带来诸多弊端：第一，如果这些自然人不再从事经营活动，就可能会丧失其商标权的主体资格；第二，因为有经营范围的限制，一般的自然人不能继承商标，剥夺了自然人对商标这种财产的继承权；第三，这种限制只适用于国内自然人，对于外国自然人并未限制，这显然是一种超国民待遇的表现；第四，随着我国市场经济的迅速发展，农村出现了很多的种植户、养殖户和经营承包户，城市中也有大量的自由职业者和下岗职工在从事一定的经营服务活动，而这些人大部分不需要进行登记。从世界范围来看，很多国家的商标法和有关国际公约都允许自然人作为商标权的权利主体。毋庸置疑，商标权是一种民事权利，商标作为一种财产，应成为任何民事主体都有权拥有并可以自由流转的对象，而不论他们是否从事生产经营活动。为适应社会发展的需要，2001年《商标法》取消了对自然人注册商标必须有经营资格的限制，从而使得任何自然人在我国均可申请注册商标。

（五）禁止以官方标志、检验印记作为商标注册

2001年《商标法》第10条第1款第4项规定，与表明实施控制、予以保证的官方标志、检验印记相同或者近似的标志不得作为商标使用，但经授权的除外。禁止以官方标志、检验印记作为商标注册，在《保护工业产权巴黎公约》中早有规定。2001年《商标法》将这种规定在立法中加以明确。

（六）增加对驰名商标的保护

2001年《商标法》第13条规定："就相同或者类似商品申请注册的商标是复制、摹仿或者翻译他人未在中国注册的驰名商标，容易导致混淆的，不予注册并

禁止使用。就不相同或者不相类似商品申请注册的商标是复制、摹仿或者翻译他人已经在中国注册的驰名商标，误导公众，致使该驰名商标注册人的利益可能受到损害的，不予注册并禁止使用。"同时规定了认定驰名商标应当考虑的因素。原来的《商标法》对驰名商标的保护几乎为空白。我国在 1985 年就加入了《保护工业产权巴黎公约》，尽管我国在商标实务中早已对驰名商标进行保护，但未对驰名商标在《商标法》中予以确认。此次《商标法》的修改，不仅扩大了对驰名商标的保护，而且对驰名商标的认定标准也作了明确的规定。

（七）禁止代理人或者代表人恶意注册商标

2001 年《商标法》第 15 条规定："未经授权，代理人或者代表人以自己的名义将被代理人或者被代表人的商标进行注册，被代理人或者被代表人提出异议的，不予注册并禁止使用。"鉴于恶意注册他人商标的现象日益严重，新修改的《商标法》对此作了明文规定。

（八）完善商标优先权的规定

2001 年《商标法》第 24 条规定："商标注册申请人自其商标在外国第一次提出商标注册申请之日起六个月内，又在中国就相同商品以同一商标提出商标注册申请的，依照该外国同中国签订的协议或者共同参加的国际条约，或者按照相互承认优先权的原则，可以享有优先权。依照前款要求优先权的，应当在提出商标注册申请的时候提出书面声明，并且在三个月内提交第一次提出的商标注册申请文件的副本；未提出书面声明或者逾期未提交商标注册申请文件副本的，视为未要求优先权。"优先权原则是《保护工业产权巴黎公约》的一项基本原则，在《中华人民共和国专利法》（以下简称《专利法》）中已有规定。此次修改的《商标法》也把优先权原则吸纳了进来。

（九）增加司法审查的规定

根据《与贸易有关的知识产权协定》的规定，当事人应有机会要求司法机关对终局的行政决定进行复审。为与国际公约相衔接，2001 年《商标法》取消了商标评审委员会的终局决定，增加了对其决定的司法审查。如 2001 年《商标法》第 32 条规定："对驳回申请、不予公告的商标，商标局应当书面通知商标注册申请人。商标注册申请人不服的，可以自收到通知之日起十五日内向商标评审委员会申请复审，由商标评审委员会做出决定，并书面通知申请人。当事人对商标评审委员会的决定不服的，可以自收到通知之日起三十日内向人民法院起诉。"

（十）加强商标的行政管理

原来的《商标法》对工商行政管理部门查处商标侵权行为的职权规定很有

限,只有责令停止侵权和罚款。为加大对商标侵权行为的打击力度,2001年《商标法》增加了工商行政管理部门没收、销毁商标侵权商品等职权。

(十一) 修改和增加商标侵权行为的规定

2001年《商标法》规定,销售侵犯注册商标专用权的商品,属侵犯注册商标专用权的行为;并且规定:"销售不知道是侵犯注册商标专用权的商品,能证明该商品是自己合法取得的并说明提供者的,不承担赔偿责任。"新法排除了以"明知"作为认定商标侵权的条件,按照"无过错责任原则"来认定侵权,即不管行为人主观上是否存在过错,只要有侵权行为的事实存在,即可认定为侵权;但在确定赔偿责任时,以"过错责任原则"来认定。

同时,2001年《商标法》增加了"未经商标注册人同意,更换其注册商标并将该更换商标的商品又投入市场的"行为属侵犯商标专用权行为的规定。这种侵权行为属于商标的反向假冒,在国外的商标法中早有规定。我国在1994年就出现了商标反向假冒的案例。

(十二) 规定商标侵权的赔偿数额

2001年《商标法》第56条第1款规定:"侵犯商标专用权的赔偿数额,为侵权人在侵权期间因侵权所获得的利益,或者被侵权人在被侵权期间因被侵权所受到的损失,包括被侵权人为制止侵权行为所支付的合理开支。前款所称侵权人因侵权所得利益,或者被侵权人因被侵权所受损失难以确定的,由人民法院根据侵权行为的情节判决给予五十万元以下的赔偿。"新法根据《与贸易有关的知识产权协定》的要求,不仅明确了侵权人要承担其侵权的赔偿数额,而且要支付被侵权人为制止侵权行为所支付的合理开支,其中,包括适当的律师费用、合理的调查取证费用等。

(十三) 增加"即发侵权"的内容

2001年《商标法》第57条第1款规定:"商标注册人或者利害关系人有证据证明他人正在实施或者即将实施侵犯其注册商标专用权的行为,如不及时制止,将会使其合法权益受到难以弥补的损害的,可以在起诉前向人民法院申请采取责令停止有关行为和财产保全的措施。"这种即将发生的侵权行为,简称"即发侵权",有关当事人可以向人民法院申请,由法院采取"临时措施",制止侵权行为的进一步发生。这条规定加大了对商标权人的保护力度。

### 三、2013年《商标法》修改的主要内容

经过1993年和2001年的两次修改后,《商标法》基本满足了国际条约的要求。2012年我国全年共受理商标注册申请164.8万件,同比增长16.3%,连续

11年位居世界第一;审查商标注册申请122.7万件,同比增长1.8%;裁定异议案件7.3万件,同比增长28.7%;审理完成商标评审案件5.25万件,同比增长50%。我国商标累计申请量突破千万大关,达1136万件,累计注册量765.6万件,有效注册商标640万件,继续保持世界第一。[①] 随着市场经济的发展,商标在经济生活中的作用越来越大,《商标法》的有些内容已难以适应实践需要,主要表现为:商标注册程序比较烦琐,导致商标确权时间过长;恶意注册商标现象比较常见,商标领域的不正当竞争现象比较严重;商标侵权尚未得到有效遏制,注册商标专用权保护有待加强。为了实施国家知识产权战略,充分发挥商标制度对经济发展的作用,有必要对法律进行修改。

2013年8月30日,第十二届全国人大常委会第四次会议表决通过了《关于修改〈中华人民共和国商标法〉的决定》,自2014年5月1日起施行。本次修改《商标法》的总体思路为:一是在与我国参加的国际条约保持一致的前提下,重在立足国内实际需要进行修改。二是加强针对性,围绕实践中存在的主要问题完善有关制度,包括:方便申请人获得商标注册;规范商标申请、使用,维护公平竞争的市场秩序;加强商标专用权保护,切实保障权利人的合法权益。三是采取修正案的形式,保持商标法体例结构的稳定性。这次对《商标法》的修改内容主要包括以下几个方面:

(一)商标注册异议制度的改革和完善

2001年《商标法》规定,商标注册申请初审公告后3个月内,任何人均可以任何理由提出异议;商标注册异议首先由商标局审查作出裁定,对商标局的裁定不服可以申请商标评审委员会复审,对复审决定不服可以提起诉讼,诉讼还可以经过一审和二审。由此可见,《商标法》对提出商标异议的主体和理由过于宽泛、程序过于复杂,影响了申请人及时获得商标注册。由于立法未对商标异议理由和异议人的资格作出限制,实践中出现了商标申请过程中的恶意异议的现象。恶意异议通常表现为对他人的在先商标权利或者其他权利提出异议,妨碍初步审定商标获得注册,同时向被异议人索取高额撤销异议的费用等。恶意异议不仅损害了当事人权益,也扰乱了正常的商标注册秩序。对比发现,一些国家的商标法对异议人的异议理由和主体资格均有限制。例如,《德国商标法》将异议理

---

① 参见中华人民共和国国家工商行政管理总局商标局、商标评审委员会编著:《中国商标战略年度发展报告(2012)》,中国工商出版社2013年版,第2页。

由主要限于在先商标,异议人限于在先商标所有人及其利害关系人。① 英国则区分绝对理由和相对理由对异议人的资格进行限定,对相对理由提出异议的主体资格限定为在先权利人或者利害关系人,对绝对理由的异议人资格不作限定。为有效遏制恶意异议行为,简化异议程序,缩短商标注册周期,同时,充分保障异议双方当事人权利,2013年修改的《商标法》借鉴国外立法经验,对现有的异议制度进行了改革创新和完善。

1. 限定提出异议的主体和理由

2013年《商标法》将可以提出异议的主体,由"任何人"改为认为这一商标注册申请侵犯了其已存在权利的"在先权利人或者利害关系人";同时将据以提出异议的理由,限定为商标法规定的可能损害这一商标注册申请前已经存在的在先权利。其他人可以依照本法规定在商标获得注册后申请宣告该注册商标无效。这样,既减少了商标异议的数量,又保障了对商标不当授权的监督。

2. 简化异议程序

2001年《商标法》第33条规定,对初审公告的商标提出异议的,商标局在听取异议人和被异议人的事实和理由并经调查核实后,作出裁定。如果当事人不服的,可以向商评委申请复审,如对商评委的裁定还不服的,可向法院起诉。2013年《商标法》对此部分的修改较大,主要表现为以下三点:

第一,删除了商标局对商标异议进行审查作出裁定的环节,规定商标局对商标注册异议进行审查后,可直接作出是否准予注册的决定,并书面通知异议人和被异议人。与2001年立法相比,一是规定商标局可直接决定该商标能否注册;二是在通知的形式上更加严谨,需要用书面告知双方当事人。

第二,商标局认为异议不成立,作出准予注册决定的,发给被异议人商标注册证,并予公告。异议人不服的,可以依照《商标法》第44条、第45条的规定向商评委请求宣告该注册商标无效。该规定体现出商标申请注册的效率原则。据资料显示,从2007年至2012年,申请异议成立的比例很低,大约为整个申请注册的11.31%—17.95%。② 可见,实践中异议成立率并不高,但根据异议程序的要求,所有进入初审公告的商标都要等到期满3个月才能进入核准公告程序。

---

① 参见《德国商标法》第42条:(1)在第41条所述商标的注册公告之日起3个月内,在先商标所有人可以对该商标的注册提出异议;(2)异议只可以基于以下可以撤销商标的理由提出:第9条第1款第1项或第2项所述的在先申请或在先注册的商标;第10条并与第9条第1款第1项或第2项相联系的在先驰名商标。

② 参见2013年3月20日由中国知识产权研究会主办的"商标法第三次修改暨驰名商标保护研讨会"(杭州会议),国家工商行政管理总局商标局法律事务处处长原琪在大会上的发言:《商标法第三次修改情况介绍》。

为尽快确权,2013年立法规定,商标局可以先授权,尽快使大部分无异议的商标得到商标权,如果异议人不服的,可再向商评委申请宣告无效。

第三,商标局认为异议成立,作出不予注册决定的,被异议人可向商评委提出不予注册的复审申请。对商评委的复审决定或者无效宣告的决定不服的,还可依法提起诉讼。2013年《商标法》对驳回被异议人商标注册决定的,规定了相应的救济程序。

(二) 商标使用制度的规范和完善

纵观2013年《商标法》的修改,对商标的使用制度进行了规范和完善,表现为以下几个方面:

1. 商标使用概念的明确

《商标法》第48条对商标定义作了明确的规定:"本法所称商标的使用,是指将商标用于商品、商品包装或者容器以及商品交易文书上,或者将商标用于广告宣传、展览以及其他商业活动中,用于识别商品来源的行为。"新法强调了商标使用是"用于识别商品来源的行为",这对于处理司法实践中的纠纷,具有指导意义。

2. 明晰注册商标连续3年不使用的法律后果

针对商标权人不规范使用其注册商标,2001年《商标法》第44条对注册商标使用者自行改变注册商标、注册人名义、地址或者其他注册事项,自行转让注册商标,或者连续3年不使用其注册商标的情形,规定了"由商标局责令限期改正或者撤销其注册商标"的处理措施。2013年《商标法》则对上述不同情形进行了区分,针对"商标注册人在使用注册商标的过程中,自行改变注册商标、注册人名义、地址或者其他注册事项"的行为,规定"由地方工商行政管理部门责令限期改正;期满不改正的,由商标局撤销其注册商标";而对"注册商标成为其核定使用的商品的通用名称或者没有正当理由连续三年不使用"的行为,则规定"任何单位或者个人可以向商标局申请撤销该注册商标"。由此可见,立法在分类表述上更加科学和严谨,同时,新法吸纳了外国商标立法及司法的成功经验,对成为通用名称的注册商标因丧失其显著性的,不能继续享有商标专有权;对超过3年期限怠于行使商标权的注册商标,不能再继续占用商标资源,任何单位和个人均可向商标局申请撤销该注册商标。

3. 明确注册商标连续3年不使用不得请求赔偿救济

注册商标长期不使用,不仅其识别功能无从发挥,满一定期限后还会导致被撤销的命运。在2013年《商标法》中,吸纳了注册商标连续3年不使用不得请求赔偿救济的理念和规则,明确规定:注册商标专用权人请求赔偿,被控侵权人以注册商标专用权人未使用注册商标提出抗辩的,人民法院可以要求注册商标专用权人提供此前3年内实际使用该注册商标的证据。注册商标专用权人不能证明此前3年内曾经实际使用过该注册商标,也不能证明因侵权行为受到其他损失的,被控侵权人不承担赔偿责任。①

（三）驰名商标保护制度的完善

驰名商标是法律术语而非商标的一种类型,更非荣誉称号。驰名商标制度的本意是在发生商标争议时,对为相关公众所熟知的商标提供特殊保护,无论是否已经注册,驰名商标所有人均可以依法在一定范围内禁止他人注册、使用与该驰名商标相同或者近似的商标。因此,驰名商标认定仅仅是对该商标知名度事实的确认,应仅对争议的案件有效。由于驰名商标在我国被神化和异化,一些驰名商标所有人将其商标宣传为其商品或者服务的质量得到国家承认,这既是对广大公众的误导,也是一种不正当竞争行为。② 为此,2013年《商标法》规定:"驰名商标应当根据当事人的请求,作为处理涉及商标案件需要认定的事实进行认定。"该规定明确了驰名商标实行个案认定、被动保护的原则,对于遏制驰名商标异化现象会产生一定的积极作用。

（四）商标权限制制度的完善

国外商标权限制理论的研究逐渐成熟,其类别和内容包括:商标正当使用、商标连带使用、商标先用权、商标权的用尽、非商业性使用等。从目前我国知识产权的其他单行立法来看,如《专利法》和《中华人民共和国著作权法》(以下简称《著作权法》)中均有对专利权和著作权的限制规定。在商标法领域,经过三次立法的修改,终于在2013年《商标法》第59条作出了规定:"注册商标中含有的本商品的通用名称、图形、型号,或者直接表示商品的质量、主要原料、功能、用途、重量、数量及其他特点,或者含有的地名,注册商标专用权人无权禁止他人正当使用。三维标志注册商标中含有的商品自身的性质产生的形状、为获得技术效果而需有的商品形状或者使商品具有实质性价值的形状,注册商标专用权人无权禁止他人正当使用。商标注册人申请商标注册前,他人已经在同一种商品或者类似商品上先于商标注册人使用与注册商标相同或者近似并有一定影响的商标的,注册商标专用权人无权禁止该使用人在原使用范围内继续使用该商标,但可以要求其附加适当区别标识。"立法确立了正当使用、功能性使用及在先使用

---

① 参见王莲峰:《商标的实际使用及其立法完善》,载《华东政法大学学报》2011年第6期。
② 参见赵迎春:《浅谈我国驰名商标保护制度及其在实践中的弊端和完善建议》,载《经营管理者》2010年第14期。

的规则,对商标权人行使权利进行了限制。① 具体内容可参考本书对应章节。

(五)确立诚实信用原则以保障公平的竞争秩序

诚实信用原则是民商事活动的基本原则,为规范商标的申请和使用,2013年《商标法》在总则中引入了该原则,其中,第7条第1款规定:"申请注册和使用商标,应当遵循诚实信用原则。"这一原则的确立在现实中意义重大,有利于规范和保障商标领域市场秩序的公平竞争,该原则在《商标法》的以下条款中也得到体现:

1. 禁止抢注因业务往来等关系明知他人已经在先使用的商标

尽管我国商标制度采用注册确权原则,但在现实中存在着大量未注册的已经使用的商标,如果这类商标被他人抢注而不加以禁止,使得抢注者不当得利,显然违背了诚实信用原则。为有效保护在先使用的未注册商标人的利益,2013年《商标法》在第15条中增加一款作为第2款:"就同一种商品或者类似商品申请注册的商标与他人在先使用的未注册商标相同或者近似,申请人与该他人具有前款规定以外的合同、业务往来关系或者其他关系而明知该他人商标存在,该他人提出异议的,不予注册。"该条款明确了禁止抢注因业务往来等关系明知他人已经在先使用的商标。该规定主要是针对不具有知名度的在先使用的未注册商标被抢注而提供的保护,与《商标法》第13条第2款(未注册驰名商标)、第32条(在先使用具有一定知名度的商标)规定相衔接,体现了《商标法》修改中对未注册商标保护的体系化考虑。

2. 禁止将他人商标用作企业字号

为有效解决实践中将他人商标用作企业字号,引起消费者误认的现象,2013年《商标法》第58条明确规定:"将他人注册商标、未注册的驰名商标作为企业名称中的字号使用,误导公众,构成不正当竞争行为的,依照《中华人民共和国反不正当竞争法》处理。"该规定一方面明示了此类行为的违法性,属于不正当竞争行为;另一方面与《反不正当竞争法》相衔接,便于司法部门对此类行为及时予以规制。②

---

① 参见王莲峰:《我国商标权限制制度的构建——兼谈〈商标法〉的第三次修改》,载《法学》2006年第11期。

② 最高人民法院《关于审理商标民事纠纷案件适用法律若干问题的解释》第1条规定,将与他人注册商标相同或者相近似的文字作为企业的字号在相同或者类似商品上突出使用,容易使相关公众产生误认的行为,属于给他人注册商标专用权造成其他损害的行为。为进一步规范注册商标和商号纠纷的审理,最高人民法院公布了《关于审理注册商标、企业名称与在先权利冲突的民事纠纷案件若干问题的规定》,第2条明确,"原告以他人企业名称与其在先的企业名称相同或者近似,足以使相关公众对其商品的来源产生混淆,违反不正当竞争法第六条第(二)项的规定为由提起诉讼,符合民事诉讼法第一百一十九条规定的,人民法院应当受理。该条中引用《反不正当竞争法》的规定,目的是对当事人的起诉予以指引和规范,也为案件的审判提供法律依据。2013年《商标法》第58条将上述司法解释的规定进行了提升。

## （六）提高对商标权的保护水平

在商标侵权诉讼中，权利人因为举证困难、维权成本高，往往得不偿失。而法院对受损一方采用的损失填平原则，也常常会导致判赔的数额偏低。为加大对商标权人的保护力度，2013年《商标法》通过以下几个方面的规定，提高了商标权的保护水平：

### 1. 明确商标侵权的认定标准

2013年《商标法》明确了判断商标侵权的标准，即混淆可能性。新商标法对理论和司法实践中争论已久的认定商标侵权的标准问题画上了句号。具体体现在第57条第2项："未经商标注册人的许可，在同一种商品上使用与其注册商标近似的商标，或者在类似商品上使用与其注册商标相同或者近似的商标，容易导致混淆的"，构成商标侵权。

### 2. 扩张侵犯注册商标专用权行为的种类

为加大对商标侵权行为的打击力度，保护商标权人利益，根据实践需要，2013年《商标法》在第57条中增加了一项侵权行为："故意为侵犯他人商标专用权行为提供便利条件，帮助他人实施侵犯商标专用权行为的"行为。该项规定是对2002年《商标法实施条例》第50条第2款内容的提升，作为一项独立的侵权行为加以规定。

### 3. 增加惩罚性赔偿的规定

针对实践中出现多次故意侵权的现象，为体现法律的权威性，2013年《商标法》引入了惩罚性赔偿制度，对恶意侵犯商标专用权，情节严重的，可以在权利人因侵权受到的损失、侵权人因侵权获得的利益或者注册商标许可使用费的1到3倍的范围内确定赔偿数额。该规定对强化商标权的保护，遏制恶意侵权有一定的现实意义。

### 4. 提高侵权的法定赔偿额

在权利人因被侵权所受到的实际损失、侵权人因侵权所获得的利益难以计算的情形下，为及时保护商标权人利益，人民法院根据侵权行为的情节判定侵权人承担法定赔偿责任。2001年《商标法》规定法定赔偿的幅度为1万元至50万元。随着经济发展和物价上涨等因素，有必要提高法定赔偿额的标准。2013年《商标法》第63条第3款规定："权利人因被侵权所受到的实际损失、侵权人因侵权所获得的利益、注册商标许可使用费难以确定的，由人民法院根据侵权行为的情节判决给予三百万元以下的赔偿。"

### 5. 减轻权利人举证负担

权利人举证难是个普遍存在的现象，导致的直接结果是损害赔偿数额偏低，难以有效保护商标权人的利益。为减轻权利人的举证负担,2013年《商标法》第63条增加一款作为第2款:"人民法院为确定赔偿数额,在权利人已经尽力举证,而与侵权行为相关的账簿、资料主要由侵权人掌握的情况下,可以责令侵权人提供与侵权行为相关的账簿、资料;侵权人不提供或者提供虚假的账簿、资料的,人民法院可以参考权利人的主张和提供的证据判定赔偿数额。"

6. 增加对商标侵权行为从重处罚的情节

为震慑和打击多次实施商标侵权者,2013年《商标法》对5年内实施两次以上商标侵权行为或者有其他严重情节的,规定应当从重处罚。

(七) 注册商标无效制度的确立

注册商标无效制度是法律对商标注册行为欠缺法定条件而作出的否定性评价。[1] 在商标法中,注册商标的无效和撤销是两种不同的法律行为,均可导致商标权终止,但两者的法定事由和终止的效力均不同,大部分国家的商标法对此都明确加以区分。反观我国商标法的规定,并没有廓清撤销和无效的概念,甚至将两者混为一谈,如2001年《商标法》第41条规定的"撤销"实属商标权的无效,而第44条和第45条的规定则是"撤销"的范畴。[2] 2013年《商标法》对无效和撤销作出了区分,在立法体例上将第五章"注册商标争议的裁定"修改为"注册商标的无效宣告",在我国立法中正式确立了注册商标无效制度,并在内容上作了进一步完善。

(八) 规范和完善我国商标代理制度

随着商标申请注册量的增加,通过商标代理组织办理的业务日益增长,但由于商标代理组织水平和服务质量参差不齐,加之原商标法对商标代理活动和业务的规范不明确,导致商标申请人的相关权益受到损害。因此,规范和完善我国商标代理制度也是第三次《商标法》修改要考虑的问题。

1. 商标代理组织要取得国家的认可

2013年《商标法》在第18条新增一款作为第1款:"申请商标注册或者办理其他商标事宜,可以自行办理,也可以委托依法设立的商标代理机构办理。"从此规定可以看出,要取得商标代理资格的组织应当经过国家相关部门的认可,才可以从事商标代理业务。

2. 商标代理组织要遵守法律和法规的规定

从事商标代理业务应当遵循诚实信用原则,遵守法律、行政法规的规定。工

---

[1] 参见周泰山:《商标注册无效制度》,载《中华商标》2006年第7期。
[2] 参见汪泽:《商标权撤销和无效制度之区分及其意义》,载《中华商标》2007年第10期。

商行政管理部门应当加强对商标代理活动的监督管理。商标代理行业组织应当依据章程规定,严格执行吸纳会员的条件,对违反行业自律规范的会员实行惩戒。商标代理行业组织对其吸纳的会员和对会员的惩戒情况,应当及时向社会公布。

3. 增加商标代理组织法律责任的规定

2013年《商标法》第68条规定:商标代理机构有下列行为之一的,由工商行政管理部门责令限期改正,给予警告,处1万元以上10万元以下的罚款;对直接负责的主管人员和其他直接责任人员给予警告,处5000元以上5万元以下的罚款;构成犯罪的,依法追究刑事责任:(1)办理商标事宜过程中,伪造、变造或者使用伪造、变造的法律文件、印章、签名的;(2)以诋毁其他商标代理机构等手段招徕商标代理业务或者以其他不正当手段扰乱商标代理市场秩序的;(3)违反本法第19条第3款、第4款规定的。商标代理机构有前款规定行为的,由工商行政管理部门记入信用档案;情节严重的,商标局、商标评审委员会并可以决定停止受理其办理商标代理业务,予以公告。商标代理机构违反诚实信用原则,侵害委托人合法利益的,应当依法承担民事责任,并由商标代理行业组织按照章程规定予以惩戒。

(九)为方便申请人注册商标进行的修改

结合我国的实际需要,根据国际商标领域的发展趋势,2013年《商标法》在方便申请人商标注册方面进行了以下修改:

1. 明确电子申请方式

2013年《商标法》第22条新增一款作为第3款:"商标注册申请等有关文件,可以以书面方式或者数据电文方式提出。"这一规定符合现代社会信息发展的要求,可有效节约时间和相应的纸质成本。

2. "一标一类"改为"一标多类"

我国在国内注册方面实行分类申请制度,即在一份申请书上一个商标只能就一个类别提出申请,而不能申请一标多类。这种规定对生产多类商品的企业来说,不仅手续烦琐,而且增加了成本。2013年《商标法》明确了"一标多类"的申请方式,规定申请人可以通过一份申请就多个类别的商品申请注册同一商标。"一标多类"的申请注册手续比较简便,有利于企业实施商标战略,也与我国加入的《商标国际注册马德里协定》相衔接。

3. 增加审查意见书制度

在审查过程中,商标局认为商标注册申请内容需要说明或者修正的,可以向申请人发送"审查意见书",要求其自收到"审查意见书"之日起 30 日内作出说明或者修正。申请人逾期未作出说明或者修正的,不影响商标局作出审查决定。该制度的设计尽量考虑到申请人的利益,对有瑕疵的申请书按照审查员意见进行修改,而不是直接予以驳回。

**四、2019 年《商标法》修改的主要内容**

为更有效地遏制商标恶意注册,加大商标专用权保护力度,2019 年 4 月 23 日第十三届全国人大常委会第十次会议决定对《商标法》进行修改,自 2019 年 11 月 1 日起施行。本次修改涉及条文共 6 条,主要解决实践中出现的两大突出问题:一是加强对商标恶意注册的规制;二是提升对商标专用权的保护。

(一)加强对恶意注册行为的规制

为遏制愈演愈烈的恶意注册行为,进一步加大打击力度,本次《商标法》修改对恶意注册行为的规制主要表现以下三个方面:

1. 增强商标申请人的使用义务

2019 年《商标法》第 4 条第 1 款增加"不以使用为目的的恶意商标注册申请,应当予以驳回"的规定。在立法中明确"不以使用为目的的恶意申请"是禁止注册的绝对理由,商标授权机关在审查阶段可予以驳回。该规定一方面旨在将规制恶意注册的关口前移,提高审查效率;另一方面再次强调了商标使用的价值和理念:申请商标的目的是使用,而非牟取非法利益的转让或囤积。该条规定也与 2013 年修改《商标法》新增的第 48 条规定(商标使用目的)相一致。

2. 进一步规范商标代理行为并加大了其承担责任的力度

为规范商标代理行为,2019 年《商标法》第 19 条第 3 款增加了商标代理机构的义务,即代理机构知道委托人申请注册的商标属于第 4 条规定情形的,不得接受其委托。换言之,商标代理机构知道或者应当知道委托人存在恶意注册行为的不得接受委托,一经发现,要依法追究责任(第 68 条)。

对商标代理机构违法申请和代理恶意商标注册、恶意诉讼行为,2019 年《商标法》专门新增加了代理机构及其直接负责的主管人员和其他直接责任人员应承担的行政处罚和司法处罚责任。2019 年《商标法》第 68 条第 1 款第 3 项增加:商标代理机构及其直接负责人员等违反本法第 4 条,要承担行政责任和刑事责任;新增第 4 款:"对恶意申请商标注册的,根据情节给予警告、罚款等行政处罚；对恶意提起商标诉讼的，由人民法院依法给予处罚"[①]。

3. 恶意申请的初审和异议及无效程序中的有机衔接

2019年《商标法》第4条第1款明确了"不以使用为目的的恶意商标注册申请"是禁止注册的绝对理由，并将其作为提出异议和请求宣告无效的事由，直接适用于异议程序和无效宣告程序中。其中，第33条修改的内容为："任何人认为违反本法第四条、第十条、第十一条、第十二条、第十九条第四款规定的，可以向商标局提出异议。"第44条第1款修改的内容为："已经注册的商标，违反本法第四条、第十条、第十一条、第十二条、第十九条第四款规定的……由商标局宣告该注册商标无效。"换言之，修改后的《商标法》将不以使用为目的的恶意申请商标注册、商标代理机构违法接受委托或违法申请商标注册行为，一起纳入异议程序和无效宣告程序中，作为商标异议、宣告注册商标无效的绝对事由。即使初审通过，后续还可提起异议和无效程序阻止商标注册；即使已经获得注册，也可据此宣告无效。通过立法制度的设计，将规制恶意注册行为贯穿于整个商标申请注册和保护程序，进一步加大规制恶意注册力度。

**理论研究**

## 商标法中恶意的界定

恶意（英文为 bad faith）是善意的对应词汇。在商标领域中，"恶意"作为一个模糊的法律概念，一直备受关注却难以界定。我国《商标法》中，多处提到"恶意"一词，但《商标法》及其实施条例均未给出明确定义。2021年11月16日国家知识产权局公布的《商标审查审理指南》下编第一章第3.7条指出："恶意是指商标申请人或者商标代理机构在申请商标注册或者办理其他商标事宜时，通过一定行为表现出来的，明显违背诚实信用原则，明知或者应知其行为违反法律规定、有碍公序良俗、损害公共利益或侵犯他人权利，但为了牟取不正当利益，仍然实施相应行为，并追求或者放任其后果发生的主观心理状态。"可见，恶意是一种明知或者应知的主观状态，需要借助其客观行为来判断个案中申请人是否存在

---

[①] 根据文本解释，《商标法》第68条是对商标代理机构及其直接负责的主管人员和其他直接责任人员违法代理恶意申请商标注册行为应承担的行政、民事和刑事处罚措施；该条新增的第4款，其责任主体除了代理机构，是否还包括申请人和商标权人，对此条款未给出明确答案，但根据2019年5月9日国家知识产权局网站发布的《商标法修改相关问题解读》，是包含在其中的。具体表述为："对申请人、商标代理机构的恶意申请商标注册、恶意诉讼行为规定了处罚措施。从而将规制恶意注册行为贯穿于整个商标申请注册和保护程序，在责任主体方面既包括申请人和权利人也包括中介服务机构。"http://www.cnipa.gov.cn/art/2019/5/9/art_66_28400.html，2022年5月9日访问。

恶意。

另外,《商标法》第 4 条、第 36 条、第 45 条、第 47 条、第 63 条、第 68 条等条文中均包含"恶意"一词,在不同语境下的"恶意"内涵和构成要件是否等同?比如,《商标法》第 4 条的"恶意申请"、第 45 条中"恶意注册"、第 63 条的"恶意侵权"和第 68 条的"恶意诉讼"等不同表述,其共同点均为违背诚实信用原则,但在法律适用方面应为不同的构成要件,对此也需要进一步的深入研究。

### 典型案例

#### 恶意抢注"冰墩墩""谷爱凌"等商标注册

2019 年以来,少数企业、自然人以牟取不当利益为目的,将北京 2022 年冬奥会和冬残奥会吉祥物、运动健儿姓名等冬奥会热词进行恶意抢注,委托代理机构提交商标注册申请,非法利用奥运会和奥组委的声誉,侵害他人姓名权及其他合法权益,造成了重大不良社会影响,损害了我国严格保护知识产权的良好形象。对此,国家知识产权局于 2022 年 2 月 14 日发出通告,依法予以严厉打击,依据《奥林匹克标志保护条例》及《商标法》第 10 条第 1 款第 8 项等规定,对第 41128524 号"冰墩墩"、第 62453532 号"谷爱凌"等 429 件商标注册申请予以驳回;依据《商标法》第 44 条第 1 款规定,对已注册的第 41126916 号"雪墩墩"、第 38770198 号"谷爱凌"等 43 件商标依职权主动宣告无效。通告明确国家知识产权局将一如既往地保持严厉打击商标恶意注册行为的高压态势,不断强化对包括冬奥吉祥物、运动健儿姓名在内的奥运热词进行严格保护,对违反诚实信用原则、恶意抢注商标图谋不当利益的申请人及其委托的商标代理机构依法依规进行严肃处理。[①]

继 2 月 14 日通告后,国家知识产权局于 2022 年 3 月 21 日再次发出通告,对恶意抢注北京 2022 冬奥会冬残奥会吉祥物、口号、运动员姓名、场馆名称等商标注册申请持续予以坚决打击。依据《商标法》第 10 条第 1 款第 7、8 项,第 30 条等相关条款,对第 62717890 号"青蛙公主"、第 62626622 号"翊鸣"、第 62478160 号"一起向未来"、第 62034963 号"雪飞燕"、第 62612144 号"BINDUNDUN"、第 62515920 号"雪绒融"等 1270 件商标注册申请予以驳回。[②]

---

[①] 参见国家知识产权局:《关于依法打击恶意抢注"冰墩墩""谷爱凌"等商标注册的通告》,https://www.cnipa.gov.cn/art/2022/2/14/art_75_173173.html,2022 年 5 月 9 日访问。

[②] 参见国家知识产权局:《关于依法驳回涉冬奥会、冬残奥会商标注册申请的通告》,https://www.cnipa.gov.cn/art/2022/4/18/art_2073_174739.html,2022 年 5 月 9 日访问。

## （二）加大对侵犯商标权行为的惩罚力度

为严格保护商标专用权，2019年《商标法》进一步加大对恶意侵权者的惩罚力度，给予了权利人更加充分的补偿；同时，增加了打击假冒注册商标行为的处置手段，大幅度提高了假冒注册商标行为人的违法成本。修改后的立法对商标权的保护更加全面。

### 1. 提高了商标侵权行为的违法成本

为严厉打击恶意侵权行为，提高其违法成本，2019年《商标法》对第63条第1款、第3款作了修改，提高了侵权赔偿的数额，将恶意侵犯商标专用权的赔偿数额计算倍数由1倍以上3倍以下提高到1倍以上5倍以下，并将法定赔偿数额上限从300万元提高到500万元，旨在给予权利人更加充分的补偿。针对此条款内容，修改后的《商标法》与《专利法》《著作权法》保持一致。

### 2. 增加了打击假冒注册商标行为的处置手段

现实生活中，假冒注册商标行为不仅侵犯了商标权人的利益，也极大地侵害了消费者利益，严重干扰了正常的市场竞争秩序和良好的营商环境。2019年《商标法》对假冒注册商标的商品以及主要用于制造假冒注册商标的商品的材料、工具加大处置力度，该法第63条中增加第4款、第5款："人民法院审理商标纠纷案件，应权利人请求，对属于假冒注册商标的商品，除特殊情况外，责令销毁；对主要用于制造假冒注册商标的商品的材料、工具，责令销毁，且不予补偿；或者在特殊情况下，责令禁止前述材料、工具进入商业渠道，且不予补偿。假冒注册商标的商品不得在仅去除假冒注册商标后进入商业渠道。"

本次修改根据《民法典》中承担民事责任的有关规定，参照《著作权法》中关于司法机关民事制裁的规定[①]，赋予人民法院审理商标纠纷案件新的职责，并明确了将销毁和禁止进入商业渠道作为最主要的处置假冒注册商标行为的手段，不仅大幅度提高了假冒注册商标行为人的违法成本，对其形成了有效威慑，而且新规定与《商标法》第62条规定的行政机关的处理手段相平衡，使商标权的保护更加全面。[②]

2019年《商标法》修改后，不仅适应了国内外经济形势的发展和变化，而且对提高我国商标法治水平、营造国际化和便利化的营商环境，均具有重要的现实意义。

---

① 《著作权法》第54条第5款规定："人民法院审理著作权纠纷案件，应权利人请求，对侵权复制品，除特殊情况外，责令销毁；对主要用于制造侵权复制品的材料、工具、设备等，责令销毁，且不予补偿；或者在特殊情况下，责令禁止前述材料、工具、设备等进入商业渠道，且不予补偿。"

② 参见国家知识产权局：《商标法修改相关问题解读》，http://www.gov.cn/zhengce/2019-05/09/content_5390029.htm，2019年5月9日访问。

**思考题**

1. 简述商标法的概念和调整对象。
2. 我国商标法的基本原则有哪些？
3. 简述我国《商标法》第三次修改的主要内容。
4. 简述我国《商标法》第四次修改的主要内容。
5. 如何理解《商标法》第4条新增内容？
6. 论述我国商标法的完善。

# 第三章 商标注册的申请和审查

## ☞ 本章导读

商标注册是确定商标专用权的法律依据。各国商标法均对商标注册的申请人、申请的原则、拒绝注册的理由作出了规定。商标注册的程序分为必经程序和特别程序。商标注册的必经程序主要包括申请、审查、初审公告、异议、注册公告。商标注册的特别程序是指商标注册过程中发生矛盾或冲突而采用的补救程序,主要包括驳回复审、异议和异议复审、争议。在商标注册的必经程序中,核准注册是申请人取得商标专用权的决定性环节。本章是全书的重点内容,应全面掌握商标注册申请的原则、拒绝注册的理由、商标注册的审查与核准程序,了解商标国际注册的程序和保护期限。

## 第一节 商标注册的申请及原则

### 一、商标注册申请的主体

我国《商标法》第 4 条第 1 款规定:"自然人、法人或者其他组织在生产经营活动中,对其商品或者服务需要取得商标专用权的,应当向商标局申请商标注册。不以使用为目的的恶意商标注册申请,应当予以驳回。"可见,商标注册的主体即申请人包括以下几类:

(一) 自然人

自然人在生产经营活动中,有实际需要且以使用为目的,方可申请商标注册,否则会被商标局驳回申请。《商标法实施条例》第 14 条第 1 款规定:"申请商标注册的,申请人应当提交其身份证明文件。商标注册申请人的名义与所提交的证明文件应当一致。"

(二) 法人

申请注册商标的法人组织在我国主要包括:企业法人、机关法人、事业单位法人、社会团体法人等。

(三) 其他组织

其他组织是指不具备法人资格,但合法成立,具有一定组织机构和财产的组织。具体包括：私营独资企业、合伙组织、合伙型联营企业、中外合作经营企业、社会团体、依法设立并领取营业执照的法人的分支机构等。

（四）共同申请人

《商标法》第5条规定："两个以上的自然人、法人或者其他组织可以共同向商标局申请注册同一商标，共同享有和行使该商标专用权。"该规定为解决我国由于历史问题而遗留的商标权的争执提供了一个可供操作的方案。由于商标本身具有的专有性的要求，商标共同申请通常是各方妥协的结果。对共同拥有的商标，共有方不仅应遵守财产共有的一般规定，同时针对商标的特性，还应注意一些特殊问题，如共有商标在转让、质押时，应征得每个共有人同意等。《商标法实施条例》第16条规定，共同申请注册同一商标的，应当在申请书中指定一个代表人；没有指定代表人的，以申请书中顺序排列的第一人为代表人。

（五）外国人或者外国企业

外国人或者外国企业在中国申请商标注册的，根据《商标法》第17条和第18条的规定，应当按照其所属国和中华人民共和国签订的协议或者共同参加的国际条约办理，或者按照对等原则办理。外国人或者外国企业在中国申请商标注册和办理其他商标事宜的，应当委托依法设立的商标代理机构办理。

**二、商标注册申请的文件及要求**

（一）商标注册申请的文件

商标申请注册，应当向国家知识产权局商标局交送"商标注册申请书"、商标图样、黑白墨稿，附送有关证明文件并缴纳费用。

1. 申请书

申请商标注册要填写申请书，具体要求有：(1) 一份申请一件商标。在一份申请书上只能填写一件商标，商标名称要与商标图样一致。一份申请书上可以包括若干个类别。对难以确定类别的商品和服务，应附加说明。(2) 商品的名称应当按照商品分类表中的商品名称来填写。如果是新商品，应当附加说明。(3) 申请人的名称，应当与营业执照上的名称一致。(4) 填写的地址，应当是申请人的实际的详细地址。(5) 委托商标代理机构办理的，应当提交一份"商标代理委托书"。

为适应互联网的快速发展，方便申请人申请商标，《商标法》第22条第3款规定："商标注册申请等有关文件，可以以书面方式或者数据电文方式提出。"此处所指的"数据电文方式"，包括电子邮件等。在审查过程中，商标局认为商标注册申请内容需要说明或者修正的，可以要求申请人作出说明或者修正。申请人未作出说明或者修正的,不影响商标局作出审查决定。

2. 商标图样

申请人提交商标图样的要求为:图样应当不大于 $10\times 10$ cm,不小于 $5\times 5$ cm。以颜色组合或者着色图样申请商标注册的,应当提交着色图样并提交黑白稿1份;不指定颜色的,应当提交黑白图样。以三维标志申请商标注册的,应当提交能够确定三维形状的图样,提交的商标图样应当至少包含三面视图。以声音标志申请商标注册的,应当以五线谱或者简谱对申请用作商标的声音加以描述并附加文字说明;无法以五线谱或者简谱描述的,应当使用文字进行描述,商标描述与声音样本应当一致。[1]

3. 证明文件

在申请商标注册时,应提交的证明文件主要有:(1)商标法规定必须使用注册商标的商品以及一些特殊行业的商品所需要的证明文件。如烟草制品应附送相关部门批准的证明文件。(2)国内的报纸、杂志申请商标注册的,应当提交新闻出版部门发给的全国统一刊号(CN)的报刊登记证。申请注册的报纸、杂志名称,必须是经中共中央宣传部、科学技术部、中央军委政治工作部、新闻出版署,以及中共各省、自治区、直辖市委宣传部正式批准创办的报纸、杂志。内部发行的报纸、杂志名称,不作为商标申请注册专用。[2](3)申请办理证明商标和集体商标的,还应提交证明商标和集体商标的申请人主体资格证明和商标使用管理规则。(4)申请的商标为人物肖像的,应当提供肖像人的授权并经公证机关公证。

(二)商标注册申请的要求

申请注册的商标,不仅要正确填写上述申请书,还要符合下列规定,才能取得注册:

1. 按照商品分类表填报

申请商标注册,应当按商品分类表填报使用商标的商品类别和商品名称。也就是指,申请人在填写申请书时,应当指定在哪一类别的哪些商品和服务项目上使用该注册商标;填报的依据是商品分类表。

商品分类表,是划分商品和服务类别的文件,根据商品的性质、用途、原料以及不同的服务将其分为若干类,每类又分若干种。按照这种归类方式划分的商标注册使用表,称为商标分类表。它是商标管理中的重要法律文件,是划分商品

---

[1] 参见"商标注册申请书",http://sbj.saic.gov.cn/sbsq/sqss/,2018年9月3日访问。

[2] 参见1987年2月6日国家工商行政管理局、新闻出版署发布的《关于报纸杂志名称作为商标注册的几项规定》。

和服务类别,确定商品名称的主要依据。世界上许多国家采用的商品分类表不尽相同,有的采用本国制定的商品分类表,有的采用国际商品分类表。

中央工商行政管理局在1963年制定了《商品分类表》,该分类表是以原材料为标准进行的分类。随着经济的发展,新的商品没有相适应的类别,造成商标注册和管理的困难。为方便我国企业到国外申请注册,自1988年11月起,我国正式采用1975年6月15日在法国尼斯签订的《商标注册用商品和服务国际分类尼斯协定》(以下简称《尼斯协定》)中的分类表。《尼斯协定》的宗旨是建立一个共同的商标注册用商品和服务国际分类体系,并保证其实施。不仅所有尼斯联盟成员国都使用此分类表,而且,非成员国也可以使用。所不同的是,尼斯联盟成员国可以参与分类表的修订,而非成员国则无权参与。目前,世界上已有130多个国家和地区采用此分类表。

我国于1994年8月9日加入了《尼斯协定》。从采用国际分类的情况看,这种分类方法是成功的,它不仅极大地方便了商标申请人,而且更加规范了商标主管机关的管理,密切了国际商标事务的联系。我国加入《尼斯协定》以来,积极参与对尼斯分类的修改与完善,已将多项有中国特色的商品加入尼斯分类中。商品与服务的国际分类,包括两个分类表:一是《商标注册用商品和服务国际分类》,此分类共包括45类,其中商品34类、服务项目11类;二是按照字母顺序排列分类表,此分类共包含一万多个商品和服务项目。国际分类是在总结、吸收了许多国家商标注册管理经验的基础上逐渐完善起来的,它为各国商标的检索、申请和档案管理提供了统一工具,为实现商标国际注册创造了条件。了解商品分类的依据,有助于确定申请注册的商品范围,避免过宽或过窄。例如,几个商品同属一类,只要申请一个商标就可以了。如果每个商标只申请一种商品,不利于扩大使用,但申请范围过宽,又会因有些商标不能及时使用而带来麻烦。

《尼斯协定》一般每5年修订一次,一是增加新的商品,二是将已列入分类表的商品按照新的观点进行调整,以求商品更具有内在的统一性。国际商品分类表自1987年后印制成册已作了多次修订。根据世界知识产权组织的要求,尼斯联盟各成员国于2018年1月1日起正式使用尼斯分类第十一版2018年文本,中国也不例外。

2. 一标多类

《商标法》第22条第2款规定:"商标注册申请人可以通过一份申请就多个类别的商品申请注册同一商标。"这就是俗称的"一标多类",即申请人在一份申请书中,可就多个类别商品申请注册同一商标。该条规定不同于以往商标法要求的"一件商标一份申请",即不再需要按商品分类提交多份申请材料。"一标多类"有利于企业扩大规模和跨类经营,方便使用人在多类商品上申请同一商标。

3. 注册商标需要在核定使用范围之外的商品上取得商标专用权的,应当另行提出注册申请[①]

商标经注册后产生的商标权,仅限于在商标局核准的商品范围内使用,如果商标权人要扩大使用的商品范围,如扩大到同类的其他商品或服务上,应当重新提出注册申请,才能得到商标的专用权。

4. 注册商标需要改变其标识的,应当重新提出注册申请

商标一旦被注册,非经申请,在使用时不允许变更其构成要素;否则,不仅有可能丧失其商标权,而且有可能侵犯他人的商标专用权。

5. 注册商标需要变更注册人的名义、地址或者其他注册事项的,应当提出变更申请

这一规定有助于对注册商标进行管理和保护。商标注册人名义的变更,会影响到商标专用权的归属,如果不办理变更手续,则商标权还归原来的商标所有人;如果地址变更却不及时办理变更手续,商标管理机关就会失去与商标权人的联系。

6. 商标申报的事项和提供的材料应当真实、准确和完整

申请人应当如实填报各种事项,对提供的材料应当准确和完整,不得弄虚作假。对药品商标的申请注册,应当附送卫生行政部门发给的"药品生产企业许可证"或"药品经营企业许可证";申请卷烟、雪茄烟和有包装的烟丝的商标注册,应当附送国家烟草主管机关批准生产的证明文件。

### 三、商标申请的优先权

**(一)优先权的概念**

优先权是指《保护工业产权巴黎公约》成员国的国民,向一个缔约国首先提出申请后,可以在一定期限(发明和实用新型为12个月,外观设计和商标为6个月)内,向所有其他缔约国申请保护,并以第一次申请的日期作为其在后提出申请的日期。申请人第一次提出申请的日期为优先权日。

优先权是《保护工业产权巴黎公约》的一项重要原则,它主要体现在对工业产权保护的申请程序上有特别的规定。即申请人在一国第一次提出申请后,根据自己的经营情况,有充分的时间(发明和实用新型为12个月,外观设计和商标

---

[①] 参见《商标法》第23条。

为6个月)考虑是否还需要在公约的其他成员国进行申请。因为在这段时间内，他人不能再以相同的内容在他国申请，即使有人申请，也会因优先权原则而被排除在外。这样，就有利于保护第一次提出申请的人行使权利。

(二) 优先权的规定及其条件

我国在1985年加入了《保护工业产权巴黎公约》。2001年修改的《商标法》增加了商标申请的优先权的内容。2013年《商标法》第25条规定："商标注册申请人自其商标在外国第一次提出商标注册申请之日起六个月内，又在中国就相同商品以同一商标提出商标注册申请的，依照该外国同中国签订的协议或者共同参加的国际条约，或者按照相互承认优先权的原则，可以享有优先权。依照前款要求优先权的，应当在提出商标注册申请的时候提出书面声明，并且在三个月内提交第一次提出的商标注册文件的副本；未提出书面声明或者逾期未提交商标注册申请文件副本的，视为未要求优先权。"

根据《商标法》的规定，要求商标优先权应当具备实质要件和形式要件。

商标优先权的实质要件是：(1)要在规定的优先权期限内提出，即在外国第一次提出商标注册申请之日起6个月内，超过6个月，就有可能丧失优先权。(2)必须是同一商标使用在相同商品上。如果申请时是同一商标，但用于不同的商品上，或者是不同的商标使用在相同的商品上，都不能申请优先权。(3)申请国应当是《保护工业产权巴黎公约》成员国或者同中国签订双边协议或按照互惠原则，才能申请优先权。

商标优先权的形式要件为：(1)向中国提出商标注册申请的时候要提交书面声明。(2)要在3个月内提交第一次提出的商标注册申请文件的副本。未提出书面声明或者逾期未提交商标注册申请文件副本的，视为未要求优先权。要求优先权的，申请人提交的第一次提出商标注册申请文件的副本应当经受理该申请的商标主管机关证明，并注明申请日期和申请号。

(三) 国际展览会的商标优先权

2001年修改的《商标法》新增了一项内容，即第25条的规定："商标在中国政府主办的或者承认的国际展览会展出的商品上首次使用的，自该商品展出之日起六个月内，该商标的注册申请人可以享有优先权。依照前款要求优先权的，应当在提出商标注册申请的时候提出书面声明，并且在三个月内提交展出其商品的展览会名称、在展出商品上使用该商标的证据、展出日期等证明文件；未提出书面声明或者逾期未提交证明文件的，视为未要求优先权。"

### 四、商标注册申请和审查的原则

根据我国法律规定,商标权的获得需要申请人的主动申请,经商标注册机关审查核准后才能取得商标权并受法律保护。未注册的商标,虽然可以使用,但使用者对其不享有专用权。因此,商标权的取得不同于著作权的自动产生。在我国申请商标注册,应了解申请和审查的基本原则。

（一）申请在先为主、使用在先为辅的原则

申请在先原则是指以申请日期为依据,受理在先申请人的商标注册申请,驳回在后申请人的申请。我国《商标法》第 31 条规定:"两个或者两个以上的商标注册申请人,在同一种商品或者类似商品上,以相同或者近似的商标申请注册的,初步审定并公告申请在先的商标;同一天申请的,初步审定并公告使用在先的商标,驳回其他人的申请,不予公告。"由此可知,我国商标申请采用的是以申请在先的原则为主,同时以使用在先原则为补充。这种规定的优势是实践中容易操作,但其弊端是易造成恶意抢注。

## 法律适用

### 对商标申请在先与同日申请的理解

对商标申请在先为主、使用在先为辅的原则的理解应注意几点:

第一,申请日的确定。根据《商标法实施条例》,商标注册的申请日期,以商标局收到申请文件的日期为准。如果是邮寄的,不是以邮戳的寄出日为准,这不同于专利法中对专利申请日的确定。申请手续齐备并按照规定填写申请文件的,商标局予以受理并书面通知申请人;申请手续不齐备或者未按照规定填写申请文件的,商标局不予受理,书面通知申请人并说明理由。申请手续基本齐备或者申请文件基本符合规定,但是需要补正的,商标局通知申请人予以补正,限其自收到通知之日起 30 日内,按照指定内容补正并交回商标局。在规定期限内补正并交回商标局的,保留申请日期;期满未补正的,视为放弃申请,商标局应当书面通知申请人。

第二,使用在先的确定。针对同一天申请的,初步审定并公告使用在先的商标。《商标法实施条例》第 19 条规定:"两个或者两个以上的申请人,在同一种商品或者类似商品上,分别以相同或者近似的商标在同一天申请注册的,各申请人应当自收到商标局通知之日起 30 日内提交其申请注册前在先使用该商标的证据。同日使用或者均未使用的,各申请人可以自收到商标局通知之日起 30 日内自行协商,并将书面协议报送商标局;不愿协商或者协商不成的,商标局通知各申请人以抽签的方式确定一个申请人,驳回其他人的注册申请。商标局已经通知但申请人未参加抽签的,视为放弃申请,商标局应当书面通知未参加抽签的申请人。"

(二) 自愿注册和强制注册相结合的原则

自愿注册原则是指商标使用人根据需要,自行决定是否申请商标注册。因为商标权是一种私权,国家一般情况下不予干预,也不会主动保护某个商标。申请人可以根据各自的生产经营情况自愿选择是否申请商标注册。但要了解我国商标法的规定,只有注册后的商标才受法律保护,享有商标专用权。未注册的商标也不得与他人的注册商标相冲突。

在实行商标自愿注册的同时,《商标法》第6条规定:"法律、行政法规规定必须使用注册商标的商品,必须申请商标注册,未经核准注册的,不得在市场销售。"目前,只有烟草制品的商标必须申请注册。可见,我国《商标法》实行的是自愿注册和强制注册相结合的原则。这种规定,一方面尊重了商标使用人的意愿,可以根据各自的生产经营情况进行选择;另一方面对一些特殊商品要求必须注册,有利于促使生产企业保证商品质量,同时,便于商标管理机关进行监管。

(三) 诚实信用和禁止权利滥用原则

诚实信用原则被誉为民商法领域的"帝王原则",是人们在民商事活动中应当遵循的道德准则,要求参与市场交易的主体恪守信用,善意行使权利和履行义务。为有效遏制抢注他人商标的不诚信行为,2013年《商标法》第三次修改过程中引入了诚实信用原则,其第7条第1款规定:"申请注册和使用商标,应当遵循诚实信用原则。"作为法律原则,诚实信用被纳入商标法中,意味着不遵守该原则的行为,不仅在道德上具有可苛责性,而且其行为和后果将受到否定性评价,承担不利的法律后果。民事主体申请注册商标,应当以满足商标使用需求为目的;如果为了牟取利益,大量申请注册商标,则有违诚实信用原则,商标确权机关会依职权驳回其注册申请。诚实信用原则在商标法中的确立,对规范商标的申请注册和使用行为具有重要的现实意义。

禁止权利滥用原则指一切民事权利的行使,均不得超过其正当界限,否则即构成权利的滥用,应当承担责任。《民法典》第132条规定,民事主体不得滥用民事权利损害国家利益、社会公共利益或者他人合法权益。作为民事权利行使的一般原则,尽管该原则在学理中往往被认为是诚实信用原则的具体化,但它仍然具备一般条款的属性。商标注册后待价而沽、恶意诉讼或者阻挠他人正常经营活动的不正当竞争行为,不仅占用了有限的商标资源,而且扰乱了商标注册秩序,属于滥用商标权利,应当结合诚实信用原则,对其行为或请求不予支持,给商标在先使用人造成损害的,应承担相应的法律责任。

**理论研究**

## 诚实信用原则的适用

尽管《商标法》总则明确了诚实信用作为商标法基本原则的地位,但诚实信用原则在申请注册和使用商标过程中能否直接适用?如果申请注册和使用商标行为违反诚实信用原则,应该承担何种法律后果?对此,《商标法》及其实施条例无明确规定。商标执法机关及学界主流观点认为,《商标法》第7条第1款是一般原则性条款,[1]缺少具体适用的条件。面对愈演愈烈的商标恶意注册和囤积现象,诚实信用原则作为民商事活动的基本准则入法十分必要,但存在法律适用的困难和局限。从该条立法语义上分析,诚实信用原则只规定在申请注册和使用商标环节,不能作为提出商标异议、宣告注册商标无效或者撤销注册商标的具体依据;该原则也未能涵盖注册商标的续展、变更、转让、许可和保护等环节。

为进一步细化诚实信用原则的适用,2019年10月11日国家市场监督管理总局发布了《规范商标申请注册行为若干规定》。其中第3条规定:"申请商标注册应当遵循诚实信用原则。不得有下列行为:(一)属于商标法第四条规定的不以使用为目的恶意申请商标注册的;(二)属于商标法第十三条规定,复制、摹仿或者翻译他人驰名商标的;(三)属于商标法第十五条规定,代理人、代表人未经授权申请注册被代理人或者被代表人商标的;基于合同、业务往来关系或者其他关系明知他人在先使用的商标存在而申请注册该商标的;(四)属于商标法第三十二条规定,损害他人现有的在先权利或者以不正当手段抢先注册他人已经使用并有一定影响的商标的;(五)以欺骗或者其他不正当手段申请商标注册的;(六)其他违反诚实信用原则,违背公序良俗,或者有其他不良影响的。"上述内容可视为违反诚实信用原则的行为。

(四)保护合法在先权利原则

合法在先权利,是指在申请注册商标的申请日之前,他人已经依法取得或者依法享有并受法律保护的权利,既包括在先注册取得的商标权以及在先申请、在先实际使用的商标,也包括其他合法在先权利和应予保护的合法权益,如著作

---

[1] 参见冯术杰主编:《商标法原理与应用》,中国人民大学出版社2017年版,第143页。

权、外观设计专利权、姓名权、肖像权、已登记使用并有一定影响的企业字号以及有一定影响的商品或者服务名称、包装、装潢等。①

申请人在申请商标注册时,既不得与他人合法在先权利相冲突,也不得损害他人现有的合法在先权利。这就要求申请人应做好申请前的商标检索工作,因为他人合法在先权利的存在可以成为商标注册的阻却事由,即使注册成功,日后也可成为已注册商标的无效事由。保护合法在先权利,也是商标审查审理过程中的一个重要原则。

## 第二节 商标申请拒绝注册的理由

《商标法》第 8 条对商标的构成要素作了明确的规定:"任何能够将自然人、法人或者其他组织的商品与他人的商品区别开的标志,包括文字、图形、字母、数字、三维标志、颜色组合和声音等,以及上述要素的组合,均可以作为商标申请注册。"根据该规定,我国商标的法定构成要素包括:文字、图形、字母、数字、三维标志、颜色组合和声音。其中,三维标志和颜色组合是根据我国参加的《与贸易有关的知识产权协定》的要求,在 2001 年《商标法》修改时增加的构成要素;2013 年《商标法》修改时又增加了声音商标。由此可见,我国对申请注册的商标保持开放态度。但为了保护社会公共利益和其他民事主体的合法权益,规定了拒绝注册的理由和事项,分别为拒绝注册的绝对理由和相对理由。区分绝对理由和相对理由,对区分法律适用情形、相关程序、请求人主体资格、请求时效以及审查审理范围有重要意义。

### 一、拒绝注册的绝对理由

拒绝注册的绝对理由通常是指商标的注册会破坏公共秩序、损害公共利益,因此绝对不可以注册。绝对理由一般涉及违反商标法上的显著性、非功能性以及公共利益,不考虑对特定权利人的影响。"包括:《商标法》第四条规定的不以使用为目的的恶意商标注册申请,第十条规定的不得作为商标使用的标志、第十一条规定的缺乏显著特征不得作为商标注册的标志、第十二条规定的具有功能性不得注册的三维标志、第十九条第四款规定的商标代理机构不得申请注册其代理服务以外的商标、第四十四条规定的以欺骗手段或者其他不正当手段取得

---

① 参见《商标审查审理指南》下编第一章第 1.3 条。

注册的商标。"① 此处的绝对性体现在:第一,商标局在受理注册申请后会主动审查是否存在此类不予注册的情形;第二,在商标被初审公布后,任何人发现存在此情形,都可以向商标局提出异议;第三,即使取得商标注册权,商标局仍可自行宣告该注册商标无效,其他单位或个人仍可以请求商标局负责评审的机构宣告该注册商标无效,且不受时间的限制。

根据《商标法》的规定,在申请商标注册时,设计商标的构成要素就要避开上述规定,以免被驳回。下面分别论述拒绝注册的绝对理由所包含的情形。

(一) 不以使用为目的的恶意商标注册申请

"不以使用为目的的恶意商标注册申请",是指申请人并非基于生产经营活动的需要,而提交大量商标注册申请,缺乏真实使用意图,不正当占用商标资源,扰乱商标注册秩序的行为。该条规定是 2019 年修改《商标法》在第 4 条第 1 款新增的,其立法意图在于规制不以使用为目的的恶意申请、囤积注册等行为,旨在增强注册申请人的使用义务,从源头上制止不以使用为目的的恶意商标注册申请行为,使商标申请注册回归以使用为目的的制度本源。

**法律适用**

## 不以使用为目的的恶意商标申请行为的判断

判断是否构成"不以使用为目的的恶意",应综合考虑以下因素:(1) 申请人所在的行业特点、经营范围、经营资质等基本情况;(2) 申请人提交的商标注册申请的数量、类别跨度和时间跨度等整体情况;(3) 提交的商标注册申请标志的具体构成、商标实际使用情况;(4) 申请人在先是否存在商标恶意注册及侵犯多个主体注册商标专用权等多方面因素,综合判断其申请是否明显不符合商业惯例、明显超出正当经营需要和实际经营能力以及明显具有牟取不正当利益和扰乱正常商标注册秩序的意图。

不以使用为目的申请商标注册的行为,是指申请人在申请注册商标的时候,既无实际使用商标的目的,也无准备使用商标的行为,或者依据合理推断,无实际使用商标的可能性。现实中,不以使用为目的大量申请商标和意欲借此牟利的意图,即属于"不以使用为目的"的"恶意"。

不以使用为目的恶意申请注册的商标,不限于申请人本人申请注册的商标,也包括与申请人具有串通合谋行为或者具有特定身份关系或者其他特定联系的

---

① 《商标审查审理指南》下编第一章第 2.1.1 条。

自然人、法人或者其他组织申请注册的商标。商标转让不影响对商标申请人违反《商标法》第4条情形的认定。

不适用《商标法》第4条的情形有：(1)申请人基于防御目的申请与其注册商标标识相同或者近似的商标。(2)申请人为具有现实预期的未来业务，预先适量申请商标。(3)仅损害特定主体的民事权益，不涉及损害公共利益的。如属于《商标法》第32条规制的恶意注册情形，不适用第4条。

**典型案例**

### 自然人申请多件商标的审查

李某为个体工商户，注册资本1万元，经营范围为"经济信息咨询；销售服装、首饰、工艺品、五金交电、日用品、饲料、化妆品、家用电器；电脑图文设计"。李某自2019年10月至2020年6月，在30多个类别上共提交1000余件商标注册申请。商标注册部门通过审查意见书程序要求申请人就申请注册商标的意图及使用情况作出说明并提供必要证据。申请人辩称：提交大量商标注册申请，一是因为爱好商标而申请商标；二是为企业客户提供商标设计服务；三是为本人开展经营备用；四是部分商标在先已获准注册，本次申请属于防御性注册，在其他类别进行延伸保护。

商标局查明，申请人提交多件商标注册申请指定类别与其营业范围行业跨度较大，如第33类白酒、第5类人用药等，明显超出其经营范围。申请人辩称的防御性注册，应当是申请人在先注册商标已投入实际商业使用并具有一定知名度，基于防止他人抢注的目的申请相同或者近似商标的行为，但申请人并未提交在先注册商标使用情况相关说明，其基于防御意图申请注册的理由难以成立。申请人辩称为开展经营备用，但未提供相关材料证明其已实际作出准备，且申请人在先已申请数百件商标，部分商标已经核准注册，足以满足其生产经营需要，申请人无法对大量提交新的商标注册申请行为作出合理说明且未提供必要证据，故其上述商标注册申请行为构成《商标法》第4条所指的"不以使用为目的的恶意商标注册申请"之情形。

（二）不得作为商标使用的标志

各国立法大多规定，特定的官方和国际组织的标志、民族歧视性的标志、对商品质量和产地容易产生误认的标志，不能作为商标使用和申请注册。我国《商标法》第10条对此作了规定，包括以下情形：

（1）同中华人民共和国的国家名称、国旗、国徽、国歌、军旗、军徽、军歌、勋章等相同或者近似的，以及同中央国家机关的名称、标志、所在地特定地点的名称或者标志性建筑物的名称、图形相同的；

（2）同外国的国家名称、国旗、国徽、军旗等相同或者近似的，但经该国政府同意的除外；

（3）同政府间国际组织的名称、旗帜、徽记等相同或者近似的，但经该组织同意或者不易误导公众的除外；

（4）与表明实施控制、予以保证的官方标志、检验印记相同或者近似的，但经授权的除外；

（5）同"红十字""红新月"的名称、标志相同或者近似的；

（6）带有民族歧视性的；

（7）带有欺骗性，容易使公众对商品的质量等特点或者产地产生误认的；

（8）有害于社会主义道德风尚或者有其他不良影响的。

县级以上行政区划的地名或者公众知晓的外国地名，不得作为商标。但是，地名具有其他含义或者作为集体商标、证明商标组成部分的除外；已经注册的使用地名的商标继续有效。

**法律适用**

## 地名商标注册的例外情形

地名属于公共资源，同时，因其缺乏显著性，一般不应被注册为商标，但下列情形例外：第一，含有县级以下行政区划地名，如"西塘"老酒；第二，地名具有第二含义，如四川省磐石镇，"磐石"既是地名，还有其他含义；第三，集体商标和证明商标的组成部分，如"金华火腿"商标（见图31）；第四，已经注册的使用地名的商标。

1988年1月3日国务院批准第一次修订《商标法实施细则》，其中，第6条规定："县级以上（含县级）行政区划名称和公众知晓的外国地名，不得作为商标。使用前款规定名称已经核准注册的商标继续有效。"例如，武汉武配汽车零部件有限公司注册的"武汉"商标、"青岛啤酒"（见图32）等，是在实施细则生效以前注册和续展的，可以继续使用该注册商标。

图31

图32

**典型案例**

### "中国劲酒"商标申请的审查判断

2005年,劲牌有限公司向国家商标局申请在第33类果酒等商品上注册"中国劲酒"商标(见图33)。2008年,商标局和商评委均认为申请商标中的"中国"为我国国家名称,属于《商标法》第10条第1款第1项明确规定不得作为商标使用的标志,因此驳回申请商标的注册申请。劲牌有限公司提起行政诉讼,称申请商标虽含有我国国名,但申请的商标与我国国名并不相同也不近似。

图33

北京市第一中级人民法院一审认为:申请商标为"中国劲酒"文字及方章图形共同构成的组合商标,方章图案中的"中国酒"三字,字体明显有别于"劲"字,虽然包含有中国国名,但该国名部分更容易被消费者理解为商标申请人的所属国。商评委的决定仅以申请商标中的"中国"为我国国家名称为由,即认定申请商标属于《商标法》第10条第1款第1项规定的不得作为商标使用的标志,主要证据不足。遂判决撤销商评委决定。商标评审委员会不服一审判决,提起上诉。北京市高院维持一审判决。商标评审委员会不服,向最高人民法院申请再审。

最高人民法院再审认为：国家名称是国家的象征，如果允许随意将其作为商标的组成要素予以注册并作商业使用，将导致国家名称的滥用，损害国家尊严，也可能对社会公共利益和公共秩序产生其他消极、负面影响。本案中，申请商标可清晰识别为"中国""劲""酒"三部分，虽然其中含有我国国家名称"中国"，但其整体上并未与我国国家名称相同或者近似，因此申请商标并未构成同中华人民共和国国家名称相同或者近似的标志，商标评审委员会关于申请商标属于商标法第 10 条第 1 款第 1 项规定的同我国国家名称相近似的标志，据此驳回申请商标的注册申请不妥。对于上述含有与我国国家名称相同或者近似的文字的标志，虽然对其注册申请不宜根据《商标法》第 10 条第 1 款第 1 项进行审查，但并不意味着属于可以注册使用的商标，而仍应当根据《商标法》其他相关规定予以审查。例如，此类标志若具有不良影响，仍可以按照《商标法》相关规定认定为不得使用和注册的商标。一、二审判决理由不当，应予纠正，但其撤销商标评审委员会决定的结论正确，应予以维持。商标评审委员会仍需就申请商标是否违反商标法其他相关规定进行审查，故判决商标评审委员会重新作出复审决定。[①]

该案因其典型性，入选《最高人民法院知识产权案件年度报告（2010）》，为含有国名的标志申请注册商标的审查判断提供了范例。

（三）缺乏显著特征不得作为商标注册的标志

1. 商标的显著特征及其分类

我国《商标法》第 9 条规定，申请注册的商标，应当有显著特征，便于识别。商标的显著特征，是指商标应当具备的足以使相关公众区分商品或者服务来源的特征，具体来讲，是指商标能够使消费者识别、记忆，可以发挥指示商品或者服务来源的功能与作用。商标的显著特征又称商标的显著性，是商标标志获得商标注册的重要要件。商标的显著性贯穿商标权的产生、使用、终止和保护的全过程，是商标法中的一项重要规则。

**实务应用**

## 商标显著性的分类

按照显著性的强弱不同，商标在理论上可以分为四种：（1）臆造商标（fanciful mark）是用现实社会没有的词汇作为商标，如海尔集团使用的"海尔"商标，

---

[①] 参见(2010)行提字第 4 号判决书。

标准石油公司的"Exxon"商标,"雅虎""新浪""百度"商标等。这类商标的命名本身没有描述任何事物,且无任何含义,大多数属于臆造词汇,从而获得较强显著性,申请容易获得注册,相应的保护力度也较大。(2)任意商标(arbitrary mark)是用社会生活中已经有的词汇作为商标,如用"长城""凤凰""光明""大白兔"等现有词汇作为商标等。(3)暗示商标(suggestive mark)是用暗示商品或服务特点的词汇作为商标,如"幸福"奶糖、"雀巢"咖啡等。任意商标和暗示商标的显著性不强,实践中获得注册的不是很多。(4)叙述商标(descriptive mark)则是用直接描述商品或服务特点的词汇作为商标,如"永固"锁具、"永久"自行车、"桂花"陈酿等。这类商标缺乏显著性,一般不容易获得注册。但如果上述后三类标志经过使用取得了显著特征,并便于消费者识别的,可以作为商标注册。①

2. 商标显著性的取得方式

商标的显著性可以通过两种方式取得:固有显著性和使用获得显著性。固有显著性是商标本身具有的,其构成要素具有独特性,如雅虎、P&G、和路雪等商标,不是现有词汇,显著性强,容易获得注册。使用获得显著性则是指商标本身的构成要素缺乏显著特征,多为现有词汇,但通过不断的实际使用和广告宣传,产生了识别商品或服务来源的作用。如苹果手机、光明牛奶、大白兔奶糖等商标。商标显著性是动态变化的,原本具有显著性,如果使用不当,可能丧失显著性成为通用名称而被撤销。如蓝牙耳机、席梦思床垫,再如"金骏眉",原本是红茶上的商标,现已演变为红茶的一个品种。

**典型实例**

## "大众"车标的固有显著性

图 34

大众汽车公司的德文"Volkswagen",意为大众使用的汽车;图形商标是德文"Volkswagen"单词中的两个字母(V、W)的叠合,镶嵌在一个大圆圈内,然后整个商标又镶嵌在发动机散热器前面格栅的中间。图形商标形似三个"V"字,像是用中指和食指作出的 V 形,表示大众公司及其产品"必胜—必胜—必胜"。文字商标则标在车尾的行李箱盖上,以注明该车的名称。大众商标简捷、鲜明,显著性强,令人过目不忘。

---

① 参见《商标法》第 11 条。

**典型案例**

## "六个核桃"商标通过使用获得显著性

养元公司 2008 年申请"六个核桃"的商标注册,指定使用商品为第 32 类的无酒精果汁等。某公司在法定期限内向商标局提出异议申请。2010 年 3 月 15 日,商标局裁定被异议商标予以核准注册。某公司不服,于 2010 年 4 月 23 日向商标评审委员会申请复审。2011 年 5 月 3 日,商标评审委员会裁定被异议商标予以核准注册。某公司不服,向北京市第一中级人民法院提起行政诉讼。

北京市第一中级人民法院经审理后认为:本案中,养元公司提供的证据可以证明,贴附有被异议商标"六个核桃"的商品销售区域至少涉及全国 13 个省和直辖市;养元公司聘请了梅婷和陈鲁豫作为被异议商标"六个核桃"的形象代言人并在多处刊登了广告;"六个核桃"经过使用获得消费者信得过产品荣誉证书,被河北省工商行政管理局认定为知名商品;养元公司还提供了"六个核桃"在河北、河南、山东等各地工商行政管理局的受保护记录 30 份。根据上述事实,被异议商标经过使用取得了显著特征,便于识别,可以作为商标注册,维持商标评审委员会作出的裁定。二审法院维持了原判。①

本案是较典型的通过使用获得显著性从而获得注册的案例,法律依据是《商标法》第 11 条。

**典型案例**

## "宅急送"商标权的丧失

宅急送公司成立于 1995 年 10 月 5 日,经营范围包括:鲜花、礼品、办公用品快递;铁路包装、托运、搬家;快递咨询服务;特快专递服务;普通货物运输和仓储服务。宅急送公司曾取得了猴子图形加"宅急送"文字商标,但其在商标证上明确表示放弃"宅急送"专用权。必胜客公司成立于 1989 年 2 月 3 日,该公司先后于 2002 年 5 月 28 日和 2003 年 5 月 7 日在第 30 类商品、第 42 类服务项目和第 39 类服务项目上取得"必胜宅急送"文字商标注册,后两个商标证上注明放弃"宅急送"专用权。

2003 年宅急送公司和必胜客公司在"必胜宅急送"商标和商号等标志的纠

---

① 本案例根据(2012)高行终字第 256 号判决书改编。

纷中,法院经审理认为,基于上述双方当事人均放弃"宅急送"在第39类(快运及运输服务)中的商标专用权,可以说明,"宅急送"三字具有直接描述该服务特点的属性,经过长期使用,在快运行业中已经丧失显著性,成为该行业的通用名称。①

本案说明,如果商标使用不当,会导致商标显著性的退化,沦为本商品或者服务的通用名称,从而失去商标权。

3. 我国《商标法》规定不得作为商标注册的标志

《商标法》第11条规定,缺乏显著特征的标志不得作为商标注册。

(1)仅有本商品的通用名称、图形、型号的。例如,日本某工业株式会社向中国商标局申请在图章、印台上注册"原子印"商标。经商标局审查后认为,原子印系指一种灌入混合油印浆制成的多次连续使用的印章,我国有多家企业生产这种印章,都称自己的产品为原子印。故"原子印"一词在我国已成为商品通用名称,因此驳回了申请人的注册申请。②

(2)仅直接表示商品的质量、主要原料、功能、用途、重量、数量及其他特点的。例如,"玫瑰"花茶、"防潮"油毡等。

(3)其他缺乏显著特征的。

以上所列标志经过使用取得显著特征,并便于识别的,可以作为商标注册。

从上述文义解释分析,《商标法》第11条的规定并非绝对禁止,而是相对禁止,即指经过使用取得显著特征的可以作为商标获得注册。判断商标是否具有显著特征,除了要考虑商标标志本身的含义、呼叫和外观构成外,还要结合商标指定的商品或者服务、商标指定商品或者服务的相关公众的认知习惯、商标指定商品或者服务所属行业的实际使用情况等,进行具体的、综合的、整体的判断。

**典型案例**

## "BEST BUY"商标使用获得显著性的判断

2004年2月12日,佳选公司申请在第35类推销、进出口代理等服务项目上注册"BEST BUY及图"商标(中文译为"百思买")。申请商标由英文单词"BEST""BUY"以及一方框图形构成,其中两个英文单词上下排列,方框图形的底色为黄色(见图35)。国家工商行政管理总局商标局认为申请商标以该文字

---

① 参见(2003)朝民初字第22372号判决书。
② 参见司法部法学教材编辑部编审:《知识产权法案例评析》,法律出版社1994年版,第99页。

作为商标用在指定使用服务上,仅仅直接表示了服务的品质和特点,决定驳回注册申请。佳选公司向商标评审委员会提出复审申请。2008年5月28日,商标评审委员会以与商标局基本相同的理由对申请商标予以驳回。佳选公司不服,提起行政诉讼,并提交了申请商标实际使用的大量证据,以证明其商标因使用获得显著特征。北京市第一中级人民法院以与商标评审委员会相同的理由判决予以维持。佳选公司不服,提起上诉。北京市高院二审判决驳回上诉,维持原判。佳选公司不服,向最高人民法院申请再审。最高人民法院裁定提审本案,并于2011年10月28日判决撤销商评委决定和一、二审判决,责令商标评审委员会重新作出复审决定。

图 35

结合本案,最高人民法院再审认为:人民法院在审理商标授权确权行政案件时,应当根据诉争商标指定使用商品的相关公众的通常认识,从整体上对商标是否具有显著特征进行审查判断。标志中含有的描述性要素不影响商标整体上具有显著特征,相关公众能够以其识别商品来源的,应当认定其具有显著特征。本案中,申请商标由英文单词"BEST""BUY"以及黄色的标签方框构成,虽然其中的"BEST""BUY"对于指定使用的服务具有一定描述性,但是加上标签图形和鲜艳的颜色,整体上具有显著特征,便于识别。同时,根据新查明的事实,申请商标在国际上有较高知名度,且申请商标在我国已经实际使用,经过使用也具有一定的知名度。综合上述因素,申请商标能够起到识别服务来源的功能,相关公众能够以其识别服务来源。商标评审委员会和一、二审法院对申请商标的显著性没有进行整体判断,同时未考虑佳选公司新提交的证据,认定申请商标不具有显著性的结论错误,应予纠正。①

该案因其典型性,入选《最高人民法院知识产权案件年度报告(2010)》,为法院审理含有描述性外国文字商标的显著性的审查判断提供了范例。

---

① 参见(2011)行提字第9号判决书。

### （四）具有功能性不得注册的三维标志

三维标志商标是指仅由三维标志或者由含有其他要素的三维标志构成的商标，通常可以表现为商品自身的三维形状、商品包装或容器的三维形状或者其他三维标志。三维标志商标的实质审查除了与平面商标一样需考虑商标本身构成、指定商品或者服务的类别、相关公众的认知习惯等一般因素之外，还必须结合三维标志商标的使用方式，综合判断该三维标志商标是否起到了区分商品或者服务来源的作用

《商标法》第12条规定，以三维标志申请注册商标的，仅由商品自身的性质产生的形状、为获得技术效果而需有的商品形状或者使商品具有实质性价值的形状，不得注册。因为这些形状具有一定的功能性和技术特征，立法禁止通过注册方式获得对该技术特征的永久保护和专有，即使该标志取得显著性也不能获得注册。

申请注册立体商标的，申请人应当在申请书中予以声明。未声明的，视为平面商标。申请人应当提交能够确定三维形状的商标图样。立体商标实质审查包括不得违反《商标法》第12条的审查、立体商标的显著特征的审查以及立体商标相同和近似的审查。

**典型案例**

## "费列罗"巧克力立体商标案

申请商标为一个三维标志，由一块包在金黄色纸里的球形三维形状组成，在该图形的上半部分里，有一个白底椭圆形小标记，带有一条金边和一条白色细边，该三维图形放置在一个栗色和金黄色的底座上。申请商标指定使用色彩为金黄色、红色、白色、栗色（见图36）。该商标于2001年12月3日在意大利首次提出注册申请并于2002年5月23日在该国被核准注册，商标权人为费列罗公司，国际注册号为G783985，指定使用商品为第30类的面包、饼干、蛋糕、糕点和糖果、冰制食品等。2002年9月28日，原告费列罗公司通过世界知识产权组织国际局向中国提出了对于申请商标的领土延伸保护申请，申请商标指定使用的商品为第30类的面包、饼干、蛋糕、糕点和糖果、冰制食品等。

商标评审委员会认为：申请商标作为立体商标，仅有指定使用商品较为常用的包装形式，难以起到区分商品来源的作用，缺乏商标应有的显著特征，因此将该申请予以驳回。费列罗公司申请复审，被驳回。费列罗公司遂向北京一中院提起诉讼。

本案中，双方当事人争议的焦点是申请商标是否缺乏显著特征。对于由三

图 36

维标志或者含有其他标志的三维标志构成的立体商标而言,仅有指定使用商品通用或者常用的形状或者是其包装物的形状,不能起到区分商品来源的作用,应当被认为是缺乏显著特征的商标。

法院认为,结合本案,申请商标作为一个三维标志,由一个栗色和金黄色相间并带有波纹形状的底座和在底座之上放置的具有皱褶状包装效果的金黄色球形三维形状组成。被告认定申请商标系常用的包装形式,但并未就该认定提供相关的证据予以支持。相反,申请商标对于色彩和商品包装形式的选择均不在本行业和指定使用商品包装形式的常规选择的范围之内,申请商标的独特创意已经使之成为原告产品的一种标志性设计,使得消费者在看到申请商标后就能够清楚地判断出该商标所附着商品的来源,因而申请商标已经具有商标所应具备的显著性,应当在我国被作为注册商标予以保护,被告对申请商标的领土延伸保护申请亦应予以核准。故判决撤销被告商标评审委员会驳回复审的决定书。①

该案是立体商标保护较为典型的案件,适用法律依据为《商标法》第 9 条、第 11 条和第 12 条。

(五)商标代理机构不得申请注册其代理服务以外的商标

《商标法》第 19 条第 4 款规定,商标代理机构除对其代理服务申请商标注册外,不得申请注册其他商标。已经受理的商标申请,也会在实质审查中予以驳回。其立法宗旨是为了保护公共利益,防范商标代理机构利用其业务上的优势,恶意抢注他人商标牟利,扰乱商标市场秩序,侵害商标实际使用人的利益。②

---

① 参见(2007)一中行初字第 815 号判决书。
② 参见《商标审查审理指南》下编第十三章第 2 条。

## 第三章 商标注册的申请和审查

### （六）以欺骗手段或者其他不正当手段取得注册的商标

申请商标注册应当遵守诚实信用原则，已经注册的商标，如果是以欺骗手段或者其他不正当手段取得注册的，由商标局宣告该注册商标无效，其他单位或者个人可以请求商标评审委员会宣告该注册商标无效。《商标法》第44条第1款对此作了规定。

以欺骗手段取得商标注册的行为，是指系争商标注册人在申请注册商标时，采取向商标注册部门虚构或者隐瞒事实真相、提交伪造的申请书件或者其他证明文件等手段骗取商标注册。该行为包括但不限于下列情形：(1)伪造申请书件章戳或签字的行为；(2)伪造、涂改申请人的身份证明文件的行为，包括使用虚假的身份证、营业执照等身份证明文件，或者涂改身份证、营业执照等身份证明文件上重要登记事项等行为；(3)伪造其他证明文件的行为。

以其他不正当手段取得商标注册的行为，是指确有充分证据证明系争商标注册人采用欺骗手段以外的扰乱商标注册秩序、损害公共利益、不正当占用公共资源或者以其他方式牟取不正当利益等其他不正当手段取得注册，其行为违反了诚实信用原则，损害了公共利益。对于只损害特定民事权益的情形，应适用《商标法》第45条及其他相应规定。"以其他不正当手段取得注册"的情形包括：(1)系争商标申请人申请注册多件商标，且与他人具有一定知名度或较强显著特征的商标构成相同或者近似的。如某公司在第3类、第9类、第14类、第18类、第25类等12个类别上提交了多件"天王宾利""BENTLEYDESIGN""博纳多兰博基尼"等商标注册申请。申请人提交的商标注册申请指定类别虽与汽车无关，但商标标志均完整包含"宾利""BENTLEY""兰博基尼"等具有较高知名度和较强显著性的汽车品牌商标。该申请人在非类似商品或者服务上大量申请注册复制、模仿、抄袭多个主体在先具有较高知名度和较强显著性的商标，不正当利用他人商誉，扰乱了正常商标注册秩序。(2)系争商标申请人申请注册多件商标，且与他人字号、企业名称、社会组织及其他机构名称、有一定影响的商品名称、包装、装潢等构成相同或者近似的。如某自然人在第24类、第25类商品上提交近百件商标注册申请，其中大部分为"踏奖安""宁俊李""克妮耐""娜控富安""司登魔波""弟持哥"等形式的商标。该申请人的商标注册申请大部分为变形、拆分重组等方式复制、模仿、抄袭多个主体在先具有一定知名度或者较强显著性的商标，如"安踏""李宁""耐克""富安娜""波司登"等，且指定类别与他人在先具有一定知名度或者显著性较强的商标核定使用商品或者服务类别基本相同或相关。这种在类似及关联性较强的商品或者服务类别上复制、模仿、抄袭多个主体在先具有一定知名度、较强显著性的商标的行为，明显具有牟取不正当利益、扰乱正常商标注册秩序的意图。(3)其他可以认定为以不正当手段取得注册的情形。

## 二、拒绝注册的相对理由

拒绝注册的相对理由,通常涉及损害他人的在先商标权利、他人现有的其他在先权利等,因为损害的是特定主体的合法权益,具有相对性。不同于损害公共利益的绝对性理由,针对相对理由,商标注册部门只能依职权将他人在先商标权利(第30条和第31条)作为驳回事由,且一般不能依职权主动审理相对理由,仅在异议或评审程序中,依当事人申请进行审查审理。"包括:《商标法》第十三条规定的他人的驰名商标,第十五条规定的被代理人、被代表人商标或其他特定关系人的商标,第十六条第一款规定的他人的地理标志,第三十条规定的他人已经注册的或者初步审定的商标,第三十一条规定的他人注册申请在先的商标,第三十二条规定的他人现有的在先权利和已经使用并有一定影响的商标。"①下面按照《商标法》条文的顺序,分别论述。

### (一) 申请的商标不得与他人的驰名商标相同或近似

为保护驰名商标持有人利益,防止市场混淆或者公众误认,实践中对可能利用驰名商标的知名度和声誉申请注册的行为予以禁止。《商标法》第13条第2款和第3款规定:"就相同或者类似商品申请注册的商标是复制、摹仿或者翻译他人未在中国注册的驰名商标,容易导致混淆的,不予注册并禁止使用。就不相同或者不相类似商品申请注册的商标是复制、摹仿或者翻译他人已经在中国注册的驰名商标,误导公众,致使该驰名商标注册人的利益可能受到损害的,不予注册并禁止使用。"驰名商标保护制度具体内容,参见本书第八章。

**典型案例**

### "酷狗"商标驳回案

申请人的"酷狗"商标使用在提供在线音乐(非下载)服务类别上,经过申请人多年的使用和宣传已构成未注册驰名商标(图37)。争议商标为"KU GOU 酷狗"(图38),与申请人"酷狗"商标高度近似,其指定使用的"提供卡拉OK服务"等类别与申请人商标主要使用的类别在服务对象、服务内容和特点上高度相近。商标局认为,争议商标的申请易使相关公众产生混淆,损害申请人利益,违反了

---

① 《商标审查审理指南》下编第一章第2.1.2条。

《商标法》第 13 条第 2 款的相关规定,予以驳回。

图 37　　　　　　　　　　　图 38

（二）代理人、代表人或其他特定关系人的恶意抢注行为

1. 代理人或代表人的恶意抢注行为

为防止代理人或者代表人未经授权,以自己的名义将被代理人或者被代表人的商标进行注册,《商标法》第 15 条第 1 款规定,代理人或者代表人明知是被代理人或者被代表人商标而在同一种或类似商品上恶意抢先注册,被代理人或者被代表人提出异议的,不予注册并禁止使用。

该条款是对代理人或者代表人擅自注册行为的禁止性规定。代理人不仅包括《民法典》中规定的代理人,也包括基于商事业务往来而可能知悉被代理人商标的经销商。代表人系指具有从属于被代表人的特定身份、因执行职务行为而可能知悉被代表人商标的个人,包括法定代表人、董事、监事、经理、合伙事务执行人等人员。

2. 其他特定关系人的恶意抢注行为

除前述代理人或代表人的恶意抢注行为外,现实中,还出现了其他特定关系人的恶意抢注行为。为此,2013 年修改的《商标法》第 15 条新增第 2 款规定:"就同一种商品或者类似商品申请注册的商标与他人在先使用的未注册商标相同或者近似,申请人与该他人具有前款规定以外的合同、业务往来关系或者其他关系而明知该他人商标存在,该他人提出异议的,不予注册。"

**法律适用**

### 其他特定关系人抢注在先使用商标的认定

《商标法》第 15 条第 2 款是对第 1 款规定以外的具有合同、业务往来关系或者其他关系而明知他人商标,而在同一种或类似商品上恶意抢先注册行为的禁止性规定。认定特定关系人抢注他人在先使用商标须符合下列要件:(1) 存在合同、业务往来关系或者其他特定关系人。合同、业务往来关系是指双方存在代表、代理关系以外的其他商业合作、贸易往来关系,如买卖、委托加工、加盟、投资、赞助、广告代理等商业往来关系;其他关系是指双方商业往来之外的其他关系,如亲属、隶属关系、商标申请人与在先使用人营业地址邻近等。(2)因合同、业务往来关系或者其他关系而明知他人在先使用商标存在进行抢注的。(3)他人商标在系争商标申请之前在先使用。在先使用既包括在实际销售的商品、提供的服务上使用商标,也包括对商标进行的推广宣传,还包括在先使用人为标有其商标的商品或者服务投入市场而进行的实际准备活动。本条款的在先使用人只需证明商标已经使用,无须证明商标通过使用具有了一定影响。这一点不同于《商标法》第32条所规定的须举证在先使用商标有一定影响,也不同于《商标法》第15条第1款无使用在先的要求。(4)系争商标指定使用在与他人在先使用商标同一种或者类似的商品或者服务上。(5)系争商标与他人在先使用商标相同或者近似。

**典型案例**

## 明知他人在先使用商标而申请注册

王某于2018年入住过李江的"白云"酒店,该酒店与王某的工作地点很近。在得知该酒店的"白云"商标还未申请商标注册后,2021年12月王某申请并获得"白云"注册商标权。之后他向李江发出了商标侵权告知函,并在电话联系中提出巨额转让费等事宜。

经审查得知,王某的争议商标核定使用的住所代理(旅馆、供膳寄宿处)、自助餐厅等服务与李江在先使用的"白云"商标酒店属于类似服务;加之其之前入住过李江的酒店并提出过商标转让费等,可推定王某有知晓并抢注申请人在先使用"白云"商标的恶意,王某的商标注册行为已构成《商标法》第15条第2款所指的情形。李江可向商标评审机关申请,宣告王某的注册商标无效。

(三)申请注册商标不得使用他人的地理标志

地理标志,是指标示某商品来源于某地区,该商品的特定质量、信誉或者其他特征,主要由该地区的自然因素或者人文因素所决定的标志。《商标法》第16条规定,商标中有商品的地理标志,而该商品并非来源于该标志所标示的地区,误导公众的,不予注册并禁止使用。例如,烟台苹果具有果型端正、果面光洁、色泽鲜艳、汁多爽口、肉质松脆的特点和品质,与其生长在烟台地区的自然因素,如土壤、气候、水质等有密切联系。为维护该地苹果的声誉,烟台市苹果协会申请注册了地理标志证明商标(见图39)。其他地方如陕西或者河南等地产出的苹果就不能申请和使用"烟台苹果"申请商标注册。

图 39

（四）不得与他人已经注册或初步审定的商标相同或者近似

为避免产生相冲突的商标权，损害在先注册人利益，《商标法》第 30 条规定，申请注册的商标同他人在同一种商品或者类似商品上已经注册的或者初步审定的商标相同或者近似的，由商标局驳回申请，不予公告。所谓相同商标，是指用于相同或类似商品上的商标，其文字、图形和读音相一致。所谓近似商标，是指在同一种或类似商品上，作为商标的文字、图形和读音等构成要素相似的商标。实践中，如何判断两个商标是否相同或者近似，关键是看它们是否用于同一种商品或类似商品上。如果两个商标相同或者近似，但它们不是用在同一种商品或者类似商品上，也不影响该商标的申请注册，但驰名商标例外。

（五）不得与他人注册申请在先的商标相同或近似

我国商标权的取得实行申请在先、注册确权原则。《商标法》第 31 条规定，两个或者两个以上的商标注册申请人，在同一种商品或者类似商品上，以相同或者近似的商标申请注册的，初步审定并公告申请在先的商标；同一天申请的，初步审定并公告使用在先的商标，驳回其他人的申请，不予公告。

（六）不得损害他人的在先权和抢注已经使用并有一定影响的商标

《商标法》第 32 条规定，申请商标注册不得损害他人现有的在先权利，也不得以不正当手段抢先注册他人已经使用并有一定影响的商标。该条规定了两种情形，分别论述如下。

1. 不得损害他人现有的在先权利

在先权利是指在系争商标申请注册日之前已经取得的，除商标权以外的其他权利，包括字号权、著作权、外观设计专利权、姓名权、肖像权、地理标志以及应予保护的其他合法在先权益。[1]

---

[1] 参见《商标审查审理指南》下编第十四章第 2 条。

从文义分析,在先权利包括既存的现有合法民事权利,如字号权、著作权、外观设计专利权、姓名权、肖像权、地理标志等受民法及商标法等保护的权利,也包括其他应予保护的合法在先权益,如作品名称权益、作品中的角色名称权益、有一定影响的商品或者服务名称等。后者是随着市场经济发展,对《商标法》第32条中"在先权利"外延的拓展,对此,司法审判实践已作了肯定。2020年修正的最高人民法院《关于审理商标授权确权行政案件若干问题的规定》第18条规定,"商标法第三十二条规定的在先权利,包括当事人在诉争商标申请日之前享有的民事权利或者其他应予保护的合法权益。"2019年公布的《北京市高级人民法院商标授权确权行政案件审理指南》第16.1条对《商标法》第32条中"在先权利范围"明确,"当事人依据反不正当竞争法第六条主张在先合法权益的,可以适用商标法第三十二条进行审理";同时,第16.2条明确了"在先权利时间的起算","当事人主张诉争商标的申请注册损害'在先权利'的,应举证证明诉争商标申请日前该在先权利合法存在"。申请商标应尊重和规避他人的在先权,如造成在先权损害的,该商标将不予核准注册或者被宣告无效。

## 法律适用

### 其他合法在先权益适用要件

其他合法在先权益,如作品名称、作品中的角色名称、有一定影响的商品或者服务名称等在系争商标申请注册之前已具有较高知名度的,如果他人将其作为商标使用在相关商品或者服务上,容易导致相关公众误认并产生混淆。在先标志权益人提出主张的,系争商标应当不予核准注册或者予以无效宣告。具体适用要件包括:(1)在先权益归属明确,合法存续;(2)请求保护的在先标志具有较高知名度;(3)系争商标注册申请人主观上存在恶意;(4)系争商标使用在指定商品或者服务上容易导致相关公众误认为其经过在先标志权益人的许可,或者与在先标志权益人存在特定联系。根据上述要件,应当综合考虑系争商标与在先标志的近似程度、在先标志的知名程度和知名领域以及系争商标指定的商品或者服务与在先标志知名领域的关联程度等因素。

## 典型案例

### "007"商标异议案

某电视公司将"007零零七"作为商标申请注册,007电影出品方提出异议,阻止该商标注册。经查,007 是风靡全球的一部谍战电影,历经近 50 年长盛不衰。007 不仅是影片的名称,更是主人公特工詹姆斯·邦德的代号,007 标志是知名度很高的在先权益,归属于该系列电影出品方,作为从事电视行业的公司,理应知晓 007 的知名度,其在后申请注册的行为存在主观恶意;且经过比对,两者的标识具有近似性、使用的服务类别具有相似性。某电视公司使用"007 零零七"商标,容易导致相关公众误认为其经过在先标志权益人的许可,或者与在先标志权益人存在特定联系,由此不正当地借用 007 电影出品方的知名度,损害其在先合法权益,应予驳回申请。

2. 不得以不正当手段抢注他人已经使用并有一定影响的商标

通常认为,在先未注册商标通过商业宣传和生产经营活动,发挥了识别商品或者服务来源的作用,并为中国一定范围的相关公众所知晓,即可认定为"已经使用并有一定影响"。如果系争商标申请人明知或者应知他人在先使用未注册商标存在而抢先注册的,可判定为采取了"不正当手段"。具体判定可综合考虑下列因素:(1)系争商标申请人与在先使用人曾有贸易往来或合作关系,或者曾就达成上述关系进行过磋商;(2)与在先商标使用人共处相同地域或地缘接近,或者属于同行业竞争关系;(3)与在先使用人曾发生过其他纠纷,可知晓在先使用人商标;(4)与在先使用人曾有内部人员往来关系、亲属关系;(5)利用在先使用人有一定影响商标的声誉和影响力进行误导宣传,胁迫在先使用人与其进行贸易合作,向在先使用人或者他人索要高额转让费、许可使用费或者侵权赔偿金等行为;(6)与他人具有较强显著性或较高知名度的商标相同或高度近似;(7)其他明知或者应知他人在先使用未注册商标存在的情形。

## 第三节 商标注册申请的审查和核准

对符合商标法规定的商标申请,商标局应予以受理并开始对其进行审查。对商标申请进行审查,是商标能否核准注册的关键。核准注册是申请人获得商标专用权的法律依据。世界各国对商标的审查主要采取两种方式:一种为不审查制,又称"形式审查制";一种为审查制,即不仅要进行形式审查,还要进行实质审查。目前,大多数国家采用审查制,我国商标法也采用审查制,亦称全面审查制。商标注册的审查和核准的具体程序如下:

### 一、商标注册申请的形式审查

形式审查是指对商标注册的申请进行审查,看是否具备法定条件和手续,从

而确定是否受理该申请。形式审查是接受商标申请后,受理商标申请之前的一个必要程序,主要审查以下几个方面的内容:

(1) 申请人的资格和申请程序。如果申请人不具备主体资格或超越了法人行为能力范围,则不能办理商标注册申请。如外国申请人要委托我国依法设立的商标代理机构办理等。

(2) 申请文件。审查申请人提交的文件是否齐全,所填写的内容是否符合要求,是否已缴纳了有关费用。

(3) 商标的申请日期,编写申请号。商标注册的申请日期,以商标局收到申请文件的日期为准。

申请手续齐备并按照规定填写申请文件的,编写申请号,发给"受理通知书";申请手续不齐备或者未按照规定填写申请文件的,予以退回,申请日期不予保留。申请手续基本齐备或者申请文件基本符合规定,但是需要补正的,商标局通知申请人予以补正,限其自收到通知之日起 30 日内,按照指定内容补正并交回商标局。在规定期限内补正并交回商标局的,保留申请日期;期满未补正的,视为放弃申请,商标局应当书面通知申请人。形式审查通过后,发给"受理通知书"进入实质审查。

### 二、商标注册申请的实质审查

商标注册的实质审查,主要是审查商标注册申请是否符合法定条件。实质审查是商标申请可否获得商标授权的关键环节。实质审查的内容包括以下几个方面:

(1) 是否存在不以使用为目的的恶意商标注册申请;
(2) 是否存在法律禁止使用的情形;
(3) 是否具备商标的显著特征;
(4) 三维标志商标是否具备功能性;
(5) 与他人在先申请或者注册的商标权利是否冲突;
(6) 商标代理机构是否申请超出代理服务范围的商标注册。

如果存在上述情形,审查机关将予以驳回。主要适用《商标法》第 4 条、第 10 条、第 11 条、第 12 条、第 16 条第 1 款、第 19 条第 4 款、第 30 条、第 31 条、第 50 条。

为弥补严格注册制之不足,《商标法》第 13 条、第 15 条、第 32 条分别规定了对未注册驰名商标、在先使用未注册商标以及他人现有在先权利的保护。但商标注册实质审查时,不适用以上规定,因这些条款分别涉及未注册驰名商标、在先使用未注册商标以及他人现有在先权利的保护,属于私权范畴。根据私权自治和处分原则,由在先权利人或者利害关系人在异议、不予注册复审、请求无效宣告程序中,依法向商标注册部门提出申请,有明确的请求、事实、理由和法律依据,并提供相应证据。商标注册部门不会对上述事由进行主动审查。

由以上可知,我国商标实质审查的内容包括拒绝注册的绝对理由和部分相对理由,其中,部分相对理由是指《商标法》第30条、第31条规定的与他人已经注册的或者初步审定的商标相同或近似、与他人注册申请在先的商标相同或近似的情形。其他相对事由因与私权有关,在他人未提出异议申请之前,商标确权机关不会主动审查。

### 三、初审公告、异议及复审

**（一）初审公告**

经商标局审查,凡是符合上述形式和实质内容的商标,商标局应当自收到商标注册申请文件之日起9个月内审查完毕,符合商标法有关规定的,予以初步审定并公告。初步审定的商标尚不具有商标专用权,要先在国家知识产权的官方刊物《商标公告》上公布申请人的名义、地址、代理机构、商标及使用的类别、申请日和初审号等信息,广泛征求社会公众的意见。在审查过程中,商标局认为商标注册申请内容需要说明或者修正的,可以要求申请人作出说明或者修正。申请人未作出说明或者修正的,不影响商标局作出审查决定。[1]

对初步审定公告的商标,自公告之日起3个月内,在先权利人、利害关系人认为违反《商标法》第13条第2款和第3款、第15条、第16条第1款、第30条、第31条、第32条规定的,或者任何人认为违反《商标法》第4条、第10条、第11条、第12条、第19条第4款规定的,可以向商标局提出异议。

**（二）异议**

所谓异议,是指公众对经过初步审定并公告的商标,在法定期限内,向商标局提出该商标不予注册的反对意见,即要求商标局在规定的3个月异议期满后不要核准该商标注册。设定异议程序的目的在于提高商标审查工作的准确性,有助于发现问题,纠正初步审定可能发生的错误。

异议程序的具体作用主要有:第一,有利于保护商标在先注册人的利益以及商标初步审定人的在先申请权。《商标法》第30条规定:"申请注册的商标,凡不符合本法有关规定或者同他人在同一种商品或者类似商品上已经注册的或者初

---

[1] 参见《商标法》第29条。

步审定的商标相同或者近似的,由商标局驳回申请,不予公告。"当商标局将上述这些本应驳回的商标予以公告时,商标权人及其他人可以通过提出异议程序维护其合法利益。第二,防止申请人获得不应有的商标权。当初步审定的商标公告后,如果该商标违反了禁止注册的绝对和相对理由,相关主体可以提出异议,阻止商标获得注册。

**实务应用**

## 异议主体和理由的变化

对申请异议的主体,第三次修改前的《商标法》规定任何人均可申请,导致一些人滥用异议程序,人为拖延了申请人商标权获得的时间。第三次修改后的《商标法》对申请异议的主体和理由作了限定和区分。第四次修改后增加了禁止注册的绝对理由,根据《商标法》第33条,对违反禁止注册的绝对理由,如第4条、第10条、第11条、第12条、第19条第4款规定的初步审定公告的商标,自公告之日起3个月内,任何人均可以向商标局提出异议;而对违反禁止注册的相对理由,如第13条第2款和第3款、第15条、第16条第1款、第30条、第31条、第32条,只有在先权利人和利害关系人才可以向商标局提出异议。公告期满无异议的,予以核准注册,发给商标注册证,并予公告。

对初步审定公告的商标提出异议的,商标局应当听取异议人和被异议人陈述事实和理由,经调查核实后,自公告期满之日起12个月内作出是否准予注册的决定,并书面通知异议人和被异议人。有特殊情况需要延长的,经国家知识产权局批准,可以延长6个月。本条关于时间的规定也是《商标法》第三次修改增加的内容,目的在于敦促商标确权机关及时进行审查,同时也便于申请人了解相关信息配合其生产经营活动。

《商标法》第三次修改后,在程序方面的一个重大变化是:商标申请初审公告后,针对异议人提出异议的,商标局经过核实后可直接作出准予注册决定,发给商标注册证,并予公告。在程序上取消了商标局的裁定和商标评审委员会的复审裁定环节。修改后的规定可以大大缩短商标申请的审批时间,减少核准的程序和环节,有利于申请人尽快取得商标注册。异议人不服的,可以依照《商标法》第44条、第45条的规定向国家知识产权局请求宣告该注册商标无效。[①]

---

[①] 参见《商标法》第35条。

## （三）复审

对驳回申请、不予公告的商标，商标局应当书面通知商标注册申请人。商标注册申请人不服的，可以自收到通知之日起 15 日内向国家知识产权局申请复审。国家知识产权局应当自收到申请之日起 9 个月内作出决定，并书面通知申请人。该条规定是第三次修改的《商标法》新增的内容，对商标评审机构决定的时限作出了 9 个月的要求，但对有特殊情况需要延长的，经批准，可以延长 3 个月。当事人对国家知识产权局的决定不服的，可以自收到通知之日起 30 日内向人民法院起诉。①

针对商标局作出不予注册的决定，被异议人不服的，可以自收到通知之日起 15 日内向国家知识产权局申请复审。国家知识产权局应当自收到申请之日起 12 个月内作出复审决定，并书面通知异议人和被异议人。有特殊情况需要延长的，经批准，可以延长 6 个月。被异议人对国家知识产权局的决定不服的，可以自收到通知之日起 30 日内向人民法院起诉。人民法院应当通知异议人作为第三人参加诉讼。

国家知识产权局在依照前款规定进行复审的过程中，所涉及的在先权利的确定必须以人民法院正在审理或者行政机关正在处理的另一案件的结果为依据的，可以中止审查。中止原因消除后，应当恢复审查程序。

## 四、商标注册的核准

核准注册是申请人取得商标专用权的决定性环节。商标获准注册后，由商标局将核准的商标和核定使用的商品登记在《商标注册簿》上，并刊登在《商标公告》上，同时颁发商标注册证。自始注册商标受法律保护，注册人享有商标专用权。

经审查异议不成立而准予注册的商标，商标注册申请人取得商标专用权的时间自初步审定公告 3 个月期满之日起计算。

在商标公告期满之日起至准予注册决定作出前，针对他人在同一种或者类似商品上使用与该商标相同或者近似的标志的行为，是否构成侵权，《商标法》第 36 条第 2 款新增规定，这类行为不具有追溯力，即在此期间他人在同种或类似商品或服务上使用了与该商标相同或近似的行为不构成商标侵犯。因为商标权利还未在《商标公告》上进行注册公告，他人无法知悉。但是，因该使用人的恶意给商标注册人造成的损失，应当给予赔偿。该规定如何适用，如何认定恶意、损失的界定及赔偿的标准等，还有待于进一步研究。

---

① 参见《商标法》第 34 条。

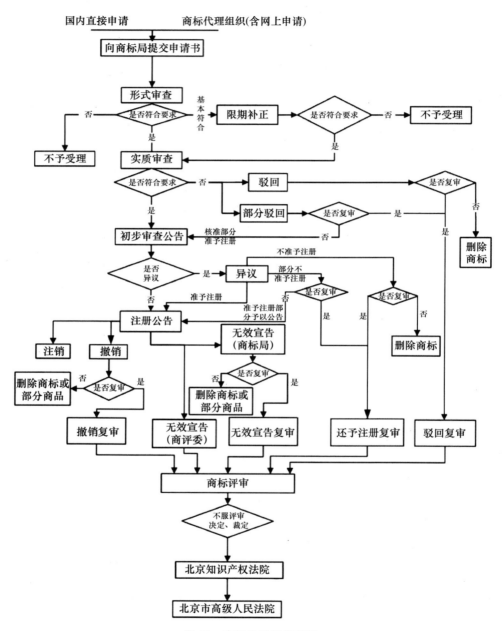

图 40　商标注册流程简图

## 第四节 商标国际注册

为了方便我国的企业和个人到国外申请商标国际注册,进一步拓展对外贸易,保护商标权人的利益,我国于1989年7月4日加入《商标国际注册马德里协定》(以下简称《协定》),该协定于同年10月4日在我国生效。1995年9月1日我国又加入了《商标国际注册马德里协定有关议定书》(以下简称《议定书》)。我国是第四个加入该议定书的国家,从而使该议定书于同年12月1日生效。为配合上述两个公约在中国的实施,国家工商行政管理局于1996年5月24日发布了《马德里商标国际注册实施办法》。该办法实行7年后,国家又发布了新的《马德里商标国际注册实施办法》,并于2003年6月1日生效。

商标国际注册,是指根据《协定》或《议定书》的规定,由其成员国的法人或自然人,通过本国商标主管部门向设在瑞士日内瓦的世界知识产权组织国际局提交的,可以同时在除申请人所在国之外的其他成员国要求取得领土延伸保护的商标注册申请。经过《协定》或《议定书》规定的审查程序,由国际局在《国际注册簿》上予以登记,并在《国际商标公告》上进行公告,并发给注册人商标国际注册证。这一系列过程称为"商标国际注册"。[①]

商标国际注册的意义主要体现在以下几点:第一,费用低廉。商标申请人在一个成员国就一个类别申请商标注册所需的费用是逐一国家申请注册所需费用的1/12—1/11。第二,手续简便。商标申请人可仅通过向主管局提交一份申请而在多个被指定国同时获得商标保护。第三,时间快捷。从国际注册日起,如果被指定国在规定的期限内(依照《协定》为12个月,依照《议定书》为18个月)没有向国际局发出驳回通知,则该商标将在该指定国自动得到保护。

### 一、商标国际注册的资格和条件

(1)以中国为原属国申请商标国际注册的,应当在中国设有真实有效的工商营业场所,或者在中国有住所,或者拥有中国国籍。

(2)申请人的商标已经在国务院工商行政管理部门商标局获得注册的,可以根据《协定》或《议定书》申请该商标的国际注册。如果已经向商标局提出商标注册申请的,可以根据《议定书》申请该商标的国际注册。

---

[①] 参见国家工商行政管理总局2003年4月17日发布的新的《马德里商标国际注册实施办法》第1条第2款。

## 二、商标国际注册的程序

办理商标国际注册的程序主要分为以下几个步骤:

(1) 申请人应向国家知识产权局商标局提出马德里商标国际注册申请,并将有关各项文件递交商标局。

(2) 商标局在收到申请文件后,认为手续齐备并符合填写要求的,编定申请号,并以此日期作为商标国际注册的申请日期;认为手续基本齐备或者申请书件基本符合规定,但仍需要补正的,商标局通知申请人或者其代理人在收到通知之日起的 15 日内予以补正,未补正或逾期的,该申请视为放弃,商标局书面通知申请人。商标局以邮寄形式向当事人送达补正通知的日期,以当事人收到补正通知的邮戳日为准。邮戳日不清晰或者没有邮戳的,或者没有被邮局退回的,自通知发出之日起满 15 日,视为送达当事人。认为手续不齐备或者申请书件不符合规定的,商标局退回申请书,申请日不予保留。

(3) 商标局在收到手续资料齐备的申请文件后,即登记申请日期,编定申请号,按当月第一天的银行外汇汇率折算,计算申请人所需缴纳的人民币费用,向申请人发送"收费通知单"。

(4) 国内申请手续齐备后,商标局在 30 日内将申请文件翻译整理成法文或英文文件并将相应的注册申请规费递交世界知识产权组织国际局。

(5) 世界知识产权组织国际局在收到我国商标局递交的商标国际注册申请和申请费用后,仅对该国际注册申请进行形式审查,包括依照尼斯分类划分商品和服务的类别,如果认为手续齐备,申请书件符合有关规定,一切妥当之后,即编号,将带有国际注册号码和国际注册日期的商标登记在《国际注册簿》里。认为手续不齐备或申请书件不符合有关规定的,将暂缓注册,并通知我国商标局。我国商标局在收到国际局的通知之日起 15 日内通知申请人或者代理人补齐手续。申请人或代理人应在国际局通知规定的期限内通过我国商标局补齐手续。逾期未补齐的,则视为放弃申请,国际局在扣除一定的基础注册费后,退回其余的注册费用,但我国商标局收取的手续费不退。

关于商标国际注册日期问题,以国际局在我国商标局收到国际商标注册申请之日起计算,如果在 2 个月之内收到我国商标局转去的国际注册申请,我国商标局的收文日期即是国际局的收文日期,也就是该商标的国际注册日期;如果国际局在 2 个月之后才收到该注册申请,国际局则将收到该注册申请文件的日期作为收文日期和国际注册日期。

(6) 申请国际注册的商标,一经在国际局的《国际注册簿》上登记,即由国际局负责将该商标刊登在世界知识产权组织《国际商标公告》上并给申请人颁发国际注册证书,至此过程,一般需 3—4 个月的时间。公告期为 3 个月,任何人均可以对该公告刊登的指定国家的领土延伸申请向该所属国商标主管局提出异议。

(7) 国际商标注册在《国际注册簿》上登记后,国际局就此国际商标注册申请发通知给被申请人要求指定保护此商标的国家。

《协定》缔约方被指定国的商标主管局有一年时限,《议定书》缔约方被指定国的商标主管局有 18 个月时限(因异议而时限可能更长),根据其国内法律来对该国际商标注册申请在本国进行实质审查,决定是否予以保护。若根据其国内法律存在驳回理由的,则该国商标主管局可以拒绝对该国际注册申请的商标在本国给予领土延伸的保护。在这种情况下,被指定国的商标主管局应比照其国内直接申请时所适用的法律而让该国际商标注册申请人享有与本国人相同的国内审查程序,以及相同的驳回、异议、复审和上诉程序。向指定国家商标主管局或指定国家国内法院提复审或上诉时,注册人通常需找当地律师代理。

当所申请的商标国际注册被该指定国的权力机关终局驳回后,该指定国家的商标主管局会及时将该终局驳回通知国际局。国际局则将该驳回通知转交该国际商标注册申请人所属的国家商标主管局和该国际商标注册申请人。如果在上述规定的期限内,被指定国没有向国际局发出对该商标的驳回通知,或是发出驳回通知后又随即撤销此驳回通知的,这一商标的国际注册在被指定国就与在该国国家注册簿上所注册的商标具有同等效力,即享有与直接递交给该国的商标同样的保护。

### 三、商标国际注册的保护期限

根据《协定》,申请商标国际注册的有效期限为 20 年,可以一次性缴费,也可以分前 10 年和后 10 年两次缴费,20 年期满可以续展注册。根据《议定书》,申请商标国际注册的有效期限为 10 年,10 年期满可以续展注册。

**思考题**

1. 简答商标注册的概念和原则。
2. 论述拒绝注册的绝对理由和相对理由,二者有何不同?
3. 简答商标申请的优先权及其条件。
4. 何谓商品分类表?
5. 简述商标注册的审查与核准的程序。
6. 设置异议程序的目的是什么?
7. 简答商标国际注册程序及保护期限。

# 第四章 商标权取得

## ☞ 本章导读

商标的申请、注册、取得、利用以及保护都是围绕着商标权进行的。我国商标权取得采用注册原则,保护期为10年,期满可以续展。通过对本章的学习,应重点掌握商标权的含义和具体权利内容、商标权有别于其他知识产权的特征,了解商标权的取得途径和保护期限。

## 第一节 商标权及其内容

### 一、商标权的概念

商标权是指商标所有人依法对其注册商标所享有的专有权。《商标法》第3条规定,经商标局核准注册的商标为注册商标,商标注册人享有商标专用权,受法律保护。由此可见,我国商标权的取得是根据注册原则确定的,商标权实际上就是指注册商标专用权。

注册商标与未注册商标的法律地位不同。未注册商标是指没有经过国家知识产权局商标局核准注册而自行使用的商标。我国允许使用未注册商标,但它不享有商标专用权。在实际生活中,一方面,未注册商标使用人不得对抗其他人的使用;另一方面,如果未注册商标使用人不申请注册,他人就有可能抢先申请注册并取得商标的专用权。因此,商标使用人应注意实施商标策略,对质量稳定并具有一定生产规模的商品,应及时申请商标注册,树立自己的品牌,以与他人的同类商品相区别。如果是小批量的商品,可以使用未注册商标。

### 二、商标权的特点

商标权与专利权、著作权统称为"知识产权",商标权具有知识产权的一般属性和特征,即专有性、时间性和地域性,但商标权与专利权、著作权比较,有较大的区别。

(一)商标权与专利权的区别

商标权与专利权统称为"工业产权",两者有许多共性,如权利取得的方式相同,由国家授予,财产权有保护期等。但两者相比,有以下区别:第一,权利授予的条件不同。专利权要求授予最先申请人,对申请专利的发明创造要求具有"首创性";商标是由文字、图形或其组合等要素构成的,获得注册的前提条件是具有"识别性"。第二,权利保护的对象不同。专利法保护的是具有专利性的发明创造及发明专利方法;商标法保护的是注册商标,包括商品商标、服务商标、立体商标、颜色组合商标、集体商标和证明商标等。第三,权利的保护期不同。发明专利的保护期为20年,实用新型专利的保护期为10年,外观设计专利的保护期为15年,自申请之日起计算。保护期届满发明创造进入公有领域,任何人都可无偿使用。商标权的保护期为10年,期满可以续展,续展的次数不受限制。

(二) 商标权与著作权的区别

商标权与著作权同属于知识产权,两者有很多共性,如对财产权保护期的限制、地域的限制等。两者的区别如下:第一,权利属性不同。著作权具有人身权与财产权的双重属性。其财产权超过法定期限进入公有领域,人人可以使用,但其人身权即署名权、修改权和保护作品完整权仍由著作权人享有。著作权人的人身权具有不可剥夺性、不可扣押性和不可强制执行性。商标权只是一种财产权,不具有人身权的属性。它可能因超过法定期限不续展而灭失,也可因商标权人的违法行为而被撤销。商标权作为一种财产权,具有可强制执行性,一旦商标权人不能偿还债务,人民法院可以拍卖其商标权,用来偿还债务。此外,商标权还可出质,作为质押的标的。第二,要求的保护条件不同。著作权法保护的作品要求具有独创性,禁止抄袭和剽窃他人的作品。商标是区别同类商品和服务的标志,申请注册的商标要具有识别性,并不考虑商标是由谁创作的。第三,权利取得的方式不同。著作权一般是自作品完成后自动产生,无须登记注册。商标权的产生,要由申请人提出申请,经商标局核准后,发给注册证予以公告,申请人才取得商标专用权。第四,适用领域不同。著作权法保护的作品适用的领域较广泛,主要涉及文学、艺术和科学领域。商标权主要发生在工农业和商业领域中,与产品的生产和经营活动有关。第五,权利的保护期不同。著作权的财产权和人身权中的发表权的保护期为作者终生加上死后50年,期满该作品进入公有领域。商标权的保护期为10年,期满可以续展,续展的次数不受限制。

(三) 商标权的特征

商标权相对于专利权和著作权而言,又有自己的特征。

(1) 国家授予性。商标权的取得,要经过申请人的申请、国家主管机关的审批、核准公告之后才能获得。商标权是国家授予的,不是自动取得的。

(2) 权利内容的单一性。商标权尽管是一种民事权利,但其权利内容比较单一,不包含人身权,只有财产权。由商标的设计而产生的人身权利,属于著作权法调整的范畴。

（3）时间的相对永久性。商标权是一种知识产权,其保护期也有时间的限制。但这种限制不同于专利权和著作权。按照商标法的要求,商标权人只能在注册商标的有效期内享有商标专用权。商标有效期届满,应当进行续展注册,否则,该商标就不再受法律保护。对商标权人而言,只要每次有效期届满前及时申请商标续展,该注册商标就可能永远被保护。但专利权和著作权的保护期一旦届满,其智力成果就进入公有领域,权利人便丧失专用权。与专利权和著作权比较,可以说商标权在时间上是一种相对永久权。

### 三、商标权的内容

商标权的内容是指商标权人对其注册商标依法所享有的一系列权利。具体内容见下表：

表1 商标权的内容

| | 权利种类 | 基本含义 |
|---|---|---|
| 商标权的内容 | 使用权 | 商标权人自己对其注册商标的使用权利,如在商品或其外包装上使用,在商业文件、说明书上使用等 |
| | 转让权 | 商标权人依照法定程序,将其所有的注册商标转让给他人的权利 |
| | 许可权 | 商标权人通过签订使用许可合同,许可他人使用其注册商标的权利 |
| | 续展权 | 注册商标期满时可继续申请商标法给予保护,从而延长其保护期限的权利 |
| | 禁止权 | 商标权人禁止他人使用其注册商标的权利 |
| | 出质权 | 商标权人将其注册商标向金融机构出质,实施贷款融资的权利 |

## 第二节 商标权取得的方式

采用什么方式取得商标权,各国商标法规定不尽相同。总的来讲,商标权的取得有两种形式:原始取得和继受取得。

### 一、商标权的原始取得

原始取得又称"直接取得",是指商标所有人对其商标所享有的商标权是首次产生的,即取得的商标权是最初的,是不以他人既存的权利和意志为依据而取得的权利。商标权的原始取得主要有三种形式:注册取得、使用取得和混合取得。

### (一) 注册取得

注册取得是指商标权必须通过注册方式才能获得。世界上多数国家的商标法都规定,商标必须经过注册才能取得商标权。采用注册取得的国家又分为两种情形:自愿注册和强制注册。多数国家实行自愿注册,少数国家采取强制注册,规定所有的商标必须依法申请注册,不注册的商标不许使用。实行注册取得,不仅有助于敦促商标所有人及时申请注册,防止他人抢注,而且一旦发生权利纠纷,有利于确定权利的归属,保护商标权人的合法利益。因此,注册原则为大多数国家所采用。我国商标法也实行商标注册原则。[①]

应当注意的是,采用注册原则确定商标权的归属,并不排除商标使用作为确认注册申请的依据。如我国《商标法》第31条规定,两个或两个以上的商标注册申请人,在同一种商品或类似商品上,以相同或近似的商标申请注册的,初步审定并公告申请在先的商标;同一天申请的,初步审定并公告使用在先的商标,驳回其他人的申请,不予公告。

### (二) 使用取得

使用取得是指商标权的取得必须通过商标的使用而获得。即在确定商标权的归属时,以商标是否实际使用作为获得商标权的基础和前提。使用取得方式,有利于保护商标的首先使用人,但是一旦发生争议,不易查明谁是最早的使用人,而且容易使注册商标长期处于不稳定状态。因此,目前采用这一原则的国家较少。在实行使用取得商标权的同时,这些国家也受理商标注册的申请。

### (三) 混合取得

混合取得是指注册取得和使用取得并行,两种途径都可以获得商标权。按照这种方式,商标注册后受法律保护,获得商标权,但在一定期限内,先使用人可以主张权利,申请撤销与自己商标相同或近似的注册商标。换言之,注册商标只有经过一定时间后,没有先使用人主张权利,该注册商标的专用权才会稳定。总之,法律在确认注册人获得商标权的同时,也允许先使用人在没有办理注册登记时继续使用该商标。如英国商标法规定,商标的首先注册人对其注册商标享有权利,但无权禁止商标的首先使用人继续使用该商标。实践中,一般对商标的先使用人的权利有所限制,如只能在原有范围内使用该商标、不能单独转让该商标等。

## 二、商标权的继受取得

继受取得又称"传来取得",是指商标所有人在原来商标权的基础上取得商标权,而不是最初的直接获得。继受取得有以下两种方式:

---

[①] 参见王莲峰:《我国商标权取得制度的不足与完善》,载《法学》2012年第11期。

第一，受让人根据商标权转让合同而取得。商标所有人作为出让人和受让人依法签订注册商标转让合同，受让人从出让人处获得商标权。这种转让可以是有偿的，也可以是无偿的。

第二，继承人根据继承法的规定而取得。商标权是一种无形财产权，属于继承的范围。根据继承法的要求，按照继承程序，由合法继承人继承被继承人的商标权。

根据商标法的规定，商标权的原始取得，应当按照商标的申请注册程序办理；商标权的继受取得，也应当按照注册商标转让程序办理，才能取得商标专用权。

## 第三节 商标权保护期限和续展

### 一、商标权保护期限

商标权的保护期限，是指注册商标所有人享有的商标专用权的有效期限。各国商标法对注册商标的有效期都有规定，但时间的长短不同。例如，欧洲的一些国家规定商标权的保护期为 10 年，从申请日起计算；在英国及沿袭英国制度的一些国家，商标权的保护期为 7 年，从注册之日起计算；美国则为 20 年。

我国注册商标的有效期为 10 年，自核准注册之日起计算。在规定商标权保护期限的同时，《商标法》又对注册商标的续展作了规定。

### 二、商标权续展

商标权的续展，是指注册商标所有人为了在注册商标有效期满后，继续享有注册商标专用权，按规定申请并经批准延续其注册商标有效期的一种制度。商标权的续展制度有利于商标所有人根据自己的经营情况来进行选择，或者延长注册商标有效期，或者通过不续展的方式放弃一些商标权。

注册商标有效期满，需要继续使用的，商标注册人应当在期满前 12 个月内按照规定办理续展手续；在此期间未能办理的，可以给予 6 个月的宽展期。每次续展注册的有效期为 10 年，自该商标上一届有效期满次日起计算。期满未办理续展手续的，注销其注册商标。商标局应当对续展注册的商标予以公告。注册商标的续展，实际上是商标权期限的延长，只要商标权人按照规定及时办理续展注册手续，商标权就可永远存在。换言之，商标权是一种相对的永久权。

商标局在收到续展注册申请后，经过审查，认为符合《商标法》规定的，予以核准，将原商标注册证加注发还，并予以公告。经审查认为不符合法律规定的，商标局以"驳回通知书"的形式告知申请人，并退还续展注册费。驳回的理由主要有以下几点:(1)注册商标的续展申请过了宽展期;(2)自行改变了注册商标的文字、图形或其组合;(3)自行扩大了注册商标核定使用的商品范围;(4)其他违反商标法规定的行为。对驳回续展注册申请不服的,可以在收到通知之日起一定期限内,向商标评审委员会申请复审。

> **思考题**
>
> 1. 简答商标权的概念和特征。
> 2. 简答商标权的内容。
> 3. 简述商标权取得的方式。
> 4. 简答商标权保护期及其续展。

# 第五章  商标权利用

## ☞ 本章导读

商标是企业商品或服务的重要标志,商标在获准注册后,其所有人获得商标专用权。如何充分利用商标权,使其发挥最大的经济价值,是商标权人所共同关注的话题。商标权的利用是一个系统工程,具体包括商标权使用、商标权许可、商标权转让、商标权投资、商标权质押等,这些行为的实现,需要对商标权的价值进行评估。通过对本章的学习,应意识到利用和经营商标比经营商品或服务更重要,应重点掌握商标权使用、许可和转让的法律规定,了解我国商标权投资、质押和评估的相关要求。

## 第一节  商标权使用

### 一、商标权使用的意义

商标权人自己使用商标,是商标权利用中最常见的形式。其他知识产权的利用,如专利权的利用方式主要是专利许可的形式,许可有生产能力的人使用;著作权的利用方式主要是转让给他人或者许可他人使用。与专利权和著作权的利用方式不同,商标权利用的主要方式是注册人自己在生产和经营过程中使用。通过不断的使用,商标才会显示出其价值,体现出其权利的存在,并为商标注册人带来经济利益。如果商标权人长期不使用其注册商标,不仅该商标得不到社会的承认,而且注册商标的功能和作用也无从实现。

从世界范围来看,不论是主张注册原则的国家,还是实行使用原则的国家,都在商标法中规定商标注册后必须使用。美国要求在注册后 5 年内要提供使用商标的证明,如果没有提供证明,商标局则会撤销其注册商标。菲律宾要求的时限为 6 年,有些国家要求时限是 2 年,如巴西、委内瑞拉等。

依据我国《商标法》及其实施条例的规定,注册商标无正当理由连续 3 年不使用的,任何单位或个人可以向国家知识产权局申请撤销该注册商标。对注册商标的使用既是商标权人的权利也是其义务。如果将注册商标长期搁置不用,不仅其本身的作用无法体现,而且还会对他人在同类商品上申请注册相同或近似的商标造成障碍。

### 二、商标权使用的方式

注册商标的使用方式有很多,如在商品或其外包装上使用,在商业文件、说明书上使用,在商品的广告宣传上、展览会上或其他业务活动中使用等。在商标权的利用过程中,许可他人使用注册商标的行为也是商标使用的方式之一。应当指出,注册商标的使用应具有公开性,即必须在市场上使用,为消费者所知晓,而不是仅在企业、公司内部使用。

**理论研究**

## 商标使用及其完善

关于商标使用,2002年8月3日公布的《商标法实施条例》第3条未明确其概念和定义,只是规定了商标使用的形式:"商标法和本条例所称商标的使用,包括将商标用于商品、商品包装或者容器以及交易文书上,或者将商标用于广告宣传、展览以及其他商业活动中。"2013年修改的《商标法》第48条则对商标使用作了明确的规定:"本法所称商标的使用,是指将商标用于商品、商品包装或者容器以及商品交易文书上,或者将商标用于广告宣传、展览以及其他商业活动中,用于识别商品来源的行为。"修改后的《商标法》强调了商标使用的目的是"用于识别商品来源"。

上述商标使用的定义基本说明了商标使用的目的和内涵,值得肯定,但本书认为,在具体的法条表述上,应该将商标使用的定义和使用方式分开加以表述,在逻辑上更加清晰和条理化;同时,对使用方式采用列举式表述,便于进行客观判断。[1] 建议将本条进一步完善,可修改为:"本法所称商标的使用,是指以该商标得以区分商品或服务来源,在商业活动中公开、真实、善意地使用。下列为商标的使用方式:(1)使用在商品、商品包装或容器上;(2)使用在服务或者与服务有关的物品上;(3)使用在商品或服务交易文书上;(4)使用于广告宣传和展览;(5)使用在互联网、通信网络等电子媒体或者其他媒介上;(6)使用在其他商业活动中。"

在上述使用的方式中,为适应快速发展的互联网技术,可借鉴我国台湾地区

---

[1] 参见王莲峰:《论我国商标法使用条款之完善——以iPad商标纠纷案为视角》,载《知识产权》2012年第4期。

"商标法",[1]增加"在互联网、通信网络等电子媒体或者其他媒介上"使用。另外,在商标使用概念的表述上,突出了商标使用的本质属性即为识别功能的发挥,从而排除了现实生活中存在的象征性使用行为,如单独的广告行为、少量销售商品行为等,并不能构成商标法意义上的使用。我国的司法实践也对此作了肯定,在"康王"商标撤销案中,北京市第一中级人民法院和北京市高级人民法院的判决均表达了同样的意见,即仅仅在广告中使用或者为了应付使用要求而象征性地使用,不能满足商标法对注册商标的使用要求,不足以维持商标注册。[2]另外,从商标法体系上看,鉴于商标使用是贯穿整个商标法始终的重要概念,本书认为应当在《商标法》总则部分对商标使用的内涵加以规定。

## 第二节 商标权许可

据报道,有百多年历史的安徽"祁门红茶"商标拍卖其使用权,成交金额高达2520万元。但这场拍卖的标的不是"祁门红茶"商标本身,而是该商标的使用权。换言之,竞拍成功的浙江一家茶叶公司交出这笔巨款,仅仅是被"许可使用"了这一商标。这次拍卖也引发了人们对"许可使用"商标的关注。

### 一、商标权许可及其意义

商标权的许可,是指商标权人通过签订使用许可合同,许可他人使用其注册商标的行为。在使用许可关系中,商标权人为许可人,获得注册商标使用权的人为被许可人。许可他人使用其注册商标,被许可人只取得了注册商标的使用权,注册商标的所有权仍归属于商标权人。

许可他人使用注册商标是商标权人的一项重要权利,也是国际通用的一项法律制度。通过签订商标使用许可合同,商标权人可以获得商标许可使用费,被许可人可以获得注册商标的使用权,利用该注册商标打开自己产品的销路,占领市场并获取利益。因此,商标权的使用许可制,适应了市场经济发展的需要,我国《商标法》对此也作了规定。

---

[1] 参见我国台湾地区"商标法"第6条:"本法所称商标之使用,指为行销之目的,将商标用于商品、服务或其有关之物件,或利用平面图像、数位影音、电子媒体或其他媒介物足以使相关消费者认识其为商标。"

[2] 参见(2007)高行终字第78号判决书。

## 二、商标权许可的种类

最高人民法院《关于审理商标民事纠纷案件适用法律若干问题的解释》第3条规定,商标权使用许可的形式有以下三种:独占使用许可、排他使用许可和普通使用许可。

### (一) 独占使用许可

独占使用许可,是指商标注册人在约定的期间、地域和以约定的方式,将该注册商标仅许可一个被许可人使用,商标注册人依约定不得使用该注册商标。独占使用许可具有排他性;同时被许可人还可以行使禁止权,他人如果实施了侵犯商标权的行为,被许可人可以要求停止侵权并赔偿损失。

### (二) 排他使用许可

排他使用许可,是指商标注册人在约定的期间、地域和以约定的方式,将该注册商标仅许可一个被许可人使用,商标注册人依约定可以使用该注册商标,但不得另行许可他人使用该注册商标。

### (三) 普通使用许可

普通使用许可,是指商标注册人在约定的期间、地域和以约定的方式,许可他人使用其注册商标,并可自行使用该注册商标和许可第三人使用其注册商标。

以上三种许可的情况在实践中大量存在。因三种许可的方式所涉及的权利和义务内容有所差别,当事人在订立商标使用许可合同时,应当对许可的种类、期限、地域和方式等作出具体的约定,避免日后在合同履行过程中出现纠纷。

**法律适用**

### 商标权被许可人的诉讼地位

《关于审理商标民事纠纷案件适用法律若干问题的解释》第4条第1款规定,《商标法》第60条第1款规定的利害关系人,包括注册商标使用许可合同的被许可人、注册商标财产权利的合法继承人等。在发生注册商标专用权被侵害时,独占使用许可合同的被许可人可以向人民法院提起诉讼;排他使用许可合同的被许可人可以和商标注册人共同起诉,也可以在商标注册人不起诉的情况下,自行提起诉讼;普通使用许可合同的被许可人经商标注册人明确授权,可以提起诉讼。

由于上述三种商标使用许可方式中合同双方的权利义务不同,被许可人在商标侵权诉讼中的诉讼地位也会有所不同。上述司法解释明确规定了商标侵权诉讼中的利害关系人的范围和被许可人的起诉条件,对统一司法和执法标准具有指导意义。

在独占使用许可合同中,被许可人因独家使用注册商标,他人的侵权行为直接侵害了其利益,因此,独占使用许可的被许可人依法可以作为原告向人民法院提起诉讼。

在排他使用许可合同中,商标注册人与被许可人都可以使用该注册商标,当侵权行为发生时,他们可以共同作为原告提起诉讼;如果商标注册人因某种原因不提起诉讼,应当允许排他使用的被许可人自行提起诉讼。

普通使用许可合同的被许可人经商标注册人明确授权,可以提起诉讼。因为在实践中,一些商标注册人特别是国外的一些在中国注册的商标权人,在国内一般只授权普通许可。如遇到侵权行为,在国外的商标权人采取法律措施就会遇到许多障碍,可能会造成损害被许可人利益的后果。因此应当为其提供司法救济手段。但如果出现多个被许可人在不同时间起诉,在诉讼中怎样合理追究侵权人的民事责任?对不同权利人如何保护?这些问题有待进一步研究。

### 三、商标使用许可合同的内容

商标权人许可他人使用其注册商标,应当签订书面合同,内容应包括以下几方面:

(1) 双方当事人的名称、地址和法定代表人的姓名。被许可人的主体资格要符合商标法的规定,即必须是依法成立的企业、事业单位、社会团体、个体工商户、个人合伙以及符合商标法规定的外国人或者外国企业。

(2) 许可使用的注册商标的名称、注册证号码、使用商品的种类和名称、使用的期限。被许可使用的商标,必须与核准注册的商标一致;被许可使用的商品,必须是核定使用的商品;许可使用商标的期限,不能超过注册商标的专用权期限。

(3) 许可使用商品的质量标准。

(4) 许可人监督商品质量的措施。《商标法》第43条第1款规定,许可人应当监督被许可人使用其注册商标的商品质量。在合同中应当约定许可人监督商品质量的具体措施。

(5) 被许可人保证商品质量的措施。被许可人应当保证使用该注册商标的商品质量。在合同中应当约定被许可人保证商品质量的具体措施,并在其商品或包装上标明被许可人的名称和商品产地。

(6) 商品销售的价格、销售区域。

(7) 商标许可使用费的计算方法和付费方式。

(8) 违约责任。

(9) 合同发生纠纷后的解决方法。发生纠纷后的解决方法,包括协商、调解、仲裁、诉讼等方式,双方当事人在合同中可进行选择。

(10) 许可使用的商标被侵权后的处理方式。因商标使用许可的方式不同,被许可人的禁止权的范围也不同。许可人应维护被许可人的使用权,当有侵权行为发生时,许可人应当及时采取有效措施予以制止;被许可人应当协助许可人进行调查等。

(11) 其他事项。

通过签订商标使用许可合同,可以明确许可双方的权利和义务:对许可人来讲,在合同的有效期内,不得放弃续展,不得申请注销其注册商标,不得向第三人转让,以保持注册商标的有效性。如果因上述行为给被许可人造成损失的,许可人应承担相应的责任。对被许可人来讲,未经许可人的书面授权,不得将商标使用权转让给第三人,同时要按照合同的约定缴纳商标许可使用费。

## 四、商标使用许可合同的备案

《商标法》第 43 条第 3 款规定:"许可他人使用其注册商标的,许可人应当将商标使用许可报商标局备案,由商标局公告。商标使用许可未经备案不得对抗善意第三人。"实施备案制度的目的在于方便国家知识产权局商标局对全国商标使用许可进行管理,规范商标使用市场,并且有利于及时发现问题,更好地维护双方当事人的合法权益。关于商标使用许可合同的备案情况,商标局要通过公告向社会公布,使其他企业了解该商标使用的情况,同时也便于消费者选购各类商品。

但在实际生活中,还存在着一些商标使用许可合同不备案的情形,一旦发生纠纷,对方当事人往往以许可合同未经备案主张该合同无效。针对这种情况,《关于审理商标民事纠纷案件适用法律若干问题的解释》第 19 条规定:"商标使用许可合同未经备案的,不影响该许可合同的效力,但当事人另有约定的除外。"由此可见,人民法院在办理这类案件时,不因商标许可合同未办理备案手续而确认该合同无效;但当事人在合同中有约定的,应当按照约定来处理。

商标使用许可合同备案的具体程序是:自使用许可合同签订之日起 3 个月内,将许可合同副本交送其所在地县级工商行政管理部门存查,由许可人报送商标局备案,并由商标局予以公告。商标局对上报合同进行审查,符合规定的,予以备案,并刊登在《商标公告》上。如果违反上述规定的,由许可人或者被许可人所在地的工商行政管理机关责令限期改正;拒不改正的,处以1万元以下的罚款,直至报请商标局撤销该注册商标。

**典型案例**

### "红牛"商标许可协议终止后商誉增值及商标的归属

在王老吉案中,因商标许可协议终止后商誉增值部分的归属问题,引发业界和学界讨论。后来"红牛"饮料纠纷再起波澜,引出在商标许可期间,商标商誉的增值归属以及是否足以导致商标所有权转移或部分转移的问题。

天丝医药保健有限公司(本案被告)是红牛维生素功能饮料的开创者,拥有"红牛系列商标"在泰国、中国等地区的所有权。1995年11月10日,被告与其他股东签署合资合同,设立了红牛维他命饮料有限公司(本案原告)。合同第14条约定,被告提供给原告产品配方、商标等;第19条约定,原告产品的商标是合资公司资产的一部分。1996年12月26日,原、被告签订3年的商标独占许可协议。此后的1998年、2006年、2009年,原、被告针对"红牛系列商标"再次签订商标独占许可协议。2016年10月6日前述许可协议终止后,被告未再续约,并禁止原告及其关联企业继续使用"红牛系列商标"。

2018年8月30日,原告向北京市高院提起诉讼,请求法院确认其对"红牛系列商标"享有所有者的合法权益,并要求被告支付广告宣传费用37.53亿元。

2019年11月25日,北京市高院作出一审判决,驳回了原告的全部诉讼请求。法院认为:从合资合同中的争议条款的真实本意分析,争议条款并未对"红牛系列商标"的所有权进行约定,合同是否约定商标转让需要结合文义、合同整体、合同目的、交易习惯和诚实信用原则进行解释;被许可人不因对许可商标进行广告宣传而取得商标所有权,也不能因此要求许可人支付宣传费。根据商标许可合同本意,法院否定了原告可基于"红牛系列商标"广告宣传投入而获得合法权益并要求被告补偿的诉求。[①]

本案的裁判价值在于,针对实务中争议较大的商标许可协议终止后商誉增值及商标的归属问题,北京市高院在本案判决中明确了一些原则:

第一,商标的所有权一般仅为原始取得或继受取得,作为无形资产的客体并不适用添附取得。商标的商誉依附于商标,不能脱离商标而独立存在,二者无法

---

[①] 参见(2018)京民初166号判决书;朱志刚:《北京高院明确:被许可人不因对许可商标进行广告宣传而取得商标所有权》,载"万慧达知识产权"微信公众号2019年12月26日。

进行现实的分离,因此商标权的取得不适用物权法中的"添附规则"。

第二,被许可人获得商标权利人授权后,为其生产、销售、推广相关产品,从而取得消费者的认可,占领市场、获取竞争优势,最终达到所预期的销售利润,并在许可合同终止后停止使用商标,是商标许可制度的应有之义,并不违背公平原则。

第三,商业活动中,交易双方可根据其自由意志,在合同中约定合资公司的出资方式(以商标权出资还是商标许可)、广告宣传费用的分担方式等事项。对合同条款的理解有争议的,依照合同法确定的原则进行解释,探求各方主体的真实意思表达。本案中原被告双方并未就"红牛系列商标"广告宣传费用的分担进行过约定,在原告出于自身商业利益的考虑,且已经将相关广告宣传费用计入公司运营成本的情况下,其要求被告承担相关费用的请求缺乏事实和法律依据。

第四,谨守契约精神。在商标许可法律关系中,被许可人并不因在履行许可合同过程中,对许可标的即商标进行了广告宣传而当然取得商标的所有权,商标所有权亦不会因为被许可人投入广告数额的高低而发生变化;反之,许可人亦无权因被许可人获得了巨大的商业利润而超出许可合同约定,要求被许可人额外支付许可费用。

## 第三节 商标权转让

### 一、商标权转让的概念和形式

商标权的转让,是指商标权人依照法定程序,将其所有的注册商标转让给他人的行为。在转让关系中,商标权人为转让人,接受商标权的另一方为受让人。

商标权转让的实质,是商标权主体的变更,这是一种双方的法律行为,在自愿原则的前提下,转让人和受让人签订书面转让合同,并在依法办理商标权转让的手续后,商标权的转让才发生法律效力。注册商标的转让权是商标权的一项重要内容,它是商标所有人行使处分权的具体体现。

商标的转让有两种形式:一是通过合同转让;二是通过继承转让。所谓合同转让,是指主体之间通过签订合同所进行的商标权的转让。这种转让多为有偿转让。所谓继承转让,是指自然人通过继承、遗赠方式取得商标权。

### 二、商标权转让的原则

各国商标法都规定了商标权的转让,但转让的原则不尽相同。归纳起来,有两种方式:连同转让原则和自由转让原则。

### (一) 连同转让原则

连同转让原则,是指商标注册人在转让注册商标时必须连同使用该注册商标的企业一并转让,而不能只转让注册商标。采用这种原则的国家主要有美国、瑞典等少数国家。实行连同转让原则的国家认为,商标的本质功能是区别商品的来源,是一种识别标记,因此,商标与使用该商标的企业或企业的信誉密切相连,当注册商标与其所属的企业分离时,会引起消费者的误认,并导致该商标的商品质量下降。

### (二) 自由转让原则

自由转让原则,是指注册商标人既可以把注册商标连同企业一起转让,也可以将注册商标与企业分离,单独转让其注册商标。目前大多数国家的商标法采用自由转让原则。这些国家认为,商标权作为一种无形财产权,可以脱离企业经营而单独转让给其他企业。许多国家的商标法同时规定,在商标权人将注册商标与其企业经营分开转让时,受让人应当保证使用该注册商标的商品质量。我国《商标法》也采用自由转让原则,其第 42 条第 1 款规定:"转让注册商标的,转让人和受让人应当签订转让协议,并共同向商标局提出申请。受让人应当保证使用该注册商标的商品质量。"

关于注册商标的转让,《保护工业产权巴黎公约》第 6 条之 4 作了折中规定:如果按某一成员国的法律,商标的转让只有连同该商标所属的厂商或牌号同时转让方为有效时,则只需把该厂商或牌号在该国的部分连同带有被转让商标的商品在该国制造或销售的独占权一并转让给受让人,就足以承认其效力,而不必将位于国外的厂商或牌号同时转让。但是,这种转让应以不使公众对附有该商标的商品来源和品质发生误认为条件。《与贸易有关的知识产权协定》则采用了自由转让的原则,其中第 21 条规定,注册商标所有人有权连同或不连同商标所属的经营一道转让其商标。

### 三、商标权转让的程序

注册商标的转让,必须按照法律规定的程序进行,其转让行为才能产生法律效力。根据《商标法》及其实施条例的有关规定,商标权的转让程序主要有:

(1) 签订注册商标转让协议。转让注册商标,应由商标权人和受让人就转让事项达成协议,签订注册商标转让协议;同时,双方应当共同向商标局交送"转让注册商标申请书"一份,附送原"注册商标证",并缴纳申请费和注册费。如果转让使用于烟草制品等国家规定必须使用注册商标的商品上的商标,受让人还应当提供烟草主管部门等颁发的相关证明文件;受让人还必须具备商标法规定的主体资格。实践中,具体的申请手续由受让人办理。

(2) 商标局对转让注册商标的申请进行审查。商标局审查的内容有:申请手续是否完备;转让的商标和使用的商品是否与原核准注册的商标和核定的商品一致;双方使用的商品质量是否一致;是否缴纳了相关费用等。通过审查后,商标局认为符合商标法规定的,予以核准,发给受让人相应证明,并予以公告,受让人自公告之日起享有商标专用权;对不符合规定的申请予以驳回。

(3) 申请人对商标局驳回其注册商标转让申请的复审。申请人对商标局驳回其注册商标转让申请不服的,可在收到驳回通知之日起15天内,提交"驳回转让复审申请书"一份,向商标评审委员会申请复审,同时附送原"转让注册商标申请书",由商标评审委员会作出裁定。

### 四、商标权转让的限制

注册商标所有人虽然可以按照自由原则转让商标,行使其处分权,但由于商标权的转让涉及多方利益主体,因此商标法对商标权的转让也作了限制性规定,主要表现在以下几个方面:

(1) 在同一种或类似商品上注册的相同或近似的商标不得分开转让。实践中,如果对同一种或类似商品上注册的相同或近似的商标分开转让,就会形成两个以上的主体在相同或类似商品上使用同一商标的情况,从而导致消费者误认,造成市场上商品来源的混淆。针对这种情形,《商标法》第42条第2款规定:"转让注册商标的,商标注册人对其在同一种商品上注册的近似的商标,或者在类似商品上注册的相同或者近似的商标,应当一并转让。"

(2) 已经许可他人使用的注册商标不得随意转让。转让已许可给他人使用的注册商标的行为,会影响甚至损害到被许可人的利益。在商标所有人行使转让权时,必须征得被许可人同意,如果被许可人不同意,可以协商先行解除使用许可合同,再办理注册转让申请手续。受让人在取得被转让的注册商标后,也可以与原被许可人签订注册商标的使用许可合同。总之,商标权人转让已经许可他人使用的注册商标时,不得损害被许可人的合法利益。

(3) 受让人必须保证使用该注册商标的商品或者服务的质量。由于注册商标具有标识商品或者服务质量的功能,对消费者的消费行为具有重要的指导作用,因此,注册商标的受让人应当和转让人一样,重视并保证该注册商标或者服务的质量。这也是我国《商标法》规定的受让人应承担的义务之一。

## 实务应用

### 商标权转让前商标使用许可合同的效力问题

在实践中,商标权转让后,一些新的商标权人不承认原商标权人曾与他人订立的商标使用许可合同,向人民法院主张原来的使用许可合同无效。这样做的结果,显然会损害到原被许可人的利益。因此,《关于审理商标民事纠纷案件适用法律若干问题的解释》第20条规定:"注册商标的转让不影响转让前已经生效的商标使用许可合同的效力,但商标使用许可合同另有约定的除外。"这样规定一方面肯定了原商标使用许可合同的效力;另一方面,也体现了当事人约定优先的原则。如原来的商标使用许可合同约定,因商标转让终结本商标使用许可合同的,则应当按照约定办理。

## 实例分析

### "梅朵"商标许可和转让纠纷案

甲饮料公司生产的"梅朵"牌饮料因口感较好、价格适中,在市场上口碑较好。2010年乙企业经与甲公司协商,与甲公司签订了"梅朵"注册商标使用许可合同,甲公司许可乙企业在S省内使用注册商标,许可类型为普通使用许可,该使用许可合同未经商标备案。2011年甲公司又与丙企业签订注册商标独占使用许可合同,丙企业独占使用"梅朵"注册商标的地域也为S省,该独占使用许可合同经商标局备案。2012年甲公司因业务变化不再生产"梅朵"牌饮料,因此与丁企业签订商标转让合同,约定甲公司将其注册商标"梅朵"转让给丁企业,丁企业一次性支付转让费100万元。本案涉及以下四方面问题:

1. 甲公司与乙企业签订的注册商标使用许可合同是否有效?

甲公司与乙企业签订的注册商标使用许可合同有效。《商标法》第43条规定,商标使用许可合同应当报商标局备案并公告。实施备案制度的目的在于方便国家商标局对全国商标使用许可情况进行管理,规范商标使用市场。并且有利于及时发现问题,更好地维护双方当事人的合法权益。但在实际生活中,还存在着一些商标使用许可合同不备案的情形,一旦发生纠纷,对方当事人往往以许可合同未经备案主张该合同无效。针对这种情况,《关于审理商标民事纠纷案件适用法律若干问题的解释》第19条规定:"商标使用许可合同未经备案的,不影响该许可合同的效力,但当事人另有约定的除外。"由此可见,甲公司与乙企业签订的注册商标使用许可合同是有效的。

2. 甲公司与丁企业之间的商标转让行为是否有效？

甲公司与丁企业之间的商标转让行为无效，注册商标的转让需要经商标局的核准。《商标法》第42条第1款和第4款分别规定："转让注册商标的，转让人和受让人应当签订转让协议，并共同向商标局提出申请。受让人应当保证使用该注册商标的商品质量。""转让注册商标经核准后，予以公告。受让人自公告之日起享有商标专用权。"在本案中，甲公司与丁企业未向商标局提出申请，属自行转让注册商标，因此转让行为无效。

3. 若丁企业合法地取得了"梅朵"注册商标的专用权，丁企业是否可以要求丙企业停止使用"梅朵"注册商标？

丁企业不可以要求丙企业停止使用"梅朵"注册商标。《关于审理商标民事纠纷案件适用法律若干问题的解释》第20条规定："注册商标的转让不影响转让前已经生效的商标使用许可合同的效力，但商标使用许可合同另有约定的除外。"在本案中，丙企业属于在先的被许可人，且使用许可合同经过商标局的备案，丁企业不可以要求丙企业停止使用"梅朵"注册商标。

## 第四节　商标权投资和质押

商标权作为一种无形财产，不仅可以投资，也可进行质押融资，为商标所有人带来利益。

### 一、商标权投资的意义和要求

据媒体报道，广西壮族自治区工商行政管理局从2005年8月1日起，在各级工商行政管理机关实施《关于优化投资环境促进经济发展的若干措施》。该措施首次允许企业以商标作为无形资产投资入股。以商标作为无形资产投资入股最高可占企业注册资本（金）的25%；持广西著名商标投资入股的，可放宽至30%；持中国驰名商标投资入股的，可放宽至40%。[①] 从这些数据可以看到，商标权评估作价后，企业可以充分利用这一无形资产进行投资入股。对于出资方来讲，用商标权投资可以减少现金支出，以较少的现金投入获得较大的投资收益；可以扩大使用注册商标的商品或服务项目的生产经营规模，进一步提高商标

---

① 参见王荣军、王健：《广西56项措施打造"投资乐土"诚信企业年检优待》，http://www.gxnews.com.cn/staticpages/20050817/newgx430222e2-424779.shtml，2022年5月20日访问。

信誉。对于接受商标权投资的企业来讲,商标权资本化可使其直接获得名牌商标的使用权,进而打开市场,扩大生产经营;接受商标权投资,也可促使企业严格依法使用注册商标,提高经营管理水平和商品或服务质量,增加产品品种,增强企业产品或服务的市场竞争力。

《中华人民共和国公司法》(以下简称《公司法》)第 27 条规定:"股东可以用货币出资,也可以用实物、知识产权、土地使用权等可以用货币估价并可以依法转让的非货币财产作价出资;但是,法律、行政法规规定不得作为出资的财产除外。对作为出资的非货币财产应当评估作价,核实财产,不得高估或者低估作价。法律、行政法规对评估作价有规定的,从其规定。"据此,在我国,公司股东出资的形式可分为货币出资和非货币出资两大类。

非货币出资,也称"现物出资",是指股东或发起人用货币以外的、法律允许的其他财产出资。非货币出资的财产同货币出资一样,是公司资本的组成部分。法律允许股东以非货币形式出资,主要是因为公司的经营活动不是单靠货币一种财产形式就可以顺利进行。公司生产经营所需要的设备、场地、技术、工业产权等,都应当可以用作出资。如果不允许股东以这些财产直接投资,公司就只能以货币购买或以其他成本投入取得。这不仅不利于提高公司设立的效率和降低设立成本,而且也对投资者增加了不必要的限制性条件。非货币出资的范围,根据 2018 年修改后的《公司法》的规定,包括实物、知识产权、土地使用权等。知识产权是无形财产,在现代社会中,已成为股东投资的重要财产形式之一,其中就包括商标权的作价投资。[①]

将注册商标作价向其他企业投资,是在商标有一定知名度后继续扩大影响、提高覆盖面的较好办法。从国外来看,世界名牌企业向海外扩张,大体经历了产品输出、资本输出和品牌输出三个阶段。进行品牌输出,不必花费投资,便可以获得巨额利润,同时又将其品牌即商标侵入他国消费者心中。例如,国外一些名牌企业进入中国后,几乎无一例外采取合作手段,同中方举办合资企业,先将中国具有知名度的商标作价入股,然后搁置不用,最终推出自己的名牌商标。美国的宝洁公司运用这种战略几乎囊括了中国的名牌洗衣粉市场。因此,我国企业在和外商合资时,要注意保护我们自己的驰名商标。

## 二、商标权质押

商标是企业重要的无形资产,商标权质押是商标权人运用商标进行融资、盘

---

① 参见沈贵明:《公司法教程》,法律出版社 2006 年版,第 116 页。

活无形资产的一种重要手段。

**典型实例**

## 商标质押融资实例

早在2016年,宁波达尔机械科技有限公司的前身"宁波达尔轴承有限公司"就经宁波市标准化研究院引入"品牌强度"概念,通过质量、技术和市场要素的综合评价,得出企业品牌"WTOO"总价值为1.47亿元的评价结果。2017年,该企业的"WTOO"注册商标被认定为"浙江省著名商标",2020年该企业又荣获"浙江省商标品牌战略示范企业"称号。近三年来,达尔轴承的年销售额以近10%的速度递增,生产的微型深沟球轴承产品连续三年全球市场占有率第三,全国市场占有率第一。企业的快速发展带来资金方面的需求。2021年6月,宁波区镇海区市场监管局工作人员在走访企业工作中,了解到企业未来的扩张计划以及资金方面的需求,而广发银行宁波镇海支行也在对企业进行信用授信审批,于是主动联系到银行共同探讨商标权质押事宜。本着严谨、慎重的原则,授信方广发银行按2015年度宁波市品牌价值评价结果,予以1.47亿元的商标权质押融资登记额度,并给予企业6000万元授信额度。日前,宁波达尔机械科技有限公司已从市市场监管局商标质押窗口领到了商标专用权质押登记证,这意味着企业此前申请的6000万元授信额度将会顺利发放。该案是宁波市镇海区首件直接通过纯商标权且不捆绑其他有形抵押物而获得的质押贷款成功事例。商标质押融资,不但能提高企业自身的资金储备能力,促进其自身更好地发展,也给其他亟待融资脱困的企业作了示范表率。[①]

（一）商标权质押的属性

质押是一种物的担保方式。根据我国《民法典》第440条第5项的规定,可以转让的注册商标专用权、专利权、著作权等知识产权中的财产权可以出质。商标是一种无形资产,具有经济价值,特别是一些驰名商标的经济价值远远超过企业有形资产的价值。商标权人可以将注册商标用来质押,以获得更多的资金,更大地发挥商标的交换价值功能。我国担保法依质押的标的不同,将质权分为动产质权和权利质权,较为全面地规定了质押担保制度。

商标权质押,属于权利质权的范畴,在本书中主要是指商标权人将其注册商

---

① 参见《一个商标换来6000万元 我区完成首例商标质押融资》,http://www.zh.gov.cn/art/2021/8/4/art_1229033701_58959328.html,2022年5月20日访问。

标向金融机构出质,用来贷款融资的一种法律行为。将注册商标质押也是商标权利用的一种方式。注册权人通过将其注册商标质押,可以向金融机构申请贷款,盘活资金,加大对商品生产的投入,提高产品质量,改善经营管理,加大对产品和商标的广告宣传力度,以提升其注册商标的知名度,更好地为企业创造经济效益和社会效益。

为充分发挥注册商标专用权无形资产的价值,2020年4月22日国家知识产权局发布了《注册商标专用权质押登记程序规定》,对商标专用权质押的有关问题作了明确规定。

国家知识产权局具体负责办理商标专用权质押登记。

(二) 商标权质押合同的内容

出质人与质权人应当订立商标专用权质押书面合同,并向国家知识产权局办理质押登记。商标专用权质押登记的申请人应当是商标专用权质押合同的出质人与质权人。注册商标专用权质押合同一般包括以下内容:(1) 出质人、质权人的姓名(名称)及住址;(2) 被担保的债权种类、数额;(3) 债务人履行债务的期限;(4) 出质注册商标的清单(列明注册商标的注册号、类别及专用期);(5) 担保的范围;(6) 当事人约定的其他事项。

商标专用权质押合同自登记之日起生效。

(三) 商标权质押的登记和撤销

申请注册商标专用权质押登记的,应提交下列文件:(1) 申请人签字或者盖章的"商标专用权质押登记申请书";(2) 主合同和注册商标专用权质押合同;(3) 申请人签署的承诺书;(4) 委托商标代理机构办理的,应当提交商标代理委托书。

上述文件为外文的,应当同时提交其中文译文。中文译文应当由翻译单位和翻译人员签字盖章确认。

有下列情形之一的,国家知识产权局不予登记:(1) 出质人名称与国家知识产权局档案所记载的名称不一致,且不能提供相关证明证实其为注册商标权利人的;(2) 合同的签订违反法律法规强制性规定的;(3) 商标专用权已经被撤销、被注销或者有效期满未续展的;(4) 商标专用权已被人民法院查封、冻结的;(5) 其他不符合出质条件的。

质押登记后,有下列情形之一的,国家知识产权局应当撤销登记:(1) 发现有属于《注册商标专用权质押登记程序规定》第8条所列情形之一的;(2) 质押合同无效或者被撤销;(3) 出质的注册商标因法定程序丧失专用权的;(4) 提交虚假证明文件或者以其他欺骗手段取得商标专用权质押登记的。

撤销登记的,国家知识产权局应当通知当事人。

（四）商标权质押登记的注销

商标专用权质押登记需要注销的,质权人和出质人双方可以持下列文件办理注销申请:(1)申请人签字或者盖章的《商标专用权质押登记注销申请书》;(2)申请人签署的相关承诺书;(3)委托商标代理机构办理的,应提交商标代理委托书。

质押登记期限届满后,该质押登记自动失效。

## 实例分析

### "天宇"商标权质押

甲于2018年4月取得商标局颁发的商标注册证,合法取得注册商标"天宇"的专用权,核准使用的商品类别为第11类照明设备。经过两年的经营,天宇牌照明设备质量优良,深受市场青睐。2020年5月,甲和乙商议,由甲以"天宇"注册商标专用权出资,乙以现金出资,共同设立A有限责任公司生产照明设备。根据评估机构出具的评估报告,"天宇"注册商标价值70万元。在A公司成立后的初期,因缺乏流动资金,甲乙决定以"天宇"注册商标专用权质押向银行申请贷款。本实例涉及以下问题:

1. 甲以注册商标专用权出资应当履行哪些法律手续?

(1)委托具有商标评估资质的评估机构对注册商标专用权的价值进行评估。《公司法》第27条规定:对作为出资的非货币财产应当评估作价,核实财产,不得高估或者低估作价。(2)向市场监管局提交商标主管部门的审查文件。《企业商标管理若干规定》第10条规定:企业以商标权投资,被投资的企业在登记注册时,应当向市场监管局提交商标主管部门的审查文件。未提交审查文件的,不予核查登记注册。(3)办理注册商标的变更登记。公司法规定,以知识产权出资要先"过户",即办理知识产权转移手续。甲应当向国家知识产权局提出转让注册商标的申请。

2. A公司以"天宇"注册商标专用权质押需要履行哪些法律手续?

(1)A公司(出质人)与银行(质权人)应当订立商标专用权质押书面合同。该质押合同应当包括的内容有:出质人与质权人的名称(姓名)、地址;质押的原因和目的;出质的商标及质押的期限;出质商标专用权的价值及商标评估机构的评估报告。(2)A公司和银行向国家知识产权局申请登记,商标专用权质押合同自登记之日起生效。

## 第五节 商标权评估

商标权评估是商标权交易过程中的一项活动,也是商标权资本化的一个重要表现。商标权的评估是知识产权评估的内容之一。许多国家制定了知识产权评估的法律,并成立了相应的知识产权的评估机构。我国对知识产权进行评估始于20世纪80年代末。这一时期,国内许多企业和外商合资,为防止国有资产流失,知识产权的评估问题被提上议事日程,同时,规范知识产权评估的法律法规也相继出台。在现实生活中,企业在转让商标、以商标权投资、企业破产清算、以商标权作质押、商标侵权诉讼中认定赔偿额时,均应当委托商标评估机构进行评估。商标权的评估和有形财产的评估不同,它有着自身的特点和规则;商标权的评估方法有三种:重置成本法、收益现值法、市场比较法。通过对商标权实例的分析,可以更全面地了解商标权的评估过程和结果。

### 一、商标权评估的概念及意义

商标权评估,是指由法定的商标评估机构根据一定的方法对商标的价值进行评价和估算的一种法律行为。商标权作为一种无形资产,其内在价值正越来越为人们所重视。商标价值的量化(货币化)正成为一种趋势。商标权评估的意义主要有:

(1)有利于企业的发展。在实际生活中,企业的股份制改造、合资、联营、兼并、拍卖、转让、资产抵押等大量活动,都需要对商标权进行评估。目前,我国仍有很多企业对商标权评估的作用不了解。事实上,对商标进行评估,不仅有利于企业摸清自己的家底,而且还有利于企业确定未来的发展战略。如1994年初,北京嘉诚资产评估有限公司曾接受委托,将"全聚德"牌号的价值评估为2.6946亿元,这为全聚德集团公司在国内外投资及商标使用许可、转让提供了可靠的依据。

(2)有利于企业投资入股。商标权评估作价后,企业可以充分利用这一无形资产进行投资入股。对于出资方来讲,用商标权投资可以减少现金支出,以较少的现金投入获得较大的投资收益;可以扩大使用注册商标的商品或服务项目的生产经营规模,进一步提高商标信誉。对于接受商标权投资的企业来讲,商标权资本化可使其直接获得名牌商标的使用权,进而打开市场,扩大生产经营;接受商标权投资,也可促使企业严格依法使用注册商标,提高经营管理水平和商品或服务质量,增加产品品种,增强企业产品或服务的市场竞争力。对于外商来说,用商标权投资是资本输出的一种重要方式,可使其减少货币资本支出,在一定程度上也可减轻投资风险。

（3）有利于企业维护其合法权益。商标权评估后，在商标的侵权诉讼和商标的行政保护中，有利于对假冒侵权行为造成的损失进行量化，认定赔偿额。这不仅为商标权人打假维权提供索赔依据，而且有利于维护企业的合法权益，提高其知名度。

（4）有利于企业申请质押贷款。企业要发展，要壮大生产和经营规模，需要注入大量的资金。商标权评估后，可以凭法定评估机构的证书到银行申请商标权质押贷款。企业利用这些资金，可以进一步提高产品质量，以满足消费者的需要；同时可以开展对外商品贸易和服务贸易，扩大国际经济技术交流与合作，增强我国产品的出口竞争能力。

商标权的评估是知识产权评估的内容之一。知识产权的评估，是市场经济发展的产物。国际上早已实行了对知识产权这一无形资产进行评估的制度，许多国家制定了知识产权评估的法律，成立了相应的知识产权的评估机构，如欧洲和美国均有从事知识产权评估业务上百年历史的评估事务所。我国把知识产权作为无形资产的评估对象始于1989年，因防止国有资产流失而对其实施全面评估，当然，其中就包括对知识产权的评估。这一时期，许多企业和外商合资，中方把自己的知识产权作价出资的情况也时有发生。知识产权的评估问题被提到议事日程，和知识产权评估相联系的法律法规也相继出台。

1979年7月8日公布的《中外合资经营企业法》第5条规定，合营企业各方可以现金、实物、工业产权等进行投资。1983年9月20日发布的《中外合资经营企业法实施条例》第25条规定，以建筑物、厂房、机器设备或其他物料、工业产权、专有技术作为出资的，其作价由合营各方按照公平合理的原则协商确定，或聘请合营各方同意的第三者评定。这是我国第一次在法律文件中对工业产权出资评估作出明确规定。

随后我国又颁布了一系列法律法规，其中与商标权评估有关的法律规定主要有：1989年9月21日国家国有资产管理局颁发的《在国有资产产权变动时必须进行资产评估的若干暂行规定》；1990年5月31日国家国有资产管理局颁发的《资产评估机构管理暂行办法》；1991年11月16日国务院发布的《国有资产评估管理办法》；1992年7月18日国家国有资产管理局颁发的《国有资产评估管理办法施行细则》。2013年修改后的《公司法》第27条规定："股东可以用货币出资，也可以用实物、知识产权、土地使用权等可以用货币估价并可以依法转让的非货币财产作价出资；但是，法律、行政法规规定不得作为出资的财产除外。对作为出资的非货币财产应当评估作价，核实财产，不得高估或者低估作价。法律、行政法规对评估作价有规定的,从其规定。"

2011年中国资产评估协会颁布《商标资产评估指导意见》(2017年修改),2015年发布《知识产权资产评估指南》(2017年修改)。2016年7月2日,全国人大常委会通过《中华人民共和国资产评估法》(以下简称《资产评估法》)。2017年8月23日财政部颁布《资产评估基本准则》。上述法规的出台对规范资产评估行为,维护资产评估当事人合法权益和公共利益,促进资产评估行业健康发展,维护社会主义市场竞争等方面起到了积极作用,但还存在一些问题,需要进一步完善。比如,现行的《资产评估法》针对的是资产、土地、房地产、矿业权、机动车、保险等六个专业类别的评估,大多是一些公示性及程序性规定,而无形资产有着自身的性质和特点,需要对此进行细化。因此,建议后续可以出台无形资产评估条例等行政法规或部门规章,同时,应加强与会计准则的衔接,借鉴欧美无形资产评估的经验,更好地完善我国无形资产评估的法律机制。①

1995年5月10日,国家国有资产管理局和人事部联合发布了《注册资产评估师执业资格制度暂行规定》和《注册资产评估师执业资格考试实施办法》,建立了注册资产评估师执业资格制度和公开考试制度。我国第一家无形资产评估事务所在1993年6月成立于深圳,归深圳市科委领导。1993年12月,中国资产评估协会成立。1993年12月,河南省海纽高新技术资产评估事务所成立。1994年7月,上海科华无形资产评估事务所成立。1994年8月17日,中国专利局宣告我国首家国家级以评估知识产权为主的连城资产评估事务所成立。1994年9月,我国西北首家无形资产评估机构——西安科信无形资产评估事务所成立。1994年9月,全国高校首家无形资产评估事务所——吉林省公大无形资产评估事务所在吉林工业大学成立。1994年10月,湖南省首家无形资产评估机构——湖南四达资产评估事务所成立。近年来,资产评估行业不断开拓创新,在服务资本市场和金融体制改革方面,资产评估参与资本市场业务项目数量和规模越来越大。2014年以来,我国资产评估机构数量也在逐渐增长,2020年全国共有5320家资产评估机构(含分公司),资产评估师数量逐年增长,从2014年的33578人增至2020年的39203人。②

通过以上的分析可以看到,知识产权评估包括商标权的评估在我国已全面展开,各项评估工作不仅有法可依,有专业的评估机构和评估人员,而且企

---

① 参见王莲峰主编:《商标资产运用及商标资产证券化》,法律出版社2018年版。
② 参见《我国资产评估行业现状:机构数量及评估师规模逐年增长》,https://market.chinabaogao.com/gonggongfuwu/0R45523L2021.html,2022年12月2日访问。

业申请无形资产评估的热情高涨。

## 二、商标权评估的类型

商标权在下列情况下,应当委托商标评估机构进行商标评估:

(1)转让商标。企业转让其商标,应当符合有关商标管理法律法规及政策的规定,提交商标转让协议和商标评估报告,报商标局核准。

(2)以商标权投资。在企业合并或建立中外合资企业时,一方或数方以商标权作为出资方式的,应当进行商标评估。

(3)企业破产清算。企业破产清算时,对破产企业的资产进行处理或变现时,应当进行商标评估。

(4)以商标权作质押。以商标专用权进行质押时,需要在质押合同上标明商标的价值,这一价值应当通过合法评估得出。

(5)在商标侵权诉讼中关于赔偿额的认定。在商标侵权诉讼中,对商标的合法评估,往往是确定侵权行为人应当向受害人进行赔偿数额的基础。

(6)其他依法需要进行商标评估的,应当依法进行评估。

## 三、商标权评估的方法

在商标权评估中,经常使用的方法有三种:

(1)重置成本法。即在现有的技术和市场条件下,重新开发一个同样价值的商标所需的投入作为商标权评估价值的一种方法。它需要把商标权主体的有关广告宣传费用、售前售后服务附加值、有关的公益救济性捐赠等累加起来作为商标权的评估值。

这种评估商标权的方法值得研究。首先,企业在申请商标注册时所花费的费用以及商标做广告宣传的费用,一般来讲,都已分摊到企业生产经营的成本中了。如果商标权评估时再一次计价,是否合适?其次,商标权是一种无形财产权,具有专有性和独占性。根据《商标法》规定,不允许在相同和近似的商品或服务上使用相同和近似的商标。因此,对商标进行重置在理论上讲不通。

(2)收益现值法。即以特定商标在有效期内的预期收益作为商标权的评估值。根据我国《商标法》的规定,注册商标的有效期为10年,期满可以续展,续展没有次数的限制。即商标权人只要遵守法律规定,就可以永远拥有商标权。收益现值法的评估,只在注册商标的有效期内进行评定,有一定的局限性,没有反映出该商标连续使用、注册的实际情况。

(3)市场比较法。即通过市场调查,选择一个或几个与被评估商标相同或相似的商标作为比较对象,分析比较对象的交易价格和交易条件,进行对比调查,估算出评估商标价值的方法。这种方法在实践中操作很困难,因为特定的商标权的交易是不公开的,双方所成交的项目及条件常常不为他人所知。即使有些商标权的交易信息可以获知,但可比性差别很大。因为每个企业的规模、赢利、产品质量、经营管理水平、售后服务和广告宣传等存在很大差异,无法作出科学、合理的资产对比和评估。

尽管上述三种对商标权评估的方法都有一定的缺陷,但毕竟可以使无形资产的评估得以正常进行。现在使用较为广泛的是收益现值法和重置成本法。如何设置符合无形财产特点的评估方法,有待于理论的进一步研究。

**实务应用**

## 商标权评估应注意的问题

商标权评估的内容和对象主要是商标权本身的价值。需要说明的是,商标权评估并不是评估作为标记、图形或其组合的商标本身的价值,也不是仅仅评估商标的信誉,尽管商标的信誉有时会包含在商标权的评估中;另外,在商标权评估时,也不能仅把设计、注册、宣传商标的成本作为评估的对象。商标权价值的评估是一项复杂的工作。在进行商标权评估时不仅要考虑法律因素,如商标权作为一种无形财产和有形财产不同;还要考虑经济、文化因素以及消费者的认知程度等诸多因素,进行综合评价。

在进行商标权评估时,特别要注意几点:

第一,评估的商标是否已核准注册。根据我国《商标法》的规定,核准注册的商标,具有商标专用权,才能得到法律的保护,其商标权才具有相对稳定性。

第二,评估的商标是否有被撤销的可能。如果评估的商标有下列情况之一的,有可能被商标局撤销:(1)违反《商标法》的禁用规定;(2)与他人在先权相冲突的;(3)以不正当手段注册或抢注他人商标的;(4)与在先注册的商标相同或相似,都是用于同类商品或相似商品上。

第三,评估的商标是否已成为无争议的商标。按照我国《商标法》的规定,商标注册后5年内,随时会因注册不当被宣告无效;5年期满后,一般即可成为无争议商标。无争议商标的价值和注册后5年内的商标的价值应该是有很大差别的。

第四,评估的商标是否已接近保护期。接近保护期的商标,其价值具有很大的不稳定性。如权利人放弃续展申请或续展申请没有被核准等,都有可能导致商标权的消灭。

第五，评估的商标是否为驰名商标或有一定影响力的商标。根据保护驰名商标的国际公约和国外立法的规定，驰名商标和有一定影响力的商标享有很多特权，各国尤其对驰名商标的保护力度很强，驰名商标的价值应是不言而喻的。

**实例分析**

### "王老吉"系列注册商标的评估[①]

中联国际评估咨询有限公司接受广州医药集团有限公司委托，根据有关的法律、法规、资产评估准则、资产评估原则，在特定的评估假设与限制条件下，采用收益法、成本法，按照必要的评估程序，对广州医药集团有限公司拟转让其持有的商标涉及广州医药集团有限公司拥有的420项商标专用权在2018年6月30的市场价值进行评估。

1. 本次商标评估的基本情况

评估机构：中联国际评估咨询有限公司

相关经济行为：根据2018年1月10日广药集团办公会议纪要及涉及的相关议案（广药办公〔2017〕10号）、2018年12月20日广药集团党委会决议，广州医药集团有限公司为完成承诺，拟将广药集团拥有的"王老吉"系列商标、"广州""金龙""保济"系列商标转让给广州白云山医药集团股份有限公司

评估目的：本资产评估报告是针对广州医药集团有限公司拟转让其持有的商标，提供评估对象在评估基准日时的价值参考依据

评估对象：广州医药集团有限公司拥有的420项商标专用权

评估范围：广州医药集团有限公司拥有的420项商标

评估基准日：2018年6月30日

评估方法：收益法、成本法

评估结果：在本报告所述之评估目的、评估假设与限制条件下，广州医药集团有限公司持有的420项商标涉及的评估对象于评估基准日2018年6月30日的市场价值为人民币138912.2631万元

---

[①] 参见中联国际评字〔2018〕第WIGPZ0701号资产评估报告书，http://vip.stock.finance.sina.com.cn/corp/view/vCB_AllBulletinDetail.php?stockid=600332&id=4958573，2022年12月5日访问。

2. 本次评估采用相关评估方法的理由

(1) 投入使用的基础性商标

根据中联国际评估咨询有限公司出具的资产评估报告书,对于都在进行使用的基础性商标,评估采用收益法和成本法。

市场法是通过与被评估资产类似的其他资产的交易来测算其价值。运用市场法时,无形资产的价值是通过参考可比无形资产在最近的收购或交易活动中的价格来获得的。由于无形资产的独特性,可比案例不容易取得。此外,有关交易的具体条件往往是非公开的。因此,商标所有权的转让市场一般是极不活跃的。考虑到有关商标权的特定情况以及市场环境和信息条件的限制,很难在市场上找到与本次所分析的商标权类似的参照物及交易情况。因此,无法采用市场法进行本次评估。

收益法是国际上对成熟商标评估最通行的评估方法。本次评估涉及的14项基础性商标为广药集团所持有,该等商标现授权广药集团下属企业有偿使用。由于商标的未来预期收益可以预测并可以用货币衡量,资产拥有者获得预期收益所承担的风险可以预测并可用货币衡量,资产预期获利年限可以预测,满足收益法的评估条件,故对基础性商标采用收益法进行评估。

成本法是指首先估测被评估资产的现行再取得成本(重置成本),然后估测被评估资产业已存在的各种贬值因素,并将其从重置成本中扣除而得到被评估资产价值的评估方法。商标的重置成本包括取得商标需支付的商标注册费、代理费、续展费等费用。本次评估涉及的商标专用权目前均在有效期之内,并且可以调查取得重置商标所需费用的收费标准,并套用收费标准计算得到一般情况下申请商标所需要花费的成本金额,因此满足成本法评估的前提条件。

综上,本次评估采用收益法和成本法评估基础性商标的价值。

(2) 防御性商标

根据中联国际评估咨询有限公司出具的资产评估报告书,对于防御性商标,评估采用成本法。

市场法基于上述同样的原因也无法适用于评估防御性商标。

广药集团主要出于防御性考虑,在境内注册了341项商标,在境外单一国家注册了63项商标,此外还有2项马德里注册商标,该等商标主要发挥防御性作用,或在历史演进中衍生注册产生,未对产品收益产生直接影响或产生直接的商标使用收益,无法满足收益法评估的前提条件,因此这部分商标不适用收益法评估。

成本法是指首先估测被评估资产的现行再取得成本（重置成本），然后估测被评估资产业已存在的各种贬值因素，并将其从重置成本中扣除而得到被评估资产价值的评估方法。

商标的重置成本包括取得商标需支付的商标注册费、代理费、续展费等费用。本次评估涉及的商标专用权目前均在有效期之内，可以调查取得重置商标所需费用的收费标准，并套用收费标准计算得到一般情况申请商标所需要花费的成本金额，因此满足成本法评估的前提条件。

在无法采用收益法及市场法的条件下，本次评估采用成本法评估防御性商标的价值。

## 思考题

1. 商标权许可的种类有哪些？
2. 商标权独占使用许可和排他使用许可有何不同？
3. 简答商标权的转让原则。
4. 简答商标权质押及其意义。
5. 论述商标权的利用方式。
6. 简答商标使用的概念和使用的方式。
7. 在哪些情形下需要对商标权进行评估？
8. 商标权评估的方法有几种？

# 第六章 商标权终止

## ☞ 本章导读

商标权终止,是指由于法定原因导致商标权灭失,不再受法律的保护。商标权终止的原因主要有注销、撤销和无效三种情形。本章应了解导致商标权无效的事由,重点掌握商标权撤销和无效的区别、商标权无效的法律后果。

## 第一节 商标权注销

### 一、商标权注销的含义及类型

商标的注销,是指商标权所有人自愿放弃注册商标而被商标局终止其商标权的一种形式。商标权是一种私权,法律允许商标注册人自由处分自己的权利。

根据我国法律的规定,导致商标权注销的类型有:

(1)注册商标所有人自愿放弃其商标权。商标法尊重个人自愿注销商标权的愿望。

(2)商标注册人消亡,在法律规定的期限内无人要求继承注册商标的,商标局有权注销其注册商标。主体消亡并不能当然导致商标权的消失,有关的自然人和法人在履行相应的法律手续后可以继受该商标。

(3)注册商标的有效期届满,且宽展期已过,注册人未提出续展申请,或续展申请未被批准的,该注册商标权自有效期届满之日起丧失。

### 二、商标权注销的程序

商标注册人申请注销其注册商标或者注销其商标在部分指定商品上的注册的,应当向商标局提交商标注销申请书,并交回原商标注册证。该注册商标专用权或者该注册商标专用权在该部分指定商品上的效力自商标局收到其注销申请之日起终止。

## 第二节 商标权撤销

### 一、商标权撤销的含义及其类型

商标权撤销,是指商标主管机关对违反商标法有关规定的行为给予处罚,终止其原注册商标权的一种行政制裁手段。

商标注册人有规范使用和连续使用注册商标并积极维护商标显著性的法定义务,如违反商标法的规定,该注册商标将被撤销。

根据《商标法》第 49 条的规定,商标权被撤销类型有以下几类:

(一)违反商标管理秩序行为

商标注册人有下列行为之一的,由地方市场监督管理部门责令限期改正,期满不改正的,撤销其注册商标。这类行为针对《商标法》第 49 条第 1 款的规定。

(1)自行改变注册商标的。大多数商标是由文字、图形或其组合构成的,一般情况下,不允许申请人在使用过程中自行改变其注册商标的文字、图形、字母、颜色组合等。因为改变后的标志和原注册商标会被认为不具有同一性。

**实务应用**

### 注册的文字商标是否允许部分改动

对于注册的文字商标是否允许部分改动,在执法实践中我国放宽了对此的要求。例如,国家工商行政管理局商标局 1994 年 11 月 15 日公布的《关于印刷体注册商标使用事宜的批复》规定:第一,印刷体注册商标使用非印刷体,可不作为《商标法》(1993 年修正版)第 30 条第 1 项所述的行为,法律不予禁止。第二,由于汉字的真草隶篆字体很多,特别是有人利用不规范的字体,故意模仿他人注册商标字体与字形,应予禁止。如果在同一种或类似商品上与他人注册商标产生相同近似的,应按照商标侵权严肃查处。第三,在商标管理环节中,判定他人商标与其注册商标的相同或近似,仍以其核准注册的印刷体商标为准。第四,为了加强商标管理,应告诫企业使用中最好不要改变其注册商标的原样。如需要使用其他字体与字形的,最好申请注册,以免发生不必要的纠纷。例如,某企业在白酒等商品上申请了"泸抄"商标,字体为楷体,但该公司把实际使用的商标标识的字体改为草书,改变字体后的"泸抄"和"泸州"非常近似,消费者根本无法辨认,构成了侵犯他人注册商标专用权行为。

(2)自行改变注册人名义、地址或者其他注册事项的。因这些信息和注册人主体身份及注册类别等有关联,如果改变,应及时向登记机关申请变更登记。

(二)违反注册商标使用义务行为

有下列行为之一的,任何单位或个人可以向国家知识产权局申请撤销其注册商标。这类行为针对《商标法》第49条第2款的规定。

(1)注册商标成为其核定使用的商品的通用名称。注册商标应具有显著性,如果某个商标已成为该类商品或者服务的通用名称,则会丧失显著性。为了社会公众利益,法律不会提供其专用权的保护,任何人都可使用。

**典型案例**

### "摩卡"商标商品通用名称撤销案

诉争商标系第9199914号"摩卡MOCCA及图"商标(见图41),2012年5月21日由瑞昶公司获准注册并核定使用在第30类"咖啡、可可制品、咖啡调味香料(调味品)、加奶咖啡饮料、含牛奶的巧克力饮料、做咖啡代用品的植物制剂、巧克力酱、茶饮料、糖"商品上。

图 41

2015年9月30日,北京慧能泰丰公司以诉争商标已成为核定使用商品上的通用名称为由,向商标局提出撤销申请。商标局经审理后认定慧能泰丰公司提交的证据不足以证明诉争商标在注册之后演变成为"咖啡"等商品的通用名称,故决定诉争商标不予撤销。慧能泰丰公司不服商标局作出的上述决定,2017年2月24日向商评委申请复审。商评委复审维持原决定。慧能泰丰公司不服商评委作出的裁定,向北京知识产权法院提起诉讼。

北京知识产权法院审理后认为,从诉争商标标志本身来看,诉争商标由中文"摩卡"及英文"MOCCA"组成,其中汉字部分的两点及英文部分的"O"由咖啡豆图案代替。在案证据表明,"摩卡"并非由瑞昶公司独创或臆造的词汇,其有指代位于也门红海岸边的一个港口城市等含义。追溯其历史渊源和文化背景,早在16世纪到17世纪,摩卡曾是全世界最大的咖啡贸易中心。由此可知,在诉争商标申请日之前,"摩卡"或"MOCHA"即与咖啡商品存在特定关联;从消费者的认知情况来看,"摩卡"已经被各地消费者普遍认知为一种咖啡口味;从同业经营者的使用情况来看,"摩卡"已经广泛被其他同业经营者作为商品名称使用;从第三方的介绍和报道来看,媒体的介绍和报道大都介绍到"摩卡"是一种咖啡口味或一个咖啡品种。这一方面是对消费者认知状况和同行业者经营状况的反映,另一方面会进一步推动和强化社会公众的认知。从词典的收录情况来看,大多数词典显示"mocha"是一种咖啡;一种巧克力、咖啡和牛奶混合成的饮料。瑞昶公司主张诉争商标经过其长期使用具有较高知名度,已与其形成一一对应关系,并未成为咖啡商品的通用名称。然而,瑞昶公司并未提交直接证据证明诉争商标的使用情况和使用规模,其提交的证据无法反映诉争商标在中国境内使用的持续时间、市场占有率情况、广告宣传情况等,更无法证明诉争商标已与瑞昶公司建立唯一对应关系。综合以上情况,"摩卡"已成为咖啡类商品上约定俗成的通用名称。故诉争商标作为一个整体使用在"咖啡、咖啡调味香料(调味品)、加奶咖啡饮料、做咖啡代用品的植物制剂"等咖啡类商品上,已无法发挥商标应有的识别商品来源的作用,应当予以撤销。二审法院北京市高院对一审判决予以维持。[①]

本案为注册商标因通用化而被撤销的典型案例,法院全面分析了撤销通用名称案件的裁判标准,并界定了撤销的商品范围应仅限于通用名称所指向的商品,而不包括类似商品,这些标准和规则,为同类商标权撤销行政案件的审理提供了借鉴;同时,该标准也为2021年国家知识产权局颁布的《商标审查审理指南》所吸纳。

## 法律适用

### 注册商标成为其核定使用商品的通用名称的认定

注册商标在实际使用过程中,由于多种原因,可能会逐渐丧失其识别商品来源的功能,在被提出撤销申请时已成为其核定使用商品的通用名称。

判定注册商标是否属于其核定使用商品的通用名称,可从以下几个方面考

---

① 参见(2018)京73行初3240号、(2020)京行终2540号。

虑：第一，时间点。一般应以提出撤销申请时的事实状态为准，案件审查审理时的事实状态可以作为参考。第二，考察此时注册商标的功能。判定该商标的功能是区分不同商品还是区分不同商品来源，如果商标的主要功能是区分不同商品，应判定为通用名称。比如上述案例中的注册商标"摩卡"，是一种咖啡口味或一个咖啡品种，"摩卡"已成为咖啡类商品上约定俗成的通用名称，主要用于区分不同风味的咖啡商品，已无法发挥商标应有的识别商品来源的作用，应当予以撤销。第三，证据材料。可以参考辞典、专用工具书、国家或者行业标准、相关行业组织的证明、市场调查报告、市场上的宣传使用证据以及其他主体在同种商品上使用该商标标志的证据进行审查。第四，注册商标标志整体审查。认定通用名称时要考虑注册商标标志的整体构成是否具有显著性或是臆造词汇。在"摩卡"案中，法院认为，诉争商标由中文"摩卡"及英文"MOCCA"组成，其中汉字部分的两点及英文部分的"O"由咖啡豆图案代替。在案证据表明，"摩卡"并非由瑞昶公司独创或臆造的词汇，其有指代位于也门红海岸边的一个港口城市等含义。早在16世纪到17世纪，摩卡曾是全世界最大的咖啡贸易中心。由此可知，在诉争商标申请日之前，"摩卡"或"mocha"即与咖啡商品存在特定关联。第五，注册商标具体使用的对象。予以撤销的商品主要是该注册商标所指向的具体商品，对与该商品类似的商品不予考虑。

在服务领域等第三产业中，如果注册商标成为其核定使用服务类别的通用名称，也会面临被撤销的结局。比如，美国的感恩节是每年11月的第四个星期四，第二天是星期五，大商场会推出力度较大的打折促销活动。为何叫"黑色星期五"呢？因为美国的商场一般以红笔记录赤字，以黑笔记录盈利，而感恩节后的这个星期五，人们的疯狂抢购往往使得商场销售大增，被商家们称作"Black Friday"（黑色星期五）。所以在美国，人们就用"Black Friday"来指代"感恩节大促销活动"。随着互联网的普及和网络巨头亚马逊的崛起，"Black Friday"感恩节大促销活动已不限于美国，在亚欧等发达国家和地区也开始盛行。目前，"Black Friday"主要在美、英、日、德、法等发达国家和地区比较流行。在德国，"Black Friday"早在几年前就已被申请注册为商标，为此多年来它一直备受德国公众的嘲讽和吐槽，也是广受关注的话题之一。下面这起案例就和"Black Friday"商标撤销纠纷有关。

> 典型案例

## "Black Friday"注册商标撤销案

早在"Black Friday"成为代表"感恩节大促销活动"的专用名词之前,一家名为 Super Union Holdings Limited 的香港公司于2013年10月30日向德国专利商标局提交了"Black Friday"商标申请,指定第9、35和41类的众多商品和服务项目,该商标顺利通过审查,并获得注册,注册号为302013057574,有效期至2023年10月31日。2016年,这家香港公司给很多企业发了关于"Black Friday"已获得注册商标保护的警告函,大家这才意识到原来"Black Friday"已被注册为商标,以后再也不能随心所欲地使用"Black Friday"了。

德国有一家名为"www.black-friday.de"的网站,是一家零售商门户网站,专门为客户提供各种特殊折扣活动,且汇总整理"Black Friday"期间各种折扣活动的概述。这家网站的德国运营商开始积极采取法律行动,并向德国联邦法院提交了撤销注册商标"Black Friday"的申请。撤销案件的申请人与被申请人在德国联邦专利法院的首轮对决以申请人获得重大胜利而告终。2019年9月,德国联邦专利法院判定"撤销Black Friday在广告等服务项上的注册"。

香港公司不服,向德国联邦最高法院提起上诉。德国联邦最高法院维持了德国联邦专利法院的上述判定,宣布撤销商标"Black Friday"在"市场营销""广告活动的组织和实施""广告策划""广告材料的分发""替他人在互联网上刊登广告"以及其他众多与广告相关的服务项上的注册。德国联邦最高法院阐明,争议商标"Black Friday"在2013年10月提交商标申请时,该词确实没有描述性含义;用在指定的服务上,也不构成描述性使用。毕竟在2013年时,感恩节大促销活动在德国还不像现在这么受欢迎,影响度也没有这么广。但德国联邦最高法院同时强调,一个商标标识如果在申请时并没有以描述性方式使用,但有可能在未来某一时刻演变成描述性使用,那么人们有必要遵循该标识的自由发展。本案就属于这种情况。最高法院在判决中表示,有充分的迹象表明,在争议商标申请日之后,一种捆绑和传播某些折扣活动的"新型"广告形式出现并发展起来。此外,也有迹象表明,在德国的电气和电子产品贸易中,"Black Friday"逐渐发展为折扣广告的流行语。如果一个名称是以类似关键字的方式用在某些特定服务的折扣促销活动上,那么这个名称是不能作为这些服务项上的商标加以保护的。"Black Friday"作为折扣活动的流行语,体现了上述零售服务的特点。

判决生效后,商标"Black Friday"在第35类的与"广告"相关的服务项上的注册被撤销,但在其他诸多商品和服务项上仍是有效注册。网站的运营商在德国采取了进一步的法律行动,对于前述判决未涉及的其他商品和服务项上的"Black Friday"注册商标,基于商标不使用提交了撤销申请,并且在一审中大获全胜。2021年4月15日,柏林地区法院作出判决,撤销"Black Friday"商标在900多件商品和服务上的注册,原因是注册人没有合法有效地实际使用注册商标。目前,该案正在上诉中。①

(2)没有正当理由连续3年不使用的。商标的价值在于使用,如果某个注册商标连续3年不使用,不仅无法实现其识别功能,而且因其占用有限的商标资源,也会导致其商标权被撤销。但如果商标权人能够证明其有正当理由的除外。在"撤三"案件中,如何认定注册商标的使用?在类似商品上的使用可以作为使用,从而免于被撤销吗?下面分析一起案例。

**典型案例**

### "撤三"案件中注册商标使用的认定

方某于2003年获得"盘龙云海"文字商标(见图42)在第32类"矿泉水"等饮料上的注册商标专用权,该权利经续展到2023年。2011年11月,云南盘龙云海药业有限公司(下称"盘龙云海公司")以该商标连续3年停止使用为由,向商标局申请撤销。

图 42

2013年商标局作出撤销方某"盘龙云海"注册商标权的决定。方某不服决定,向商评委提出撤销复审请求。2014年商评委认为被许可人在矿泉水商品上对复审商标的有效商业使用可以扩展到类似商品上,因此作出决定,仅撤销了复审商标在啤酒商标上的注册权,并维持了复审商标在其余商品上的注册权。盘龙云海公司不服商评委决定,将其诉至北京知识产权法院,请求撤销该决定。北京知识产权法院以被告证据不足、适用法律错误为由判决撤销被诉决定并要求

---

① 转引自侯继芸:《德国"Black Friday"商标撤销案与我国"双十一"商标无效案的比较及启示》,载"知识产权家"微信公众号2022年5月12日。

其重新作出决定。商评委和方某均不服原审判决,向北京市高院上诉请求撤销原审判决并维持被诉决定。

北京市高院经审理认为,上诉人方某没有自行使用注册商标,仅有许可行为,原审法院认定在案证据不能证实复审商标于指定期间在中国进行了真实、合法、有效的商业使用是恰当的。另外,上诉人商评委混淆了"撤三"的对象,即注册商标连续3年停止使用被撤销的是注册商标专用权而不是注册商标禁用权。根据《商标法》的规定,注册商标的专用权以核准注册的商标和核定使用的商品为限,并不包括注册商标在与核定使用的商品相类似的商品上使用,以及与核准注册的商标相近似的商标在与核定使用的商品相同或相类似的商品上的使用,后两类行为最多是注册商标禁用权的范畴,不能构成商标注册专用权意义上的使用。因此,本案中商评委以复审商标在矿泉水上存在有效商业使用为由,认定与矿泉水类似商品的果汁、柠檬汁等商品上也存在复审商标的商业使用,进而维持了复审商标在除矿泉水商品之外的商品的注册权,系法律适用错误。综上,北京市高院认定上诉人的上诉主张缺乏事实和法律依据,判决驳回上诉,维持原判。①

《商标法》规定:注册商标的专用权,以核准注册的商标和核定使用的商品为限;注册商标需要在核定使用范围之外的商品上取得商标专用权的,应当另行提出注册申请。最高人民法院在相关案件的裁定书中说明:"本院认为,2001年10月27日修正的《商标法》第44条第4项的规定旨在督促商标权人积极使用核定的商标,避免商标资源闲置,该条所称'连续三年不使用'中的'使用',应当理解为在核定类别商品上的使用,不应将在类似商品上的使用视为该条所称的'使用'。"结合本案,方某对不在注册核定商品范围内的"果汁"等商品的使用不能支持对"矿泉水"等注册商品的使用。因此,在注册核定使用商品之外的商品上使用注册商标不足以动摇或者改变注册商标未在注册商品上实际使用的事实,故也就不足以维持注册商标在核定商品上的注册。其次,商标禁用权是基于商标注册权保护而衍生的权利,权利人取得商标注册权后,可以禁止他人在近似商标和类似商品上注册和使用,与商标专用权不能混同。该案进一步明确了只有在核定商品上的使用才是对注册商标的使用。

在"撤三"案件中,如何认定服务商标的使用以及类似服务,下面看一起案例。

---

① 参见(2016)京行终 2844 号判决书。

### 典型案例

#### "法宝"服务商标使用认定纠纷案

2018年,北京知识产权法院一审审结第7477397号"法宝"商标(见图43)商标权撤销复审行政纠纷一案,对诉争商标是否在相关服务类别上进行了商标法意义上的使用进行了认定。

图43

法院认为,北大英华公司在本案中的行政阶段提交的多个证据可以直接证明其在"知识产权咨询;版权管理;知识产权许可;知识产权监督;法律研究;诉讼服务;计算机软件许可(法律服务)"服务类别上进行了商标法意义上的使用。虽然北大英华公司提交的证据不能直接证明诉争商标在"仲裁"服务上的使用,但鉴于"仲裁"服务与"知识产权咨询"等服务在服务的目的、内容、方式、对象等方面存在较大关联性,属于类似服务,故诉争商标在"知识产权咨询"等服务上的实际使用可以视为在"仲裁"服务上的使用。考虑到北大英华公司提交的全部证据,法院一审认定北大英华公司在指定期间内在诉争商标核定使用的全部服务上进行了真实、有效的商业使用,依法判决撤销被诉决定,并责令商标评审委员会重新作出决定。①

本案中的诉争商标属于服务商标,对于如何认定服务商标的使用以及类似服务的界定,本案提供了一个较好的实例。所谓服务商标,是指提供服务的经营者在其向社会提供的服务项目上使用的标记。服务商标与商品商标的不同之处在于,服务商标标明的对象不是实物商品而是一种服务。服务商标不能像商品商标附着于商品上,并随着商品的流转而广为传播,使消费者易于识别、辨认。故此,法院认为,在认定服务商标的使用行为时应当考虑到服务商标的前述特点。在商业活动中,服务提供者若有在提供服务所使用的物品上标明其服务商

---

① 参见刘琳:《撤三案件中,服务商标的使用如何认定?》,http://bjzcfy.chinacourt.org/article/detail/2018/11/id/3574369.shtml,2018年11月2日访问。

标,在财务账册、合同等商业交易文书上标明其服务商标,利用音像、电子媒体、网络等平面或者立体媒介使相关公众认识到其为服务商标等行为,即可以认定为服务商标的使用。另外,法院认为,"仲裁"服务与"知识产权咨询"等服务在服务的目的、内容、方式、对象等方面存在较大关联性,属于类似服务,故诉争商标在"知识产权咨询"等服务上的实际使用可以视为在"仲裁"服务上的使用。

我国商标法设置连续3年不使用撤销规定的立法目的在于督促商标权人积极使用注册商标,清理长期不使用的商标,使商标资源得以有效利用。只要商标权人进行了公开、真实、合法的连续性使用,就不应撤销一个合法获得注册的商标。

**法律适用**

## 注册商标连续 3 年不使用被撤销的认定

商标注册的目的是使用,如果注册商标连续3年不使用将面临被撤销的风险。根据《商标法》第49条的规定和《商标审查审理指南》的要求,认定连续3年不使用的注册商标被撤销,需要满足以下条件:

第一,时间起算。连续3年不使用注册商标的时间起算,应当自申请人向商标注册部门申请撤销该注册商标之日起,向前推算3年,且该注册商标不间断地持续3年以上未使用。

第二,商标使用及证据的判定。商标的使用形式,包括将商标用于商品、商品包装或者容器以及商品交易文书上,或者将商标用于广告宣传、展览以及其他商业活动中,用于识别商品来源;有关使用证据,应结合其市场主体类型、实际经营形式、商标注册情况综合判断其是否真实、公开、合法地使用商标。当然,这里的商标使用也包括在指定服务上的使用,如,商标直接使用于服务场所的介绍手册、店堂装饰、工作人员服饰、招贴、菜单、价目表、广播、电视、互联网等媒体以及展览会、博览会等;系争商标实际使用的商品未在中国境内流通而直接出口的,可以认定构成核定商品的使用。商标使用是判断"撤三"的一个重要条件。实务中,商标注册人在核定使用商品之外的类似商品上使用其注册商标,不能视为对其注册商标的使用。如上述"盘龙云海"注册商标核定使用商品为果汁,但实际使用在饮料等类似商品上,被法院认定不构成商标使用。

第三,不被视为商标法意义上的商标使用类型:(1)商标注册信息的公布或者商标注册人关于对其注册商标享有专用权的声明;(2)未在公开的商业领域使用,如在内部资料上使用;(3)改变了注册商标主要部分和显著特征的使用;

(4)仅有转让或许可行为而没有实际使用;(5)仅以维持商标注册为目的的象征性使用,比如,少量的赠送商品和展销活动。

第四,举证责任由商标注册人承担。比如,商标使用在指定使用的商品或者服务上;商标使用日期;商标的使用人既包括商标注册人,也包括商标被许可人等。如果仅提交下列证据,不视为商标法意义上的商标使用:商品销售合同或提供服务的协议、合同;书面证言;难以识别是否经过修改的物证、视听资料、网站信息等;实物与复制品。

第五,如有正当理由可免于被撤销。商标注册人收到商标局通知之日起2个月内提交该商标在撤销申请提出前使用的证据材料或者说明不使用的正当理由。如果期满未提供使用的证据材料或者证据材料无效并没有正当理由的,由商标局撤销其注册商标。正当理由包括:(1)不可抗力;(2)政府政策性限制;(3)破产清算;(4)其他不可归责于商标注册人的正当事由。

**理论研究**

## 注册商标不使用之正当理由的界定

为敦促权利人在商标注册后及时使用,多数国家的商标法均规定了对超过3年或5年以上不使用的注册商标予以撤销的制度。但为了保障商标权人的利益,《与贸易有关的知识产权协定》及部分国家法律又规定,如果能够举证证明不使用的正当理由可免于被撤销。[①] 因为注册商标在法定期限内未使用的缘由是多方面的,有注册人自身的原因,如企业破产、转产等,也有一些因注册人所不能控制的原因导致商标不能及时投入使用,如政府的进口管制、行政审批手续要求,以及战乱、严重自然灾害等不可抗力因素。撤销因注册人自身原因而长期闲置不用的注册商标是合理的,但如果是因为权利人不能控制的原因或商标不能实际使用有正当理由,撤销其商标注册则有失公平。可见,正当理由是注册商标所有人在一定期限内不使用注册商标的正当性根据,也是对抗注册商标被撤销的有效手段。

我国《商标法实施条例》对注册商标不使用的正当理由已有明确规定,该条

---

① 参见《与贸易有关的知识产权协定》第19条之1:如果要将使用作为维持注册的前提,则只有至少3年连续不使用,商标所有人又未出示妨碍使用的有效理由,方可撤销其注册。如果因不依赖商标所有人意愿的情况而构成使用商标的障碍,诸如进口限制或政府对该商标所标示的商品或服务的其他要求,则应承认其为"不使用"的有效理由。

例第 67 条规定:"下列情形属于商标法第四十九条规定的正当理由:(一) 不可抗力;(二) 政府政策性限制;(三) 破产清算;(四) 其他不可归责于商标注册人的正当事由。"在近年来的司法实践中,最高人民法院也对注册商标不使用的正当理由作了补充解释,除了上述不可抗力、政策性限制、破产清算等客观事由之外,对于有真实使用商标的意图,并且有实际使用的必要准备的,均可认定为有正当理由。[①] 但本书并不同意将"因破产清算停止使用"作为注册商标未使用的正当理由之一。因为,商标法规定注册商标不使用撤销制度的本意在于促使商标权人利用注册商标从事生产经营活动,发挥商标的识别功能。若商标权人经营困难,甚至到了破产清算的状态,就说明积聚在商标上的信誉已经消失,无法再促进产业的进步,没有再维持其排他性使用权的足够理由。因此,本书认为,现实生活中,如果是商标权人经营管理不善、破产清算等自身原因,不能成为对抗注册商标不使用而被撤销的正当理由。

### 二、商标权撤销程序及救济

针对《商标法》第 49 条第 2 款所指行为,任何单位或者个人可以向国家知识产权局申请撤销该注册商标,并说明有关情况。国家知识产权局应当自收到申请之日起 9 个月内作出决定。国家知识产权局应当通知商标注册人,限其自收到通知之日起 2 个月内提交该商标在撤销申请提出前使用的证据材料或者说明不使用的正当理由;期满不提供使用的证据材料或者证据材料无效并没有正当理由的,由国家知识产权局撤销其注册商标。所使用的证据材料,包括商标注册人使用注册商标的证据材料和商标注册人许可他人使用注册商标的证据材料。

对国家知识产权局撤销或者不予撤销注册商标的决定,当事人不服的,可以自收到通知之日起 15 日内向国家知识产权局申请复审。国家知识产权局应当自收到申请之日起 9 个月内作出决定,并书面通知当事人。当事人对国家知识产权局的决定不服的,可以自收到通知之日起 30 日内向北京知识产权法院起诉。

法定期限届满,当事人对国家知识产权局作出的撤销注册商标的决定不申请复审或者对国家知识产权局作出的复审决定不向人民法院起诉的,撤销注册

---

[①] 最高人民法院《关于审理商标授权确权行政案件若干问题的意见》第 20 条第 3 款规定:"如果商标权人因不可抗力、政策性限制、破产清算等客观事由,未能实际使用注册商标或者停止使用,或者商标权人有真实使用商标的意图,并且有实际使用的必要准备,但因其他客观事由尚未实际使用注册商标的,均可认定有正当理由。"

商标的决定、复审决定生效。

被撤销的注册商标,由国家知识产权局予以公告,该注册商标专用权自公告之日起终止。

**理论研究**

### 注册商标连续3年不使用可否作为异议案件的抗辩理由

注册商标连续3年未使用即成为死亡商标,这种情况下权利人不能阻止他人使用该商标。但在我国商标确权的异议程序中,如果第三人提出该注册商标属于连续3年未使用应被撤销,并提出相应的抗辩理由时,商标局或法院就会告知第三人"应通过撤销程序另行处理",即只有该注册商标被撤销后才能作为阻碍或撤销他人在后注册商标及在后商标使用人侵犯商标权的抗辩理由。这样的制度安排会导致一个严重问题,即本来已经死亡的、应被撤销的商标,却可以阻却他人注册和使用,此处立法设计得不合理是显而易见的。本书认为,为激活商标资源,强化注册商标权人的实际使用义务,防止囤积和单纯买卖商标,在完善对注册商标不使用处理的程序方面可以参考美欧等国做法,[①]将注册商标连续3年不使用作为异议和争议程序中的抗辩理由,以消除立法之弊。具体条文可表述为:"在商标异议程序中,注册申请人可以要求提出异议申请的商标权人提交此前三年在中国实际使用的证据,不能提交使用证据且无正当理由的,商标局应驳回异议。"

## 第三节 商标权无效

### 一、商标权无效的含义及类型

商标权无效,是指已经注册的商标,发生了导致商标权无效的事由,国家知识产权局根据职权宣告该注册商标无效,或者由国家知识产权局根据其他单位或者个人的请求宣告该注册商标无效的制度。

商标权无效与撤销不同,无效是指商标申请时就存在不能注册的理由,所以

---

[①] 《欧共体商标条例》第50条第1款(a)项规定:如果商标连续5年未在共同体内注册的商品或服务上真正使用,又无不使用的正当理由,共同体商标所有人的权利应在其向协调局申请后宣布撤销或在侵权诉讼中以反诉为由宣布撤销。

一旦被宣告无效,自始即无法律效力。而撤销是指申请注册时符合法律规定,只是在使用过程中违反了法律规定,所以被撤销的商标是从撤销公告之日起无法律效力。

我国 1982 年《商标法》中没有设置这项制度,导致在实践中出现了一些权利相冲突的商标和注册不当的商标。1993 年《商标法》修改时增加了商标注册无效的裁定程序。2001 年《商标法》保留了此项制度,在第五章"注册商标争议的裁定"中对注册不当商标和已注册的不应注册的商标的撤销以及注册商标争议的裁定作了具体规定。2013 年《商标法》对该章作了较大的修改,将第五章改为"注册商标的无效宣告",对无效宣告的实体和程序内容作了相应的修改和规定,同时,较为明确地对撤销和无效行为作了区分。无效宣告程序与商标异议程序相结合,不仅能够极大地提高注册商标的质量,减少注册商标权利的冲突,而且有利于维护在先商标权人和受让人的合法权益。

因导致商标权无效的事由不同,申请人、时限及处理机关也不尽相同。根据我国商标法规定,本书将其分为以下两类:违反禁止注册绝对理由的无效宣告和违反禁止注册相对理由的无效宣告。

## 二、违反禁止注册绝对理由的无效宣告

根据《商标法》第 44 条的规定,已经注册的商标,违反本法第 4 条、第 10 条、第 11 条、第 12 条、第 19 条第 4 款的,或者以欺骗手段或者其他不正当手段取得注册的情形,属于禁止注册的绝对理由,国家知识产权局商标局可依职权主动宣告该注册商标无效,其他单位或者个人可以请求国家知识产权局宣告该注册商标无效。

1. 不以使用为目的的恶意商标注册申请

2019 年修改的《商标法》第 4 条第 1 款新增了"不以使用为目的的恶意商标注册申请,应当予以驳回"的规定。该规定是指申请人并非基于生产经营活动的需要,而提交大量商标注册申请,缺乏真实使用意图,不正当占用商标资源,扰乱商标注册秩序的行为。其立法意图在于规制"不以使用为目的"的恶意申请、囤积注册等行为,增强注册申请人的使用义务。因其主要是针对扰乱商标注册秩序的行为,如果仅损害特定主体的民事权益如在先权等,不涉及损害公共利益的,则不属于该条规定的情形。

2. 不得作为商标使用的标志

《商标法》第 10 条规定,下列标志不得作为商标使用:(1)同中华人民共和国的国家名称、国旗、国徽、国歌、军旗、军徽、军歌、勋章等相同或者近似的,以及

同中央国家机关的名称、标志、所在地特定地点的名称或者标志性建筑物的名称、图形相同的;(2)同外国的国家名称、国旗、国徽、军旗等相同或者近似的,但经该国政府同意的除外;(3)同政府间国际组织的名称、旗帜、徽记等相同或者近似的,但经该组织同意或者不易误导公众的除外;(4)与表明实施控制、予以保证的官方标志、检验印记相同或者近似的,但经授权的除外;(5)同"红十字""红新月"的名称、标志相同或者近似的;(6)带有民族歧视性的;(7)带有欺骗性,容易使公众对商品的质量等特点或者产地产生误认的;(8)有害于社会主义道德风尚或者有其他不良影响的。

县级以上行政区划的地名或者公众知晓的外国地名,不得作为商标。但是,地名具有其他含义或者作为集体商标、证明商标组成部分的除外;已经注册的使用地名的商标继续有效。

**实务应用**

## "地名具有其他含义"的理解

关于地名商标的注册,《商标法》第10条第2款规定了县级以上行政区划的地名或者公众知晓的外国地名,不得作为商标,但是,地名具有其他含义的除外。实务中,如何理解和适用"地名具有其他含义"呢?根据2019年《北京市高级人民法院商标授权确权行政案件审理指南》第8.10条,包括以下三种情形:(1)诉争商标仅由地名构成,该地名具有其他含义的(如下列案例一);(2)诉争商标包含地名,但诉争商标整体上可以与该地名相区分的(如下列案例二);(3)诉争商标包含地名,整体上虽不能与该地名相区分,但经过使用足以使公众将其与之区分的(如下列案例三)。下面结合案例进行分析。

【案例一】诉争商标第7966421号"米兰"商标于2010年在第41类"摄影"等服务上申请注册,后成为米兰婚纱摄影公司的主商标,经过多年宣传使用,已为广大消费者所熟知。2019年,许某以诉争商标与意大利知名城市"米兰"同名为由,根据《商标法》第10条第2款规定,对诉争商标提出无效宣告请求。国家知识产权局经审理认为,《商标法》第10条第2款为禁用条款,米兰婚纱摄影公司的使用证据不能成为诉争商标维持注册的当然依据。诉争商标"米兰"一般指向意大利知名城市"米兰",属于公众知晓的外国地名,且诉争商标无其他构成要素,未形成除地名外的其他含义,裁定对诉争商标予以无效宣告。米兰婚纱摄影公司不服,向北京知识产权法院提起行政诉讼,一审判决维持了上述裁定,驳回了米兰婚纱摄影公司的诉讼请求。①

米兰婚纱摄影公司向北京市高级人民法院提起上诉,主张:首先,"米兰"具有公众熟知的其他含义,如花卉"米兰",其并非唯一指向地名;其次,"米兰"在婚纱摄影服务上经多年使用已与米兰婚纱摄影公司形成较强的对应关系,足以使相关公众将其识别为婚纱摄影服务来源的标志,形成了区别于地名的第二含义;最后,诉争商标不会因存在地名因素而导致其在核定使用服务上缺乏显著性或具有欺骗性,其注册未违反《商标法》第 10 条第 2 款的规定。

北京市高院经审理,根据米兰婚纱摄影公司提交的证据,综合考虑"米兰"为我国花卉名称的事实("米兰"具有公众熟知的其他含义,如花卉"米兰",其并非唯一指向地名),诉争商标使用在"婚纱摄影"服务上,经过多年宣传使用诉争商标已具有较高知名度,诉争商标在多起民事诉讼和行政裁决中均存在受保护记录,米兰婚纱摄影公司注册诉争商标时及实际使用中均无攀附意大利米兰城市的恶意等因素,最终认为,诉争商标经过使用宣传,已经能够为我国公众认知且与米兰婚纱摄影公司形成稳定对应关系,进而获得了地名以外的"第二含义",不会导致消费者认为与意大利米兰城市存在特定联系。因此,维持了诉争商标的注册,撤销了被诉决定及一审判决。②

【案例二】北京市高级人民法院在"PARIS BAGUETTE 及图"(巴黎贝甜)案中认为,争议商标是由英文"PARIS""BAGUETTE"及图形构成的图文组合商标(见图 43),虽然其中"PARIS"是法国著名城市巴黎的名称且为公众知晓,但"BAGUETTE"的含义为"法国面包、法式长棍面包",对中国公众而言,不易识别和认读,另有图形要素加入,使得争议商标整体上具有区别于地名的含义。③ 同时,商标权利人提交的关于诉争商标的宣传报道、年度审计报告、销售经营状况、市场调查报告等证据足以证明,争议商标整体上区别于地名的含义得到了进一步强化。另外,公众基于对争议商标核定使用商品的口感、风味等特点判断,亦不会将争议商标中的"PARIS"与核定使用商品的产地建立关联,故争议商标未违反《商标法》第 10 条第 2 款的规定。④

---

① 参见(2020)京 73 行初 17150 号判决书。
② 参见(2021)京行终 6471 号判决书。
③ Paris Bagutte(巴黎贝甜)是韩国食品企业 SPC 集团旗下的烘焙品牌,目前在韩国、美国(洛杉矶、纽约)、中国(上海、北京、天津)拥有 1500 多家连锁店,主要经营正宗法式面包、新鲜三明治、美味蛋糕、纯正咖啡。
④ 参见(2020)京行终 4838 号判决书。

巴黎贝甜
PARIS BAGUETTE

图 44

【案例三】国家知识产权局在"莫斯科餐厅"商标无效宣告案中认为,争议商标"莫斯科餐厅 MOSCOW RESTAURANT"(见图 45)中的"莫斯科""MOSCOW"系俄罗斯联邦首都的地名,属于公众知晓的外国地名。但是,被申请人旗下莫斯科餐厅系成立于新中国成立之初的全民所有制企业,已经经营 60 余年,承载了一定的时代文化记忆,获得过较多荣誉,具有较高的知名度。"莫斯科餐厅"整体已经与被申请人旗下餐厅形成一一对应关系,具有区别于地名的特定含义。争议商标用在其指定的饭店等服务上属于《商标法》第 10 条第 2 款所规定的除外情形,其注册应予维持。①

MOSCOW
RESTAURANT
莫 斯 科 餐 厅

图 45

地理名称属于公共资源,《商标法》第 10 条第 2 款将地名作为商标授权确权审查中的绝对理由,旨在避免商标权人垄断含有地名的公共资源,防止消费者产生误认误购。但如果因为注册商标含有地名的构成要素即直接援引《商标法》第 10 条第 2 款予以驳回或宣告无效也有失公允。因此,实务中,应当从整体上对诉争商标是否构成地名的含义加以判断。特别是针对地名具有"其他含义",应当理解为既包括标志本身有除地名之外的其他含义,亦包括标志经过使用已经被公众认知获得"第二含义"的情形。②

3. 不得作为商标注册的标志

《商标法》第 11 条第 1 款规定,下列标志不得作为商标注册:(1) 仅有本商品的通用名称、图形、型号的;(2) 仅直接表示商品的质量、主要原料、功能、用途、重量、数量及其他特点的;(3) 其他缺乏显著特征的。

---

① 参见商评字〔2020〕第 0000249128 号裁定书。
② 参见明星楠、张琰琳:《从"米兰"案看地名的"其他含义"及可注册性》,载"万慧达知识产权"微信公众号 2022 年 1 月 4 日。

### 典型案例

## "双十一"注册商标无效案

阿里巴巴集团 2012 年 12 月核准注册"双十一"商标，使用在第 35、38 和 41 等类商品和服务上。2018 年起，北京京东公司向国家知识产权局提出申请，要求宣告"双十一"商标无效，涉及领域包括"电视广播、新闻社""培训、安排和组织大会"以及"广告、替他人推销"等服务类别。京东公司认为，"双十一"是广大电商企业大规模促销活动的固定日期，属于描述时间特点和购物狂欢节的通用词汇，单纯的"双十一"作为商标使用缺乏显著性，该商标注册申请违反商标法规定，应予以宣告无效。阿里巴巴集团则认为，在"双十一"商标申请前，"双十一"并不属于各大网络电商、实体商家、消费者广泛参与的大型购物促销活动的通用名称，京东公司的理由和证据不足以证明"双十一"缺乏商标应有的显著特征。2020 年 3 月，国家知识产权局裁定认为，"双十一"作为商标，在上述领域具有商标应有的显著特征，可以起到区分服务来源的作用，因此维持"双十一"商标。[①] 京东公司不服，于 2020 年 5 月诉至北京知识产权法院。

2020 年 3 月，北京知识产权法院一审认定，"双十一"商标缺乏商标应有的显著特征，判决撤销国家知识产权局的裁定，并要求其对京东公司的申请重新作出裁定。

国家知识产权局对一审判决不服，提出上诉。2021 年 7 月 1 日，北京市高院终审认为，根据商标法的规定，缺乏显著特征的标志，不得作为商标注册。"双十一"商标注册使用在"电视广播、新闻社""培训、安排和组织大会"以及"广告、替他人推销"等服务上，容易使相关公众认为其系对服务促销特点的描述或宣传性用语，难以起到商标的识别性作用，缺乏商标应有的显著特征，违反了《商标法》第 11 条第 1 款第 2 项和第 3 项的规定。终审判决驳回上诉，维持原判。[②]

2009 年 11 月 11 日，淘宝商城开始在这一天举办网络促销活动，当时虽然参与活动的商家数量和促销力度有限，但却达到了营业额远超预期的效果。由于存在巨大的商机，以后每年的 11 月 11 日参与"双十一"促销活动的平台逐渐增多，京东、网易、苏宁、拼多多等众多电商平台加入，这一天也成为全民购物盛宴，形成了"双十一购物狂欢节"。期间商家也赚到盆满钵满，如 2021 年"双十

---

[①] 参见商评字〔2020〕第 0000044418 号裁定书。
[②] 参见(2021)京行终 2625 判决书。

一"购物狂欢节的总成交额天猫为5403亿元、京东为3491亿元，达到了历史新高度。"双十一"促销活动俨然成为中国电子商务行业的年度盛事。在上述纠纷中，因为阿里巴巴集团无法举证"双十一"商标在申请日前具有显著特征，最终失去了商标权。

4. 不得作为立体商标申请注册的标志

《商标法》第12条规定，以三维标志申请注册商标的，仅由商品自身的性质产生的形状、为获得技术效果而需有的商品形状或者使商品具有实质性价值的形状，不得注册。

5. 商标代理机构不得注册其代理服务以外的商标

为了防范商标代理机构利用其业务上的优势，恶意抢注他人商标牟利的行为发生，《商标法》第19条第4款规定，商标代理机构除对其代理服务申请商标注册外，不得申请注册其他商标。该条款的立法宗旨在于防止代理机构恶意抢注他人商标，侵害商标实际使用人的利益，扰乱商标市场秩序，目的在于保护公共利益，故此，该行为置于禁止注册的绝对理由之下。

商标代理机构是指经备案的从事商标代理业务的服务机构和从事商标代理业务的律师事务所。未备案的，但经市场监督管理部门登记时标明从事商标代理、知识产权代理等业务的主体，或者未在市场监督管理部门登记标明从事商标代理等业务但有实际证据证明其从事商标代理业务的，视同商标代理机构。商标代理服务是指商标代理机构接受委托人的委托，以委托人的名义办理商标注册申请、商标评审或者其他商标事宜，包括代理商标注册申请、变更、续展、转让、异议、撤销、评审、侵权投诉等有关事项，提供商标法律咨询，担任商标法律顾问，以及代理其他有关商标事务等。①

6. 以欺骗手段或者其他不正当手段取得注册的

如虚构、隐瞒事实真相或者伪造申请书件及有关文件，以欺骗手段或以其他不当方式进行注册，违反商标注册秩序的行为。

**法律适用**

## "欺骗手段"或者"其他不正当手段"的认定

申请商标注册应当遵守诚实信用原则，不得以弄虚作假的手段欺骗商标注册部门取得注册，也不得以扰乱商标注册秩序、损害公共利益、不正当占用公共

---

① 参见《商标审查审理指南》下编第十三章。

资源或者其他不正当方式牟取不正当利益等其他不正当手段取得注册。

以"欺骗手段"取得商标注册的行为,是指系争商标注册人在申请注册商标时,采取向商标注册部门虚构或者隐瞒事实真相、提交伪造的申请书件或者其他证明文件等手段骗取商标注册。根据2019年《北京市高级人民法院商标授权确权行政案件审理指南》第17.1条,具备下列情形的,可以认定属于《商标法》第44条第1款规定的"以欺骗手段取得注册":(1)诉争商标申请人存在使商标行政机关因受到欺骗而陷入错误认知的主观意愿;(2)诉争商标申请人存在以弄虚作假的手段从商标行政机关取得商标注册的行为;(3)商标行政机关陷入错误认识而作出的行政行为系基于诉争商标申请人的行为所产生,二者之间具有直接的因果关系。

"其他不正当手段"是指以欺骗手段以外的其他方式扰乱商标注册秩序、损害公共利益、不正当占用公共资源或者牟取不正当利益,以使诉争商标获准注册的行为,包括诉争商标申请人采取大批量、规模性抢注他人具有一定知名度的商标等手段的行为。根据2019年《北京市高级人民法院商标授权确权行政案件审理指南》第17.3条,具有下列情形之一的,可以认定属于《商标法》第44条第1款规定的"以其他不正当手段取得注册":(1)诉争商标申请人申请注册多件商标,且与他人具有较强显著性的商标或者较高知名度的商标构成相同或者近似,既包括对不同商标权利人的商标在相同或类似商品、服务上申请注册的,也包括针对同一商标权利人的商标在不相同或不类似商品或者服务上申请注册的;(2)诉争商标申请人申请注册多件商标,且与他人企业名称、社会组织名称、有一定影响商品的名称、包装、装潢等商业标识构成相同或者近似标志的;(3)诉争商标申请人具有兜售商标,或者高价转让未果即向在先商标使用人提起侵权诉讼等行为的。

实务中,对于只损害特定民事权益的情形,应适用《商标法》第45条及其他相应规定。

国家知识产权局作出宣告注册商标无效的决定,应当书面通知申请人。申请人对该决定不服的,可以自收到通知之日起15日内向国家知识产权局申请复审。国家知识产权局应当自收到申请之日起9个月内作出决定,并书面通知申请人。申请人对国家知识产权局的决定不服的,可以自收到通知之日起30日内向北京知识产权法院起诉。

### 三、违反禁止注册相对理由的无效宣告

《商标法》第45条规定,已经注册的商标,违反本法第13条第2款和第3

款、第 15 条、第 16 条第 1 款、第 30 条、第 31 条、第 32 条规定的,自商标注册之日起 5 年内,在先权利人或者利害关系人可以请求国家知识产权局宣告该注册商标无效。具体类型表现为以下情形:

1. 复制、模仿或者翻译他人的驰名商标

为了保护驰名商标所有人的合法权益,履行我国参加的国际公约的义务,2001 年和 2013 年《商标法》修改后,根据《保护工业产权巴黎公约》的要求,不仅在该法第 13 条第 2 款和第 3 款增加了对驰名商标保护的条款,而且还在第 45 条规定了对复制、模仿或者翻译他人驰名商标的无效宣告规定。就相同或者类似商品已注册的商标是复制、模仿或者翻译他人未在中国注册的驰名商标,容易导致混淆的,以及就不相同或者不相类似商品已注册的商标是复制、模仿或者翻译他人已经在中国注册的驰名商标,误导公众,致使该驰名商标注册人的利益可能受到损害的,自该商标注册之日起 5 年内,在先权利人或者利害关系人可以请求国家知识产权局宣告该注册商标无效。对恶意注册的,驰名商标所有人不受 5 年的时间限制。这种规定,符合国际公约的要求,加大了对驰名商标保护的力度。

**法律适用**

## "恶意注册"无效的认定

《商标法》第 45 条第 1 款规定,针对"恶意注册"的,驰名商标所有人不受 5 年的时间限制。如何认定"恶意注册",是本条适用的关键点。最高人民法院《关于审理商标授权确权行政案件若干问题的规定》第 25 条规定:"人民法院判断诉争商标申请人是否'恶意注册'他人驰名商标,应综合考虑引证商标的知名度、诉争商标申请人申请诉争商标的理由以及使用诉争商标的具体情形来判断其主观意图。引证商标知名度高、诉争商标申请人没有正当理由的,人民法院可以推定其注册构成商标法第四十五条第一款所指的'恶意注册'。"

解读上述规定,"恶意注册"的认定需要考虑诉争商标申请人的主观意图,具体应综合考虑引证商标的知名度、诉争商标申请人申请诉争商标的理由以及使用诉争商标的具体情形来判断。换言之,只要诉争商标申请人有申请诉争商标的正当理由、使用诉争商标不具有攀附恶意、不会导致混淆可能性或联想,即使引证商标具有知名度,法院也不能推定诉争商标构成《商标法》第 45 条第 1 款所指的"恶意注册"。

司法实践中,"恶意注册"的认定,可以综合考虑下列因素:(1) 诉争商标与在先驰名商标近似程度较高;(2) 在先驰名商标具有较强显著性和知名度;(3) 诉争商标指定使用商品与在先驰名商标的商品关联程度较高;(4) 诉争商标申请人与在先驰名商标所有人曾有贸易往来或者合作关系;(5) 诉争商标申请人与在先驰名商标所有人营业地址临近;(6) 诉争商标申请人与在先驰名商标所有人曾发生其他纠纷,足以知晓该驰名商标;(7) 诉争商标申请人与在先驰名商标所有人曾有内部人员往来关系;(8) 诉争商标申请人申请注册该商标后,具有攀附在先驰名商标商誉的行为;(9) 诉争商标申请人大量注册他人具有较强显著性和知名度的商标。①

**典型案例**

### 超过5年的注册商标无效宣告案

诉争商标为第1651473号"FEITIANBULAO 飞天不老"(见图46),核定使用商品为第33类酒(饮料),申请日为2000年7月17日,2001年10月14日核准注册。贵州茅台公司于2018年对该商标提起无效宣告申请,认为诉争商标违反2001年《商标法》第13条第2款等规定,属于恶意注册,申请人的第237040号"飞天牌及图商标"(引证商标,见图47)为驰名商标(使用在第33类)。

图46　　　　　　　　　　图47

国家知识产权局认为,贵州茅台公司提交的证据不足以证明在诉争商标申请日前引证商标在我国较大地域范围内已为相关公众所熟知,且不足以证明诉争商标注册人以不正当竞争、牟取非法利益为目的进行恶意注册,因此认为诉争商标申请注册未违反2001年《商标法》第13条第2款规定。

---

① 参见《北京市高级人民法院商标授权确权行政案件审理指南》第18.4条。

北京知识产权法院审理认为,诉争商标与引证商标的构成方式、含义、整体外观等方面存在较大差异,未构成对引证商标的模仿,进而认定未违反2001年《商标法》第13条第2款的规定。二审法院北京市高院审理认为,贵州茅台公司提交的证据足以认定引证商标在诉争商标申请日前在"酒"商品上为相关公众所熟知,构成驰名商标。诉争商标完整包含引证商标的显著识别文字"飞天",同时系对引证商标图形的描述,因而诉争商标构成对引证商标的模仿,容易造成相关公众对商品来源的混淆、误认。另外,本案提起无效宣告申请时,诉争商标申请注册已超过5年。因此,北京市高院依据2013年《商标法》第45条第1款规定,认为诉争商标的原始注册人对于在先驰名引证商标非但未尽合理避让义务,反而在同类酒商品上申请注册诉争商标模仿引证商标。同时,诉争商标现有权利人与其他权利人之间存在关联关系,各权利人均有商标抢注的不当行为。综合各方面因素,法院认定诉争商标申请注册主观恶意明显,结合2001年《商标法》第13条第2款的规定,判决诉争商标应予以无效宣告。

根据《商标法》第45条第1款,对恶意注册的,驰名商标所有人不受5年的时间限制。结合本案,申请人不仅需要证明诉争商标为恶意注册,同时要证明申请人商标为驰名商标,才能满足超5年的注册商标无效宣告的认定条件。第一,恶意是一种主观状态,需要通过各方面事实情况和行为表现来加以判断和推定。北京市高院一方面从同行业经营者模仿行业中驰名商标缺乏正当性和合理性的角度,推定了诉争商标属于"恶意注册",同时,结合本案事实和证据情况,重点考察了诉争商标流转过程中各时期权利人的行为表现,进一步论证诉争商标的申请注册具有主观恶意。第二,本案"飞天牌"茅台酒诞生于1958年,是典型的民族品牌,在我国外贸交流中起到重要作用,其国际上的知名度和美誉度必然会辐射至国内市场和相关公众,客观上已经在国内的行业和相关公众中有口皆碑。代理人收集的证据包括销售票据、广告投放证据、各项荣誉和第三方媒体报道等,以及品牌早期在国际市场发展中的突出表现,如出口销量、广告投放等证据辅助证明"飞天牌"商标从国外到国内一以贯之的知名度和影响力。[①]

### 2. 以自己名义将被代理人或者被代表人的商标进行注册

为了保护被代理人或者被代表人的利益,制裁恶意注册他人商标的行为,《商标法》规定未经授权,代理人或者代表人以自己名义将被代理人或者被代表人的商标进行注册的,自商标注册之日起5年内,在先权利人或者利害关系人可

---

① 参见张涵、崔雯:《敦煌飞天与茅台,民族品牌成功以驰名商标途径打击早期"恶意抢注"行为》,载"万慧达知识产权"微信公众号2022年5月23日。

以请求国家知识产权局宣告该注册商标无效。

3. 使用了误导公众的地理标志

已注册的商标中有商品或服务的地理标志,而该商品或服务并非来源于该标志所标识的地区,误导公众的行为。

4. 损害了他人现有的在先权利

现有的在先权利包括商品的外观设计专利权、公民的肖像权、姓名权、著作权、厂商名称权、原产地名称权等。

5. 以不正当手段抢先注册他人已经使用并有一定影响的商标

这属于《商标法》第32条规制的内容——侵犯特定民事主体,不同于《商标法》第44条中的规定。这种行为应具备以下要件:(1)已注册商标是以不正当手段抢注的;(2)被抢注商标是他人已经使用的商标;(3)被抢注的商标是有一定知名度的商标。对满足上述要件的已注册的商标,在先权利人或者利害关系人可以自该商标注册之日起5年内,请求国家知识产权局宣告该注册商标无效。

上述情形,属于违反商标禁止注册的相对理由,与《商标法》第44条禁止注册的绝对理由不同,相对理由对宣告无效有以下几方面限制:第一,申请主体的限制。本规定只有在先权利人或者利害关系人可以提出。第二,时间限制。本规定有5年的时限,在这个时限内,申请人可以主张权利,一旦申请人怠于行使权利,过了期限,就无权再申请已经注册的商标无效。这一方面敦促申请人及时行使权利;另一方面,有利于保护已注册商标权人利益,稳定市场竞争秩序。通过5年的时间节点,实现各自的利益平衡。第三,时间限制例外。为加大对驰名商标的保护,如果能证明已注册商标人主观上恶意,则驰名商标人不受5年时间的限制,依然可以请求国家知识产权局宣告该注册商标无效。

国家知识产权局收到宣告注册商标无效的申请后,应当书面通知有关当事人,并限期提出答辩并应当自收到申请之日起12个月内作出维持注册商标或者宣告注册商标无效的裁定,并书面通知当事人。当事人对国家知识产权局的裁定不服的,可以自收到通知之日起30日内向北京知识产权法院起诉;法院应当通知商标裁定程序的对方当事人作为第三人参加诉讼。

国家知识产权局在依照前述规定对无效宣告请求进行审查的过程中,所涉及的在先权利的确定必须以人民法院正在审理或者行政机关正在处理的另一案件的结果为依据的,可以中止审查。中止原因消除后,应当恢复审查程序。法定期限届满,当事人对国家知识产权局宣告注册商标无效的决定不申请复审或者对国家知识产权局的复审决定、维持注册商标或者宣告注册商标无效的裁定不向北京知识产权法院起诉的,国家知识产权局的决定和复审决定、裁定生效。

## 典型案例

### "非诚勿扰"商标无效宣告案

金某于 2009 年向商标局申请在开保险所、交友服务、婚姻介绍所等第 45 类服务上注册"非诚勿扰及图"商标(见图 48),获得核准,专用期限为 2010 年 9 月 7 日至 2020 年 9 月 6 日。

华谊兄弟公司分别于 2008 年向商标局申请在电影制作、电视文娱节目、电影放映等第 41 类服务上和电视播放、电视广播等第 38 类服务上注册"非诚勿扰"商标(见图 49),均获得核准,专用期限为 2010 年 10 月 21 日至 2020 年 10 月 20 日、2011 年 1 月 28 日至 2021 年 1 月 27 日。

图 48　　　　图 49

2016 年,华谊兄弟公司根据 2001 年《商标法》第 41 条针对争议商标向商评委提出无效宣告申请,2017 年商评委作出裁定维持争议商标,华谊兄弟公司不服该裁定,将商评委诉至北京知识产权法院,原审法院判决驳回原告诉讼请求,原审原告不服判决,向北京市高院提起上诉,请求撤销原审判决和商评委裁定并令商评委重新作出裁定。

北京市高院经审理查明,上诉人华谊兄弟公司和被上诉人商评委、原审第三人均认可二审争议焦点为争议商标是否违反了 2001 年《商标法》第 10 条第 1 款第 8 项、第 11 条第 1 款第 2 项和第 3 项、第 41 条第 1 款的规定。

北京市高院认为:关于第 10 条第 1 款第 8 项,争议商标"非诚勿扰"文字及图形本身并无不良含义和负面影响,也不具有对我国政治、经济、文化、宗教、民族等社会公共利益和公共秩序产生消极、负面影响的可能,上诉人有关争议商标的注册和使用会误导公众、造成不良影响的上诉理由实际指向对特定民事权益的确认和维护,不属于本条调整范畴。

关于第 11 条第 1 款第 2 项和第 3 项,争议商标汉字"非诚勿扰"是其显著识别部分,意为"没有诚意就不要打扰"。"非诚勿扰"这一表述虽然突出了对"诚"的要求,但并未直接表示"交友服务、婚姻介绍所"等服务的质量、功能、用途等特点。相关公众在看到"非诚勿扰"一词时,需要经过一定程度的演绎、想象才能将"非诚勿扰"与相关公众对交友服务、婚姻介绍所等服务所属行业的诚信要求相对应。因此,"非诚勿扰"并非对交友服务、婚姻介绍所等服务的质量、功能、用途等特点的直接表述。另外,"非诚勿扰"并非商业贸易中的规范用语,其与争议商标核定使用的开保险所、交友服务、婚姻介绍所等服务的关联性较弱,不属于常见商贸用语的范畴,具有显著性。

关于第41条第1款中"以欺骗手段或者其他不正当手段取得注册"主要是指注册手段而不是注册目的不正当性。上诉人提交的证据不足以证明金某采用了虚构事实或故意隐瞒真实情况等欺骗手段或不正当手段而取得争议商标的注册,损害了公共秩序、公共利益,或者妨碍了商标注册管理秩序。

综上所述,北京市高院判决驳回上诉,维持原判。[①]

**四、商标权无效的法律后果**

宣告无效的注册商标,由国家知识产权局予以公告,该注册商标专用权视为自始即不存在。宣告注册商标无效的决定或者裁定,对宣告无效前人民法院作出并已执行的商标侵权案件的判决、裁定、调解书,工商行政管理部门作出并已执行的商标侵权案件的处理决定,以及已经履行的商标转让或者使用许可合同不具有追溯力。但是,因商标注册人的恶意给他人造成的损失,应当给予赔偿。依照前述规定不返还商标侵权赔偿金、商标转让费、商标使用费,明显违反公平原则的,应当全部或者部分返还。

本书认为,应从以下几个方面把握上述规定的内容:

(1)宣告无效的注册商标的专用权视为自始即不存在。根据权利无效的原则,宣告注册商标专用权无效的决定或裁定具有溯及既往的效力,其商标专用权视为自始即不存在,原来商标权人所获得的利益应当返还或恢复原状。这不同于被撤销的注册商标,其注册商标专用权自公告之日起终止,公告日期前的商标权依然有效。

(2)特殊情况下被宣告无效的注册商标的决定或裁定不具有追溯力。在实际生活中,商标被核准注册后,商标权人会依据当时合法享有的商标权,利用自己的商标,如与他人签订商标使用许可合同或商标转让合同。如果发生侵权,商标权人会向人民法院或地方工商行政管理部门请求保护,人民法院或工商行政管理部门会依法作出判决或处理决定并且执行。那么,商标权无效对已经履行

---

[①] 参见(2018)京行终23号判决书。

的商标使用许可合同或商标转让合同、已经作出并已执行了的判决或决定有无追溯力?《商标法》第 47 条第 2 款根据我国的国情,从当事人财产的稳定、社会交易的安全、行政执法部门和司法部门的威信以及法律的尊严等方面考虑,作出了明确规定:"宣告注册商标无效的决定或者裁定,对宣告无效前人民法院做出并已执行的商标侵权案件的判决、裁定、调解书和工商行政管理部门做出并已执行的商标侵权案件的处理决定以及已经履行的商标转让或者使用许可合同不具有追溯力。"

(3)因商标注册人的恶意给他人造成损失的应当予以赔偿。针对上述内容,《商标法》第 47 条第 2 款作了但书规定:"但是,因商标注册人的恶意给他人造成损失的,应当予以赔偿。"例如,明知自己的商标权有可能被宣告无效,还有偿转让给他人的行为。另外,在商标侵权赔偿金、商标使用许可合同和商标转让合同中,如明显违反公平原则,相关的费用、合同的使用费和转让费可以酌情退还部分或者全部。

**实例分析**

### 注册商标无效的相关问题

美好公司是一家专门生产时装的公司,2015 年该公司向商标局申请注册了"TREND"作为其服装的商标。但是,后来某国际出版公司提出"TREND"是其编辑出版的一本国际时装杂志的名称,该服装商标与其杂志上的驰名商标相同,容易使消费者造成误解,请求国家知识产权局对该不正当注册的商标宣告无效。国家知识产权局经过调查发现,美好公司的"TREND"商标名称的确是从该服装杂志直接借用过来的,而且美好公司在 2017 年和另外一家服装公司签订了许可使用"TREND"商标的合同,已经履行完毕。本案涉及以下几方面问题:

1. 对"TREND"商标应该如何处理?

本案中,美好公司直接抄用国际服装杂志的名称作为自己的注册商标,违反了诚实信用原则,属于法律规定的其他不正当手段。根据《商标法》第 44 条第 1 款规定,以欺骗手段或者其他不正当手段取得商标注册的,可由国家知识产权局宣告"TREND"注册商标无效。

2. 申请和宣告注册商标无效的主体有哪些?

对于无效的注册商标,可由国家知识产权局直接宣告无效,也可以由其他单位或者个人请求国家知识产权局宣告该注册商标无效。

3. 该商标无效后美好公司与另外一家服装公司签订的合同如何处理?

注册商标被宣告无效后,不影响已经履行的商标使用许可合同。但是,如果美好公司恶意给某国际出版公司造成损失的,应该予以赔偿。

> **思考题**

1. 简答商标权撤销的含义及其类型。
2. 为何注册商标 3 年不使用就要被撤销?
3. 商标权无效的类型有哪些?
4. 简答商标权无效及其法律后果。
5. 简述商标权撤销和无效的不同点。
6. 如何适用《商标法》第 45 条第 1 款?

# 第七章 商标侵权行为的认定和法律责任

☞ **本章导读**

本章是商标法的核心内容之一。商标法能否实现其维护商标信誉、保障市场的公平竞争等功能,关键在于能否对商标权进行有效的保护。通过对本章的学习,应重点掌握商标侵权行为的表现形式以及在实践中认定侵权的标准;了解商标侵权应承担的法律责任,重点把握民事责任的适用;通过对案例的讨论,提高分析问题和解决问题的能力。

## 第一节 商标侵权行为的认定

《商标法》第1条明确规定:"为了加强商标管理,保护商标专用权,促使生产、经营者保证商品和服务质量,维护商标信誉,以保障消费者和生产、经营者的利益,促进社会主义市场经济的发展,特制定本法。"由此可见,保护商标专用权是我国商标法的立法宗旨,也是商标管理机关和司法机关的重要任务之一。保护商标专用权对发展社会主义市场经济具有重要的意义。

### 一、商标权的保护范围

商标权的保护范围,是指商标权人有权禁止他人在与其核定使用的相同或类似的商品上使用与其核准注册商标相同或者相近似的商标。简而言之,商标权的保护范围是商标权人行使禁止权的范围,它不同于商标权人的权利范围。商标权的权利范围,是指商标权人行使权利的范围,仅以其核准注册的商标和核定使用的商品为限。《商标法》第56条对核准注册的商标的权利范围作了界定:第一,注册商标专用权,以核准注册的商标为限。注册人使用的商标应当与核准注册的商标在文字、图形、组合或其他构成要素上相一致,不得自行改变其注册商标。第二,注册商标专用权,以核定使用的商品为限,商标权人使用的商品应当和商标局核定使用的商品相一致。如果超出了权利范围,会导致两个法律后果,一是不受商标法保护,二是有可能侵犯他人的商标权。

为有效地保护商标权,各国商标法通常都规定,注册商标的保护范围要大于注册商标的权利范围。商标权的保护范围不仅包括核定注册的商标和核定使用的商品,而且还包括与注册商标相近似的商标和与核定使用的商品相类似的商品。这样规定有利于全方位保护商标权人的专有权。

## 二、商标侵权行为的认定标准及考虑因素

### (一)商标侵权行为及认定标准

商标侵权行为,是指他人违反商标法的规定,在相同或类似的商品或服务上未经商标权人同意擅自使用与注册商标相同或近似的标志,造成消费者对商品来源发生混淆,损害商标权人合法利益的行为。

商标是识别相同的商品或服务来源的标志,为保护这种识别功能,商标法赋予在先使用该商标的人以专有权,禁止在后的人在相同或类似商品或服务上使用相同或相似的商标,如果造成混淆,则构成侵犯商标专用权。无论是采用商标注册取得的国家还是采用商标使用确权的国家,其商标保护的立足点都是为了防止混淆。《与贸易有关的知识产权协定》第16条明确规定,商标所有人有权阻止他人在交易过程中使用可能引起混淆的商标。美国则将防止消费者混淆作为制定《兰哈姆法》的主要目的,该法第2条、第3条和第43条将可能导致消费者混淆、误认,作为驳回商标注册申请或构成商标侵权的必要条件。《欧共体商标条例》在引言中就强调:"混淆可能性构成商标保护的特别条件",其第8条和第9条规定,除在相同商品上使用相同商标应推定存在混淆之外,在相同或类似商品上使用相同或近似商标时,除非存在混淆的可能,不应驳回商标注册申请或认定构成商标侵权。

我国《商标法》自1982年颁布后,在1993年和2001年的修改中,没有明确将"混淆可能性"作为认定商标侵权的构成要件,导致司法实践中对此认识不一致,判决不一。2013年第三次修改的《商标法》确立了判断商标侵权的标准,即"容易导致混淆",并引入了国际社会通用的"混淆可能性",将我国争论多年的认定商标侵权标准的问题画上了句号。[①] 该规定对解决商标侵权纠纷的司法判决和行政保护具有重要的现实意义。

### (二)混淆可能性及其类型

上述谈到,混淆可能性是判断商标侵权的标准,为避免消费者误认误购,多数国家立法均规定,禁止他人在相同或类似商品或服务上使用相同或近似标志。所谓混淆可能性,是指相关消费者对商品或服务来源产生误认或者联想的主观

---

① 参见《商标法》第57条第2项。

印象。比如，消费者有可能认为某商品或服务来自同一个企业，或者其他企业和标识产品的企业有经济上的关联性，从而产生混淆的错误。混淆可能性规则不仅存在于商标局的商标申请审查阶段，也体现在注册商标的保护阶段，甚至体现在其他商业标识的保护上。① 需要指出的是，在举证混淆可能性时，并不要求产生实际混淆，以免加重权利人的举证责任。

传统混淆理论包括直接混淆和间接混淆。所谓直接混淆，是指相关公众误将不同的商品或者服务的来源混同为同一企业，即针对产品来源或出处的混淆。这种混淆是传统的混淆形式，但随着企业经营范围的扩大和多元化趋势，出现了间接混淆行为。所谓间接混淆，是指相关公众误认为不同商品或者服务的来源之间有经济上、经营上、组织上或法律上的关联关系，即产品之间有赞助、监控或联合等关系。如其他生产汽车的企业未经许可，使用和德国大众汽车公司的车标近似的标识，容易造成相关公众认为两家企业之间有合作关系。间接混淆又称关联混淆或赞助混淆，从而导致混淆可能的范围逐渐扩大。

随着网络的出现、商标功能的拓展和侵权形式的变化，又出现了售前混淆、售后混淆和反向混淆。售前混淆是指消费者在寻找特定商标所有人的商品时，由于竞争者使用相同或近似商标而使该消费者对其产品产生了兴趣，即使消费者可能最终意识到该产品并非他最初想要购买的商品，但还是有可能与竞争者发生交易。这种导致消费者对竞争者产品产生最初兴趣的混淆就是所谓的售前混淆（pre-sale confusion），又被称为初始兴趣混淆（initial interest confusion）。显然，售前混淆的制造者不正当地利用了商标权人的商誉，欺骗了消费者，增加了消费者选择购物的成本，违背了市场公平竞争秩序，应当予以制止。售后混淆又被称为旁观者混淆，是指消费者为了追求虚荣明知假冒他人品牌的商品而购买，消费者在"知假买假"的过程中并没有产生混淆，但该种行为的最佳效果是让其他人误以为该产品就是真品。这种购买者本身没有混淆，但购买者使用侵权产品，导致其他人产生了混淆的行为就是所谓的售后混淆。反向混淆是指在后的生产经营者在其生产或销售的商品或提供的服务上使用的文字、图形、色彩或者其组合等标识，与在先商标相同或相似，造成或者可能造成消费者误以为在先商标所有人的商品或服务来源于在后生产经营者或与其存在某种联系。反向混淆是与传统意义上的混淆相对应而言的，在反向混淆的情况下，所有人拥有的在

---

① 参见《反不正当竞争法》第6条。

先商标在市场上的影响较小,而在后使用人则大范围、高密度地使用与在先商标相同或相似的标记,以至于在先商标最终被在后标记所"淹没"。在实践中,在后使用人可能将他人已经注册的商标作为其商标、商号、广告语或商业名称等商业标识使用。反向混淆并不是传统商标法律制度中的概念,其出现及规则形成来自于美国的司法实践。

(三) 混淆可能性的认定:多因素检验法

"混淆可能性"是一个抽象的概念,在认定时需要考虑相关因素。美国法院在审理商标侵权案件过程中总结并发展了判定消费者混淆的可能性因素,其中最为著名的就是第二巡回上诉法院在宝利来公司诉宝利来电子公司一案中(Polaroid Corp. v. Polarad Elects. Corp.)创造的"宝利来因素"。具体包括八个方面:原告商标的强度;原告和被告商标之间的相似程度;商品或者服务的近似程度;原告进入该领域的可能性;混淆的具体证据;被告采用冲突商标是否具有善意;被告商品或者服务的质量;消费者的精细辨认程度。[①] 虽然这些判断因素不是穷尽式的列举,在不同的案件中法院会根据需要综合考虑,但"宝利来因素"仍然具有权威性的指导作用。欧盟法院也在长期的判例过程中形成了判断商标混淆可能性的因素,主要包括:原告商标的显著性;原告商标的使用情况和程度;商品或服务的类似性;原被告商标在音、形、义上的相似性;商标的主要部分等。

我国《商标法》第三次修改前未明确规定混淆可能性及具体的考虑因素。为指导司法实践,2002年10月12日最高人民法院通过了《关于审理商标民事纠纷案件适用法律若干问题的解释》,将"造成混淆的可能性"引入了对商标近似和商品服务类似的判断要素之中。对"认定商标相同或者近似",其第10条规定了以下三个方面需考虑的因素:第一,以相关公众的一般注意力为标准;第二,既要进行对商标的整体比对,又要进行对商标主要部分的比对,比对应当在比对对象隔离的状态下分别进行;第三,判断商标是否近似,应当考虑请求保护注册商标的显著性和知名度。

经过十多年的司法实践,我国法院逐渐形成了在认定混淆可能性时的判断因素:商标意义上的使用、商标近似程度、商品类似程度、在先商标的显著性、在先商标的知名度、消费者的智力水平和注意程度、原被告商品的销售渠道、被告意图、消费者实际混淆(权利人无须证明,但其实际混淆的证据有利于在侵权诉讼中胜诉)等。

---

① See 287F. 2d 492,495(2nd Cir).

### 典型案例

#### "RITZ"服务商标纠纷案

原告雷茨饭店有限公司成立于1896年,是全球著名的酒店。该公司的"LE RITZ"和"RITZ"商标经我国商标局核准注册,核定服务项目包括饭店、酒吧、美容美发沙龙等(见图50)。被告在其桑拿、按摩、美容美发等服务为主要经营项目的经营场所内以"RITS"以及"RITS"与"丽池"组合、"丽池RITS及图"组合等方式使用了"RITS"标识(见图51)。

一审法院认为原告的注册商标受法律保护,原告通过许可使用,其注册商标在我国具有较高的知名度和较强的显著性;被告在与原告注册商标核定服务相同或类似的服务上使用了与原告注册商标"RITZ"近似的"RITS"标识以及包含"RITS"的组合标识,容易引起相关公众的混淆和误认,构成商标侵权,遂判决被告停止在经营活动中使用"RITS"标识,并赔偿原告20万元。二审法院维持原判。①

图50

图51

本案是一起典型的商标侵权案件。在该案中,法院在认定被告使用的标识与原告的注册商标是否构成近似,是否会使相关公众对服务来源产生误认时,综合考虑了注册商标的显著性、市场知名度及两标识之间的近似程度和两者服务的类似性,认为被告的使用易使相关公众产生混淆或认为两者具有特定联系,从而认定被告构成对原告注册商标专有权的侵犯。本案认定侵权的评判标准和考虑因素为同类案件提供了参考。该案因其典型性,入选最高人民法院发布的

---

① 参见(2008)沪高民三(知)终字第70号判决书。

2008年知识产权司法保护十大案件。

### 典型案例

## "齐鲁"商标纠纷案

齐鲁众合公司成立于1995年,经营范围为:证券、期货应用软件的开发及销售;硬件开发及销售;科技企业投资咨询(不含证券、期货咨询)。

2001年7月14日,信达公司经国家商标局核准注册了第1603776号"齐鲁"文字商标,核定服务项目为第36类:资本投资、基金投资、金融分析、金融咨询、证券交易行情、期货经纪、信托、受托管理、金融信息。2008年4月20日,信达公司将"齐鲁"商标许可齐鲁众合公司独占使用。

2001年12月9日,山东省齐鲁证券经纪有限公司经核准变更为齐鲁证券有限公司,其经营范围为:证券的代理买卖、代理还本付息、分红派息、证券代保管、鉴证、代理登记开户,证券的承销,证券的自营买卖,证券投资咨询(含财务顾问),证券资产管理业务等。南京太平南路营业部系齐鲁证券有限公司的分支机构。南京太平南路营业部在店面招牌上使用"齐鲁证券有限公司"文字及松树图形标识,在"齐鲁证券""齐鲁证券业务介绍"等宣传册上除使用"齐鲁证券"文字及松树图形标识外(见图52),还使用了"真诚待客户 满意在齐鲁"字样。

齐鲁众合公司以南京太平南路营业部侵犯其"齐鲁"注册商标专用权为由提起诉讼,请求判令该营业部停止使用"齐鲁"字样的服务标识,停止在其企业名称中使用"齐鲁"文字,并赔偿其经济损失100万元。

图 52

南京市中级人民法院一审认为,南京太平南路营业部使用"齐鲁"或"齐鲁证券"文字的行为是对其企业名称的简化使用行为,不侵犯齐鲁众合公司的注册商标专用权,遂判决驳回其诉讼请求。齐鲁众合公司不服,提起上诉。江苏省高级人民法院维持一审判决。齐鲁众合公司不服，向最高人民法院申请再审。最高人民法院于2011年7月13日裁定驳回其再审申请。

针对本案，最高人民法院经审查认为，南京太平南路营业部在简化使用其企业字号时，突出使用了"齐鲁""齐鲁证券"文字，但是否构成侵犯齐鲁众合公司对涉案注册商标享有的被许可使用权，原则上要以是否存在造成相关公众混淆和误认的可能性为基础，而判断是否存在造成相关公众混淆和误认的可能性时，必须要考虑涉案注册商标的显著性，特别是其知名度。由于"齐鲁"系山东省的别称，故将其作为注册商标使用，本身显著性较弱。涉案商标虽然核定服务类别为第36类，但注册商标权人信达公司及其被许可使用人齐鲁众合公司经营范围与齐鲁证券有限公司及其南京太平南路营业部经营范围不同。鉴于国家对证券行业实行严格的市场准入制度，未取得经营证券业务许可证的企业，不得从事特许证券经营业务。本案信达公司及齐鲁众合公司不具备从事特许证券业务的资格，且二者也没有实际从事特许证券业务，故在该行业不存在知名度的问题，进而也就不可能使公众对齐鲁众合公司与南京太平南路营业部经营主体及经营范围产生混淆和误认。因此，原审法院认定南京太平南路营业部不构成商标侵权并无不当，应予维持。①

该案因其典型性，入选《最高人民法院知识产权案件年度报告（2011）》。在该案件中，最高人民法院明确指出：商标侵权原则上要以存在造成相关公众混淆、误认的可能性为基础；判断是否存在造成相关公众混淆、误认的可能性时，应该考虑商标的显著性和知名度。

## 第二节 侵犯商标权行为的类型

根据《商标法》第57条、《商标法实施条例》、最高人民法院《关于审理商标民事纠纷案件适用法律若干问题的解释》以及国家知识产权局2020年出台的《商标侵权判断标准》的规定，商标侵权行为主要有以下几种类型：②

### 一、同种商品上使用与其注册商标相同的商标

使用他人的注册商标，必须经商标权人同意签订注册商标使用许可合同并

---

① 参见（2011）民申字第222号裁定书。
② 2013年第三次修改的《商标法》将2001年《商标法》第52条第1项的规定拆分为第57条的第1项和第2项。

在商标局备案。未经许可实施这种行为,不论主观上是出于故意还是过失,都构成对他人注册商标专用权的侵犯。这种行为会使商品的来源发生混淆,不仅损害了商标权人的利益,也损害了消费者的利益。

商标相同,是指被控侵权的商标与原告的注册商标相比较,二者在视觉上基本无差别。从一般消费者的角度看,凭视觉判断所对比的商标大体上差别不大,就构成商标相同。

根据《商标侵权判断标准》第 22 条第 1 款和第 23 条第 1 款的规定,下列行为属于《商标法》第 57 条第 1 项规定的商标侵权行为。

(1) 自行改变注册商标或者将多件注册商标组合使用,与他人在同一种商品或者服务上的注册商标相同的。比如,相关当事人在电器开关类别注册了两个商标,一个是"公"字商标,另外是一个"牛"字加图形的商标,但在实际使用当中,将两个商标进行了一个组合的使用,整体上看,与知名度较高的"公牛"注册商标相同,构成侵权。

(2) 在同一种商品或者服务上,将企业名称中的字号突出使用,与他人注册商标相同的。2013 年《商标法》修改后,增加了第 58 条:"将他人注册商标、未注册的驰名商标作为企业名称中的字号使用,误导公众,构成不正当竞争行为的,依照《中华人民共和国反不正当竞争法》处理。"但是《反不正当竞争法》中并没有明确具体的适用条款。为指导行政执法,国家知识产权局在《商标侵权判断标准》中参考了司法解释相关规定,对在企业名称当中的字号突出使用的行为,如果构成了《商标法》意义上的商标使用即突出使用,就援引《商标法》,按照商标侵权来处理。比如,把"李宁"作为企业字号并突出使用在和体育用品关联的商品上,如果产生混淆可能性则构成侵权。

## 二、同种或类似商品上使用与注册商标相同或近似的商标

实践中,这种侵权行为主要表现为以下三种情形:(1) 在同一种商品上使用与他人注册商标近似的商标;(2) 在类似商品上使用与他人注册商标相同的商标;(3) 在类似商品上使用与他人注册商标近似的商标。这些侵权行为具备三个特点:一是侵权人的商标所指定的商品与被侵权人的商品为类似种类;二是侵权人所使用的商标与被侵权人的注册商标近似;三是侵权人使用商标的行为容易导致混淆。如果不同时具备这三个特点,使用人的行为就不会构成商标侵权,而是正常的商标使用行为。

如何界定商标相同或者近似、商品或服务相同或者类似?最高人民法院在《关于审理商标民事纠纷案件适用法律若干问题的解释》中对这些概念进行了定

义。商标近似,是指被控侵权的商标与原告的注册商标相比较,其文字的字形、读音、含义或者图形的构图及颜色,或者其各要素组合后的整体结构相似,或者其立体形状、颜色组合近似,易使相关公众对商品的来源产生误认或者认为其来源与原告注册商标的商品有特定的联系。因商标近似而构成侵权的情况在生活中较为普遍,该司法解释第一次明确了商标近似的概念,统一了对商标近似的理解和适用,对指导审判实践有重要的现实意义。

## 法律适用

### 认定商标相同或者近似的原则

根据《关于审理商标民事纠纷案件适用法律若干问题的解释》第10条,人民法院依据《商标法》的规定,认定商标相同或者近似按照以下原则进行:第一,以相关公众的一般注意力为标准。这里的"相关公众",包括相关消费者和特定经营者,以他们对商标相同或者近似的一般注意力为判断标准。在实际中要把握,既不能以特定领域的专家所具有的注意力,也不能以粗心大意的消费者的注意力为判断标准。第二,比对的原则。在认定商标侵权时,既要进行对商标的整体比对,又要进行对商标主要部分的比对,比对应当在比对对象隔离的状态下分别进行。所谓"对商标的整体比对",是指将商标作为一个整体来进行观察,而不是仅仅将商标的各个要素抽出来分别进行对比。因为消费者对商标形成的是一个整体的印象,而不是单个要素分别对待。如果两个商标在各自的构成要素上有不同,但把它们集合起来作为一个整体所产生的视觉效果可能会使消费者产生误认,就应当认定为近似商标;反之,如果两个商标的单个要素相同,但作为整体来看不同,就不能认定为近似商标。所谓"对商标主要部分的比对",是指将商标中起主要识别作用的部分单独拿出来进行重点对比和分析。这种方法是对商标整体比对的补充。一般而言,消费者对商标的记忆主要是商标突出和醒目的部分,即具有区别作用的部分。当两个商标的主要部分相同或者近似,易造成消费者的误认时,就可判断这两个商标是近似商标。所谓"比对应当在比对对象隔离的状态下分别进行",是指将注册商标和被指控的侵权商标放在不同的地点在不同的时间进行分析对比,而不是把比对的两个商标放在一起进行观察对比。这是一种基本的商标比对方法,无论对商标的整体对比还是部分对比,都应当采用隔离对比方式。采用这种方式,能较真实地反映出被指控商标所造成混淆的可能性。第三,判断商标是否近似,应当考虑请求保护注册商标的显著性和知名度。商标的显著性,是商标注册的构成要件,显著性越强的商标其识别作用就越大,对他人搭便车的行为比较容易界定。

**实务应用**

### 判断类似商品或类似服务的标准

类似商品,是指在功能、用途、生产部门、销售渠道、消费对象等方面相同,或者相关公众一般认为其存在特定联系、容易造成混淆的商品。类似服务,是指在服务的目的、内容、方式、对象等方面相同,或者相关公众一般认为存在特定联系、容易造成混淆的服务。商品与服务类似,是指商品和服务之间存在特定联系,容易使相关公众混淆。由此可见,判断类似商品的要素包括商品的功能、用途、生产部门、销售渠道、消费对象等;判断类似服务的要素包括服务的目的、内容、方式、对象等。同时,相关公众一般认为这两者与相关对象存在特定联系,容易造成混淆的,也构成类似商品或者类似服务。

人民法院依据商标法的规定,认定商品或者服务是否类似,应当以相关公众对商品或者服务的一般认识综合判断;《商标注册用商品和服务国际分类》和《类似商品和服务区分表》可以作为判断类似商品或者服务的参考。这里所谓的"相关公众的一般认识",是指相关市场的一般消费者对商品的通常认知和一般交易观念,不受限于商品本身的自然特性。所谓"综合判断",是指将相关公众在个案中的一般认识,与商品交易中的具体情形,以及司法解释规定的判断商品类似的各要素结合在一起从整体上进行考察分析,同时可以参照商品分类表的分类。

《类似商品和服务区分表》是国家商标局根据世界知识产权组织提供的《商标注册用商品和服务国际分类》,依据我国国情对商品和服务的类似群组及其名称进行翻译、调整、增补和删减后制定而成的。全表共45个类别,前34类为商品类,后11类为服务类。近年来,人民法院在审理案件的判决中逐渐肯定了《类似商品和服务区分表》在商标确权程序中的重要参考作用。

**典型案例**

### "富士宝"商标使用类似商品的认定案

富士宝公司是第621975号"富士寶FUSHIBAO及图"商标(即引证商标一)、第1091355号"Fushibao及图"商标(即引证商标二)的商标权人。前述两引证商标分别于1991年、1997年被核准注册,核定使用在第11类"电热水器"等商品上。

2000年6月6日,顺德某企业在第11类"空气冷却装置、空气加热器、空气干燥器、空气调节器、风扇(空气调节)、厨房用抽油烟机、个人用电风扇、排气风扇、消毒碗柜、饮水机"商品上向商标局申请注册"富士寶FUSHIBAO及图"商标(即争议商标)。2002年2月2日,争议商标获准注册,并于2004年5月17日转让给吴某。

2002年6月10日,富士宝公司前身南海富士宝公司认为争议商标的注册侵犯了其在先权利、争议商标核定使用的商品与引证商标核定使用的商品构成类似商品,遂向商标评审委员会提出撤销申请,并提交了主要产品销量表等证据,以证明在争议商标申请注册日之前,其生产销售的"富士宝"牌空调扇等具有一定知名度。

商标评审委员会审理认为,争议商标指定使用商品中仅饮水机一项与两引证商标指定使用的商品类似,争议商标指定使用的风扇(空气调节)、消毒碗柜等其他商品与两引证商标指定使用的商品均不属于类似商品;南海富士宝公司提交的证据不足以证明其"富士宝"标识在争议商标申请注册前,已通过在风扇(空气调节)、消毒碗柜等商品上的使用在相关公众中具有一定影响,遂作出第06284号商标争议裁定,维持争议商标在风扇(空气调节)、消毒碗柜等商品上的注册。

富士宝公司不服,提起行政诉讼。一审判决维持商标评审委员会的裁定。富士宝公司不服,提起上诉。二审法院认为,在争议商标申请注册日之前,"富士宝"牌空调扇的产销量已经达到一定规模,"富士宝"牌空调扇具有一定的知名度。商标评审委员会以争议商标与富士宝公司的企业名称差别较大为由,不支持其关于争议商标注册损害其企业名称权的决定理由不充分。富士宝公司的引证商标一指定使用的商品"煮水器、电热水器"与引证商标二指定使用的商品"电热开水器"与争议商标核定使用的商品"消毒碗柜"均为厨房用电器,易使相关消费者对上述商品的来源产生混淆或误认。遂判决撤销一审判决和商标评审委员会的裁定,责令商标评审委员会重新作出裁定。吴某不服,向最高人民法院申请再审。最高人民法院于2011年4月12日驳回其再审申请。

本案中,最高人民法院审理认为:审查判断相关商品或者服务是否类似,应当考虑商品的功能、用途、生产部门、销售渠道、消费群体等是否相同或具有较大的关联性。《商标注册用商品和服务国际分类》和《类似商品和服务区分表》可以作为判断类似商品或者服务的参考。本案中,富士宝公司的引证商标一、引证商标二指定使用的商品"煮水器、电热水器""电热开水器"与争议商标核定使用的商品"消毒碗柜"均为厨房用电器,其销售渠道、消费群体具有较大的关联性,且相关证据已证明南海富士宝公司的引证商标一、引证商标二于争议商标申请日前在珠江三角洲一带已有一定知名度。在此情况下,因争议商标与引证商标一、引证商标二核定使用的商品之间存在较大关联性,容易使相关公众产生混淆。鉴于此,二审法院关于商标评审委员会第06284号裁定"争议商标在消毒碗柜商品上的注册未构成与引证商标一、引证商标二使用在类似商品上的近似商标的理由不够充分"的认定是正确的。①

该案件为类似商品的认定原则提供了范例,入选《最高人民法院知识产权案件年度报告(2011)》。

典型案例

## "白家"与"白象"商标近似和商品类似纠纷案

"白象"商标于2001年1月14日获得核准注册,核定使用商品为第30类方便面、挂面、豆沙、谷类制品、面粉、面条等。原告正龙公司成立于1997年,成立后即通过授权许可使用上述商标,2004年受让该商标。2006年10月,"白象"注册商标被认定为驰名商标。

被告白家公司从2005年底开始在方便粉丝产品上使用"白家"文字商标。两审法院均认为,方便粉丝和方便面均系方便食品,在功能、用途、生产部门、销售渠道、消费对象等方面相同,二者为类似商品。经过整体对比,"白家"与"白象"字形相似,综合考虑正龙公司的"白象"注册商标的显著程度、市场知名度等因素,认定白家公司使用的"白家"商标与正龙公司的"白象"注册商标构成近似,因此白家公司的行为构成商标侵权,遂判决白家公司停止使用"白家"商标。本案原告未主张损害赔偿。

本案是一起典型的涉及商品类似和商标近似判断的案件,法院的裁判为商

---

① 参见(2011)知行字第9号裁定书。

标侵权纠纷中类似商品或服务和商标近似的判断给出了一个很好的范例。在该案中，法院在判断方便粉丝和方便面是否是类似商品时，并没有简单根据《类似商品和服务区分表》，而是从功能、用途、食用方法、包装方法、生产部门、销售渠道、消费对象等方面进行判断。在判断两商标是否近似时，对两标识进行整体对比，并综合考虑了注册商标的显著性、市场知名度。该案因其典型意义被最高人民法院收录于2008年知识产权司法保护十大案件。

另据媒体报道，四川白家粉丝与河南白象之间历时6年的"中国方便食品知识产权第一案"之争，终于画上句号。两家企业经历了5场官司后达成了和解——白家粉丝2013年起开始正式使用"白家陈记"商标，以示区别，而白象集团则悄然退出方便粉丝领域，专注方便面行业。

**三、销售侵犯商标专用权的商品**

针对流通领域中出现的越来越多的侵犯注册商标专用权的行为，我国《商标法》1993年修改时又增加了一种侵权行为，即"销售明知是假冒注册商标的商品的"行为，情节严重的，要依法追究刑事责任。这条规定对制裁流通领域中的商标侵权行为，起到了重要的作用。国际社会认定商标侵权的行为是看有无侵权的行为事实，不管侵权人主观上是明知还是不明知，都是侵权行为。但是，按照我国《商标法》的要求，这类侵权人必须主观上出于故意，即"明知"，才能按商标侵权行为进行处理。换言之，如果销售者主观上不明知或应知其销售的商品是假冒注册商标的商品，则不能认定其为商标侵权。这样就把很多侵权行为排除在外了。同时在商标执法和司法实践中，很难判定行为人的主观动机。

我国《商标法》2001年修改时，删除了"明知"作为构成侵权的要件，换言之，行为人只要客观上销售了侵犯注册商标专用权的商品，不管主观上是否明知或应知，并不影响其行为的定性，都构成侵权，要受到法律的制裁。我国《商标法》在认定侵权行为时，采用了"无过错责任原则"，即无论行为人主观上是否有过错，只要有侵害权利人的事实存在，在定性时均认定构成侵权。

根据《商标侵权判断标准》第25条和第26条的规定，下列行为属于《商标法》第57条第3项规定的商标侵权行为：

其一，在包工包料的加工承揽经营活动中，承揽人使用侵犯注册商标专用权商品的。近年来随着家装行业的迅速发展，在包工包料加工承揽经营活动当中出现了使用侵权商品的行为，如何对这种行为进行定性？《商标法》对"销售"没有明确的解释。对于承揽人在包工包料的加工经营活动中，既包括劳务也包括销售的这种混合销售形式，如果使用侵权商品的，在《商标侵权判断标准》中也作为一种销售商的侵权行为加以规制。因为假冒伪劣产品不仅损害了商标权人的利益,也涉及消费者的人身安全,所以应该严厉打击这种侵权行为。

其二,经营者在销售商品时,附赠侵犯注册商标专用权商品的。实践中,经营者为吸引消费者,在销售商品时常常做赠送活动,如果该赠品是侵权商品,经营者是否构成商标侵权呢? 比如,商场某专柜销售热水器,同时赠送假冒某品牌的水龙头,对这种行为是否要进行规制? 如何适用法律? 在类似案件执法过程中对认定构成侵权达成了共识,但在法律适用上存在争议,是属于《商标法》第57条第3款销售行为,还是属于第57条第7款其他损害行为? 考虑到经营者确实在销售商品时发生附赠品的行为,《商标侵权判断标准》最终将其归纳为销售行为,适用《商标法》第57条第3款。

### 四、伪造和擅自制造及销售他人注册商标标识

伪造他人注册商标标识,是指仿造他人的商标图案和物质载体而制造出的商标标识。商标标识是指由商标图案组成的、附着于商品之上的物质载体,如商标标牌、商标瓶贴、商标织带等。擅自制造他人注册商标标识,是指未经商标权人的同意而制造其注册商标标识,在自己生产的相同或类似商品上使用。销售伪造、擅自制造的注册商标标识,是指未经商标权人同意,以其注册商标标识作为买卖的对象。上述行为,不仅损害了商标权人的合法利益,也为侵犯商标专用权的行为提供了便利条件。因此,《商标法》和《商标印制管理办法》都将此类行为视为侵权行为。

### 五、更换注册商标并将该商品又投入市场

未经商标注册人同意,更换他人注册商标并将该更换商标的商品又投入市场的行为,在国外被称为商标的反向假冒。这是我国《商标法》2001年修改后新增加的一项侵犯商标专用权的内容。

(一) 商标反向假冒的概念和性质

商标的反向假冒(该词来自英语"inverse passing off"),[1]指假冒者将他人带有注册商标的商品买来后,撤换掉原来的注册商标,重新换上假冒者自己的商标,再把商品投向市场的行为。

---

[1] See Hazel Carty, Inverse Passing off: A Suitable Addition to Passing off? *European Intellectual Property Review*, No. 10, 1993, p. 370.

## 典型案例

### "枫叶"商标反向假冒案

1993年12月19日,鳄鱼公司授权北京同益公司在北京销售"鳄鱼"皮革制品和"卡帝乐"服饰系列等。1994年4月7日,同益公司与北京百盛购物中心签订合同,同意在购物中心设置鳄鱼专卖店。4月15日,同益公司以每条188元价格购买北京京工服装工业集团服装一厂生产的"枫叶"男西裤26条,并将其中的25条男西裤上的"枫叶"商标更换为"卡帝乐"商标,在百盛购物中心鳄鱼专卖店以每条560元的价格进行出售,并注明产地为新加坡。同年4月28日,服装一厂发现此事,5月3日从该专卖店购买西裤两条并做公证。5月13日,服装一厂正式向北京市中级人民法院起诉,状告百盛购物中心侵权,后又将同益公司、鳄鱼公司追加为共同被告。[①]

北京市中级人民法院受理后,对本案纠纷的定性存在较大分歧。第一种意见认为,同益公司的行为构成商标侵权,尽管《商标法》中未明确规定,但从保护商标专用权的立场出发,此种行为应认定为我国《商标法》第38条第4款,即其他侵犯商标专用权的行为;第二种意见认为,同益公司的行为是一种不正当竞争行为,应按不正当竞争法来保护;第三种意见认为,法律没有规定同益公司的行为属于侵犯商标权,因而不能任意扩大解释《商标法》的规定而认定同益公司的行为构成侵权。此案一直争论不休,一直到1998年6月10日,经法院审判委员会讨论决定,才对此案进行一审公开宣判:开发促进会原下属企业的同益公司损害了服装一厂的商业信誉,构成侵权;百盛购物中心、鳄鱼公司没有过错,不承担侵权责任。依照《民法通则》第4条、第134条第1款第7、9、10项和《反不正当竞争法》第2条的规定作出判决如下:第一,开发促进会在《北京日报》上向原告赔礼道歉,消除影响;第二,开发促进会赔偿原告商业信誉损失及为本案支付的合理费用共计10万元整。判决书下达后,原被告双方均未上诉。[②] 历时四年之久的"鳄鱼"吞食"枫叶"一案终于有了结果,该案被媒体称为我国首例商标反向假冒案。

本书认为,上述"鳄鱼"和"枫叶"之间的纠纷,是一种典型的商标反向假冒案

---

① 参见童怀:《吞食几片"枫叶","鳄鱼"惹上官司》,载《光明日报》1994年8月2日;童怀:《"枫叶"状告"鳄鱼",是非众人评说》,载《光明日报》1994年8月3日。

② 参见罗东川:《审理"枫叶"诉"鳄鱼"案的几个问题》,载《中华商标》1998年第4期。

件,其性质应为侵犯商标专用权的一种形式。毋庸置疑,商标的本质在于对其商品的识别作用;商标还有表示商品出处、保证商品质量以及广告宣传等经济作用。[①] 因而,在保护商标时,应当禁止别人实施影响商标有效发挥其上述各种作用的一切活动。在商标反向假冒中,将别人的注册商标去掉,给该商品贴上自己的商标,不仅会影响商标识别功能的发挥,而且人为地割断了该商标与特定商品之间的唯一对应联系,侵害了商标权人的利益,这种行为应认定为侵权。当然,在商业活动中,最终用户去掉注册商标标识的行为不在此列。而上述案件中,被告同益公司并未获得原告即注册商标权人的许可,擅自将"枫叶"注册商标的标识去掉,而且同益公司并非商业活动中的最终用户,无权撤换供货人商品上原用的注册商标,其行为本身就侵犯了"枫叶"注册商标的使用权,不管是否换上自己的商标,在这种情况下,被告的行为也构成不正当竞争行为,不仅违反了商标法,同时也应受反不正当竞争法的规制。

(二) 国外对商标反向假冒的认定

目前,世界上许多国家都在其商标法中将反向假冒认定为商标侵权行为。《法国知识产权法典》第 L731-2 条规定,注册商标权人享有正反两方面的权利,有权禁止他人未经许可使用与自己相同的或近似的商标,也有权禁止他人未经许可撤换自己依法贴附在商品上的商标标记。意大利 1992 年商标法第 11、12 条规定,任何售货人均无权撤换供货人商品上原有的注册商标。澳大利亚 1995 年商标法第 148 条明文规定,未经许可撤换他人商品上的注册商标或出售这种经撤换商标后的商品,均构成刑事犯罪。葡萄牙 1995 年《工业产权法》第 264 条也有相同规定,并对反向假冒处以刑罚。将商标反向假冒行为分别规定在商标法与反不正当竞争法中,实行合二为一的保护方式,最典型的国家当数美国。美国《兰哈姆法》第 43 条 a 款明确规定了禁止商标反向假冒的内容。值得注意的是,本条又是关于反不正当竞争的总款。此外,美国还在《反不正当竞争法重述》(第三版)第 5 条规定了反向假冒行为,认为这是一种不正当竞争行为。例如,美国第一个反向假冒的案例是 PIC Design Corp. v. Sterling Precision Corp.,被告在该案中除去了贴附在齿轮上的商标,然后使用了带有"Sterling"字样的盒子发运,被告被判侵权。日本商标法则将这种去除他人商标的行为区分为商品进入流通过程之前的去除行为与商品进入流通过程之后的去除行为。认为第一种情形侵犯了商标权人使用商标的权利,构成商标侵权;而第二种情形下商标的目的

---

① 参见〔日〕纹谷畅男编:《商标法 50 讲》,魏启学译,法律出版社 1987 版,第 220 页。

已达到,不构成商标侵权。从上述规定可以看出,在两大法系中,反向假冒都要受到法律的禁止及制裁。发展中国家和地区的商标法中也有与上述相类似的规定,例如,巴西《工业产权法》商标篇第 189 条规定,凡改换商标权人合法加贴于商品或服务上之注册商标的行为,均构成对注册商标的侵犯。肯尼亚 1994 年商标法第 58 条 C 项也有禁止反向假冒的规定。[①]

(三) 我国《商标法》的规定及反向假冒的构成要件

我国《商标法》第 57 条第 5 项规定,"未经商标注册人同意,更换其注册商标并将该更换商标的商品又投入市场的"行为,构成侵犯注册商标专用权。这一规定,体现了商标专用权的"行"与"禁"两个方面,从而对侵权者可起到警示作用。商标反向假冒的构成要件为:(1) 未经过商标权人的同意,擅自将原来的注册商标替换为侵权人自己的注册商标;(2) 侵权人将替换商标后的商品再一次投向流通领域。假冒者的目的,是想利用他人价廉质高的产品,为自己开拓市场,赚取高额利润。

## 典型案例

### "温蓝得"商标反向假冒案

原告温菲尔德公司于 1998 年 5 月 14 日在国家工商局注册了由中文"温蓝得"和拼音"WENLAND"组合而成的商标,以及由拼音字母变形而成的蝴蝶状图案商标,并在其出售的真丝机绣女式短袖上衣的领部使用了"温蓝得"文字商标,在水洗标上印有蝶状图案商标。被告某公司销售的女式真丝上衣虽在其领部钉有该公司的标牌(未注册),但在衣内侧下摆处的水洗标上明显地印有原告的蝶状注册商标图形,与原告生产销售的相同款式女上衣的水洗标完全一致。该服装原告的零售价是 160 元,被告的零售价是 238 元。原告起诉要求被告停止侵权,赔礼道歉,赔偿经济损失 10 万元。

北京市第二中级人民法院经审理认为,被告将原告衣领处的商标撕掉,换上自己的标牌后出售,这种行为剥夺了原告对自己注册商标的专用权利,亦妨碍了原告在市场竞争中树立自己良好的商业信誉和竞争优势。被告的行为不仅侵害了对方的商标专用权,同时也违反了诚实信用、公平竞争的最基本的商业道德原则。法院还认为,保护商标专用权不仅是限制未经商标注册人许可,在同一种商品或者类似的商品上使用与他人注册商标相同或近似的商标,还应该包括商标

---

① 参见郑成思:《知识产权论》,法律出版社 1998 年版,第 321—323 页。

注册人有权在其商品到达最终消费者之前禁止他人以商业目的将其商品与商标分离。现代商品销售的模式不是生产者直接将商品卖给消费者,而是要经过一个复杂的销售渠道和环节,商标权只有在商品到达最终的消费者后才用尽。该案中,被告的行为造成消费者无法辨认该商品的来源,破坏了商标与商品的不可分离性,侵害了原告的商标专用权。因此,根据我国《商标法》和《民法通则》的相关规定,作出如下判决:第一,被告某公司停止侵害原告温菲尔德公司注册商标权的行为;第二,判决生效后30日内在其公司和各专卖柜、专卖店明显的位置张贴向原告的致歉声明,赔偿原告经济损失10万元。①

在这起案件中,北京市第二中级人民法院首次认定了反向假冒行为构成侵犯商标专用权,突破了当时《商标法实施细则》对《商标法》第38条第4款所作的列举式的解释。人民法院的这一判决得到了专家的肯定,同时为商标反向假冒入法提供了司法判例的支持。

**理论研究**

### 隐性反向假冒是否构成商标侵权

国外商标反向假冒理论中,包含两种情况:一是显性反向假冒,即我国《商标法》第57条第2项的规定;二是隐性反向假冒,是指去除原商品的注册商标后未加任何商标标识再次进行销售的行为。这种行为在我国是否构成侵犯他人商标权?本书认为,商标的功能在于向消费者传达商品的来源,进而在商品和消费者之间架起一座沟通的桥梁。消费者通过商标识别熟悉自己喜欢的商品,生产者则通过商标建立商品信誉,表明商品的身份。因此这座桥梁的存在应该是受法律保护的,即商标和其所依附的商品不能人为地被分离。因为这时的商品仍处于商业流通过程中,尚未达到最终消费者,商标的使命和价值尚未完成,如果这时拆除商品上的商标,无疑和拆除连接生产者和消费者的桥梁一样。一旦商标和其指向的商品相分离,商标无法起到识别商品来源的作用,消费者也无从知晓商品的真正生产者。因此,这种行为同样构成商标侵权。

**六、故意为侵犯他人商标专用权行为提供便利条件**

和上述直接侵权行为相比,这是一种帮助侵权行为。这种行为虽然没有直

---

① 参见朱呈义:《浅析商标反向假冒中对商标权人的保护》,http://www.ccmt.org.cn/showexplore.php? id=249 http://www.ccmt.org.cn,2014年2月8日访问。

接侵权,但从本质上对侵权行为起到了帮助作用。这种侵权行为原本在《商标法实施条例》中有规定,鉴于其危害性,2013年修改的《商标法》第57条第6项将其作为一种独立的侵权行为加以规定。这里所指的"提供便利条件",不仅包括传统的从事邮寄、运输、仓储等活动,也包括提供经营场地、网络销售平台等行为。应当注意的是,行为人只有在故意为侵犯商标权人提供上述条件的情况下,才构成侵权。

**典型案例**

### "香奈儿"商标权纠纷案

法国香奈儿公司在第18类商品上获得了"CHANEL"商标及图形商标(见图53),权利有效期自2001年4月15日至2011年4月14日。"CHANEL"商标被核定使用的商品包括手袋、钱包等;图形商标被核定使用的商品包括皮、革、人造革制品等。

图53

2005年2月23日,黄某与北京某公司签订了摊位租赁合同,获准经营F2-26摊位。4月25日至5月8日,香奈儿公司在黄某摊位上购买了带有"CHANEL"商标和图形商标的女包1个。5月16日,香奈儿公司向某公司发出律师函,告知其市场内存在销售侵犯香奈儿公司注册商标专用权商品的行为,并列出了销售者的摊位号,其中包括黄某经营的摊位。香奈儿公司在律师函中要求某公司立即采取有力措施,制止上述侵权行为。6月3日,香奈儿公司第二次从黄某经营的摊位上购买到带有"CHANEL"商标和图形商标标识的手包1个。9月15日,香奈儿公司向北京市第二中级人民法院提起诉讼。

北京市二中院经审理认为,黄某销售的带有"CHANEL"商标和图形商标标识的手包、钱包与香奈儿公司注册商标核定使用的第18类商品属于同一类商品。该手包未经合法授权,也没有合法来源,系侵犯香奈儿公司注册商标专用权的商品。黄某作为服装市场内的销售者,应当明知所销售的涉案手包是侵权商品,因此,黄某的涉案行为构成对香奈儿公司注册商标专用权的侵犯,应依法承担停止侵权、赔偿损失的民事责任。某公司为黄某涉案侵权行为提供了便利条件,应就黄某造成的侵权后果承担连带的法律责任。鉴于香奈儿公司未就其遭受的实际损失以及侵权行为人的获利进行举证,法院结合商标法的有关规定,综合考虑香奈儿公司注册商标的注册时间、公众认知程度、侵权行为人的经营期限及其主观恶性程度等因素酌情确定。对香奈儿公司所主张的因本案诉讼支出费用的合理部分,予以支持。根据上述事实,遂判决黄某和某公司构成共同侵权并赔偿香奈儿公司经济损失1万元、本案诉讼支出的合理费用1万元;驳回香奈儿公司的其他诉讼请求。某公司不服一审判决,向北京市高级人民法院提起上诉。二审法院终审判决,维持原判。①

在该案中,一、二审法院认定,某公司为服装市场的经营管理者,负有对该市场存在的侵犯他人注册商标专用权的行为进行及时有效制止的义务。本案中虽然该公司采取了一定的措施,但是其对黄某的侵权行为所采取的防治措施是不及时的,使得黄某能够在一段时间内继续实施侵权行为,故可以认定某公司为黄某的涉案侵权行为提供了便利条件。本案中,某公司主观上明知他人有侵权行为,客观上提供了经营场所等便利条件,属于典型的帮助侵权,构成《商标法》第57条第6项规定的商标侵权行为。

**典型案例**

## 网络商标纠纷案

原告衣念公司诉称:依兰德有限公司是第1545520号""注册商标和第1326011号""注册商标的权利人,依兰德有限公司将上述商标的独占许可使用权授予原告。原告生产的"TEENIE WEENIE"等品牌服装拥有很高的知名度,曾获得2009年度上海名牌称号。被告杜某在淘宝网销售的服装中使用了"TEENIE WEENIE"等商标,侵犯了原告享有的注册商标专用权。被告淘宝公司是淘宝网的运营商。自2009年9月开始,原告就淘宝网上存在的大量侵权商品向淘宝公司提出警告,并要求其采取事先审查、屏蔽关键词等有效措施控制侵权行为的蔓延,但淘宝公司未采取合理措施。自2009年9月开始,原告针对杜

---

① 参见(2006)高民终字第334号判决书。

某的侵权行为,曾7次发函给淘宝公司,要求其删除杜某发布的侵权商品信息。淘宝公司对原告举报的侵权信息予以删除,但未采取其他制止侵权行为的措施。淘宝公司不顾原告的警告和权利要求,在知道杜某以销售侵权商品为业的情况下,依然向他提供网络服务,故意为侵犯他人注册商标专用权的行为提供便利条件,继续纵容、帮助杜某实施侵权行为。故原告请求法院判令:被告杜某、淘宝公司共同赔偿原告经济损失3万元并赔偿原告支出的合理费用,包括公证费4800元、户籍信息查询费100元、律师费5万元,共计54900元,并登报道歉。

一审法院判决杜某、淘宝公司共同赔偿衣念公司经济损失及合理费用共计10万元。二审法院认为,淘宝公司知道杜某利用其网络服务实施商标侵权行为,但仅是被动地根据权利人通知采取没有任何效果的删除链接之措施,未采取必要的能够防止侵权行为发生的措施,从而放任、纵容侵权行为的发生,其主观上具有过错,客观上帮助了杜某实施侵权行为,构成共同侵权,应当与杜某承担连带责任,判决驳回上诉,维持一审判决。[①]

该案件因其典型性,被收录于2011年度最高人民法院发布的中国法院知识产权司法保护十大案件中。本案确定了网络交易平台服务提供者承担帮助侵权责任的过错判断标准,即网络服务提供者对于网络用户的侵权行为一般不具有预见和避免的能力,并不因为网络用户的侵权行为而当然需承担侵权赔偿责任,但如果网络服务提供者明知或者应知网络用户利用其所提供的网络服务实施侵权行为,而仍然为侵权行为人提供网络服务或者没有采取适当的避免侵权行为发生的措施,则应当与网络用户承担共同侵权责任。至于哪些措施属于必要的措施,应当根据网络服务的类型、技术可行性、成本、侵权情节等因素确定。具体到网络交易平台服务提供商,这些措施可以是对网络用户进行公开警告、降低信用评级、限制发布商品信息直至关闭该网络用户的账户等。

### 七、造成其他损害的行为

现实社会生活纷繁复杂,商标法在列举商标侵权时不可能一一规定。根据《商标法实施条例》和《关于审理商标民事纠纷案件适用法律若干问题的解释》的规定,"给他人的注册商标专用权造成其他损害的行为",表现为以下几种情形:

(一)在同一种商品或者类似商品上,将与他人注册商标相同或近似的标志作为商品名称或者商品装潢使用,误导公众的

这种行为会造成两个方面的后果:一是商标的显著特征容易被冲淡,从而转

---

① 参见(2011)沪一中民五(知)终字第40号判决书。

化为商品的通用名称;二是容易使消费者产生误解,认为不正当使用者的商品与注册商标权人的商品为同一人的商品。

(二)将与他人注册商标相同或者相近似的文字作为企业的字号在相同或者类似商品上突出使用,容易使相关公众产生误认的

任何交易主体在市场的生产经营活动中都要使用自己的名称和字号,名称和字号具有标识的功能,对区分不同的交易者、生产者以及他们各自提供的商品或服务来源起着一种重要的作用。由于企业名称和字号由各地工商行政管理部门登记注册,因此各地区可能存在着相同或近似的名称字号。另外,现实生活中很多企业是把自己的名称字号注册为商标的。我国的商标注册机构为国家知识产权局商标局,显然,对名称、字号的登记和商标注册分属于两个管理部门,在实践中易造成企业名称和字号与注册商标发生冲突的情况。也有一些企业和个人故意在相同或近似的商品上使用他人注册商标的文字,这种搭便车的行为,造成了相关公众对商品的来源产生误认,侵害了他人的利益,也破坏了诚实信用的市场交易规则。由于对这种行为缺乏明确的规定,造成了对驰名商标权利人保护的不利。另一方面,也造成了法院执法标准的不统一。

构成这种侵权行为的要件包括:(1)侵权人使用了与他人注册商标相同或相似的文字;(2)侵权人将使用的文字作为企业的名称或字号;(3)侵权人将名称或字号在与注册商标所标识的相同或类似商品上突出醒目地使用;(4)造成了易使公众产生误认的结果。

**典型案例**

## "途牛"商标侵权及不正当竞争案

原告南京途牛公司成立于2006年12月18日,系"途牛""途牛网""途牛旅游网""Tuniu.com"等多个注册商标的专用权人。被告途牛天下公司成立于2009年9月29日,成立时的名称为"北京三和致远文化传播有限公司",2010年10月19日,更名为"途牛天下公司"。途牛天下公司自称为"途牛",在进行招聘咨询时称其为南京途牛公司的分公司,在与票品供应商沟通合作时声称其与南京途牛公司或途牛旅游网有关联。南京途牛公司认为:途牛天下公司的上述行为主观恶意明显,足以使相关公众产生误认,侵犯了该公司的商标专用权并构成不正当竞争。请求判令途牛天下公司停止使用含有"途牛"的企业名称,停止在商业活动中宣称与南京途牛公司存在关联关系并消除影响,赔偿经济损失20万元等。

法院经审理认为,途牛天下公司在其经营的销售旅游票品的"票务天下系统"网站中,单独使用"途牛"文字对其所提供服务进行表述,侵害了南京途牛公司的注册商标专用权。南京途牛公司和途牛天下公司在经营活动中存在着竞争关系。途牛天下公司在洽谈票品业务合作时,谎称其与途牛旅游网有关联,属于不正当竞争行为。途牛天下公司所注册的企业名称中含有"途牛"文字,并在经营活动中将"途牛"作为其企业字号使用且对外宣称其与南京途牛公司存在关联关系,具有主观恶意,违背了诚实信用、公平竞争的基本原则,属于不正当竞争行为。据此,判决途牛天下公司停止在商业活动中宣称与南京途牛公司存在关联关系;在从事与南京途牛公司"途牛"注册商标核定使用的服务相同或类似的服务中,停止使用含有"途牛"文字的企业名称;赔偿原告经济损失4万元及合理费用1万元等。

本案被评为2012年中国法院十大创新性知识产权案件。本案的典型性在于对不正当地将他人具有较高知名度的在先注册商标作为字号注册登记为企业名称的,法院可以根据当事人的请求判决停止使用或者变更该企业名称。该案对规范企业名称的登记使用、保障良好市场竞争秩序具有较好的示范作用。《商标法》和《反不正当竞争法》为知识产权权利人提供了更充分的司法救济。对于注册商标与企业名称之间的纠纷,应当区分不同的情形,按照诚实信用、维护公平竞争和保护在先权利等原则,依法处理。在品牌已成为企业核心竞争力的当今社会,许多经营者为了能较快地创造经济效益,采取各种手段使自己与名牌挂钩,有的甚至采取傍名牌、搭便车等违法手段,获取不正当利益,对此行为,应当依法予以规制。

(三)复制、模仿、翻译他人注册的驰名商标或其主要部分在不相同或者不相类似商品上作为商标使用,误导公众,致使该驰名商标注册人的利益可能受到损害的

《商标法》第13条第3款规定:"就不相同或者不相类似商品申请注册的商标是复制、摹仿或者翻译他人已经在中国注册的驰名商标,误导公众,致使该驰名商标注册人的利益可能受到损害的,不予注册并禁止使用。"但在实践中,一些行为人已经违法取得了注册,而且长期使用,对驰名商标权人的利益已经造成了损害。《关于审理商标民事纠纷案件适用法律若干问题的解释》根据行政执法部门、人民法院的执法和司法实践及学者们的意见,将此种行为明确界定为商标侵权行为,以保护驰名商标权利人的利益。在行文时,上述司法解释也使用了"驰名商标或其主要部分"的表述。在认定这种行为时,要注意和未注册商标保护的

规定相区别。这种行为的构成要件为：(1) 违法行为具有阶段性。行为人首先复制、模仿和翻译他人的注册商标等，而后开始使用；(2) 复制、模仿、翻译的对象是他人注册的驰名商标或驰名商标的主要部分；(3) 行为人在不相同或不类似的商品上使用；(4) 造成相关公众误认，并且使驰名商标所有人的利益可能受损。

（四）将与他人注册商标相同或者相近似的文字注册为域名，并且通过该域名进行相关商品交易的电子商务，容易使相关公众产生误认的

为对商标权进行全方位保护，《关于审理商标民事纠纷案件适用法律若干问题的解释》适应计算机技术和网络技术的发展，将商标权的保护延伸到网络世界。认定这种侵权行为的构成要件有：(1) 有将与他人注册商标相同或者相近似的文字注册为域名的行为。(2) 通过该域名进行了相关商品交易的电子商务。这里的相关商品交易，是指在同一种商品或类似商品上的交易。(3) 利用该域名进行电子商务易使相关公众产生误认。

（五）其他侵权形式

随着经济和科学技术的发展，还会出现新的商标侵权形式，通过兜底条款的规定，可以为权利人的保护预留空间。

## 第三节　商标侵权的法律责任

对侵犯注册商标专用权引起纠纷的，由当事人协商解决；不愿协商或者协商不成的，商标注册人或者利害关系人可以向人民法院起诉，也可以请求市场监督管理部门处理。这里的"利害关系人"在《关于审理商标民事纠纷案件适用法律若干问题的解释》第 4 条中作了规定，包括注册商标使用许可合同的被许可人、注册商标财产权利的合法继承人等。侵犯他人注册商标专用权，必须依法承担相应的法律责任。根据我国商标法的规定，侵权人应承担的法律责任有民事责任、行政责任，侵权情节严重，构成犯罪的，要追究其刑事责任。

### 一、商标侵权的民事责任及赔偿额的认定

（一）商标侵权的民事责任及其方式

商标侵权的民事责任，是指人民法院依照商标法和有关的民事法规对侵权人的商标侵权行为所作出的、由侵权人承担的强制性处罚措施。根据《民法典》和《商标法》及其实施条例的有关规定，商标侵权行为承担民事责任的方式主要有以下三种：

1. 停止侵害

停止侵害是指权利人要求人民法院对正在进行的侵害行为立即给予制止，以避免自身的权益遭受更大的损失。

2. 赔偿损失

这是商标侵权人承担民事责任的主要方式。因商标侵权行为，给注册商标权人的利益造成损失的，权利人有权要求侵权人赔偿损失。

3. 销毁假冒注册商标的商品

为加大对假冒注册商标行为的打击力度，增加其违法成本，2019年《商标法》第四次修改时，参照《民法典》中关于承担民事责任的有关规定，以及《著作权法》中关于司法机关民事制裁的规定，在《商标法》第63条新增第4款和第5款内容，明确了对假冒注册商标的商品以及主要用于制造假冒注册商标的商品的材料、工具的处置："人民法院审理商标纠纷案件，应权利人请求，对属于假冒注册商标的商品，除特殊情况外，责令销毁；对主要用于制造假冒注册商标的商品的材料、工具，责令销毁，且不予补偿；或者在特殊情况下，责令禁止前述材料、工具进入商业渠道，且不予补偿。假冒注册商标的商品不得在仅去除假冒注册商标后进入商业渠道。"

(二) 商标侵权赔偿数额的认定

关于赔偿损失的数额，《商标法》第63条第1款和第3款规定："侵犯商标专用权的赔偿数额，按照权利人因被侵权所受到的实际损失确定；实际损失难以确定的，可以按照侵权人因侵权所获得的利益确定；权利人的损失或者侵权人获得的利益难以确定的，参照该商标许可使用费的倍数合理确定。对恶意侵犯商标专用权，情节严重的，可以在按照上述方法确定数额的一倍以上五倍以下确定赔偿数额。赔偿数额应当包括权利人为制止侵权行为所支付的合理开支。""权利人因被侵权所受到的实际损失、侵权人因侵权所获得的利益、注册商标许可使用费难以确定的，由人民法院根据侵权行为的情节判决给予五百万元以下的赔偿。"

对上述规定，在实践中要注意把握以下几点：

第一，赔偿额计算方法的选择。2013年《商标法》对确定赔偿额的顺序作了规定，不同于立法修改前的当事人可以自主选择。从上述规定可以看到，首先，按照权利人因被侵权所受到的实际损失确定；其次，实际损失难以确定的，可以按照侵权人因侵权所获得的利益确定；最后，权利人的损失或者侵权人获得的利益难以确定的，参照该商标许可使用费的倍数合理确定。本书认为，在每个具体的案件中，权利人应该有权选择有利于自己的损失赔偿额的计算方法,这也是意思自治原则的一种体现,立法不应对此作强制性的规定。

第二,赔偿额的计算方法。《关于审理商标民事纠纷案件适用法律若干问题的解释》第14条规定,"侵权所获得的利益,可以根据侵权商品销售量与该商品单位利润乘积计算;该商品单位利润无法查明的,按照注册商标商品的单位利润计算。"所谓"该商品单位利润",是指每件商品的平均利润。所谓"注册商标商品的单位利润",是指权利人享有注册商标权的每件正牌商品的平均利润。这种规定是针对实践中一些不法行为人故意作虚假陈述,或者隐匿账单,使假冒商品的利润无法查明的情形而制定的。有时即使查明了假冒商品的利润,但价格很低,如果按照该价格对权利人赔偿就会不公平。上述司法解释中的计算方法,明确了商标法规定中的一些模糊概念。这是加强对注册商标保护的一项重要的司法举措。《关于审理商标民事纠纷案件适用法律若干问题的解释》第15条规定,"因被侵权所受到的损失,可以根据权利人因侵权所造成商品销售减少量或者侵权商品销售量与该注册商标商品的单位利润乘积计算。"按照《中华人民共和国民事诉讼法》(以下简称《民事诉讼法》)的要求,被侵权人的损失应当由其自己举证。证明因他人侵权所造成的商品销售量的减少额和商品的单位利润,然后计算出应当赔偿的数额。但在实际生活中由于一些特殊原因,如该商品市场需求很大,也会出现侵权事实已发生,但被侵权人的商品销售量没有减少的情况,有时候还会出现上升的趋势,但这种违法行为毕竟造成了对权利人潜在的销售市场的侵害。同时,被侵权人的损失还体现在侵权人使用权利人的注册商标的非法获利上。因此,根据查明的侵权商品销售量与该注册商标商品的单位利润乘积计算被侵权人的损失,就成为可以选择的另一种计算损害赔偿额的方法。

第三,制止侵权行为的合理开支。《关于审理商标民事纠纷案件适用法律若干问题的解释》第17条规定,"制止侵权行为所支付的合理开支,包括权利人或者委托代理人对侵权行为进行调查、取证的合理费用。人民法院根据当事人的诉讼请求和案件具体情况,可以将符合国家有关部门规定的律师费用计算在赔偿范围内。"根据《与贸易有关的知识产权协定》第45条第2项,司法当局应有权责令侵权人向权利人支付其开支,其中可包括适当的律师费。我国已加入世界贸易组织,为履行国际公约的规定,在我国《商标法》修改时增加了侵权人应承担权利人为制止侵权行为的合理开支。但在司法实践中,"合理开支"应包括哪些内容,由于法律规定不明确,各地法院的做法很不统一。为此,上述司法解释对合理开支的范围进一步作了明确,特别是将权利人或其委托代理人对侵权行为进行调查、取证的合理费用,规定在合理开支的范围中。人民法院在确定赔偿额时,是否应将律师代理费考虑进来?我国现行法律法规及司法解释都没有明确的规定。但根据《与贸易有关的知识产权协定》的精神,《关于审理商标民事纠纷案件适用法律若干问题的解释》规定了根据当事人的请求和具体案情,人民法院可以将符合国家有关部门规定的律师费计算在赔偿范围内。这样做既符合《与贸易有关的知识产权协定》的要求,又与我国的整体诉讼制度有所协调。对于保护权利人的利益,制裁侵权行为也有着重要的意义。同时也是我国加强和完善对知识产权损害赔偿制度的一项重要措施。

第四,侵犯商标权的法定赔偿。2019 年《商标法》修改后,将法定赔偿的上限由 30 万元提高到了 500 万元,以加大对商标侵权行为的保护力度,加重侵权人的违法成本。法定赔偿制度,是在人民法院多年审判实践的基础上总结出来的、为解决侵犯知识产权损害赔偿额不易计算而制定的。这种制度的实施,有利于人民法院迅速结案,防止久拖不结,以保护商标权人的合法利益。人民法院在确定赔偿数额时,应当考虑侵权行为的性质、期间、后果,商标的声誉,商标许可使用费的数额,商标使用许可的种类、时间、范围及制止侵权行为的合理开支等因素综合确定。

**实务应用**

## 法定赔偿的适用

司法实践中,适用商标法定赔偿时应注意的问题有:(1) 适用法定赔偿的前提,是在侵权获利、侵权损失和注册商标许可使用费难以确定的情况下采用。如果能通过证据的采信确定赔偿额的,则不能适用法定赔偿额,以避免造成商标权人的经济损失不能得到充分赔偿的结果。(2) 对法定赔偿的适用,人民法院可以根据案情以职权进行,也可根据当事人的请求进行。(3) 法定赔偿额的计算,应根据侵权行为的性质、期间、后果,商标的声誉,商标许可使用费的数额,商标使用许可的种类、时间、范围及制止侵权行为的合理开支等因素综合确定。(4) 制止侵权行为的合理开支包括律师费等,应包括在 500 万元的法定赔偿额范围内。(5) 人民法院确定法定赔偿数额,既可以使用判决方式,也可使用调解方式。(6) 如果后果严重的,可以突破 500 万元。

(三) 商标侵权惩罚性赔偿及法律适用

惩罚性赔偿(punitive damage),是指法院判定的赔偿数额超出实际损害数额的赔偿,即损害赔偿金不仅是对权利人的补偿,同时也是对故意加害人的惩罚。关于民事赔偿历来存在着两种原则,即补偿性和惩罚性的赔偿原则。所谓补偿性赔偿，又称为"填平式赔偿"，是大陆法系固有的民法传统，即法院所作出的赔偿数额应该与实际的损害数额相等的一种赔偿制度。惩罚性赔偿具有惩罚性质，是为了达到遏制违法行为的目的。通过判定惩罚性赔偿，使行为人考量成本效益，因而从利益机制上对其行为进行遏制。这也是惩罚性赔偿的根本价值取向和首要功能。[①]

从世界各国的立法来看，美国《兰哈姆法》并没有为针对注册商标的侵权提供惩罚性赔偿的救济，但大部分州的法律都承认了惩罚性赔偿在故意侵权的情况下可以适用。欧盟的法律是建立在补偿性赔偿原则的基础上的，因此，惩罚性赔偿通常来说并不适用。但分析欧盟一些国家的成文法或者判例，也有一些在金额上超过补偿性赔偿的判决，似乎可以被看作事实上的惩罚性赔偿。结合我国立法，如何适用惩罚性规则，如对"恶意"和"情节严重"的界定、和法定赔偿之间的关系、是否包含精神损害赔偿等问题，需要作进一步研究。

我国2013年《商标法》第63条新增了侵犯商标专用权的赔偿数额条款，2019年《商标法》作了修订：对恶意侵犯商标专用权，情节严重的，可以在按照侵权赔偿数额的1倍以上5倍以下确定赔偿数额。该条款被学界称为"惩罚性赔偿条款"。2021年1月1日起施行的《民法典》正式确立了侵害知识产权的惩罚性赔偿条款。[②] 为正确实施知识产权惩罚性赔偿制度，最高人民法院2021年3月2日发布了《关于审理侵害知识产权民事案件适用惩罚性赔偿的解释》。

**法律适用**

### 商标侵权惩罚性赔偿条款的适用

依据《商标法》第63条第1款的规定，"恶意"和"情节严重"是适用惩罚性赔偿条款的前提条件。恶意是侵权人的主观状态，包括故意。人民法院应当综合考虑被侵害知识产权客体类型、权利状态和相关产品知名度、被告与原告或者利害关系人之间的关系等因素。对于下列情形，人民法院可以初步认定被告具有侵害知识产权的故意：其一，被告经原告或者利害关系人通知、警告后，仍继续实施侵权行为的；其二，被告或其法定代表人、管理人是原告或者利害关系人的法定代表人、管理人、实际控制人的；其三，被告与原告或者利害关系人之间存在劳

---

① 参见沈强：《论商业秘密侵权损害赔偿》，载《世界贸易组织动态与研究》2009年第4期。
② 《民法典》第1185条规定："故意侵害他人知识产权，情节严重的，被侵权人有权请求相应的惩罚性赔偿。"

动、劳务、合作、许可、经销、代理、代表等关系,且接触过被侵害的知识产权的;其四,被告与原告或者利害关系人之间有业务往来或者为达成合同等进行过磋商,且接触过被侵害的知识产权的;其五,被告实施盗版、假冒注册商标行为的;其六,其他可以认定为故意的情形。①

情节严重是指侵权人给权利人造成的客观后果和影响。对于侵害知识产权情节严重的认定,人民法院应当综合考虑侵权手段、次数,侵权行为的持续时间、地域范围、规模、后果,以及侵权人在诉讼中的行为等因素。被告有下列情形的,人民法院可以认定为情节严重:(1)因侵权被行政处罚或者法院裁判承担责任后,再次实施相同或者类似侵权行为;(2)以侵害知识产权为业;(3)伪造、毁坏或者隐匿侵权证据;(4)拒不履行保全裁定;(5)侵权获利或者权利人受损巨大;(6)侵权行为可能危害国家安全、公共利益或者人身健康;(7)其他可以认定为情节严重的情形。②

**典型案例**

## 首例获赔商标惩罚性赔偿金案

2018年7月,"六个核桃"商标权人河北养元智汇饮品股份有限公司起诉山东某食品公司至山东省枣庄市中级人民法院,认为该公司未经许可,在其生产的饼干包装箱上使用"六个核桃"商标,要求被告立即停止侵权行为,并支付数额为商标许可使用费2倍的惩罚性赔偿金4.8万元。同年8月29日,枣庄市中级人民法院作出民事调解书,确认"被告向原告支付惩罚性赔偿金1.6万元"。

据报道,枣庄中院办案人员进行了认真准备,并多次向双方当事人进行辨法析理,释明相关法律规定,被告最终承认侵权事实,并同意支付惩罚性赔偿金。随后,原被告双方签订和解协议,"双方确认,乙方根据《商标法》第63条规定向甲方进行赔偿。因甲方关于'六个核桃'商标许可使用费的标准为4000元/批次,本案中乙方属恶意侵犯商标专用权,情节严重,故关于惩罚性赔偿金应按照商标许可使用费的2倍确定后再计算2倍,即$4000 \times 2 \times 2 = 16000$(元)"。

该案被媒体称为全国首例商标权人取得惩罚性赔偿金的案例。本案实质上"激活"了惩罚性赔偿法律条款的适用,明确可以用惩罚性赔偿这一法律武器打

---

① 参见最高人民法院《关于审理侵害知识产权民事案件适用惩罚性赔偿的解释》第1条、第3条。
② 参见最高人民法院《关于审理侵害知识产权民事案件适用惩罚性赔偿的解释》第4条。

击伪劣假冒行为,从而保护商标权人,维护消费者权益。[1]

(四)商标侵权免于赔偿责任的情形

因商标侵权行为给他人造成损失的,应当承担赔偿责任。但依据《商标法》第64条的规定,在下列情形下,法律规定可以豁免侵权人的赔偿责任:(1)注册商标专用权人3年不使用商标,被控侵权人免于赔偿责任;(2)销售商免于承担赔偿责任。

1. 注册商标专用权人3年不使用商标,被控侵权人免于赔偿责任

商标只有使用,其识别功能才会实现;如果没有使用行为,消费者在市场上看不到该商标和对应商品之间的联系,其识别功能无从体现,也就不会产生混淆的可能性;因为没有使用该注册商标且并未将其对应商品投放市场,商标权人的经济利益无从产生也没有损失,即使他人使用该注册商标,商标权人的市场份额也不会受到影响,因为消费者不会产生混淆和误认的可能性。所以未使用的注册商标的商标权人没有因侵害行为受到损害,其侵权损害赔偿请求权也就不成立。2013年《商标法》修改后,新增了权利人没有实际使用其注册商标,被控侵权人免于赔偿责任的规定,具体表现为第64条第1款:"注册商标专用权人请求赔偿,被控侵权人以注册商标专用权人未使用注册商标提出抗辩的,人民法院可以要求注册商标专用权人提供此前三年内实际使用该注册商标的证据。注册商标专用权人不能证明此前三年内实际使用过该注册商标,也不能证明因侵权行为受到其他损失的,被控侵权人不承担赔偿责任。"该条款的价值在于一定程度上可防止商标权人滥用权利,无使用不得请求救济。

**典型案例**

## 商标权人3年不使用丧失民事赔偿请求权

案外人北奇神保健品有限公司1997年经核准注册了"红河"文字商标,核准使用商品为啤酒、饮料制剂。2000年经国家商标局核准转让给济南红河经营部。济南红河经营部成立于2000年11月14日,经营范围为啤酒、饮料批发零售,啤酒花销售,啤酒饮料添加剂的开发销售。泰和投资公司成立于2001年4月20日,注册资本500万元,经营范围为高新技术,环境保护投资,常温保存酒水、饮料的销售等。济南红河经营部许可泰和投资公司在全国独家使用"红河"

---

[1] 参见《"六个核桃"商标维权:全国首例商标权人取得惩罚性赔偿金》,http://www.sohu.com/a/275331719_128624,2018年11月15日访问。

商标,2002年8月商标局对该商标使用许可合同予以备案。

云南红河公司在2001年以前将"红河"作为其啤酒的商品名称及未注册商标使用,在2002年以后将"红河红"作为啤酒的商品名和未注册商标使用。2001年7月24日,该公司向商标局申请注册"红河红"商标,商标局对该商标予以初步审定公告后,泰和投资公司在异议期内向商标局提出了异议。2004年3月,泰和投资公司在广东省佛山市禅城区一家便利店公证购买了云南红河公司生产的"红河红"啤酒,随即与济南红河经营部共同向广东省佛山市中级人民法院提起诉讼,请求判令云南红河公司停止侵犯其"红河"商标专用权的行为并赔偿经济损失1000万元。2007年10月云南红河公司进行重大资产重组,更名为云南城投公司。

一审法院认为,云南红河公司在其产品及宣传广告上突出使用的"红河红"文字与济南红河经营部的"红河"商标构成近似商标,足以误导公众,使相关公众对商品的来源产生误认,侵犯了原告的商标专用权。云南红河公司销售部内悬挂的一条广告挂旗上印有啤酒一瓶及"红河啤酒"四个红字,该行为也属于商标侵权行为。一审法院遂判决云南红河公司停止侵权,向两原告支付赔偿金1000万元。云南红河公司向广东省高级人民法院提起上诉后,二审法院判决维持原判。

云南城投公司向最高人民法院申请再审。最高人民法院于2008年10月21日裁定提审本案。在本案再审审查及再审程序中,最高人民法院要求两被申请人提交其真实使用"红河"商标生产、销售产品的有关证据以及能够反映其商誉的证据,但两被申请人一直没有提交。最高人民法院认为"红河红"与"红河"不构成商标侵权意义上的近似商标,云南红河公司使用"红河红"商标的行为未侵犯被申请人的商标专用权,因此于2009年4月8日判决撤销原审判决,依法改判,驳回泰和投资公司和济南红河经营部的全部诉讼请求。

最高人民法院认为,对于不能证明已实际使用的注册商标而言,确定侵权赔偿责任要考虑该商标未使用的实际情况。被申请人没有提交证据证明其"红河"注册商标有实际使用行为,也没有举证证明其因侵权行为受到的实际损失,且被申请人在一审时已经明确放弃了其诉讼请求中的律师代理费的主张,对于其诉讼请求中的调查取证费,未能提供相关支出的单据予以证明,但是被申请人为制止侵权行为客观上会有一定的损失,法院综合考虑本案的情况,酌定申请再审人赔偿两被申请人损失共计2万元。最高人民法院再审判决未支持一、二审法院赔偿原告的请求,纠正了原审判决在认定事实和适用法律方面均存在的错误。

在该案中，最高人民法院再审审理认为，判断是否构成侵犯商标专用权意义上的商标近似，不仅要比较相关商标在字形、读音、含义等构成要素上的近似性，还要考虑其近似是否达到足以造成市场混淆的程度。在审理案件的过程中，综合考虑相关商标的实际使用情况、显著性、是否有不正当意图等因素，进行近似性判断。本案被申请人的注册商标文字"红河"是县级以上行政区划名称和知名度较高的河流名称，作为商标其固有的显著性不强，且没有证据证明该商标因实际使用获得较强的显著性。由于被申请人的商标尚未实际发挥识别作用，消费者也不会将"红河红"啤酒与被申请人相联系。相比之下，"红河红"商标经过云南红河公司较大规模的持续性使用，已经具有一定的市场知名度，已形成识别商品的显著含义，应当认为已与"红河"商标产生整体性区别。以一般消费者的注意力标准判断，容易辨别"红河红"啤酒的来源，应认为不足以产生混淆或误认。从云南红河公司实际使用在其产品的瓶贴及外包装上的"红河红"商标的情况来看，云南红河公司主观上也不具有造成与被申请人的"红河"注册商标相混淆的不正当意图。综合考虑上述因素，应该认定二者不构成近似商标，云南红河公司使用"红河红"商标的行为未侵犯被申请人的商标专用权。

在该案中，由于云南红河公司在销售部的一条广告挂旗上使用"红河啤酒"字样的行为，是未经许可在同一种商品上将与注册商标相同的文字作为未注册商标使用的行为，属于侵犯注册商标专用权的行为。对于该侵权行为，云南红河公司应当承担停止侵权行为的民事责任。结合本案案情及相关证据，最高人民法院认为，被申请人没有提交证据证明其"红河"注册商标有实际使用行为，也没有举证证明其因侵权行为有实际损失，但是被申请人为制止侵权行为客观上会有一定的损失，综合考虑本案的情况，酌定申请再审人赔偿两被申请人合理支出的损失共计 2 万元。[①]

在这起"红河"商标侵权案中，一审和二审法院均认为被告侵犯了原告的商标权，并以被告的获利作为认定原告赔偿数额的依据，支付巨额赔偿金 1000 万元。但两级法院未充分注意到该案件中原告的注册商标一直没有使用的事实，商标权人也未提供其使用"红河"商标生产、销售产品的有关证据以及能够反映其商誉的证据。而被告的利润所得是被告自己的广告宣传投入、产品质量及售后服务等综合因素决定的，并没有搭原告注册商标的便车，也未影响到原告的市场销售。在原告商标未实际使用的情况下，仅以被告获利作为赔偿数额有失

---

[①] 参见(2008)民提字第 52 号判决书。

公允。

"红河"案件因其典型性,入选《最高人民法院知识产权案件年度报告(2009)》。在该报告中,最高人民法院明确了侵犯未实际投入商业使用的注册商标,侵权人应该承担停止侵权的民事责任并赔偿权利人制止侵权的合理支出,但可以不判决承担赔偿损失的民事责任。

2. 销售商免于承担赔偿责任

实践中,如果对销售侵犯注册商标专用权的商品的行为人一律认定侵权并让行为人承担赔偿责任,虽然有利于保护商标权人的合法利益,但对不知道也不应当知道其经销的商品是侵犯注册商标专用权的商品的行为人是不公平的。为协调和解决上述问题,2013年修改的《商标法》第64条第2款规定了销售侵犯注册商标专用权的商品的行为人的免责条件,即"销售不知道是侵犯注册商标专用权的商品,能证明该商品是自己合法取得并说明提供者的,不承担赔偿责任"。换言之,如果不能证明该商品是自己合法取得,而且不能说明提供者的,就要承担赔偿责任。可见,免除赔偿责任的条件有三:其一,行为人在主观上不知道销售的是侵犯注册商标专用权的商品。如果是明知或应知其销售的是侵犯注册商标专用权的商品的,应承担赔偿责任。其二,行为人能够证明其经销的商品是其合法取得的。其三,行为人能够说明提供者的。

满足了上述三个条件,行为人才可以免除侵权的赔偿责任。在认定赔偿责任时,我国《商标法》采用了"过错责任原则",即行为人主观上有过错,才承担赔偿责任。但在认定销售商的侵权责任时,根据《商标法》第57条第3项,则采用"无过错责任原则",即行为人无论主观上是否有过错,只要有销售侵权商标的行为存在,即可认定构成侵权,应当停止销售。这样规定更有利于保护商标权人的合法利益。

(五)人民法院的临时禁令和其他规定

为保证上述措施得以实现,《商标法》修改时,根据《与贸易有关的知识产权协定》的要求,又增加了一些新的规定。如人民法院的临时禁令、商标权人的"即发侵权"的制止权以及证据保全和担保的规定等。

人民法院的临时禁令,是指商标注册人或者利害关系人有证据证明他人正在实施或者即将实施侵犯其注册商标专用权的行为,如不及时制止,将会使其合法权益受到难以弥补的损害的,可以在起诉前向人民法院申请采取责令停止有关行为和财产保全的措施。

申请临时禁令的条件为:(1)申请人为商标注册人或者利害关系人;(2)申请人有证据证明他人正在实施或者即将实施侵犯其注册商标专用权的行为;

(3) 对上述行为,如不及时制止,将会使其合法权益受到难以弥补的损害;
(4) 申请人向人民法院申请采取责令停止有关行为和财产保全的措施;(5) 申请临时禁令的时间为起诉前。

所谓"即发侵权"是指即将发生的侵权行为。对这种侵权行为,《商标法》第 65 条规定:"商标注册人或者利害关系人有证据证明他人正在实施或者即将实施侵犯其注册商标专用权的行为,如不及时制止将会使其合法权益受到难以弥补的损害的,可以依法在起诉前向人民法院申请采取责令停止有关行为和财产保全的措施。"这种规定,旨在保护商标权人的合法利益,将侵权行为扼杀在萌芽状态。

为配合临时禁令的实施,《商标法》还增加了证据保全的规定。《商标法》第 66 条规定:"为制止侵权行为,在证据可能灭失或者以后难以取得的情况下,商标注册人或者利害关系人可以依法在起诉前向人民法院申请保全证据。"上述规定,不仅和我国参加的国际公约保持一致,而且有利于全面保护商标权人的利益。

典型案例

### 首例"即发侵权"商标案

1998 年北京通州区某化工厂,从北京环亚塑料制品厂购买了刻有"天朝"牌商标图形和"天朝"字样的包装桶,而该包装桶是同为生产防冻液的北京天朝公司委托环亚厂加工的。包装桶买回后,某化工厂尚未使用,就被天朝公司告上了法庭。某化工厂的行为是否构成侵权?按照传统的侵权构成要件,侵权行为须具备侵权行为和侵权结果。由于被告尚未使用刻有原告的商标和名称的包装,也就不存在侵权结果,但驳回原告要求保护其知识产权的请求显然不公平,因为被告随时可能实施侵权行为,这是典型的"即发侵权"情形。当时,《商标法》及其实施细则对购买他人商标标识是否构成侵权没有明确规定,国内也没有这方面的司法判例。北京市第二中级人民法院的法官们在仔细调研后认为,被告此种行为主观上有明显过错。因为原被告双方同为生产防冻液的企业,被告明知包装桶上刻有原告的商标并大量购买,说明其目的是使用这种包装销售自己的产品,为进一步侵犯原告的商标权作准备。但由于被告尚未使用和销售,实际上没有对原告造成损害后果。依据被告主观故意明显,如不及时制止,必将损害原告的合法利益的事实,法院判决被告承担停止侵权、赔礼道歉的责任,并给付天朝公司因诉讼而支出的合理费用。这一判决,被法学界专家称为国内"即发侵权"

第一例,是对传统民法关于"侵权四要件"理论的一个新突破。①

(六) 商标权纠纷的诉讼时效和管辖地

根据《关于审理商标民事纠纷案件适用法律若干问题的解释》的有关规定,侵犯注册商标专用权的诉讼时效为三年,自商标注册人或者利害关系人知道或者应当知道侵权行为之日起计算。商标注册人或者利害关系人超过两年起诉的,如果侵权行为在起诉时仍在持续,在该注册商标专用权有效期限内,人民法院应当判决被告停止侵权行为,侵权损害赔偿数额应当自权利人向人民法院起诉之日起向前推算两年计算。商标注册人或者利害关系人在注册商标续展宽展期内提出续展申请,未获核准前,以他人侵犯其注册商标专用权提起诉讼的,人民法院应当受理。

因侵犯注册商标专用权行为提起的民事诉讼,由《商标法》第 13 条、第 57 条所规定侵权行为的实施地、侵权商品的储藏地或者查封扣押地、被告住所地人民法院管辖。侵权商品的储藏地,是指大量或者经常性储存、隐匿侵权商品所在地;查封扣押地,是指海关、市场监督等行政机关依法查封、扣押侵权商品所在地。对涉及不同侵权行为实施地的多个被告提起的共同诉讼,原告可以选择其中一个被告的侵权行为实施地人民法院管辖;仅对其中某一被告提起的诉讼,该被告侵权行为实施地的人民法院有管辖权。

## 二、商标侵权的行政责任

(一) 商标侵权的行政责任及其方式

商标侵权的行政责任,是指市场监督管理机关依照《商标法》及有关的行政法规对侵权人的商标侵权行为所作出的、由侵权人承担的强制性处罚措施。通过行政程序制裁侵权人,这是目前商标权人为维护其注册商标权经常采用的措施。

市场监督管理部门处理时,认定侵权行为成立的,责令立即停止侵权行为,没收、销毁侵权商品和主要用于制造侵权商品、伪造注册商标标识的工具,违法经营额 5 万元以上的,可以处违法经营额 5 倍以下的罚款,没有违法经营额或者违法经营额不足 5 万元的,可以处 25 万元以下的罚款。和修改前的立法相比,加大了处罚的力度。为遏制屡次侵权的现象,《商标法》规定,对 5 年内实施两次以上商标侵权行为或者有其他严重情节的,应当从重处罚。针对销售商销售不

---

① 参见那日苏、万学忠:《构筑坚固屏障——北京二中院知识产权审判工作纪实》,载《法制日报》2001 年 5 月 15 日。

知道是侵犯注册商标专用权的商品,能证明该商品是自己合法取得并说明提供者的,由工商行政管理部门责令停止销售。

(二) 当事人对行政处理决定的司法救济

当事人对处理决定不服的,可以自收到处理通知之日起15天内依照《中华人民共和国行政诉讼法》(以下简称《行政诉讼法》)向人民法院起诉;侵权人期满不起诉又不履行的,市场监督管理部门可以申请人民法院强制执行。进行处理的市场监督管理部门根据当事人的请求,可以就侵犯商标专用权的赔偿数额进行调解;调解不成的,当事人可以依照《民事诉讼法》向人民法院起诉。

(三) 各级市场监督管理部门的职权

县级以上市场监督管理部门根据已经取得的违法嫌疑证据或者举报,对涉嫌侵犯他人注册商标专用权的行为进行查处时,可以行使下列职权:(1)询问有关当事人,调查与侵犯他人注册商标专用权有关的情况;(2)查阅、复制当事人与侵权活动有关的合同、发票、账簿以及其他有关资料;(3)对当事人涉嫌从事侵犯他人注册商标专用权活动的场所实施现场检查;(4)检查与侵权活动有关的物品;对有证据证明是侵犯他人注册商标专用权的物品,可以查封或者扣押。市场监督管理部门依法行使上述职权时,当事人应当予以协助、配合,不得拒绝和阻挠。

**三、商标侵权的刑事责任**

对于严重侵犯他人注册商标专用权的行为,侵权者应承担刑事责任。根据我国《商标法》第67条和《刑法》第213—215条的规定,侵犯注册商标专用权构成犯罪的主要有三种罪名,分别是:假冒注册商标罪、销售假冒注册商标商品罪和非法制造、销售非法制造的注册商标标识罪。这些犯罪行为,严重地侵犯了商标权人的合法利益,破坏了正常的市场竞争秩序,必须严厉打击。

(一) 侵犯注册商标罪的构成要件

上述三种犯罪都和注册商标专用权有关,一般把它们统称为"侵犯注册商标罪"。根据刑法的犯罪构成理论,侵犯注册商标罪的构成要件包括以下四个方面:

1. 犯罪主体

侵犯注册商标罪的犯罪主体可以是自然人,也可以是单位。对单位犯罪的要处以罚金,并对直接负责的主管人员和直接责任人员依法追究刑事责任。

2. 主观方面

侵犯注册商标罪的行为人主观上是出于故意,即明知自己的行为会产生危害社会的后果,以追求非法利益为目的而故意实施法律所规定的犯罪行为。如果行为人主观上出于过失而非故意,则不能按照假冒注册商标罪追究刑事责任,可以让侵权人承担民事责任或者行政责任。

3. 犯罪客体

侵犯注册商标罪的犯罪客体是国家对商标的管理活动和注册商标权人的商标权。

4. 犯罪客观方面

本罪的客观方面具体表现为行为人违反商标管理法规,未经商标权人许可,在同一种商品上使用与其注册商标相同的商标,情节严重的行为。

(二)侵犯注册商标罪的具体罪名

1. 假冒注册商标罪

假冒注册商标罪,是指行为人未经注册商标权人的许可,在同一种商品上使用与其注册商标相同的商标,情节严重的行为。如果行为人假冒他人注册商标,违法所得数额较小,没有给商标权人造成很大损失,没有给消费者带来严重的人身和财产方面的损害,那么,行为人的行为只能按照一般的商标侵权行为来处理,而不能追究其刑事责任。对构成假冒注册商标罪的行为人,处3年以下有期徒刑或者拘役,并处或者单处罚金;情节特别严重的,处10年以下有期徒刑,并处罚金。

2. 销售假冒注册商标商品罪

销售假冒注册商标商品罪,是指行为人明知是假冒注册商标的商品而非法销售,销售数额较大的行为。"销售数额较大"是认定本罪的必要条件。对犯罪行为人,处3年以下有期徒刑或者拘役,并处或者单处罚金;销售金额巨大的,处3年以上7年以下有期徒刑,并处罚金。

3. 非法制造、销售非法制造的注册商标标识罪

非法制造、销售非法制造的注册商标标识罪,是指行为人违反商标管理法规,伪造、擅自制造他人注册商标标识或者销售伪造、擅自制造的注册商标标识,情节严重的行为。犯本罪的,对行为人处3年以下有期徒刑、拘役或者管制,并处或者单处罚金;情节严重的,处3年以上7年以下有期徒刑,并处罚金。

如果单位犯以上罪行,对单位判处罚金,对其直接负责的主管人员和其他直接责任人员,依照上述规定进行定罪量刑。

> 典型案例

## 制售假冒注册商标罪案

2009年3月至9月,被告人刘某未经注册商标权人许可,自行购买原料酒、酒瓶、酒盖、包装箱、封盖机等物品后,通过灌装方式自制芝华士、红牌、黑牌、人头马、百龄坛、杰克丹尼、马爹利、轩尼诗、皇家礼炮酒,通过物流托运方式销往郑州、石家庄、西宁等地,经营数额达201507元。2009年9月12日,公安机关在检查过程中将刘某查获,并获酒瓶、包装箱、原料酒、封盖机、未及销售的部分酒水等物。

法院经审理后认为,被告人刘某未经注册商标所有人许可,在同一种商品上使用与其注册商标相同的商标,且假冒两种以上注册商标,非法经营数额在15万元以上,其行为已构成假冒注册商标罪,系情节特别严重,依法判决被告人刘某犯假冒注册商标罪,判处有期徒刑4年,并处罚金15万元。[①]

本案是一起典型的知识产权刑事司法保护案例,尤其是罚金与徒刑并处,且罚金较重,有利于从源头遏制被告人再犯的可能性。该案体现了我国保护知识产权的决心和刑事打击知识产权犯罪的力度,且因其典型意义被最高人民法院收录于2010年中国法院知识产权司法保护十大案件。

> 思考题

1. 简答商标权的权利范围和保护范围的不同。
2. 何谓商标的反向假冒?
3. 简答商标侵权行为的表现方式。
4. 简答销售商标侵权责任及赔偿责任认定。
5. 如何适用法定赔偿?
6. 如何理解商标3年不实际使用不予赔偿的规定?
7. 简述商标侵权行为的民事责任。

---

① 参见(2010)大刑初字第320号判决书。

# 第八章 驰名商标认定和保护

## ☞ 本章导读

驰名商标是知识产权领域重要的法律概念和术语,驰名商标认定和保护是商标权的重要内容之一。驰名商标的多寡衡量着一个国家的经济发展水平,驰名商标也是企业市场竞争取胜的重要工具之一。驰名商标的认定和保护是商标法中的重要内容。本章应重点掌握驰名商标的概念、认定机构、认定原则、认定因素以及我国对驰名商标的特殊保护规则;了解国际社会对驰名商标认定和保护的情况。

## 第一节 驰名商标的概念和特征

### 一、驰名商标的概念及立法

驰名商标(well-known trademark),是指经过长期使用,在市场上享有较高声誉,并为公众所熟知的商标。它是一个国际通用的法律术语。最早提出这一概念的是《保护工业产权巴黎公约》(以下简称《巴黎公约》)1925年海牙文本第6条之2。该公约1934年在伦敦、1958年在里斯本分别作过两次修改。但迄今为止,国际社会对驰名商标还没有一个公认的定义。

在市场经济条件下,驰名商标综合反映了企业的经营素质、技术状况、管理水平、营销技能、竞争实力。据联合国工业计划署调查,世界上高信誉商标在整个产品商标中所占的比例不到3%,但其市场份额却占整个世界商品市场份额的40%以上。从某种意义上讲,驰名商标就是重要的生产力,就是市场,就是效益;保护驰名商标就是保护生产力,有利于促进社会经济的发展。正是因为驰名商标所具有的高知名度、高市场占有率,易为不正当竞争者所觊觎,一些不法企业和个人为追求高额的不当利益,不择手段,从公然假冒驰名商标,发展到以他人驰名商标作为企业字号、抄袭驰名商标等手段,贬低、淡化驰名商标等。我国的驰名商标是中国民族工业的龙头,是中国未来经济发展的希望。因此,对驰名商标进行保护意义重大。

我国1982年颁布的《商标法》中没有关于驰名商标的规定。自1985年加入

《巴黎公约》以后,在我国的商标管理实务工作中,商标主管机关对《巴黎公约》成员国的驰名商标给予了应有的保护。从1989年起,国家工商行政管理局开始对国内的驰名商标进行认定。1995年2月,国务院知识产权办公会议制定了《有效保护及实施知识产权的行动计划》,对驰名商标的保护作出了明确的规定。

为了规范驰名商标的认定与保护,国家工商行政管理总局在1996年8月14日发布了《驰名商标认定和管理暂行规定》,并于1998年12月3日修订。2001年修改的《商标法》及其实施条例正式在我国立法中确立了对驰名商标认定和保护的规定。为配合《商标法》的修改,2003年4月17日国家工商行政管理总局发布了《驰名商标认定和保护规定》,并于2014年7月3日修订。该规定第2条明确了驰名商标是指在中国为相关公众所熟知的商标,相关公众包括与使用商标所标示的某类商品或者服务有关的消费者、生产前述商品或者提供服务的其他经营者以及经销渠道中所涉及的销售者和相关人员等。对驰名商标进行保护的规定还有最高人民法院《关于审理涉及计算机网络域名民事纠纷案件适用法律若干问题的解释》《关于审理商标民事纠纷案件适用法律若干问题的解释》。

驰名商标在我国经过几年的发展,逐渐出现了被"神化"和"异化"的现象。为了依法加强保护符合法定条件的驰名商标,防止不正当地将驰名商标认定当作单纯追逐荣誉称号等消极现象的发生,最高人民法院2009年4月23日公布《关于审理涉及驰名商标保护的民事纠纷案件应用法律若干问题的解释》(以下简称《驰名商标司法解释》),并于2020年12月29日修改。2013年修改的《商标法》对驰名商标的认定和保护作了进一步的修订和完善。可见,目前中国驰名商标的保护已进入正常的法治轨道。

**二、驰名商标的特征**

驰名商标和一般商标相比,其特征主要有:

(1)驰名商标为公众所熟知。由于驰名商标的所有者经营的商品或提供的服务信誉卓著,其产品或服务质量优异,具有较高的知名度,深得消费者信赖。人们会逐渐了解、熟知该商品的商标,逐渐形成一个相对稳定的消费群体。

(2)驰名商标在市场上享有较高信誉。驰名商标的商品一般是质量稳定和可靠的、消费者认知程度很高的商品。商品的质量高,附着在商品上的商标自然为人们所称颂。如"海尔"电器,不仅商品本身质量优异,而且售后服务很及时,有很高的市场占有率。

(3)驰名商标具有表彰功能。与普通商标不同,驰名商标因其知名度和高品质,具有彰显使用者身份与地位的功能。随着生活水平的提高,人们逐渐从物质的需求向满足精神需要转变,追求高品质的生活和奢侈品。而此时的商标不仅具有区别商品来源的功能,更具有显示消费者社会地位的作用。

(4) 驰名商标的构成要素更具有显著性。驰名商标的设计一般比较突出、醒目,消费者易认易记,有很强的识别性。如用在体育用品的商标"NIKE"(耐克),是希腊神话中胜利女神的意思,在其字母下面有一个对钩,共同组成了耐克的商标,使人印象深刻。

(5) 驰名商标的保护有其特殊性。不论驰名商标是否注册,商标所有人都有权禁止他人使用和注册;对已注册的驰名商标实行跨类保护;有些国家还对驰名商标实施反淡化保护。

## 第二节 驰名商标认定

驰名商标要获得特殊保护,必须首先要被认定为驰名商标,换言之,认定驰名商标是得到法律强保护的前提。驰名商标的认定,要按照法律规定的机构在特定的环节,按照认驰的原则和标准进行。认定驰名商标,应当根据当事人的请求,作为处理涉及商标案件需要认定的事实。驰名商标属于一种私权,认定机构无权主动进行认定。

### 一、驰名商标认定机构和途径

我国目前对驰名商标的认定机构和途径有二:国家知识产权局的行政认定和最高人民法院指定的人民法院的司法认定。除此之外,其他任何组织和个人不得认定或采取其他变相方式认定驰名商标。通过民间组织或行业主管部门评选出来的"驰名商标",在我国没有法律效力,也得不到法律的特别保护。

(一) 国家知识产权局的行政认定

根据《商标法》第 14 条第 2 款、第 3 款的规定,国家知识产权局在商标注册审查、商标评审(异议案件审查和不予注册复审、无效宣告案件)、查处商标违法案件过程中,可以根据当事人请求,对所涉商标是否驰名作出被动和个案认定。2013 年修改后的《商标法》进一步明确了驰名商标行政认定的机构和环节,不同于以往行政机关的主动和批量认定。

(二) 最高人民法院指定的人民法院的司法认定

在我国的司法实践中,人民法院对驰名商标的认定问题,是随着计算机网络域名案件的审理而日益凸现出来的。2000 年 6 月 20 日,北京市第二中级人民法院对荷兰英特艾基公司诉北京国网信息有限责任公司商标侵权及不正当竞争纠纷案作出一审判决;判决国网公司注册的域名"ikea.com.cn"无效。这是我国人民法院首次在审判中对驰名商标进行认定和保护的涉外域名和商标纠纷案件。①

2001年7月17日,最高人民法院公布了《关于审理涉及计算机网络域名民事纠纷案件适用法律若干问题的解释》,并于2020年12月29日修改。其中第6条规定:"人民法院审理域名纠纷案件,根据当事人的请求以及案件的具体情况,可以对涉及的注册商标是否驰名依法作出认定。"法院在个案中对驰名商标作出认定,也是国际社会通常的做法。如法国法院1974年至1991年间通过判决方式认定以下商标为驰名商标:可口可乐(饮料)、米奇林(Michelin,橡胶产品、旅游指南及地图)、布尔加利(Bulgari,珠宝首饰)、Guerlain(香水)、Foker(果酱)、索尼(视听产品)、Chteau Latour(葡萄酒)、Chanel(皮包、香水、手表等)、Wrangler(牛仔裤)、Chteau Margaux(葡萄酒)、Anne de Solne(布类)。②

对驰名商标的认定,实质上是对变化中的案件事实的确认,也是人民法院行使审判权查明案件事实的组成部分。根据最高人民法院《关于审理商标民事纠纷案件适用法律若干问题的解释》及《驰名商标司法解释》,人民法院在审理商标纠纷案件中,根据当事人的请求和案件的具体情况,可以对涉及的注册商标是否驰名依法作出认定。认定驰名商标,应当依照《商标法》第14条的规定进行。当事人对曾经被行政主管机关或者人民法院认定的驰名商标请求保护的,对方当事人对涉及的商标驰名不持异议,人民法院不再审查。提出异议的,人民法院依照《商标法》第14条的规定审查。

根据上述人民法院的司法解释,本书认为:

第一,人民法院有权认定驰名商标。上述司法解释打破了只有国家行政管理机关才有权认定驰名商标的格局,符合国际惯例,而且有利于保护商标权人的合法利益。商标是否驰名,属于人民法院根据其职权需要对案件进行查明的事实问题。

第二,人民法院认定驰名商标采取被动和个案认定的原则。人民法院在审理具体的商标纠纷案件过程中,根据当事人的请求和案件的具体情况,对涉案的商标是否驰名进行认定。

第三,人民法院认定驰名商标的标准。人民法院认定驰名商标时,应当按照

---

① 参见《2000年知识产权大事记》,载《电子知识产权》2001年第1期。
② 参见郑成思:《知识产权法》(第二版),法律出版社2003年版,第186页。

《商标法》第14条的规定,对各项要素进行逐一审查,符合条件的,可以认定为驰名商标。

第四,对驰名商标是否要重新审查和认定。对已被认定为驰名商标的,在商标侵权诉讼中,是否需要重新认定?实践中,商标是否驰名和商标注册人的经营状况及市场竞争密不可分,它是动态的,不是一成不变的,因此需要对该驰名商标进行再次认定。为方便当事人诉讼和人民法院审判,上述司法解释规定:对方当事人对涉及的商标驰名不持异议,人民法院不再审查。提出异议的,人民法院依照《商标法》第14条的规定审查。这样规定简化了一部分认定程序,避免了重复劳动。同时也充分尊重了当事人的意思,对提高办案效率也很有利。

第五,认定驰名商标的效力。根据上述司法解释的精神,驰名商标的司法和行政认定的效力仅存在于个案中;行政机关的认定和人民法院的认定效力相同。当事人对已经认定为驰名商标的商标有异议的,人民法院还要依照《商标法》第14条的规定进行审查。

第六,人民法院对于商标驰名的认定,仅作为案件事实和判决理由,不写入判决主文;以调解方式审结的,在调解书中对商标驰名的事实不予认定。

## 典型案例

### "吉利"驰名商标认定案

2005年11月7日,云南省昆明市中级人民法院对吉利集团有限公司状告昆明某公司侵害商标权案作出的一审判决中认为:原告吉利公司于1998年经国家工商行政管理总局商标局核准受让取得"吉利"文字商标,经过7年来的长期使用,投入大量广告及业务宣传经费,在全国范围内进行了数年的广告宣传,使得该商标在全国范围内取得了较高的知名度,并且该商标也多次被认定为浙江省著名商标,获得多种奖项和荣誉。原告的"吉利"商标已经具备了我国《商标法》第14条规定的条件,根据原告的请求,应认定原告的"吉利"商标为驰名商标。

被告昆明某公司在未经原告许可的情况下,擅自在其生产销售的衬衫上使用了原告的"吉利"商标,并且在对其产品的广告宣传中,采用了使公众误认其产品与原告有关联性的宣传语句:"开吉利汽车,穿吉利衬衫,走吉利大道",其行为已构成对原告驰名商标的侵犯。被告对此应当承担停止侵权、赔偿损失等民事责任。

因原告未能提交证据证实自己的损失或被告因侵权所获利益,昆明中院在综合考虑被告侵权的持续时间及影响范围等因素之后,判令由被告赔偿原告5万元。据报道,"吉利"文字商标也由此成为昆明中院继"红河""脑白金"之后第三个依司法认定的驰名商标。①

2006年10月16日,吉利汽车的图形商标又被国家工商行政管理总局商标局认定为中国驰名商标,这是该次行政认定的106件中国驰名商标中唯一的汽车类民营企业商标。至此,吉利的中文商标及图形商标全部被认定为中国驰名商标(见图54)。②

图54

吉利的图形商标主要由两个椭圆和"六个六"组成。椭圆象征地球,表示面向世界,走向国际化;椭圆在动态中是最稳定的,喻示并祝愿吉利的事业稳如磐石,在风雨中屹立不倒。其中"内圈蔚蓝",象征广阔的天空,超越无止境,发展无止境;"外圈深蓝"象征无垠的宇宙,超越无限,空间无限。"六个六",象征太阳的光芒,只有走进太阳,才能吸取无穷的热量,只有经过竞争的洗礼,才能百炼成钢;"六个六","六六大顺",祝愿如意、吉祥;"六个六",吉利一步一个台阶,不断超越,发展无止境;"六个六",中华优秀传统文化的底蕴才是吉利不断发展超越的精神源泉;"六个六",发展民族工业,走向世界,是吉利不舍不弃的追求。③

## 二、驰名商标认定的原则

国家知识产权局和最高人民法院指定的人民法院在认定驰名商标时应遵循以下原则。④

### 1. 个案认定原则

第一,请求驰名商标保护的当事人(以下简称"当事人")只有在具体的商标案件中,认为系争商标构成对其已为相关公众所熟知商标的复制、模仿、翻译并且容易导致混淆或者误导公众,致使其利益可能受到损害时才可以提起驰名商标认定。第二,在需要认定驰名商标的案件中,驰名商标的认定结果只对本案有效。曾被认定为驰名商标的,在本案中可以作为驰名商标受保护的记录予以考虑。

---

① 参见代彦、王翁阳、魏文静:《"吉利"被认定驰名商标 吉利牌衬衣"搭便车"侵权》,http://www.chinacourt.org/article/detail/2005/11/id/185536.shtml,2014年2月10日访问。

② 参见《吉利"图形商标"被认定为中国驰名商标》,http://auto.sohu.com/20061020/n245913718.shtml,2014年3月10日访问。

③ 同上。

④ 参见《商标审查审理指南》下编第十章第3条。

### 2. 被动保护原则

商标注册部门可以在具体的商标案件中应当事人的请求就其商标是否驰名进行认定,并在事实认定的基础上作出决定或裁决。当事人未主张驰名商标保护的,商标注册部门不予主动认定。

### 3. 按需认定原则

当事人商标确需通过认定驰名商标依据《商标法》第 13 条予以保护的,商标注册部门可就其商标是否驰名进行认定。如果根据在案证据能够适用《商标法》其他条款对当事人商标予以保护的,或系争商标的注册使用不会导致混淆或者误导公众,致使当事人利益可能受到损害的,商标注册部门无须对当事人商标是否驰名进行认定。

### 4. 诚实信用原则

当事人请求驰名商标保护应当遵循诚实信用原则,对所述事实及所提交证据材料的真实性、准确性和完整性负责,并书面承诺依法承担不实承诺的法律责任。当事人若在国家企业信用信息公示系统和"信用中国"网站被列入异常经营名录、严重违法失信名单、失信联合惩戒对象名单,以及近 3 年存在股权冻结、欠税、刑事犯罪等情形的,不再对当事人商标是否驰名进行认定。

**法律适用**

## 驰名商标不得做广告

驰名商标的认定本质上是对某种商标知名度的事实认定,以提供特殊保护为目的,并不体现商品质量和品牌美誉度,不是荣誉称号。但在现实中,不少企业将获得驰名商标作为提高产品知名度和竞争力的捷径,甚至利用广告宣传误导消费者。在 2013 年修改的《商标法》第 14 条中,作了一项特别规定:生产、经营者不得将"驰名商标"字样用于商品、商品包装或者容器上,或者用于广告宣传、展览以及其他商业活动中。这意味着 2014 年 5 月 1 日修改的《商标法》生效后,将禁止以"驰名商标"的名义进行广告宣传,避免误导消费者。如违反上述规定,由地方工商行政管理部门责令改正,处 10 万元罚款。该规定将有效遏制驰名商标被"异化"和"神化"的现象,[①] 有利于市场竞争有序发展,使驰名商标的认定和保护回归到应有的轨道上来,起到正本清源的作用,有利于防止个别企业利用驰名商标进行不公平竞争,也有利于保护消费者合法权益。2013 年修改的《商标

---

① 参见王莲峰:《驰名商标异化的法律规制》,载《河南省政法管理干部学院学报》2010 年第 6 期。

法》进一步明确了驰名商标的内涵,即"为相关公众所熟知的商标";同时,按照"个案认定""被动保护"的原则,持有人认为其权利受到侵害时,可以依照本法规定请求驰名商标保护;驰名商标应当作为处理涉及商标案件需要认定的事实进行认定。

### 三、驰名商标认定的参考因素

关于驰名商标的认定,国际公约未作出明确规定,《与贸易有关的知识产权协定》对驰名商标的认定只作了原则性规定。为了协调各国关于驰名商标的构成条件,一些国际组织制定了认定驰名商标参考的因素。

(一)国际组织对驰名商标的认定

1. 国际商会对驰名商标的认定

国际商会 1996 年 9 月 18 日通过了《驰名商标保护决议案》,为认定驰名商标提供了参考因素:(1)该商标在当地或国际上的认知程度;(2)该商标固有的或获得的显著程度;(3)该商标在当地或国际上的使用和广告宣传时间及地域范围;(4)该商标在当地或国际上的商业价值;(5)该商标在当地或国际上获得的质量形象;(6)该商标所获得的在当地或国际上的使用和注册的专有性。这些内容和条件基本反映了各国所采用的认定驰名商标的标准,也得到了大多数国家的认可。

2. 世界知识产权组织对驰名商标的认定

鉴于驰名商标的保护迫在眉睫,世界知识产权组织曾组织各国专家先后六次专门讨论驰名商标的保护问题。1999 年 9 月,保护工业产权巴黎联盟及世界知识产权组织大会通过了《关于驰名商标保护规定的联合建议》(以下简称《联合建议》)。《联合建议》给各成员国提供了认定驰名商标的一个基本原则:主管机关在认定一个商标是否驰名时应考虑可能推导出商标驰名的任何因素。[①]

《联合建议》对认定驰名商标提出了以下要求:(1)明确驰名的地域应是要求保护的国家。《联合建议》第 2 条第 3 款第 2 项规定,不得要求该商标在除该成员国以外的任何管辖范围驰名。长期以来,商标应在哪个成员国驰名是一个争议颇多的问题。这一规定以否定的方式给出了答案。(2)将驰名的范围限定在相关的公众领域内。《联合建议》进一步细化了"相关公众"的范围,"相关公众"应包括但不必局限于:使用该商标的那些商品或服务的实际或潜在的顾客;使用该商标的那些商品或服务的销售渠道中所涉及的人员;经营使用该商标的

---

① 参见《关于驰名商标保护规定的联合建议》第 2 条第 1 款第 1 项。

那些商品或服务的商业界。(3)可以考虑和商标有关的价值。这是《联合建议》第一次明确提出在认定驰名商标时可以考虑的一个因素。如果商标的价值可以得到准确的评估和量化,对认定和保护驰名商标有积极的意义。因为价值和知名度之间是相辅相成的关系,知名度越高,其商标价值就会越大。《联合建议》的内容基本上反映了当今世界对驰名商标认定所参考的因素。《联合建议》有几点内容值得我们重视:第一,重申了对驰名商标的保护只需要有较大的知名度,而并不要求在有关国家实际使用;第二,对驰名商标的保护同样适用于服务商标的规定;第三,《联合建议》在某些方面突破了《巴黎公约》对驰名商标保护的规定。

(二)我国对驰名商标的认定

结合国际社会对驰名商标的认定标准及我国多年保护驰名商标的实践,2001年《商标法》修改后,其中的第14条规定了认定驰名商标应当考虑的因素:

1. 相关公众对该商标的知晓程度

这是构成驰名商标最基本的条件。根据《驰名商标认定和保护规定》,第一,这里的相关公众,包括与使用商标所标示的某类商品或者服务有关的消费者、生产前述商品或者提供服务的其他经营者以及经销渠道中所涉及的销售者和相关人员等。第二,这里的驰名商标是指在中国为相关公众所熟知的商标。在外国驰名的商标如果不为中国的相关公众知晓,不能认定为驰名商标。第三,驰名商标要享有较高声誉。一个商标的知名度越高,其信誉越高,该商标便会对消费者产生强大的吸引力,市场占有率也就越高。

2. 该商标使用的持续时间

商标使用的时间越长,证明该商标所标示的商品或服务质量越优异,为广大消费者越认可。世界驰名商标的持续使用历史均较长,如"可口可乐""万宝路"等,已使用几十年甚至上百年。在其他国家的案例中,也把商标使用的时间作为认定驰名商标的条件之一。例如,巴黎上诉法院在1984年的判例中,认定"Liberty"商标为驰名商标,主要根据之一,就是该商标自1893年就成功地获得了注册,并且从未中断过续展,从1962年起就在法国有名的商标事典上被记载。[①]

3. 该商标的任何宣传工作的持续时间、程度和地理范围

对商标进行宣传,是广大消费者知晓该商标及商品或服务的有效手段。宣传的力度越大,范围越宽,消费者熟知的程度越高,商品的销售和覆盖面就越广泛,商标的信誉和知名度也就越高。如日本的"SONY"电器、美国的"麦当劳"快

---

[①] 参见郑成思:《知识产权法》(第二版),法律出版社2003年版,第185页。

餐、德国的"大众"汽车,因行销世界多国而闻名,其商标和商品的宣传程度和覆盖的地理范围是生产同类商品的其他企业无法比拟的。世界上一些国家也把商标的广告宣传和宣传的地域范围作为认定驰名商标的条件之一。

4. 该商标作为驰名商标受保护的记录

这也是认定驰名商标的条件之一。如果一个商标曾被国家知识产权局认定为驰名商标,或者在诉讼中被人民法院认定为驰名商标而受到保护的,可以作为认定驰名商标的因素之一来考虑。

5. 该商标驰名的其他因素,如产品质量、销售量和区域等

通过以上分析可以看到,我国商标局、商标评审委员会以及人民法院在认定驰名商标时,根据《驰名商标认定和保护规定》第 10 条的精神,应当综合考虑上述各项因素,但不以该商标必须满足该上述规定的全部因素为前提。换言之,只要具备上述条件中的任一个因素,即可认定为驰名商标,并不要求驰名商标的认定必须符合上述所有条件。

**法律适用**

## 当事人主张商标驰名的证据

《驰名商标司法解释》第 5 条规定:"当事人主张商标驰名的,应当根据案件具体情况,提供下列证据,证明被诉侵犯商标权或者不正当竞争行为发生时,其商标已属驰名:(一)使用该商标的商品的市场份额、销售区域、利税等;(二)该商标的持续使用时间;(三)该商标的宣传或者促销活动的方式、持续时间、程度、资金投入和地域范围;(四)该商标曾被作为驰名商标受保护的记录;(五)该商标享有的市场声誉;(六)证明该商标已属驰名的其他事实。前款所涉及的商标使用的时间、范围、方式等,包括其核准注册前持续使用的情形。对于商标使用时间长短、行业排名、市场调查报告、市场价值评估报告、是否曾被认定为著名商标等证据,人民法院应当结合认定商标驰名的其他证据,客观、全面地进行审查。"

人民法院认定商标是否驰名,应当以证明其驰名的事实为依据,综合考虑《商标法》第 14 条规定的各项因素,但是根据案件具体情况无须考虑该条规定的全部因素即足以认定商标驰名的情形除外。

## 第三节 驰名商标保护

鉴于驰名商标的巨大经济价值,为保护驰名商标权人的合法利益,防止不正当竞争行为,国际公约和各国立法纷纷对驰名商标给予特殊保护。

### 一、国际公约对驰名商标的保护

(一)《巴黎公约》对驰名商标的保护

最早在国际公约中对驰名商标进行保护的是1883年缔结的《巴黎公约》。公约要求任何成员国,在本国法律允许的条件下,对于其他成员国主管机关认为该国一项商标已成为驰名商标的,无论注册与否,均有义务给以保护。《巴黎公约》第6条之2专门规定了对驰名商标保护的三项内容:第一,未注册的驰名商标的使用人享有禁止他人使用的权利。即未注册的驰名商标的使用人有权禁止他人在相同或类似的商品上使用与该驰名商标相同或近似的商标。第二,商标主管机关对抢注的商标可以拒绝或宣告该注册商标无效。凡是被成员国认定为驰名商标的,该商标的使用人未注册而他人在先申请注册的,商标注册国或使用国的商标主管机关可以依职权或者利害关系人的请求,拒绝对该商标给予注册;如果已经注册的,应宣告该注册商标无效。第三,申请宣告注册商标无效的最低期限。驰名商标所有人对他人已注册的商标,自注册之日起至少5年内可以申请该注册商标无效;如果该注册商标是恶意的,则请求宣告无效的时间不受限制。

(二)《与贸易有关的知识产权协定》对驰名商标的规定

1994年生效的WTO框架下的《与贸易有关的知识产权协定》(以下简称"TRIPS协定"),也规定了对驰名商标的保护。与《巴黎公约》相比,TRIPS协定对知识产权的保护比《巴黎公约》前进了一步,主要表现在:第一,将驰名商标的保护范围扩大到驰名的服务商标。TRIPS协定第16条第2款规定:《巴黎公约》第6条之2应比照适用于服务。第二,拓展了驰名商标权利人禁止权的范围。TRIPS协定把驰名商标所有人禁止权的范围扩大到不类似的商品或服务上。TRIPS协定第16条第3款规定,《巴黎公约》第6条之2应比照适用于与注册商标的商品或服务不相类似的商品或服务。第三,对认定驰名商标的标准作了原则规定。TRIPS协定第16条第2款规定,在确定一项商标是否驰名时,各成员应考虑有关部门公众对该商标的知晓程度,包括该商标因宣传而在有关成员域内为公众知晓的程度。可见,认定驰名商标的原则标准为:相关公众对该商标的知晓程度、商标的宣传程度等。

**实务应用**

## TRIPS 协定对驰名商标的跨类保护

随着市场经济的发展和商标功能的拓展,为加大对驰名商标的有效保护,克服传统商标侵权混淆理论的不足,1994 年生效的 TRIPS 协定明确提到了对驰名商标的跨类保护,把驰名商标所有人禁止权的范围扩大到不类似的商品或服务上,引入了驰名商标跨类保护的理论和规则。该协定第 16 条第 3 款规定:"巴黎公约第六条之二应比照适用于与注册商标的商品或服务不相类似的商品或服务。"该协定吸收了工业发达国家对驰名商标跨类保护的立法和司法实践,提高了对驰名商标的保护水平。

### 二、部分国家对驰名商标的保护

(一)美国对驰名商标的保护

美国作为判例法国家,一方面采用立法对驰名商标进行保护,另一方面,通过大量的判例形式对驰名商标予以保护。如"柯达"彩卷商标被禁用于自行车和打火机;"罗尔斯·罗伊斯"汽车商标被禁用于无线电视等。美国成文的立法,主要是依据州立的"反淡化法"。1947 年马萨诸塞州首先制定了《商标反淡化法》。随后各州开始仿效,纷纷公布了本州的商标反淡化法。1996 年,美国国会正式通过了《联邦商标淡化法》。

**实务应用**

## 商标淡化及表现形式

淡化,是指减弱驰名商标的显著性、贬损或不正当利用驰名商标的市场声誉,导致驰名商标对相关公众的吸引力降低或其价值受到侵害的行为。淡化主要表现为:第一,丑化,是指贬损或玷污驰名商标的美誉度,如将"百事可乐"使用于杀虫剂上。第二,弱化,是指降低或减弱驰名商标和其对应商品的唯一对应性。例如,"万宝路"是用在香烟上的驰名商标,如果有人将其用在服装上并长久使用,"万宝路"商标的显著性和知名度会逐渐下降。第三,退化,是指他人的不当使用造成驰名商标成为商品的通用名称。如故意以曲解的方式将驰名商标演绎为一种概念,如把"摩托罗拉"解释为手机,把"氟利昂"定义为制冷剂等,就属于对他人驰名商标的不当使用。久而久之,该驰名商标就逐渐演变为该商品的通用名称,从而失去其显著性。美国法律规定,只有驰名商标权人才有权禁止他人淡化其驰名商标。

按照1992年美国《州立商标示范法》的规定,认定驰名商标的因素有:(1)有关商品固有的或通过使用而产生的识别性;(2)有关商标在既定商品或服务上已经使用的时间及范围;(3)有关商标在广告宣传上出现的时间及范围;(4)带有该商标的商品或服务被提供的地域;(5)带有该商标的商品或服务被提供的渠道;(6)其他商品或服务领域中,对该商标的知晓程度;(7)其他人使用该商标的状况。①

**法律适用**

### 美国《联邦商标淡化法》的修正

针对1996年《联邦商标淡化法》存在的问题,结合美国司法实践,2006年9月,《联邦商标淡化修正法案》获得美国国会通过,对其进行修正和完善,从而为驰名商标提供反淡化保护确立了新的标准。第一,明确了禁令救济的标准为淡化的可能性,不论是否存在混淆可能性,也不论有无竞争关系或实际经济损失,只要他人对商标或商业名称的使用可能致使该驰名商标淡化的,驰名商标所有人有权请求法院禁止。第二,将淡化明确为弱化和丑化两种情形,并规定了可以考量的相关因素,如驰名商标的显著性、使用情况、标志之间近似程度、消费者主观认知等。第三,规定获得显著性的驰名商标可以获得《联邦商标淡化法》保护。第四,明确了受保护的驰名商标的定义及认定因素:驰名应为美国一般消费者所广泛认可;该商标广告宣传的持续时间、地理范围,不论该宣传是商标所有人还是第三方;使用该商标的商品或服务的销售量及地理范围;该商标的实际认知程度;该商标是否注册或者在主簿上获准注册。第五,增加了三类不受《联邦商标淡化法》追诉的行为:(1)在比较广告或促销中指示性商标的正当使用;(2)非商业目的使用;(3)新闻报道和评论,如滑稽模仿、批评和评论等。②

---

① 参见郑成思:《世界贸易组织与贸易有关的知识产权》,中国人民大学出版社1996年版,第146页。

② 参见文学:《商标使用与商标保护研究》,法律出版社2008年版,第130页。

### （二）法国对驰名商标的保护

法国 1857 年颁布的商标法，未对驰名商标进行规定。但法院判例早已对驰名商标给予了特殊保护。自 1974 年至 1991 年，法国法院通过判决，确认了索尼、可口可乐等 11 个商标为驰名商标。法国对驰名商标的认定一般是法院个案、被动认定。即某个驰名商标需要受到特殊保护时，才由法院予以认定。

法国认定驰名商标的标准主要有：（1）商标所用的商品销售量大。如 1989 年巴黎初审法院的一则判例中，"Foker"商标被认定为驰名商标，理由是"Foker"商标所标示的果酱商品年销售量高达 8500 万瓶。（2）商标使用或注册的时间。（3）商标的宣传范围。（4）商标所标示的商品促销范围。（5）公众的知晓程度。

法国 1991 年修订的商标法增加了对驰名商标的保护条款。该法第 4 条第 2 款规定，合乎《巴黎公约》第 6 条之 2 的驰名商标权人，对于与其足以发生混淆的商标的注册，可以申请撤销。该请求权自后者善意注册之日起 5 年内不行使而消灭。这条规定和《巴黎公约》的内容是一致的。同时，法国商标法规定对驰名商标的保护可扩大到非类似的商品或服务上。

### （三）德国对驰名商标的保护

1994 年德国商标法作了重大修改，将商标、商业标记、地理标志均在商标法中作统一保护，新法名称为《商标和其他标志保护法》（以下简称《德国商标法》），由此，原《德国反不正当竞争法》第 16 条规定即丧失了存在的必要性。《德国商标法》规定了对驰名商标的保护，在该法第 4 条规定，商标与在先的《巴黎公约》第 6 条意义上的国内驰名商标相同或近似的，且符合第 9 条第 1、2、3 项规定的条件的，不得申请注册；该法第 14 条第 2 款和第 3 款则明确规定对在德国境内的驰名商标提供特别保护。关于"驰名"的要求，《德国商标法》的立法理由中作了说明：境内驰名商标应具备数量和质量方面的要求，即该商标不仅要被相当数量的民众知晓，还要有较高的经济价值和良好声誉。司法实践中，《德国商标法》作为特别法优先适用，但并不排除其他法律对商业标记的保护。

**理论研究**

## 德国商标法对驰名商标的保护特色

根据《德国商标法》第 4 条的规定，商标权产生的路径有三种：注册、使用和驰名；换言之，驰名在德国可以成为商标权产生的权利基础。在德国商标法体系下，驰名商标不区分注册与否，只要符合《巴黎公约》规定的驰名标准便可当然受到保护,换言之,未注册驰名商标与注册驰名商标均可以获得同等的保护。① 同时,根据《德国商标法》第 10 条的规定,如果驰名商标同时符合第 9 条规定的知名的要求,只要这种使用可能影响或削弱驰名商标的显著性及声誉,则给予驰名商标(包括未注册驰名商标)跨类保护的权利,不仅可以禁止他人注册,还能获得停止侵害与赔偿损失的侵权救济。②

德国商标法可谓是世界上先进的商标法,对驰名商标提供了全面的法律保护,特别是对未注册驰名商标的保护,值得我国商标法借鉴。

（四）日本对驰名商标的保护

《日本商标法》依据知名度范围不同,将商标分为著名商标与周知商标两种类型。根据《日本商标法》第 4 条第 1 款第 10 项和第 19 项的规定,周知商标是指与业务相关的商品或服务的消费者熟知的商标,即"周知"是在某一区域或者为特定的交易者和需求者所熟知;著名商标是指与业务相关的商品或服务在日本国内或国外消费者间已广泛认知的商标,即"著名"是在日本全国范围内或国外为相关公众熟知。《日本商标法》对周知商标和著名商标的保护并不以该商标是否注册为前提,而是通过使用判断是否为消费者广泛知晓。③ 日本对驰名商标的认定突破了地域性原则限制,在其他国家驰名的商标同样可以在日本获得保护。

《日本商标法》除对周知商标和著名商标提供同类保护外,对著名商标还提供跨类保护和反淡化保护。日本《不正当竞争防止法》也为著名商标的反混淆与反淡化保护提供了法律依据。④ 此外,日本还建立了防御商标制度,为著名商标提供特别保护。《日本商标法》第 64 条赋予商标权人设置防御商标的权利,在核准注册商标商品或服务之外就该可能产生混淆的商品或服务注册与其注册商标同一标志的防御商标。⑤

---

① 《德国商标法》第 4 条规定,商标保护产生于已成为《巴黎公约》第 6 条之 2 意义上的驰名商标。第 14 条规定,根据第 4 条获得商标保护的所有人应拥有商标专有权。
② 《德国商标法》第 14 条规定,未经商标所有人同意应禁止第三方在商业活动中使用以下商标:在与受保护的商标所使用的不类似的商品或服务上,与该商标相同或近似的任何标志,该商标在德国范围内享有盛誉,并且没有正当理由使用该标志不公平地利用了或损害了该商标的显著性或声誉。
③ 《日本商标法》第 32 条规定,在他人申请注册之前,经过使用被广泛知晓的商标可以不经注册而取得商标权。
④ 日本《不正当竞争防止法》第 2 条第 1 款第 2 项规定,使用或间接使用与他人著名的商业标识相同或类似的商业标识的行为属于不正当竞争行为。
⑤ 参见王勇:《中日商标法主要内容之比较及其对中国修改商标法的启示》,载《山东社会科学》2013 年第 4 期。

### 三、我国对驰名商标的保护

我国2001年修改的《商标法》,参照《巴黎公约》和TRIPS协定的规定,增加了对驰名商标的规定,其保护范围基本上和国际公约一致。从《商标法》第13条规定的精神来分析,我国立法对驰名商标的保护主要包括以下内容:

#### (一) 对未在中国注册的驰名商标也给予保护

我国对驰名商标的保护已经不局限于注册商标,根据《商标法》第13条第2款,在相同或者类似商品上申请注册的商标是复制、模仿或者翻译他人未在中国注册的驰名商标,而且容易造成混淆的,商标局将不给予注册并禁止其使用。根据最高人民法院《关于审理商标民事纠纷案件适用法律若干问题的解释》,复制、模仿、翻译他人未在中国注册的驰名商标或其主要部分,在相同或者类似商品上作为商标使用,容易导致混淆的,应当承担停止侵害的民事法律责任,但并不承担其他民事责任。

**典型案例**

### "新华字典"未注册驰名商标侵犯商标权及不正当竞争纠纷案

原告商务印书馆自1957年以来,已连续出版《新华字典》通行版本至第11版,虽未进行商标注册,但经过六十年来的努力,"新华字典"已经被原告打造成辞书领域的精品驰名品牌。2016年,原告发现被告某出版社擅自生产和销售各类打着"新华字典"名义的辞书,并且其中部分字典与原告在先出版的《新华字典》(第11版,下称"争议商品")特有的包装装潢高度近似,于是以被告侵害"新华字典"未注册驰名商标、模仿《新华字典》(第11版)特有的包装装潢构成不正当竞争为由诉至北京知识产权法院,请求判令被告立即停止相关侵权行为。

北京知识产权法院经审理查明,双方的争议焦点为:(1)"新华字典"是否构成未注册驰名商标,如果构成,被告实施的被诉行为是否构成侵权;(2)原告出版的争议商品的包装是否构成知名商品的特有包装装潢,如果构成,被告的被诉行为是否构成不正当竞争。

法院认为:虽然"新华字典"具有特定的历史起源和发展过程,但在长达六十年间均由原告作为唯一主体提供,在市场上已经形成了稳定的市场格局,且在相关生产者、经营者及消费者中形成了稳定的认知联系,"新华字典"属于兼具产品和品牌混合属性的商品名称,在市场上已经产生具有指示商品来源的意义和作用。另外,被告辩称"新华字典"属于约定俗成的辞书商品通用名称,但其提供的在案证据不能证明全国范围内相关公众已将"新华字典"认定为辞书商品上约定俗成的通用名称。因此"新华字典"是具有商标显著特征的、能够识别商品来源的商标。

根据原告提供的证据,从相关公众对"新华字典"的知晓程度、近六十年间在全国范围的销售量,及原告对该商标的宣传时间、程度和地理范围来看,"新华字典"已经在全国范围被相关公众知晓且销售量大、销售范围广泛、在行业内有较大影响力和较高知名度,因此,本案中"新华字典"已经达到驰名商标的程度。

本案中,原被告使用"新华字典"的商品均为第16类辞书,属于相同商品,且被告在其出版的字典上使用了与原告未注册驰名商标"新华字典"完全相同的商标,该行为属于以复制的方式使用原告的未注册驰名商标,在案证据也足以证明相关公众已经对此发生了混淆和误认。

争议商品自2011年6月出版发行,至被诉行为发生时已经在全国大量出版发行,并取得较高的知名度。同时,由于《新华字典》连续11版出版发行,其知名度亦随着不同版本而累积。首先,结合商务印书馆在全国范围内宣传和经营《新华字典》的情况,以及《新华字典》辞书获得的系列荣誉和重要奖项,可以认定商务印书馆的争议商品属于知名商品。其次,争议商品使用的装潢是对与其功能性无关的构成要素进行了独特的排列组合,形成了能够与其他经营者的同类商品相区别的整体形象,经过商务印书馆长期的宣传和使用,使得相关公众能够将上述装潢的整体形象与其商品来源联系起来,该装潢所体现的文字、图案、色彩及其排列组合具有识别和区分商品来源的作用,具备特有性。综上,争议商品的装潢属于《反不正当竞争法》第5条第2项所保护的知名商品的特有装潢。

本案中,原告争议商品的装潢在整体形象上具有独特和显著的特征,具备识别商品来源的作用。被告的被诉侵权产品的装潢与原告的争议商品的装潢在文字结构、图案设计、色彩搭配、排列位置等整体视觉效果上相近似,普通消费者施以一般注意力,容易对原被告商品的来源发生混淆和误认。(见图55)此外,从现有证据来看,被诉侵权产品已经在市场上引起了相关消费者的混淆和误认。原被告面向的消费群体基本一致,存在直接竞争关系,被告上述行为已经构成不正当竞争。

综上所述,法院判决被告立即停止侵权和不正当竞争行为,并且发布声明、消除对原告的不良影响、赔偿原告的经济损失和合理费用。[①]

---

[①] 参见(2016)京73民初277号判决书。

第11版 单色本　　　　第11版 双色本　　　　第11版 平装本　　　　第11版 大字本
（2011年6月出版）　　（2011年6月出版）　　（2011年6月出版）　　（2012年1月出版）

被诉1　　被诉2　　被诉3　　被诉4　　被诉5　　被诉8　　被诉10
（――――――2012年7月首印至今――――――）　（――2014年2月首印至今――）

图 55

"新华字典"作为辞书名称被给予商标保护的根本原因是,商务印书馆长期大量的使用已经使得"新华字典"与商务印书馆产生了稳定的对应关系,且"新华字典"凝结了其所标识商品的商誉,给予其未注册驰名商标保护符合《商标法》关于未注册驰名商标保护的立法目的,不仅不会损害知识的传播,相反,为了维护"新华字典"良好的品牌商誉,商务印书馆对其出版、发行的标有"新华字典"标识的辞书更会注重提升品质,促进正确知识的广泛传播。

（二）对注册的驰名商标实施跨类保护

为了体现出对注册的驰名商标的特殊保护,《商标法》第13条第3款规定了对注册的驰名商标的保护范围扩大到"不相同或者不相类似商品上",只要是复制、模仿或者翻译他人已在中国注册的驰名商标,误导公众,使该驰名商标注册人的利益可能受到损害的,不予注册并禁止使用。根据最高人民法院《关于审理商标民事纠纷案件适用法律若干问题的解释》第1条第2项,复制、模仿、翻译他人注册的驰名商标或其主要部分在不相同或者不相类似商品上作为商标使用,误导公众,致使该驰名商标注册人的利益可能受到损害的行为,属于《商标法》第57条第7项规定的给他人注册商标专用权造成其他损害的行为。对这种侵权行为,侵权人应承担包括赔偿在内的各种民事责任。显然,对已在中国注册的驰名商标的保护力度要大于未注册的驰名商标。这种以是否注册来区分不同责任的规定,不仅符合《巴黎公约》和TRIPS协定对驰名商标保护的基本要求和国际上通行的做法,而且也符合中国国情。例如,在前述案例中,原告的"吉利"商标核定使用的商品为第12类,即"摩托车、轻型、微型汽车",虽然原告为充分保护该商标,还在39个类别上分别注册了"吉利"商标,但并未涵盖被告生产销售的"衬衫"这个类别。因此在原告商标并非为驰名商标的情况下,该商标不享受法律对驰名商标的特殊保护,只能在相同或者类似的商品或服务范围内获得保护,不可能判定被告生产销售衬衫的行为侵犯原告的注册商标专用权。只有当原告的商标为驰名商标时,才能给予跨类别、跨领域的保护。这就是商标法规定的对驰名商标的跨类保护制度。因此,该案中,原告的"吉利"注册商标是否应认定为驰名商标,便成了判定被告的行为是否侵权的前提。

**典型案例**

### "宝马"驰名商标跨类保护

原告宝马公司成立于1916年,系全球知名的汽车生产商。该公司的"BMW及图""BMW""宝马"商标经中国商标局核准注册,核定在第12类"机动车辆、摩托车及其零件"商品上使用。被告某公司在其生产、销售的服饰产品上使用了"MBWL及图""MBWL"标识,以及含有"宝马"文字的企业名称。

湖南省高级人民法院经审理认为:原告的注册商标经过长期使用,广泛宣传,已成为驰名商标。原告作为驰名商标的权利人,其合法权利应当依法受到法律保护。被告某公司使用"MBWL及图""MBWL",以及含有"宝马"文字的企业名称,容易使相关公众对使用驰名商标和被诉标识的商品来源产生混淆和误认。遂判决被告停止侵犯原告注册商标专用权和不正当竞争行为,消除影响,赔偿原告经济损失50万元。本案一审判决后,当事人均未提出上诉。[①]

本案涉及驰名商标和有较高知名度的企业字号的法律保护,其裁判有效遏制了"傍名牌""搭便车"的不正当竞争行为。在本案中,法院综合考虑原告注册商标的显著性、市场知名度,依法认定原告的注册商标为驰名商标,进而认定被告在服装、服饰商品上使用与原告注册商标相近似的"MBWL及图""MBWL"标识,容易造成相关公众误认为被告生产、销售的商品系经原告授权或与原告具有许可使用、关联企业关系等特定联系,不正当地利用原告驰名商标的市场声誉牟

---

[①] 参见(2009)湘高法民三初字第1号判决书。

取不法利益,从而对原告合法利益造成损害,构成对原告注册商标专用权的侵犯。该案因其典型性,被收录于最高人民法院发布的2009年知识产权司法保护十大案件。

(三) 驰名商标所有人享有特殊期限的排他权

因为各种原因,驰名商标权人过了5年后发现某一注册商标和自己的驰名商标相同或近似,易造成相关消费者混淆和误认,或存在其驰名商标被淡化和丑化的后果的,如果因为过了5年时效不被保护,则不利于对驰名商标的保护。根据《巴黎公约》的要求,我国《商标法》明确规定,对恶意注册的商标,在先的驰名商标所有人不受5年的时间限制,可以向国家知识产权局请求宣告该注册商标无效。[1]

**典型案例**

## 恶意注册超5年的商标可申请无效宣告

上海水星家纺拥有知名度较高的"水星加图"注册商标(见图56),针对他人核准注册在第11类"热水器"等商品上已经超过5年的图形文字组合注册商标(见图57),向国家知识产权局提起无效宣告。国家知识产权局受理后认为,引证商标"水星加图"注册商标,核定使用在"被子、床单、被罩"等商品上,经过长期、广泛的使用与宣传,已经为相关公众所熟知,构成驰名商标。争议商标与引证商标在整体外观、构图要素、设计细节及含义方面相近,诉争商标注册人对申请人商标驰名的情况理应知晓,故其申请注册争议商标难谓善意,系对申请人商标的翻译、模仿,争议商标的注册和使用容易误导公众,可能损害到申请人的合法权益。另外,诉争商标注册人除了申请注册本案的争议商标之外,还申请注册了多个与他人具有一定知名度的商标高度近似的商标,可见其具有抢注知名商标的一贯恶意。因此,国家知识产权局认为,尽管争议商标注册时间已经超过5年,但属于恶意注册,裁定争议商标的注册构成《商标法》第13条第3款所指"就不相同或者不相类似商品申请注册的商标是复制、摹仿或者翻译他人已经在中国注册的驰名商标"的情形,对争议商标予以无效宣告。[2]

---

[1] 《商标法》第45条第1款规定:"已经注册的商标,违反本法第十三条第二款和第三款、第十五条、第十六条第一款、第三十条、第三十一条、第三十二条规定的,自商标注册之日起五年内,在先权利人或者利害关系人可以请求商标评审委员会宣告该注册商标无效。对恶意注册的,驰名商标所有人不受五年的时间限制。"

[2] 参见商评字〔2019〕第262000号裁定书。

图 56　　　　　　　　图 57

（四）禁止将他人的驰名商标作为企业名称使用

为防止"傍名牌""搭便车"现象，《商标法》第58条规定，将他人注册商标、未注册的驰名商标作为企业名称中的字号使用，误导公众，构成不正当竞争行为的，依照《反不正当竞争法》处理。最高人民法院《关于审理商标民事纠纷案件适用法律若干问题的解释》第1条第1款规定，将与他人注册商标相同或者相近似的文字作为企业的字号在相同或者类似商品上突出使用，容易使相关公众产生误认的，属于《商标法》第57条第7项规定的给他人注册商标专用权造成其他损害的行为。在上述"宝马"商标侵权案中，法院还明确，在明知他人企业字号具有较高知名度的情况下，仍将该文字组合登记为企业名称中的字号进行商业使用，明显违背诚实信用原则和公认商业道德，有意误导公众，属于典型的不正当竞争行为。

（五）运用反淡化规则对驰名商标进行保护

驰名商标的反淡化保护在工业发达国家已经成熟，我国《商标法》对此未加明确，但在司法实践中，随着最高人民法院《驰名商标司法解释》的公布和修订，反淡化规则在驰名商标民事案件的判决中得到确认。该解释第9条第2款规定，足以使相关公众认为被诉商标与驰名商标具有相当程度的联系，而减弱驰名商标的显著性、贬损驰名商标的市场声誉，或者不正当利用驰名商标的市场声誉的，属于《商标法》第13条第3款规定的"误导公众，致使该驰名商标注册人的利益可能受到损害"的情形。这一司法解释体现了比较完整的淡化含义，虽然该司法解释针对的是民事案件，但鉴于商标民事侵权案件与商标确权案件中对于驰名商标的保护应适用相同的原则，因此，该原则亦应同时适用于商标确权案件。上述规定也进一步明确了《商标法》第13条第3款的规定，以加强对驰名注册商标的保护。在近几年的司法审判中，已有一些生效的判决书中写入了关于商标淡化的问题。① 《驰名商标司法解释》的颁布，既借鉴和吸纳了国际社会对驰名商标保护的反淡化规则，又结合我国现实情况作出了规

---

① 参见李友根：《"淡化理论"在商标案件裁判中的影响分析——对100份驰名商标案件判决书的整理与研究》，载《法商研究》2008年第3期。

定,可以很好地指导下级法院正确理解和适用反淡化规则。

**典型案例**

## "伊利"商标反淡化案

伊利公司的"伊利及图"商标于 1992 年 10 月 10 日被核准注册,核定使用商品为第 29 类的"牛奶、牛奶制品"等,该商标于 1999 年经国家工商行政管理局认定为驰名商标(见图 58)。"伊利 YiLi"商标则由尤某于 2000 年 6 月向国家工商行政管理局商标局提出注册申请,申请商品为第 11 类的"水龙头、浴室装置"(见图 59)等。

图 58

图 59

伊利公司认为尤某的申请构成《商标法》第 13 条规定的"误导公众,致使该驰名商标注册人的利益可能受到损害"的情形,曾就该商标注册提出异议及异议复审,国家商标局及商标评审委员会先后裁定核准该商标注册,认为伊利公司的引证商标虽然属于驰名商标,但其赖以知名的商品是冷饮,与"水龙头"等商品分属不同行业,差异较大,故被异议商标使用在"水龙头"等商品上,不会引起消费者混淆。加之确有美国"伊利运河"等称谓,"伊利"一词未与伊利公司建立唯一对应的联系,被异议商标的注册使用不易使消费者将其标识的商品误以为源自伊利公司,从而误导公众,损害伊利公司与消费者的利益。伊利公司不服,起诉到北京市第一中级人民法院。

北京市第一中级人民法院经审理认为,伊利公司的"伊利"商标商品为民众日常生活所需品,商品受众为广大的普通消费者,且其使用的时间、地域跨度十分长远和广大,故"伊利"商标具有极高的知名度,当他人将"伊利"作为商标注册使用在其他领域的商品上时,难免使人将其与伊利公司的"伊利"商标联系起来。"伊利"二字虽有美国五大淡水湖的"伊利湖"或"伊利运河"中的中文译文"伊利"与之相同,但对于中国消费者而言,知晓"伊利"牌奶制品的消费者数量远远高于知晓美国"伊利运河"的人数,对"伊利"的使用已产生并具有唯一对应于伊利公司产源的标识性效果。尤某将"伊利"作为水龙头等商品上的商标使用,其使用行为客观上带来了减弱"伊利"作为驰名商标显著性的损害后果;其使用在卫生器械和设备上,易使消费者将其与不洁物发生联想;同时也因"伊利"商标极高的知名度,伊利公司有理由认为,尤某的这种使用行为无形中利用了伊利公司"伊利"商标的市场声望,无偿占用了伊利公司的利益成果。据此,北京一中院认定商标评审委员会裁定认定事实和适用法律均有错误,应予撤销。商标评审委员会不服,上诉到北京市高级人民法院。北京市高院经审理后作出"驳回上诉,维持原判"的终审判决。

在该案中,北京市高院认为:根据《驰名商标司法解释》第9条第2款,足以使相关公众认为被诉商标与驰名商标具有相当程度的联系,而减弱驰名商标的显著性、贬损驰名商标的市场声誉,或者不正当利用驰名商标的市场声誉的,属于《商标法》第13条规定的"误导公众,致使该驰名商标注册人的利益可能受到损害"的情形。结合本案,尤某将"伊利 YiLi"商标使用在水龙头等商品上,因其商标中的"伊利"二字与"伊利及图"驰名商标的主要部分相同,尽管双方所售商品并不会在市场上产生冲突,但尤某的行为实际上是不当利用了伊利公司驰名商标的声誉,这也将会减弱"伊利及图"驰名商标的显著性,致使伊利公司的利益可能受到损害,因此原审法院的认定正确,应予维持。该判决也意味着,商标评审委员会须重新就伊利公司针对"伊利 YiLi"商标的注册申请所提交的异议复审作出裁定。该案被媒体称为我国法院适用《驰名商标司法解释》审理的首例案件。

**理论研究**

## 驰名注册商标的跨类保护并非全类保护

因驰名商标的巨大经济价值,国际公约和国外立法均对其进行特殊保护,即在不相同或者不相类似的商品上禁止他人使用和驰名商标相同或相似的商标,依法获得跨类保护。但注册商标的跨类保护范围到底多大?就我国《商标法》第13条第3款规定来看,跨类保护的核心要件是"误导公众,致使该驰名商标注册人的利益可能受到损害",换言之,我国对驰名注册商标的保护并非无条件地延伸到所有不相同或不类似商品上,而是有所限制。

为防止驰名商标人滥用和不适当地扩张权利,指导和规范司法实践,《驰名商标司法解释》第10条规定,原告请求禁止被告在不相类似商品上使用与原告驰名的注册商标相同或者近似的商标或者企业名称的,人民法院应当根据案件具体情况,综合考虑以下因素后作出裁判:第一,该驰名商标的显著程度;第二,该驰名商标在使用被诉商标或者企业名称的商品的相关公众中的知晓程度;第三,使用驰名商标的商品与使用被诉商标或者企业名称的商品之间的关联程度;第四,其他相关因素。

上述解释作出的这些限定因素便于在审判实践中准确把握跨类保护的范围,避免使驰名商标的跨类保护成为"全类保护"。因为不同驰名商标的驰名程度有所差异,对其依法获得跨类保护的范围只能根据个案的具体情况进行考虑,而不能对此作出统一规定。

**典型案例**

### "杏花村"商标异议复审案

山西杏花村公司于1980年12月15日申请注册了"杏花村牌及图"商标(即引证商标一),核定使用商品为第33类的"白酒",1997年4月9日被商标局认定为驰名商标(见图60)。2002年安徽杏花村集团有限公司在第31类的"树木、谷(谷类)、酿酒麦芽"等商品上提出"杏花村"商标(即被异议商标)注册申请(见图61)。

图 60    图 61

山西杏花村公司向商标局提出异议,商标局裁定被异议商标予以核准注册。山西杏花村公司不服,向商标评审委员会申请复审。2010年商标评审委员会作出裁定,对被异议商标在"树木、谷(谷类)"等商品上予以核准注册,在"酿酒麦芽"商品上不予核准注册。山西杏花村公司不服,向北京市第一中级人民法院提起诉讼。一审法院判决维持商标评审委员会裁定。山西杏花村公司不服,向北京市高级人民法院提起上诉。

北京市高院认为:"杏花村"与酒的联系,并非始自山西杏花村公司对引证商标的使用、宣传。杜牧的著名诗句早已使人们将"杏花村"与酒商品联系在一起，山西杏花村公司利用这种早已存在的联系建立引证商标一在酒类商品尤其是汾酒商品上的知名度并使之成为驰名商标，但由此对引证商标一的保护也不应不适当地扩大，尤其是不应当禁止他人同样地从杜牧诗句这一公众资源中获取、选择并建立自己的品牌，只要不会造成对引证商标一及山西杏花村公司利益的损害即可。安徽杏花村集团公司在"树木、谷（谷类）"等商品上申请注册被异议商标，并不足以导致相关公众误认为该商标与引证商标一存在相当程度的联系，从而减弱引证商标一的显著性或不当利用引证商标一的市场声誉。被异议商标的申请、注册未违反《商标法》第13条的规定，因此作出维持原判的判决。[①]

该案因其典型性，被收录于最高人民法院发布的2010年知识产权司法保护十大案件。本案的意义在于明确了：对于驰名商标并非当然可以将其保护扩展至所有商品类别。根据《商标法》的规定，已注册的驰名商标可以禁止他人在不相同或者不类似商品上注册和使用，但其前提是会误导公众，致使驰名商标注册人的利益可能受到损害。因此，本案判决明确指出，只有足以使相关公众认为使用诉争商标的注册、使用人和驰名商标注册人具有的相当程度的联系，从而减弱驰名商标的显著性、贬损驰名商标的市场声誉，或者不当利用驰名商标的市场声誉的情形，驰名商标注册人才能禁止他人注册和使用。

本案判决对于在具体情形下如何判断是否对驰名商标造成损害作出了合理的分析，对于解决此类问题有一定的指导意义。此外，判决还明确了商标独创性和显著性的关系，认为商标的独创性虽然能够影响商标的显著性程度，但并不能因没有独创性就认定缺乏显著性或显著性较弱。驰名商标已为中国相关公众所熟知，当然具有较强显著性，此时其商标是否为商标注册人所独创并不会对驰名商标的保护范围有太大影响。

**四、企业自身对驰名商标的保护**

尽管对驰名商标的保护已经有了立法依据，人民法院和行政执法机关也提供相应的司法和行政保护，但对企业而言，更要加强自身对其驰名商标的保护。与上述保护方式相比，这是一种较有效和低成本的保护模式。

1. 了解《商标法》对商标权的保护途径

根据《商标法》的规定，一旦发生侵权纠纷，权利人对商标权的保护途径有多种，如可以协商解决，不愿协商或者协商不成的，还可通过行政和司法途径对驰名商标进行及时的保护。侵权人不仅要承担民事责任、行政责任，情节严重的还

---

① 参见（2010）高行终字第1118号判决书。

要承担刑事责任。

2. 注册联合商标和防御商标

从国外的立法看,允许商标权人注册联合商标和防御商标以保护其驰名商标。如日本的"SONY"商标,不仅在电器产品上注册,而且在其他产品和服务项目上申请了注册。同时,索尼公司还将"Suny""Sonny""Sohny"等类似商标申请注册为联合商标,以对其注册商标"SONY"进行保护。我国《商标法》虽未明确规定,但在商标实务和企业的商标保护策略中,不少企业已经注册了联合商标和防御商标,以期对自己的驰名商标进行全方位的保护。联合商标和防御商标的注册可起到积极的防卫作用,使商标侵权者无隙可乘。企业通过实施注册联合商标和防御商标策略,不仅保护了驰名商标,维护了消费者的利益,而且可有效地防止他人在不同类别的商品或服务上使用其商标,防止消费者对商品的来源产生误认。

3. 及时行使异议权和撤销权

拥有驰名商标的企业应及时关注商标局发布的商标初审公告和注册公告,对与自己的驰名商标相同或近似的商标应及时行使异议权和撤销权,防止他人对驰名商标造成损害。

4. 将驰名商标在互联网上登记注册为域名

随着计算机的普及和国际互联网的迅速发展,企业之间的电子商务交易越来越多。企业要在这块市场占有一席之地,必须首先在互联网上注册一个域名。多数企业以自己的驰名商标或主商标或企业的名称作为域名登记注册,这样做不仅可以防止他人抢注,而且便于其他企业和消费者识别和记忆。如微软公司的域名为"www.microsoft.com";耐克公司的域名为"www.nike.com"等。[①]

5. 将驰名商标与企业的广告用语以及企业的名称保持一致

注册商标、商务用语和企业名称三位一体,便于企业宣传,提升其整体知名度和认知度。一些驰名商标的企业名称和广告用语均是一致的,如青岛海尔电器公司的商标用语为:"海尔,真诚到永远!"瑞士雀巢公司的广告用语为:"雀巢咖啡,滴滴香浓";四川长虹电视的广告用语为:"天上彩虹,人间长虹";维维豆奶的广告用语为:"维维豆奶,欢乐开怀"等。这些都是对驰名商标实施保护策略的成功实例。

---

① 移动互联网时代,手机 App 名称也可与企业主商标保持一致。参见王莲峰:《论移动互联网 App 标识的属性及商标侵权》,载《上海财经大学学报(哲学社会科学版)》2016 年第 1 期。

**思考题**

1. 驰名商标和一般商标相比有何特点?
2. 简答我国对驰名商标的认定机构、原则。
3. 我国对驰名商标的认定要考虑哪些因素?
4. 比较《巴黎公约》和 TRIPS 协定对驰名商标的保护。
5. 简答什么是对驰名商标的淡化。
6. 论述我国对驰名商标的法律保护。

# 第九章 商标权限制及侵权抗辩

## ☞ 本章导读

根据法学的基本原理,权利的行使应该是有限制的。商标权的行使也不例外。在特定条件下正当使用他人的注册商标并不构成侵权,但在"哪些特定条件下"属于对商标的正当使用? 2013 年修改的《商标法》第 59 条作了如下规定:第一,注册商标中含有的本商品的通用名称、图形、型号,或者直接表示商品的质量、主要原料、功能、用途、重量、数量及其他特点,或者含有的地名,注册商标专用权人无权禁止他人正当使用。第二,三维标志注册商标中含有的商品自身的性质产生的形状、为获得技术效果而需有的商品形状或者使商品具有实质性价值的形状,注册商标专用权人无权禁止他人正当使用。第三,商标注册人申请商标注册前,他人已经在同一种商品或者类似商品上先于商标注册人使用与注册商标相同或者近似并有一定影响的商标的,注册商标专用权人无权禁止该使用人在原使用范围内继续使用该商标,但可以要求其附加适当区别标识。2013 年《商标法》首次确立了商标权的限制规则,意义重大,不仅完善了我国的商标法制,防止权利滥用,也为司法审判提供了依据。考察相关国家及我国立法规定,商标权的限制包括以下几方面内容:商标正当使用、商标先用权以及商标权的用尽等。本章应重点掌握商标权限制的意义和类型、商标正当使用的条件、商标先用权的含义和条件;了解国内外商标正当使用的立法和实践以及商标的平行进口问题。

## 第一节 商标正当使用

### 一、商标正当使用的概念及立法

商标正当使用(fair use)是指在一定条件下,使用他人的注册商标,不视为侵犯商标权的一种行为。商标正当使用是一种重要的侵权抗辩事由。商标正当使用可分为描述性正当使用和说明性正当使用。

商标正当使用在许多国家的商标法中均有规定。如《法国知识产权法典》第 L713-6 条、《欧共体商标条例》第 6 条、《德国商标法》第 23 条、《意大利商标法》

第 1 条之 2、《日本商标法》第 26 条等。以法国和欧共体为例,具体规定如下:《法国知识产权法典》第 L713-6 条规定:"商标注册并不妨碍在下列情况下使用与其相同和近似的标记:(1) 用公司名称、厂商名称或标牌,只要该使用先于商标注册,或者是第三人善意使用其姓氏;(2) 标批商品或服务尤其是零部件的用途时必需的参照说明,只要不会导致产源误认。但是,这种使用损害注册人权利的,注册人得要求限制或禁止其使用。"《欧共体商标条例》第 6 条规定,商标所有人无权制止第三方在商业中使用自己的名称或地址,或者有关品种、质量、数量、价值、原产地等特点的标志,只要上述使用符合工商业中的诚实惯例。

我国《商标法》在 2001 年修改前未规定商标权的正当使用问题。国家工商行政管理局根据多年的实践经验,于 1999 年 12 月 29 日发布了《关于商标行政执法中若干问题的意见》,其中第 9 条规定了商标正当使用的内容,明确指出下列行为不属于商标侵权:(1) 善意地使用自己的名称或者地址;(2) 善意地说明商品或者服务的特征或者属性,尤其是说明商品或者服务的质量、用途、地理来源、种类、价值及提供日期。为明确正当使用的规定,2002 年 8 月 3 日国务院发布的《商标法实施条例》第 49 条专门规定:"注册商标中含有的本商品的通用名称、图形、型号,或者直接表示商品的质量、主要原料、功能、用途、重量、数量及其他特点,或者含有地名,注册商标专用权人无权禁止他人正当使用。"至此,在我国的商标立法中对商标正当使用有了明确的规定,但该规定的法律位阶较低。2013 年修改的《商标法》将条例第 49 条的规定作了提升,在该法第 59 条第 1 款规定了正当使用条款。

**二、商标正当使用的构成条件**

关于正当使用的构成要件,目前学界和司法界观点不一。北京市高级人民法院 2004 年曾作出《关于审理商标民事纠纷案件若干问题的解答》,其中第 26 条规定了构成正当使用商标标识的行为要件:(1) 使用出于善意;(2) 不是作为自己商品的商标使用;(3) 使用是为了说明或者描述自己的商品;(4) 未造成相关公众混淆。该解答首次明确了商标正当使用的构成要件,对法官审理案件统一认识起到了重要的作用。但其法律效力仅限于北京地区,不能在全国范围内适用。另外,该解答仅适用于叙述性正当使用的构成要件,未就商标指示性正当使用进行规定,影响了正当使用规则的整体性。2006 年,北京市高级人民法院印发了新的《关于审理商标民事纠纷案件若干问题的解答》的通知,对上述解答中的第 26 条进行修正,不再将"不会造成混淆"作为商标正当使用的构成要件。

本书认为,商标正当使用构成要件主要包括以下几方面:

（1）主观善意。使用人主观上善意，没有搭便车或侵权的动机，这是认定正当使用的主观因素。是否善意，还要根据下面的条件进行判断。即在商业活动中使用者善意使用自己的名称或者地址，主观上没有搭便车或侵权的动机。此处的善意主要是指使用人虽明知他人已注册为商标，但并未以恶意使用，即使用时并不具有不正当竞争的意图，此种主观意图通常要通过一系列的客观行为表现出来，如在自己商品包装的背面或以较小的字体使用他人的注册商标来描述自己的商品，则不认定为恶意；如果在包装正面以放大的特殊字体进行强调，则难以认定为善意。对于主观善意标准应结合个案进行认定。

（2）客观上正当使用。使用者以善意的、正常的方式说明或表示自己的商品或服务的名称、种类、质量、产地等特点，不可避免地使用注册商标所含的文字、词语等，没有将其作为商标使用，或者在销售商品时，为说明来源、指示用途等在必要范围内使用他人注册商标标识的。如在"千禧龙"商标纠纷案件中，法院认定 TCL 公司销售彩电进行广告宣传时正值中国的龙年和公元 2000 年，其使用"千禧年""龙年"为一种事实的表述，是对商品进行广告宣传的一种活动，因而属于正当使用，不构成侵权。[1]

（3）使用者有自己的商标。在善意使用他人的注册商标时，使用者同时也标注了自己的商标。例如，一家位于青岛的啤酒企业在其产品的包装和厂址中含有"青岛"字样，但同时有自己的注册商标，在宣传使用"青岛"一词时并未特意突出，而只是告知消费者产品的来源地。

典型案例

## 美国"Micro Colors"商标侵权案

美国最高法院 2004 年 12 月 8 日在一份判决中肯定了被告提出的商标正当使用的反驳理由。在恒久印象公司与 KP 恒久化妆品公司的侵权诉讼中，法院一致认为被告在反驳侵权控诉时，无须承担不会造成侵权的证明责任。

恒久印象公司认为，KP 恒久化妆品公司使用在包装和市场推广材料上的"microcolor"文字侵犯了恒久印象公司 1993 年注册的"Micro Colors"文字商标。但最高法院认为，对消费者造成的混淆与商标的正当使用并不矛盾，如果被告能证明该文字是描述性的，并且不是作为一个商标使用，只是合理善意的使用，则被告没有义务证明不会造成混淆的可能。

---

[1] 参见徐晓恒：《注册商标合理使用的司法判断》，载《中华商标》2008 年第 1 期。

法院认为正当使用需要考虑该描述性的文字是否准确无误地描述了该商品,而这需要参考商业理由和原告商标的证明力等除了混淆之外的其他因素,但这些因素在该案中未能提交。因此对当事人来说,这份判决可能仍存在变数。法院特别强调,在本案中,一个原本就是描述性的文字被用作了商标,普通法在这种情况下允许一定程度的混淆,任何人都不得通过抢注商标行为垄断该描述性商标的使用。[①]

**理论研究**

### 存在混淆可能性是否为正当使用的构成要件

关于商标正当使用的构成要件是否包含"存在混淆可能性"的要件,学界和司法界均有不同的观点。美国是商标正当使用制度起源的国家,考察其商标保护的实践,对构建我国正当使用制度具有积极意义。继2004年美国最高法院对KP案[②]终审判决后,在2005年21世纪不动产案[③]中,法院延续了美国最高法院在KP案中的观点,即被告的使用只要符合一定的标准,就可认为是正当使用,而不论混淆与否。在2009年Hensley案[④]中,主审法官进一步肯定了美国最高法院的立场,并指出,在衡量被告是否构成正当使用时,法院只需考虑:被告是否在描述性意义上使用系争标识;被告是否善意使用。在阐述正当使用抗辩时,法院认为"即使原告在诉讼中证明存在混淆可能,被告仍能以正当使用抗辩来阻却商标侵权"。美国司法判例对我国的商标审判实践也产生了影响,本书上述谈到,北京市高级人民法院2006年《关于审理商标民事纠纷案件若干问题的解答》中,已不再将"不会造成混淆性"作为商标正当使用的构成要件。这是继2004年美国KP案后,国内司法界首次对"混淆可能性"与商标正当使用的关系进行明确的回应。

本书认为,如果原告的注册商标显著性较弱或者属于公用领域的词汇,他人当然可以善意、正当地使用,特别是在该词的第一含义上使用。被告也无须证明存在混淆的可能;即使事实上造成混淆,也应当允许存在,因为该商标人不可能

---

① 参见王莲峰主编:《外国商标案例译评》,北京大学出版社2014年版,第144—149页。
② KP Permanent Make-Up, Inc., v. Lasting Impression I, Inc., 543 U.S. 111, 124 (2004), Id. p. 118.
③ Century 21 Real Estate v. Lendingtree, Inc., No. 03-4700 (3rd Circuit Oct. 11, 2005).
④ Hensley Mfg. Inc. v. ProPride, Inc., 622 F. Supp. 2d 554, 2008WL 2514060, (E. D. Mich. 2008).

独占一个公用领域中的词汇。例如,地名商标"青岛""金华",或者"大白兔""光明"等,因这些词语显著性较弱,相应的排他性也会较弱。只要他人不是在商标意义上使用,即未起到识别商品来源的作用,或者在销售中不可避免地使用了注册商标中的文字,即使造成一定的混淆,这也是商标权人申请注册这些文字的对价,在这样的情况下,应当允许他人使用而不构成侵权。因此,在判断商标正当使用的构成要件时不应以存在混淆的可能为要件。另外,商标侵权的认定和抗辩应为两个不同的范畴,其构成条件和判断标准也应有不同。

### 三、商标描述性正当使用

描述性正当使用,是指对本商品的通用名称、图形、型号或者直接表示商品质量、主要原料、功能、用途、数量及其他特点,或者含有的地名的使用;商标权人无权禁止他人正当使用。描述性使用,是商标侵权抗辩中最常用的一种事由。

**典型案例**

### 通用名称抗辩案

韩国大宇公司于 2005 年 3 月 21 日注册了"大富翁"文字商标,核定服务项目第 41 类,范围包括"(在计算机网络上)提供在线游戏"等项目。大宇公司在其以往(该时间至少可追溯到 1998 年)开发的单机版游戏上使用过"大富翁"文字,如大宇公司或其全资子公司与案外人签订的协议中都把"大富翁"作为软件产品名称使用,同时在各款"大富翁"后又加序数词及其他区别性词汇,如"大富翁七游宝岛""大富翁八"等。

盛大公司于 2003 年 9 月 28 日获得了"盛大"文字商标注册证,核定服务项目第 41 类,范围包括"(在计算机网络上)提供在线游戏"等项目。2005 年 8 月 22 日,国家版权局颁发了软著登字第 040838 号计算机软件著作权登记证书。该登记证书载明以下多项内容:软件名称:《盛大富翁》网络游戏软件(简称:盛大富翁)V1.0;著作权人:盛趣信息技术(上海)有限公司;权利取得方式:原始取得;首次发表日期:2005 年 7 月 16 日。著作权人盛趣信息技术(上海)有限公司系盛大公司的关联公司,其授权盛大公司运营该游戏。

2005 年 7、8 月,大宇公司发现盛大公司的两个网站(网址分别为:http://rich.poptang.com 和 http://rich.sdo.com/web1.0/index.asp)上出现"盛大富翁"图文组合标志及盛大公司对《盛大富翁》游戏进行推介、在线指导时使用《盛大富翁》游戏名称的页面。相关页面显示:盛大公司在运营网络游戏《盛大富翁》

的过程中,对《盛大富翁》游戏有介绍和在线指导,在页面上出现两种"盛大富翁"的图文标志(见图62、63)。网站上涉及游戏的介绍内容有:"《盛大富翁》是一款开房间方式的对战类休闲网络游戏。玩家在游戏中掷骰子前进,目的是通过买地盖房等商业活动在经济上击败对手并成为大富翁。"

盛大公司于2007年7月30日对大宇公司注册"大富翁"商标提出撤销注册申请,其理由主要是主张"大富翁"为通用名称。商评委对注册商标"大富翁"的争议案件经审查于2009年11月24日裁定:争议商标予以维持。盛大公司于2005年7月8日向国家商标局申请注册"  "商标,其中在第41类服务(包括"提供在线游戏"等)上申请的商标于2008年11月21日经国家商标局审查通过,获得初审公告。在公告期内大宇公司提出异议,商标状态处于异议待审状态。

大宇公司认为,盛大公司推出盛大富翁在线游戏时所使用的"盛大富翁"文字或图文标志与"大富翁"注册商标在文字组合、含义、读音等方面均构成近似,客观上会对众多在线游戏用户造成混淆和误解,故盛大公司的行为侵犯了大宇公司的商标专用权。

盛大公司辩称,"大富翁"是一类模拟商业风险的智力游戏棋的通用名称,故不具有显著性,盛大公司有权正当使用;大宇公司仅在单机版游戏上将"大富翁"作为商品名称使用过,从未在"提供在线游戏"项目上使用过涉案商标,加之盛大公司"盛大"字号也已注册为商标,且在业内有知名度,故不会与大宇公司的商标造成混淆。

图62    图63

法院审理后认为,大宇公司在中国内地申请注册商标"大富翁",享有商标专用权。但是,如果他人正当使用"大富翁"文字用以概括或说明游戏的对战目的、规则、特点和内容时,则不应被认定为商标侵权行为。"大富翁"作为一种在计算机上"按骰子点数走棋的模拟现实经商之道的游戏"已经广为人知,对于相关公众而言,"大富翁"与这种商业冒险类游戏已建立起紧密的对应关系。因此,"大富翁"文字虽然被大宇公司注册为"提供在线游戏"服务的商标,但是其仍然具有指代前述商业冒险类游戏的含义。加之相关公众一般不会将盛大公司的"大富翁"游戏误认为是大宇公司的"大富翁"游戏,也不会将两者的服务来源相混淆。因此,盛大公司的被控侵权行为属于叙述服务所对应游戏品种的正当使用,大宇公司并不能禁止他人对这种含义的正当使用。

### 典型案例

#### "鲁锦"商标及不正当竞争纠纷案

原告山东鲁锦实业有限公司于1999年申请注册了"鲁锦"文字商标,核定使用商品为第25类服装、鞋、帽类。原告经过多年的艰苦努力及长期大量的广告宣传和市场推广,其"鲁锦"牌系列产品,特别是"鲁锦"牌服装,在国内享有一定的知名度。2006年11月16日,"鲁锦"注册商标被山东省工商行政管理局审定为山东省著名商标。

被告鄄城县鲁锦工艺品有限责任公司生产、济宁礼之邦家纺有限公司销售了在显著位置标有"鲁锦"字样的床上用品。原告认为被告的行为侵犯了其注册商标专用权并构成不正当竞争,诉请判令被告停止生产、销售带有"鲁锦"字样的侵权产品,责令被告变更企业名称并不得使用"鲁锦"两字,赔偿经济损失50万元。被告抗辩声称"鲁锦"在1999年被山东鲁锦公司注册为商标之前,就已变成通用名称,是社会公共财富、历史文化遗产,对其使用属于正当使用,不构成商标侵权。

山东省济宁市中级人民法院经审理后认为,被告的行为违反了《商标法》第52条第2、5项、第56条第1、2款及《商标法实施条例》第50条第1款第1项等规定,构成商标侵权,支持了原告的诉讼请求。两被告上诉后,山东省高级人民法院二审认为,"鲁锦"在1999年原告将其注册为商标之前已是山东民间手工棉纺织品的通用名称,"鲁锦"织造技艺是国务院公布的非物质文化遗产;两被告的使用、销售行为属于对商标的正当使用行为,不构成商标侵权,也不构成不正当竞争。根据《商标法实施条例》第49条、《民事诉讼法》第153条第1款第2项之规定,判决撤销一审判决,鄄城鲁锦公司在今后的市场经营中有权标明其产品是鲁锦面料,但同时,应合理避让他人的"鲁锦"商标权,正确标注自己的商标;驳回山东鲁锦实业有限公司的诉讼请求。[①]

本案中,二审法院认定"鲁锦"在1999年原告将其注册为商标之前已成为山东民间手工棉纺织品的通用名称,这种名称,是一种无形的公共资产,应为该地

---

① 参见(2009)鲁民三终字第34号判决书。

区生产、经营者共同享有。"鲁锦"已被山东地区纺织业普遍使用,并被广泛使用在相关棉织品上(见图64、65);"鲁锦"已为相关公众所接受,成为当地"纯棉手工织品"的代名词;另外,"鲁锦"代表的纯棉手工纺织品的生产原料是由山东不特定地区广泛种植,"鲁锦"织造技艺已被确定为国家级非物质文化遗产。结合本案,鄄城鲁锦公司在其生产的涉嫌侵权产品的包装盒、包装袋上使用"鲁锦"两字,仅是为了表明其产品是鲁锦面料的,其生产技艺是符合鲁锦的生产特点的,不具有侵犯山东鲁锦公司"鲁锦"商标专用权的主观恶意;同时,鄄城鲁锦公司有自己的商标"精一坊",在产品包装上对"鲁锦"的使用并非作为商业标识的使用,不会造成相关消费者对商品来源的误认和混淆,属于对"鲁锦"商标的正当使用,不构成对"鲁锦"商标专用权的侵犯。礼之邦家纺公司作为鲁锦制品的专卖店,也有权使用"鲁锦"两字,同样不构成对山东鲁锦公司"鲁锦"商标专用权的侵犯。在该案中,法院也指出,"鲁锦"毕竟是一个有效的注册商标,其商标权应得到全社会的尊重。为了规范市场竞争秩序,保护公平竞争,遵循诚实信用、公平合理的市场竞争准则,在今后的市场经营中应合理避让他人对"鲁锦"商标的专用权利。鄄城鲁锦公司在其产品的包装中应突出使用自己的商标"精一坊",以标明其鲁锦产品来源,方便消费者识别不同鲁锦产品的生产厂家。

基于同样的理由,鄄城鲁锦公司企业名称"鄄城县鲁锦工艺品有限责任公司"的使用也是正当的,此使用行为不会构成不正当竞争行为,山东鲁锦公司无权要求鄄城鲁锦公司去掉其企业名称中的"鲁锦"两字。法院在综合考虑上述因素及事实等的基础上,认定被告的使用行为属于对"鲁锦"商标的正当使用,不构成对"鲁锦"商标专用权的侵犯,也不构成不正当竞争。该案件因其典型性,被最高人民法院收录于2009年中国法院知识产权司法保护十大案件中。

图64

图65

## 典型案例

### 商品主要原料和成分抗辩案

片仔癀公司拥有在第 3 类牙膏、化妆品,第 5 类药品上的"片仔癀"及"PIEN TZE HUANG"的注册商标。1999 年,使用在药品商品上的"片仔癀 PIEN TZE HUANG"商标被认定为驰名商标(见图 66)。被告某公司生产、销售的"荔枝牌片仔癀珍珠霜(膏)""片仔癀特效牙膏"等 27 种化妆品及日化用品,均将"片仔癀"作为其产品名称组成部分,并在包装装潢上突出使用"片仔癀""PIEN TZE HUANG"字样,且其字体与片仔癀公司的注册商标基本相同(见图 67)。2007 年 4 月 20 日片仔癀公司起诉,请求判令被告立即停止侵权行为、公开赔礼道歉并赔偿损失。

图 66

图 67

福建省漳州市中级人民法院一审认为,被告的行为侵犯了片仔癀公司的注册商标专用权。上诉后,福建省高级人民法院维持一审判决。被告不服,向最高人民法院申请再审。最高人民法院于 2009 年 10 月 27 日裁定驳回其再审申请。

最高人民法院经审查认为,片仔癀是一种药品的名称,如果被控产品中含有片仔癀成分,生产者出于说明或客观描述商品特点的目的,以善意方式在必要的范围内予以标注,不会使得相关公众将其视为商标而导致来源混淆的,可以认定为正当使用。判断是否属于善意、是否必要,可以参考商业惯例等因素。本案中,被告如果是为了说明其产品中含有片仔癀成分,应当按照商业惯例以适当的方式予以标注。但被告却是在其生产、销售商品的包装装潢的显著位置突出标明"片仔癀""PIEN TZE HUANG"字样,该标识明显大于被告自己的商标及其他标志,并且所采用的字体与片仔癀公司的注册商标基本一致。显然,该种使用方式已经超出说明或客观描述商品而正当使用的界限,其主观上难谓善意。在片仔癀公司注册商标已经具有很高知名度的情况下,客观上可能造成相关公众产生对商品来源的混淆,被告关于其属于正当使用的主张不能成立。①

描述性商标由于其商标词汇本身具有描述性,无法直接起到区别商标来源的作用,其禁止他人使用的权利范围就受到较大的限制。根据《商标法》第59条第1款,注册商标中含有的本商品的通用名称、图形、型号,或者直接表示商品的质量、主要原料、功能、用途、重量、数量及其他特点,或者含有的地名,注册商标专用权人无权禁止他人正当使用。

本案中,最高人民法院对描述性商标正当使用的判断作出规定:当注册商标具有描述性时,其他生产者出于说明或客观描述商品特点的目的,以善意方式在必要的范围内予以标注,不会导致相关公众将其视为商标而导致来源混淆的,构成正当使用;判断是否属于善意,是否必要,可以参考商业惯例等因素。

**典型案例**

## 地名商标抗辩案

原告重庆市白市驿公司于1979年向国家工商行政管理局申请注册"白市驿"牌商标,用于其板鸭产品,该商标以"白市驿"三个变形字组合成类似板鸭状图形,并经续展后生效至今。1998年该商标被重庆市工商行政管理局审定为重庆著名商标(见图68)。

1997年3月,被告某食品厂注册成立,并在其板鸭产品包装上注明"长江"商标及该厂的厂名、厂址等,并以醒目字样注明"正宗白市驿风味",尤其突出"白市驿"三字(见图69)。原告向法院起诉被告侵犯其白市驿商标权,请求停止侵权和赔偿。

图68

图69

---

① 参见(2009)民申字第1310号判决书。

法院经审理后认为,白市驿公司在 29 类商品(含板鸭)上依法享有 1411825 号注册商标专用权,该商标由"白市驿"三个字的变形组合图形和"白市驿"三个中文字以上下结构组成。未经商标权人许可,在同种或者类似商品上,单独将"白市驿"三个字的变形组合图形或者单独将"白市驿"三个中文字或者将该商标整体作为商品名称或者商品装潢使用,并足以造成误认的,均为侵犯注册商标专用权的行为。被告在板鸭产品的包装袋上将"白市驿"三个中文字作为商品装潢突出使用,普通消费者在施以一般注意力的情况下,容易将被告的板鸭误认作白市驿公司生产的白市驿板鸭,从而混淆了商品来源,损害了白市驿公司的利益,侵犯了白市驿公司的商标专用权,应当承担停止侵权、赔礼道歉和赔偿损失的民事责任。针对被告抗辩白市驿是个地名属于正当使用的问题,法院在审理中指出,任何权利都不是绝对的,白市驿公司的注册商标专有权也要受到他人正当使用的限制。白市驿是一个地名,在白市驿地区生产同样风格板鸭的商家以正当合理的方式在产品上标注自己的商号或地址不构成侵权。但是被告住所地在重庆市大渡口区,对"白市驿"三个字的使用不属于正当使用。[①]

### 四、商标说明性正当使用

说明性正当使用是指在商业活动中,使用者为了说明有关商品或服务的真实信息,使用他人商标的行为。该行为又称为"指示性正当使用"。在商标侵权纠纷中,说明性正当使用也是一种重要的侵权抗辩理由。

在实际生活中,说明性正当使用的方式很多,如汽车生产商保留其采购的发动机的原有商标,比较广告中用他人的商标来说明被比较的产品,网络链接的标识通常也是商品或服务的商标等。例如,DELL 公司生产的电脑内置 Intel 的 CPU,并在电脑机身上标注"Intel inside"。这种使用的目的在于说明该电脑使用了 Intel 的 CPU,消费者并不会误认为该电脑是由 Intel 公司生产的,所以,戴尔公司的这种行为就属于说明性正当使用,不会侵犯 Intel 公司的商标权。

在我国汽车零部件销售行业和一些汽车维修站点,常见一些零售商店和维修点未经商标权人许可,擅自在其门面招牌上使用某些中外汽车的注册商标,如"××专卖""××专营""××专修"等字样,使消费者误认为其和某汽车制造商有某种关联。这种行为就超出了商标说明性正当使用的范围。同时,由于货源、专有技术、经营水平及店堂布局等方面的原因,其商品的真伪优劣及服务质量等也难以保证。这种行为给商标注册人的商标专用权造成了一定损害。为了解决

---

[①] 参见(2005)渝高法民终字第 90 号判决书。

这个问题,国家工商行政管理局在 1996 年 6 月 10 日下发《关于禁止擅自将他人注册商标用作专卖店(专修店)企业名称及营业招牌的通知》。通知指出:(1) 未经商标注册人允许,他人不得将其注册商标作为专卖店、专营店、专修店的企业名称或营业招牌使用;(2) 商品销售网点和提供某种服务的站点,在需说明本店经营商品及提供服务的业务范围时,可使用"本店修理××产品""本店销售××西服"等叙述性文字,且其字体应一致,不得突出其中商标部分。

从上述规定可以看到,汽车零部件销售店和汽车维修商为了说明自己提供对哪些车型的汽车部件销售和维修,可以在店外使用他人的注册商标,这种行为属于商标的说明性使用,不构成侵权。但如果未经商标权人许可,擅自使用"特约维修点""指定专营店"等字眼,就超出了商标说明性使用的范围,因为使用的结果容易使消费者对服务来源产生误认,认为这些店面取得了商标权人同意,有业务联系。

商标的说明性正当使用在一些国家的立法中也有规定,如《德国商标法》第 23 条第 3 款规定,"只要不与善良风俗相冲突,商标或商业标识所有人应无权禁止第三方在商业活动中使用:必须用该商标或商业标识表示一个产品或服务的用途,尤其是作为附件或配件加以提示"。《协调成员国商标立法欧洲共同体理事会第一号指令》也有相似规定:为说明商品或服务的用途,尤其是作为零配件所必需时,可以使用该商标。

美国的司法判例中也肯定了商标的说明性使用不构成对他人商标权的侵犯。例如,在"香奈尔 5 号"与"第二机会"香水的商标纠纷案[1]中,原告拥有"香奈尔 5 号"牌香水,被告仿造了原告的产品,并在市场上以"第二机会"的商标低价销售。被告在广告中宣称自己的香水是世界上最精美香水的仿制品,并请顾客找出"香奈尔 5 号"与"第二机会"两种香水的区别。由于被告在广告中提到"香奈尔 5 号",原告诉被告侵犯了自己的商标权。法院认为,被告在比较性的广告中使用他人商标,目的是说明自己商品的质量或特性,不会造成相关公众的混淆,属于正当使用的情形。

## 典型案例

### 美国说明性使用的典型案例

普里斯特尼茨案[2]是美国法院保护商标说明性使用的典型案例。原告拥有

---

[1] See Smith v. Chanel, Inc. 159 USPQ 388(9th Cir. 1968).
[2] See Prestonettes v. Coty,264 U. S. 359(1924).

香粉和香水的注册商标"Coty"。被告普里斯特尼茨（Prestonettes）购买了"Coty"香粉后，将其重新包装成块放在小盒子中销售；随后又购买了"Coty"的大瓶香水，分装在小瓶中销售。由于被告的再销售中使用了原告的商标，原告提起诉讼要求被告停止使用自己的商标。

联邦地方法院裁定，被告可以使用"Coty"商标，但前提是被告要在产品标签上说明自己与"Coty"无关，自己仅从事了该产品的压缩和重新包装产品的行为。此案一波三折，第二巡回上诉法院推翻了地方法院的判决，下令被告不得在重新包装的商品上使用原告的商标。而最高法院则在判决上恢复了地方法院的裁定，认为"当商标的使用方式没有欺骗公众时，我们看不到相关的字眼具有这样的神圣性，以至于不能用它来说明真实情况。它不是禁忌"。

在商标的说明使用上，普里斯特尼茨案确立了一个"说明真实情况"（telling the truth）的标准。这一标准影响到后来关于商标说明使用的一系列判例。

## 典型案例

### "立邦"侵害商标权纠纷案

立邦涂料（中国）有限公司（以下简称"立邦公司"）系"立邦"图形与文字组合商标、"立邦"文字商标的注册权人，其发现上海展进贸易有限公司（以下简称"展进公司"）在浙江淘宝网络有限公司（以下简称"淘宝公司"）运营的淘宝网上开设的汇通油漆商城店铺中，经销包括立邦品牌在内的多种品牌油漆且进行宣传促销。该网络店铺首页中上方是一个图片框，滚动显示三幅图片，其中第一幅系多乐士漆广告，第二幅系立邦漆广告（该广告上部显示"Nippon Paint 立邦漆"，下方是立邦涂料的介绍），图片框下方为掌柜推荐宝贝、立邦漆、华润漆、多乐士等部分商品的图片、简要信息、价格、销售量等信息。立邦公司认为展进公司的上述行为足以使消费者误认为展进公司与立邦公司存在关联，误认为展进公司系立邦公司授权许可的销售网点，侵害其商标权，故向淘宝公司发函投诉。淘宝公司回函表示若展进公司售卖的确为立邦公司的产品，那么展进公司发布的宣传图片上所涉立邦公司的商标均不构成法定商标侵权行为。立邦公司认为展进公司、淘宝公司共同构成商标侵权，故起诉至上海市徐汇区人民法院，请求判令两被告停止侵权、刊登声明消除影响、赔偿经济损失。法院经审理后认为，展进公司、淘宝公司不构成商标侵权，判决驳回立邦公司的全部诉请。立邦公司不服，向上海市第一中级人民法院提起上诉。

图 70

上海一中院经审理认为,展进公司为指示其所销售商品的信息而使用上诉人立邦公司的注册商标,未造成相关公众的混淆,且在商标使用过程中,也未造成商标显著性、知名度的降低,或其他商标权益的损害,故展进公司、淘宝公司不构成商标侵权。虽然被上诉人展进公司在其网络店铺首页菜单栏中设置"代理品牌"链接,并在代理品牌界面设置众多品牌广告图片的行为确有不妥,但是该种行为并不属于商标法调整的范畴。综上,法院判决驳回上诉,维持原判。[①]

本案系一起涉及网络交易平台的商标侵权案件,其争议焦点在于被控侵权行为人在销售权利人产品时使用权利人商标的行为是否构成商标侵权。本案判决明确了如果被控侵权行为人使用他人注册商标仅为指示其所销售商品的信息,未造成相关公众混淆,亦未造成商标权人其他商标权益损害的,则不应被认定为商标侵权行为。本案判决对网络环境下商标的合法和正当使用的界定有积极意义,不仅有助于促进互联网商业模式的创新,也有助于维护正常的市场秩序。该案因其典型性,被列为 2012 年上海法院知识产权司法保护十大案件。

### 典型案例

### 超出正当使用范围构成商标侵权案

原告瑞典的沃尔沃有限公司于 1997 年在我国注册了"VOLVO"文字商标,2003 年 4 月 14 日"VOLVO"注册商标被核准转让给原告沃尔沃商标控股有限公司(见图 71)。2005 年 4 月 16 日,被告某公司向海关申报出口叙利亚滤清器 50 箱,价值 2250 美元。该滤清器上以醒目的、大号的英文标有"FOR VOLVO"字样(见图 72),在数行不同语言的产品名称之下,有一个小字体的单词"Re-

---

[①] 参见(2012)沪一中民五(知)终字第 64 号判决书。

place",在商品或外包装盒上未明确制造者被告的名称,也没有被告客户的名称。在滤清器上使用了激光标志,上面标有"OK"字样和叙利亚客户的英文字母公司简称。但该激光标志的底色为银白色,英文字母为白色,字体极小,且因是激光标志,只能在一定的角度和光线下才能依稀辨认。

图 71　　　　　　　　　　　　　图 72

2005年6月15日原告提起诉讼,请求判令被告停止侵权,赔偿原告经济损失和原告为制止侵权行为所支付的合理开支等共计50万元。被告辩称其使用"FOR VOLVO"的行为属于正当使用,不构成侵权。

法院经审理认为:被告的行为不属于对注册商标的正当使用。由于被告未经原告许可,在其生产的滤清器上以较大的字体突出使用了"FOR VOLVO"文字,且其使用的"FOR VOLVO"文字含义不清,又未在滤清器上说明产品制造商的名称等能够识别商品来源的文字,客观上易使消费者联想到该商品的来源与"VOLVO"商标注册人存在某种联系。根据《商标法》第52条第1项等规定,判决被告的行为已构成对原告注册商标专用权的侵犯,未支持被告关于对注册商标的正当使用的抗辩。

本案涉及的商品是汽车零件,不同品牌的汽车使用的滤清器规格可能有所不同,当消费者选择使用滤清器时,他必须了解其选择的滤清器是否能够适用于他的汽车,那么生产厂家应当在该滤清器上指出它可以匹配的汽车的品牌、型号等,以使消费者能够作出正确的选择,此时在该滤清器上有可能会标明汽车的品牌。但这必须是使用者善意的、合理的使用,以起到说明来源的作用。结合本案,被告标示"FOR VOLVO"的方式,在汽车零件上突出使用他人商标,隐匿自己企业的名称和商标,有使消费者误认或联想到商品与商标所有人之间有某种联系的可能,被告的行为已经超出了正当使用的范围,构成了对原告注册商标专

---

① 参见(2005)浦民三(知)初字第40号判决书。

用权的侵犯。

## 第二节　商标先用权

### 一、商标先用权及其立法

商标先用权,是指那些在他人获得商标权之前已经使用该商标的所有人,享有在原有范围内继续使用该商标的权利。该权利的设置,主要是为保护那些已在市场上建立一定声誉但未注册的商标所有人的利益。商标先用权制度的存在有其一定的合理性。

从商标法的历史发展来看,经历了由使用产生权利到注册产生权利的变迁。各国商标法在赋予商标注册权的同时,在一定程度上保留了商标在先使用人的权利。商标先用权制度主要存在于只认可商标权注册产生的国家和地区,如法国、日本。根据这些国家和地区的法律规定,商标的使用不会产生商标权,在实践中如果没有商标先用权制度,在先商标使用人使用多年的商标就有可能被他人抢注。可见,商标先用权制度是为克服登记注册制度的缺陷而设计的一种补救措施。因此,为平衡注册商标权人与商标在先使用人之间的利益,一些国家的商标法中规定了商标先用权制度。如果把商标注册原则的适用绝对化,在先使用人仅仅因为自己在先使用的商标与在后注册商标相同或者近似,就不能正常使用,这对在先使用人是不公平的。

2013年修改的《商标法》第59条第3款规定:"商标注册人申请商标注册前,他人已经在同一种商品或者类似商品上先于商标注册人使用与注册商标相同或者近似并有一定影响的商标的,注册商标专用权人无权禁止该使用人在原使用范围内继续使用该商标,但可以要求其附加适当区别标识。"该规定具有非常重要的意义和价值,宣示了商标先用权规则首次在我国《商标法》中得到确立,在一定意义上确认了在先使用的未注册商标的法律地位及其相应的权益,对是否给予未注册商标保护给出了肯定的回答,承认了我国现阶段未注册商标在市场经济条件下的存在有其客观必然性,较好地平衡了商标注册权人和在先使用的未注册商标人之间的利益。该条款的规定,吸纳和借鉴了其他国家的立法内容,不仅完善了我国的商标权限制制度,防止权利滥用,也为司法审判提供了依据。

## 二、商标先用权的构成要件

由于我国实行的是注册确权,对未注册商标的在先使用人主张保护时,根据《商标法》第 59 条第 3 款的规定要满足以下构成要件:

### (一)具有在先使用的客观事实

在他人申请商标注册以前,在先使用人已经连续使用了该商标,这是构成商标先用权的首要条件。如果没有时间上的先用事实,就不会产生相关的权利。另外,在先使用人对该商标的使用应是连续性的,如果无正当理由而中断使用的,在他人注册后则不得继续使用,否则会破坏商标的注册原则,不利于对注册权利人的保护。当然,这里的在先使用的"使用"应是强调商标在商品或服务上的实际使用和投放市场,是连续一定时期的使用[①]并产生了商标的识别功能,而不是象征性的使用。如果连续 3 年停止使用的,则原使用人不得再继续使用。

### (二)在先使用的商标相同或近似且使用的商品相同或类似

注册商标专用权的保护范围是以核准注册的商标和核定使用的商品为限。如果在先使用的商标与注册商标不构成相同或者近似,或者使用的商品不是同类或类似商品,那么商标在先使用人当然有权继续使用,甚至可以申请注册取得商标权。换言之,只有当在先使用人与他人注册商标相同或近似,并且使用在同类或类似商品或服务上时,才会产生争议和纠纷,从而产生商标先用权制度。

### (三)在先使用的商标应有一定影响

2013 年的《商标法》修正案对在先使用商标附加了"有一定影响"的要求,即具有一定的市场知名度和美誉,但并没有要求必须达到驰名的程度,因为《商标法》第 13 条第 2 款已经规定了对未在中国注册的驰名商标给予相应的保护。从我国注册确权的原则出发,只有对具有一定知名度的未注册商标才给予特别的关照和保护。[②]

## 三、商标先用权行使的限制

只有满足了上述构成要件,未注册商标在先使用人才有权继续使用该商标

---

[①] 关于连续使用,日本学界认为:一是其并不要求在先使用者的营业处于持续不断的状态,如果由于季节性的原因而中断,或由于经营者一时的困境或其他原因中断使用,也应当认为在先使用的商标处于继续使用状态;二是如果在先使用者将自己的在先使用的商标和营业进行了分开转让或进行了许可使用的,在这种情形下,在先使用者不得主张在先使用权。

[②] 参见王莲峰:《商标先用权规则的法律适用——兼评新〈商标法〉第 59 条第 3 款》,载《法治研究》2014 年第 3 期。

而不构成商标侵权,可见,商标先用权的行使是有诸多限制的。

(一) 使用范围的限制

商标先用权制度的设立只是保护在先商标使用人使用的既存状态,所以,在他人商标注册后,在先使用人只能在原有范围内继续使用该商标,先用权人使用的范围应有所限制。如何界定原有范围?借鉴国家工商行政管理总局 1994 年发布的《关于服务商标继续使用问题的通知》,[①]本书以为,使用范围的限制可从以下几方面考虑:一是只能在原来的商品或服务上使用,不得扩大使用的类别和范围,如扩大使用在类似的商品或服务上;二是不得改变原来使用的商标的图形、文字、色彩、结构、书写方式等内容,但以同他人注册商标相区别为目的而进行的改变除外;三是借鉴专利法中先用权限制的规定,商标先使用人只能在原有生产规模和销售区域内使用,不可进一步拓展市场规模和使用地域,从而挤压并侵占商标权人的市场利益。[②] 实践中,如何去把握还需要进一步研究。例如,对服务商标而言,跨不同的区域相对容易控制,如不同航空公司的服务商标覆盖的区域等;但对商品商标而言,由于电子商务和网购的普及和发展,商品流通渠道通畅,很难对销售的区域加以控制。

(二) 附加适当区别标识

为防止商品来源的混淆,保护注册商标权人利益,商标权人可要求先用权人在相同的商品或服务上附加适当区别的标识,以表明该商品来源于不同的生产厂家。适当的标识,可以是不同的包装、企业的字号或者名称、产地等。如果不附加适当区别标识,与他人注册的商标相同或近似的,且使用在同种或类似的商品或服务项目上,造成混淆的,可按侵犯商标专用权行为处理。

(三) 在先使用人出于善意

在他人对相同的商标注册取得权利后,在先使用人使用商标主观上应是善意的,不得以不正当竞争为目的使用,不得和注册商标权人的商品和服务相混淆。如果在先使用人为了争夺市场,突出使用并造成了和注册商标的商品来源产生混淆的,则会由主观善意变为恶意,构成商标侵权。

---

① 《关于服务商标继续使用问题的通知》第 3 条规定,服务商标继续使用时,使用人须遵守下列规定:(1) 不得扩大该服务商标的使用地域;(2) 不得增加该服务商标使用的服务项目;(3) 不得改变该服务商标的图形、文字、色彩、结构、书写方式等内容,但以同他人注册的服务商标相区别为目的而进行的改变除外;(4) 不得将该服务商标转让或者许可他人使用。

② 《专利法》第 75 条第 2 项规定,在专利申请日前已经制造相同产品、使用相同方法或者已经做好制造、使用的必要准备,并且仅在原有范围内继续制造、使用的,不视为侵犯专利权。

（四）在先使用商标具有知名度的要求

与前两次修改比较，2013年《商标法》第59条第3款新增加了先用商标必须满足"有一定影响"即知名度的要求，否则不能主张先用权的规定。

**理论研究**

## 商标先用权是否要满足知名度的要求

本书认为，《商标法》第59条第3款关于在先使用商标具有知名度的要求，过度保护了注册商标权，挤压了未注册商标行使和保护的空间，与立法设立商标先用权的本意背道而驰。如果把商标注册原则的适用绝对化，在先使用人仅仅因为自己在先使用的商标与在后注册商标相同或者近似，就不能正常使用，这对在先使用人是不公平的。[①] 因为在先使用人是首次使用该标志的人，并未搭借在后注册人的声誉，是一种使用该商标并产生和相关商品或服务识别功能的事实状态。而注册本身只是一种对在后申请者权利的确认。

法律不仅要维护自然形成的秩序，而且要尊重在先使用人的劳动成果。在坚持注册原则的情况下，也应注意到商标在先使用人和在后注册人的利益平衡，不能对先用权人过于苛求，要求其使用的商标必须有知名度。换言之，不能仅仅以他人申请商标注册在先为由，对抗他人在先使用商标的事实和权利，从而禁止该使用人在原有范围内继续使用该商标，进而否定在先使用人的利益。

从法律规定的连续性考虑，我国《商标法实施条例》对与他人在相同或者类似的服务上已注册的服务商标相同或者近似的，允许继续使用，条例并未要求在先使用的服务商标必须有"一定影响"，才能继续使用。[②] 另外，如何判断"一定影响"的商标？这也会带来实际操作中的困难，是指驰名商标还是著名商标？本书以为，《商标法》该条款对在先商标继续使用的要求不可太高，只要有在先使用的事实即可，因为该条立法设计的目的不同于《商标法》第13条和第32条，不能对在先使用人主张继续使用过于苛求，应该取消对先用商标"有一定影响"的要求。

---

[①] 参见杜颖：《在先使用的未注册商标保护论纲——兼评商标法第三次修订》，载《法学家》2009年第3期。

[②] 《商标法实施条例》第92条第1款规定："连续使用至1993年7月1日的服务商标，与他人在相同或者类似的服务上已注册的服务商标相同或者近似的，可以继续使用；但是，1993年7月1日后中断使用3年以上的，不得继续使用。"

### （五）在先使用权转移的限制

商标先用权是对在先使用商标的事实的确认,法律维护的是一种既存的状态,即先使用人自身在现有范围内使用。另外,从所有权的角度分析,先用权也是一种有限的权利,不享有完全的处分权,一般情况下,不得将该商标转让或者许可他人使用。但在继承关系或者企业发生分立或者合并时,则应当允许在先使用权的移转。①

**典型案例**

## "小肥羊"商标纠纷案

内蒙古小肥羊餐饮连锁有限公司（以下简称"小肥羊公司"）成立于1999年9月13日,同年,向商标局申请注册"小肥羊"文字或图文组合商标,2003年获得注册,核定使用于第43类的饭店、餐厅（馆）等服务上,第3043421号商标曾于2004年11月12日被认定为餐厅、饭店服务上的驰名商标。小肥羊公司自成立以后,由于独特的菜品、优质的服务、特许经营的方式、大量的宣传和广告,特别是自2001年之后,获得了一系列的荣誉和奖项,小肥羊公司的商标、知名服务的特有名称和企业字号具有高度知名度。小肥羊公司于2001年10月15日在深圳成立第一家"小肥羊"店,经过多年的经营,小肥羊公司在深圳已开设18家"涮羊肉"火锅店,其"小肥羊"字号在深圳亦具有较高的知名度。

周某曾于1995年在兰州使用了"周一品小肥羊"的字号,持续时间至次年12月。2006年6月,周某在深圳设立深圳市周一品小肥羊餐饮连锁管理有限公司（以下简称"周一品公司"）并转予他人。周一品公司主要在深圳及周边地区经营,提供的服务亦是"涮羊肉"火锅服务。周一品公司在门店招牌、服务员的胸牌及点菜单上使用了"一品小肥羊"标识;在门店指示牌使用了"周一品小肥羊"等标识;在餐具和火锅电磁炉上使用含有"小肥羊"的商业标识;同时在域名为"www.zypxfy.com"的网站上,除使用上述标识外,还注明版权所有为深圳市一品小肥羊餐饮连锁集团……一品小肥羊官方网站。该网站提供"一品小肥羊餐饮连锁"加盟登记表,并介绍"一品小肥羊"特许连锁店加盟程序。

---

① 参见《日本商标法》第32条,商标先用权人的业务继受人也可以享有商标的先用权。

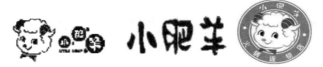

图 73　原告注册商标

图 74　被告注册商标

小肥羊公司以周一品公司的上述行为构成侵害商标权及不正当竞争为由，向广东省深圳市中级人民法院提起诉讼。周一品公司以商标先用权（在先使用商标）为由进行抗辩。

一审法院经审理后认定，周一品公司的先用权主张不能成立，其使用的商业标识及企业名称侵犯了小肥羊公司的注册商标专用权及企业名称权，故判决周一品公司立即停止侵权行为并赔偿小肥羊公司经济损失90万元及合理支出10万元。周一品公司不服，提起上诉。广东省高级人民法院二审判决驳回上诉，维持原判。[①]

本案中，周一品公司主张有先用权。法院认为，周某曾于1995年在兰州使用了"周一品小肥羊"的字号，但次年即告中断，而十年后再次使用，未达到连续使用这一条件，其先用权主张不能成立。即使其享有先用权，商标法对这种先用权的行使和容忍也是有限度的。商标法意义上的先用权存在两个要件，不仅要求在先使用的标识在注册商标申请注册前业已存在，还要求该标识在一定范围内具有一定影响。对此，法律规定，该标识只能由原使用人在原使用范围内继续使用，而不得超出该范围许可或转让给他人使用。

我国2013年修改的《商标法》第59条第3款增加了关于商标先用权的规定，这在一定程度上确认了在先使用的未注册商标的法律地位及相应的权益，也较好地平衡了注册商标权利人和在先使用未注册商标权利人之间的利益。本案探讨了关于商标先用权的规则适用，特别是在理论和司法实践中都尚无定论的商标先用权抗辩中"原有范围"的界定问题，并在此基础上较为深入地阐释了先用权

---

① 参见（2014）粤高法民三终字第27号判决书。

制度与注册商标制度之间的位次关系和利益平衡,为新商标法实施后涉及先用权抗辩案件的审理进行了积极而有益的探索。该案为广东省高院2014年度十大案件,也被评为2014年中国法院十大创新性知识产权案件。

**典型案例**

## "狗不理"服务商标纠纷案

狗不理集团的前身于1994年10月7日注册了"狗不理"文字商标,核定服务项目为第42类,即餐馆、备办宴席、快餐馆、自动餐馆。1999年12月29日,该商标被认定为驰名商标(见图75)。天丰园饭店开业日期为1973年,主营猪肉灌汤蒸包,并于1986年9月、11月增加"狗不理猪肉灌汤包"等经营项目。自80年代至今,天丰园饭店一直持续经营"狗不理猪肉灌汤包"(见图76)。2005年4月,天丰园饭店经营的"狗不理猪肉灌汤包"经济南市贸易服务局、济南市饮食业协会评比,被认定为"济南名优(风味)小吃"。同年,"狗不理猪肉灌汤包"入选济南市消费者协会的《济南消费指南》。1990年8月出版的《济南老字号》一书记载,济南的"狗不理"包子从40年代初开始经营,到1948年济南解放,一直畅销不衰。特别是济南解放后,天丰园饭店门前天天顾客盈门。天丰园饭店一直在其门口悬挂经营"狗不理猪肉灌汤包"的牌匾,其主打品牌也是"狗不理猪肉灌汤包",还曾在一楼楼道口悬挂"狗不理"三个字的黑色牌匾。

图75

图76

2006年10月16日,狗不理集团提起诉讼,认为天丰园饭店的行为侵犯其"狗不理"注册商标专用权,请求判令天丰园饭店停止侵权,消除影响并赔偿损失。

山东省济南市中级人民法院一审认为,天丰园饭店在济南这一特定地域经营"狗不理猪肉灌汤包"的历史由来已久,未超出原有地域和服务项目,也未使用狗不理集团对于"狗不理"商标的特定书写方式,其使用"狗不理"介绍和宣传以天丰园饭店名义经营的"狗不理包子"的行为,不构成侵犯"狗不理"服务商标专用权,遂判决驳回狗不理集团的诉讼请求。狗不理集团提起上诉。

山东省高级人民法院二审认为,天丰园饭店使用"狗不理"文字作为其提供的一种菜品的名称,并在济南这一特定地域经营"狗不理猪肉灌汤包"的历史由来已久。天丰园饭店提供"狗不理猪肉灌汤包"这一食品,并非在狗不理集团商标注册并驰名后为争夺市场才故意使用"狗不理"三字,没有违背市场公认的商业道德,也不存在搭车利用"狗不理"服务商标声誉的主观恶意,属于在先使用。但天丰园饭店将"狗不理"三字用于宣传牌匾、墙体广告和指示牌,并且突出使用"狗不理"三字或将"狗不理"三字与天丰园饭店割裂开来使用的行为,容易使消费者混淆。为规范市场秩序,体现对"狗不理"驰名商标的充分保护,天丰园饭店不得在企业的宣传牌匾、墙体广告中等使用"狗不理"三字,但仍可保留"狗不理猪肉灌汤包"这一菜品。遂判决撤销一审判决,判令天丰园饭店停止在宣传牌匾、墙体广告等其他广告形式中使用"狗不理"三字进行宣传;驳回狗不理集团的其他诉讼请求。

狗不理集团不服二审判决,向最高人民法院申请再审。最高人民法院于2009年2月5日裁定驳回其再审申请。最高人民法院经审查认为,考虑在狗不理集团公司注册"狗不理"服务商标之前,天丰园饭店持续使用"狗不理猪肉灌汤包"这一菜品名称的历史因素,天丰园饭店仍可保留"狗不理猪肉灌汤包"这一菜品名称,但根据公平原则,天丰园饭店不得作其他扩张性使用。[①]

本案由于其典型意义,被收录在《最高人民法院知识产权案件年度报告(2009)》中。最高人民法院在个案裁决中进一步发展了判断商标正当使用应考虑的因素,并细化了商标正当使用行为的判断标准。商标正当使用不仅是对商标权排斥范围的限制,也是正确划定商标权的权利边界和维护正当的公众利益的关键所在。同时,在判断商标正当使用时,对个案中存在的历史因素应予以考虑。

## 第三节 商标权用尽和平行进口

### 一、商标权用尽和平行进口的含义

商标权用尽,是指经商标所有人同意将带有商标的产品首次投放市场后,任

---

[①] 参见(2008)民三监字第10-1号判决书。

何人使用或销售该产品，商标权人无权禁止。因为商标权人已经行使了其权利，从而导致其权利的穷竭或者用尽。该制度的意义在于促进贸易的顺利发展，保障商品的正常流通，防止商标权人利用商标控制市场，垄断价格。

平行进口，又称"灰色市场"(gray market)，是指在国外生产的带有本国商标的商品，未经本国商标权人的同意而输入本国的行为。平行进口中的商品是通过合法的渠道进来的"货真价实的正品"，由于其不同于一般的假冒产品和走私商品，因此被称为"灰色市场"或"灰色市场产品"。

商标的平行进口是经济全球化发展不平衡所带来的问题，按照经济学的观点，商品总是从低价位国家向高价位国家流动。只要存在价格差异，灰色产品就会有市场。但如果允许平行进口，可能会造成国内市场的混乱以及生产厂商和商标被独家许可方的重大损失。如国外质次价廉的合法产品大量流向质优价高的国家，就会冲击该国的市场，使商标权人遭受重大损失。另外，由于各国的营销方式和广告投入不同，同一商标在各国的声誉也会有很大差别。如果同意平行进口，平行进口商会无偿利用商标所有人在该国的宣传投入和其创建的该商标的声誉，显然这是不公平的。平行进口关系到商标权人和消费者利益如何平衡的问题，从法律角度讲，就是如何解决商标的地域性和全球化贸易的冲突问题。换言之，一旦商标权国际用尽理论被普遍承认，商品平行进口就自然合法。

商标权用尽分为国内用尽和国际用尽两种。由于商标权具有地域性的特征，是依照各国商标法独立产生的，故各国对商标权的国内用尽不存在争议。关于商标权的国际用尽，各国分歧较大。赞成国际用尽的一方认为，商标首次使用后，权利人不得再干涉合法投放市场商品的继续流通，包括进出口。这样有利于贸易的自由流转并可使消费者获益。反对商标权国际用尽的一方认为，商标权在一国用尽并不导致在另一国当然用尽，商标权人对商品的跨国流通拥有控制权，未经许可的进出口行为仍可构成商标侵权，只要商品还处于流通领域尚未到达最终用户手中。由于对此问题争执不下，《与贸易有关的知识产权协定》对此未作明确规定，而是留给各成员方自行解决。①

美国作为世界上最大的知识产权国，不承认商标权国际用尽。从美国的立法和判例可以看出，美国对商标平行进口的态度是一般禁止，即立法原则上禁止外国厂商生产的带有美国商标权所有人注册商标的商品进口到美国，但近年的法律实践中也允许例外。欧盟各国在商标权用尽的地域问题上存在较大的分歧，各国国内的立法所采用的原则不尽相同，如德国、瑞典、丹麦等国实行商标权

---

① 参见《与贸易有关的知识产权协定》第6条。

国际用尽原则,但法国、意大利等国支持区域权利用尽。自1989年欧盟《商标指令》以后,各国都根据自身的需要进行了立法和司法上的调整。目前,欧盟只在成员国范围内承认商标权用尽,即采取商标权区域内用尽原则,而否认商标权国际用尽。日本在20世纪70年代以前对商标平行进口持反对态度,但在后来的派克笔案中,法院改变了原来的态度,判决派克进口商的平行进口行为不构成侵权,从而也带来了立法的巨大变化。根据日本最高法院确认的1970年Parker案和1972年财政部海关总署的规定,日本有条件地允许平行进口。韩国则是在其商标法第36条第2款规定平行进口是商标侵权行为。[①]

## 二、我国关于平行进口的规定

我国商标法对平行进口未作具体规定。随着国家对国际贸易政策的转变和经济形势的变化,我国已经逐步开放国内市场,比如,在上海自贸区允许国外汽车平行进口到中国。从司法实践来看,经历了从禁止平行进口到逐步开放的过程。如果平行进口的商品未破坏商标的识别功能、商品品质未受影响,则不构成对国内商标权人的损害。

**典型案例**

### 法国葡萄酒平行进口纠纷案

大酒库公司系法国公司,是法国"J.P.CHENET"商标的权利人。该"J.P.CHENET"商标经国家工商行政管理总局商标局核准注册,注册有效期限自2011年2月7日至2021年2月6日,核定使用商品为第33类的"葡萄酒;汽酒;酒(饮料);酒(利口酒)"。2009年3月9日,大酒库公司同天津王朝葡萄酒酿酒有限公司(以下简称"王朝公司")订立独家销售合同,授权王朝公司在中国境内独家销售大酒库公司的涉案品牌葡萄酒。

天津慕醍公司2012年8月31日从天津海关申报进口了"J.P.CHENET"商标的白葡萄酒1920瓶、桃红葡萄酒1920瓶、红葡萄酒5760瓶,并缴纳了进口关税、进口增值税、进口其他消费品消费税等。天津慕醍公司进口的涉案葡萄酒酒瓶标签上没有注明酿造所使用的葡萄种类,也没有关于葡萄酒等级的标注。大酒库公司提供的其通过王朝公司进口的葡萄酒标签上注明了酿造所使用的葡

---

[①] 参见陈江:《商标平行进口之再辨析》,http://www.law-lib.com/lw/lw_view.asp? no=665, 2008年4月10日访问。

萄种类,以及代表葡萄酒等级的标注。但天津慕醍公司提供了证据证明其进口的涉案葡萄酒来源于大酒库公司,大酒库公司虽然提出了反驳但没有提供证据。

本案焦点问题之一是:天津慕醍公司未经大酒库公司授权,进口标有"J. P. CHENET"注册商标的三种葡萄酒,是否侵害了大酒库公司的注册商标专用权。法院经审理后判决如下:因天津慕醍公司进口的葡萄酒与大酒库公司在我国销售的葡萄酒之间不存在实质性差异,该进口行为不足以导致消费者混淆,大酒库公司的商誉亦未因此受到损害,故大酒库公司关于天津慕醍公司未经其授权进口涉案葡萄酒构成商标侵权的主张不能成立,驳回原告的诉讼请求。①

本案属于比较典型的商品平行进口引发的商标纠纷,对此,法院判决书中写道:对于天津慕醍公司的上述进口行为,我国商标法尚没有明确的禁止性规定。该行为是否构成商标侵权,应根据商标法的宗旨和原则,并结合案件具体事实等因素予以综合考量,合理平衡商标权人、进口商和消费者之间的利益,以及保护商标权与保障商品自由流通之间的关系。我国商标法既保护商标专用权、防止对商品或服务的来源产生混淆、维护公平竞争、促进经济发展,同时又维护消费者及社会公众的合法权益,以实现对商标权人和消费者的平衡保护。具体到本案中,根据已查明事实,天津慕醍公司从英国进口的三种葡萄酒均为大酒库公司生产并销售给其英国经销商的产品,产品上所附着的商标也是来源于大酒库公司的商标,天津慕醍公司在进口中对涉案三种葡萄酒未进行任何形式的重新包装或改动。大酒库公司销售的各种等级、系列及种类的葡萄酒产品,在中国的市场定位也是面向不同需求和层次的消费群体。消费者对带有"J. P. CHENET"商标葡萄酒产品的期待或依赖不会因上述产品的进口而被影响,故两者之间在质量等级和品质上,不存在大酒库公司所主张的"重大差别"。天津慕醍公司的进口行为并不足以造成消费者对商品来源的混淆和信任度的破坏,进而大酒库公司在我国的商誉和利益也不会受到危害。

当今世界,贸易自由是国与国之间贸易活动的基本原则,防止人为划分市场、造成价格上的垄断,是大势所趋。商标法保护注册商标权利人的合法权利,但也禁止其利用优势地位人为地进行市场分割,获取不合理的垄断利益。结合本案,法院认为,天津慕醍公司的进口行为不仅不会损害我国消费者的利益,反而会对消费者有利。因为我国相关法律、法规并未将天津慕醍公司的进口行为规定为侵犯注册商标专用权的行为,只要进口商品没有经过任何加工、改动,仅仅以原有的包装销售,依法合理标注相关信息,既不会导致消费者的混淆和误

---

① 参见(2013)津高民三终字第 0024 号判决书。

认，不会损害法国大酒库公司商标标示来源、保证品质的功能，也不会损害商标权人和相关消费者的利益，因此，本案的被告天津慕醒公司的进口行为不构成对商标权的侵害。

### 三、商标权用尽的限制

在商标权用尽的情况下，他人在贸易活动中继续使用该商标转销或分销已经售出的商品，不构成侵权。

但根据一些国家商标法的规定，商标权用尽有一些限制，如必须以该商品没有发生变化，并且未经过重新包装为条件。《欧共体商标条例》第13条明确规定，共同体商标所有人或经其同意的人，将带有商标的商品在共同体内投放市场后，商标所有人的权利不得用来禁止在该商品上使用商标。商标所有人有正当理由反对商品的进一步流通，尤其是商品在投放市场后商品质量有变化或损坏的，不适用前款规定。[①] 如果他人在流通过程中改变了商品或包装，则会损害商标的指示来源和保证质量的功能，同时也不利于消费者选择自己熟悉的商品。

此外，商标权的限制还包括一些非商业目的的使用，例如在新闻报道及评论中不可避免地提到某个商标，只要是基于事实进行客观报道，即使是对该商标所标示的商品进行批评，商标权人也不能以商标侵权为由阻止媒体的使用。

**典型案例**

## 滑稽模仿

原告美国可口可乐公司常在其产品上使用红色的设计图案，并配有一白色条文写成的文字"Enjoy Coca-Cola"（见图77）。被告某公司在自己经销的气体饮料上几乎原样复制了可口可乐公司的图案，只将白色条文写成的文字改成了"Enjoy Cocaine"（见图78），并主张这是滑稽模仿。

联邦地方法院判决，被告侵犯了原告的商标权。因为被告的图案和原告的图案相似，文字上也只有三个字母不同，更重要的是把"可口可乐"商标和毒品相联系，其声誉会受到损害。在这种条件下，商标权人有权禁止他人使用。

---

[①] 参见吴汉东主编：《知识产权法学》，法律出版社2004年版，第223页。

图77　　　　　　　　　图78

滑稽模仿(parody)，是以幽默、滑稽和讽刺的方式，模仿他人的商标。美国法官有一个不成文的传统，认为幽默本身不能被禁止，不论商标所有人是否愿意。在一些国家的著作权法中，滑稽模仿被认为是对作品的正当使用，但是这类作品不得与原作品混淆并不得损害其声誉。对商标的滑稽模仿主要和驰名商标的保护有关。但生活中，如果滑稽模仿对驰名商标造成侵害，则构成商标侵权，如上例。

**思考题**

1. 为什么要对商标权进行限制？
2. 简答商标权限制的含义和类型。
3. 试述商标正当使用的条件。
4. 为什么商标的说明性使用不构成侵权？
5. 试述商标先用权的行使及其立法规定。
6. 我国立法是否应认可平行进口？为什么？

# 第十章　商　标　管　理

## ☞ **本章导读**

各个国家都十分重视加强对商标的管理,因为商标的使用不仅关系到商标权人自身的信誉和利益,还关系到消费者的权益、市场的竞争秩序和经济的发展。本章应重点掌握商标的注册管理和使用管理,了解我国对商标印制管理的规定以及企业内部的商标管理等。

## 第一节　商标管理机关的职责

### 一、商标管理的概念和意义

商标管理是指商标主管机关依法对商标的注册、使用、转让、印制等行为所进行的监督、检查等活动的总称。

商标管理有广义和狭义之分。广义的商标管理不仅包括国家对商标的行政管理,而且包括企业对商标的内部管理;狭义的商标管理仅指国家对商标的行政管理。本章的商标管理是指广义的商标管理,管理的内容主要包括商标的注册管理、商标的使用管理、商标的印制管理、企业内部的商标管理。

实施商标管理的意义主要在于:

(1) 有利于规范商标权人正确使用商标。商标的正确使用,不仅能充分发挥商标的功能,维护商标的信誉,而且有利于保护商标权人的合法权益;同时,可以督促企业树立商标意识,实施名牌商标战略。

(2) 有利于监督商标使用人保证其使用商标的商品或者服务的质量。商标使用人应保证其使用商标的商品或者服务的质量,以维护消费者的合法权益,保障社会秩序的正常运转。

(3) 有利于增强企业和商标使用人的法治观念。对商标的管理,有利于增强企业和商标使用人的法治观念,维护商标注册人的合法利益,而且有利于防止未注册商标使用人冒充注册商标,堵塞非法印制注册商标标识的渠道,避免和减少侵犯商标专用权案件的发生。

(4) 有利于完善商标法律制度。通过商标管理,可以随时发现问题,不断地总结经验,逐步地完善我国的商标法治。

**二、商标管理机关及其职责**

商标管理机关,是指一个国家主管商标工作的政府职能部门,它代表国家管理全国的商标工作。由于世界各国的国情不同,各个国家的商标管理机关也不一样。如日本的商标管理机构为特许厅,归属于通商产业省;美国由专利商标局管理商标;英国由专利、设计和商标总局局长掌管商标注册簿;巴西的工业产权局负责商标的注册管理工作。

根据中共中央2018年3月印发的《深化党和国家机构改革方案》,为解决商标、专利分头管理和重复执法问题,完善知识产权管理体制,重新组建国家知识产权局,由国家市场监督管理总局管理。新组建的国家知识产权局负责保护知识产权工作,推动知识产权保护体系建设,负责商标、专利、原产地地理标志的注册登记和行政裁决,指导商标、专利执法工作等,具体执法工作交由市场监管综合执法部门承担。

我国的商标管理实行集中注册和分级管理相结合的管理机制。2018年国务院机构改革后,由国家知识产权局商标局主管全国的商标注册、评审和管理的工作。地方各级市场监管局和知识产权局是地方各级商标管理部门。国家知识产权局商标局制定商标政策、商标法规,进行商标注册、评审,协调和指导地方各级商标管理部门进行商标管理。

国家知识产权局商标局的具体职责有:受理和审查国内外的商标注册申请,统一办理商标注册;负责注册商标的转让、变更、续展、注销和补证工作;对商标的异议和复审、注册商标争议等事宜作出裁定;撤销违法使用的商标和注册不当的商标;办理商标使用许可合同的备案工作;指导全国商标管理工作;认定驰名商标并给予法律保护;编辑出版《商标公告》;建立商标档案制度,负责商标的查阅工作;负责国际商标使用事宜。

地方各级知识产权和市场监督管理部门的职责有:对辖区内的注册商标和未注册商标的使用进行管理;制止、制裁商标侵权行为,以维护商标专用权;监督商品质量,对生产粗制滥造、以次充好、欺骗消费者的商品的行为,予以制止或行政处罚;管理商标印制活动;宣传商标法律和法规,指导商标使用人正确使用商标;对必须使用注册商标而未使用的行为予以处理。

对企业商标内部的管理,各企业采取不同的模式,如有些企业专门设立知识产权部,有些企业在办公室下设商标部。其职责主要是:对注册商标进行宣传;对商标的注册档案进行管理;对商标的印制及使用进行管理;对商标的使用许可进行管理;监督使用注册商标的商品的质量;对侵犯商标专用权的行为进行调查。

## 第二节 商标使用管理

商标的使用管理包括两个方面的内容:注册商标的使用管理和未注册商标的使用管理。

### 一、注册商标的使用管理

注册商标的使用管理,是指商标管理机关对注册商标使用人是否依法在核定使用的商品上正确使用其核准注册的商标进行监督,同时对注册商标的商品质量进行监督的行政管理行为。

根据《商标法》及其实施条例的有关规定,商标管理机关对注册商标的使用管理主要包括以下几个方面:

（1）注册商标所有人是否正确使用和标注注册商标。使用注册商标,可以在商品、商品包装、说明书或者其他附着物上标明"注册商标"或者注册标记。注册标记包括"注"和"®"。使用注册标记,应当标注在商标的右上角或者右下角。

（2）注册商标所有人使用商标的行为是否合法。使用注册商标,有下列行为之一的,由商标局责令限期改正或者撤销其注册商标:① 自行改变注册商标。注册商标的内容,经过审查和核准后,不得自行改变其注册商标的文字、图形或者两者的组合。使用的注册商标必须与核准注册的商标一致。如果在使用时改变了注册商标的结构,有可能与他人的注册商标发生冲突,也有可能导致自己的注册商标被撤销。如果注册商标确实需要改变文字、图形的,按照《商标法》的规定,应当重新提出注册申请。② 自行改变注册商标的注册人名义、地址或者其他注册事项。商标注册人的名义和地址是商标注册的重要内容之一。如果上述事项发生改变而未办理变更手续,就有可能使商标局和商标注册人失去联系,有关的信件就无法送达。另外,如果商标注册人发现商标侵权行为,以变更后的名义主张权利的,可能会因不具有权利主体资格而得不到保护。所以,商标注册人的名义、地址发生变更的,必须到商标局及时办理变更手续。③ 自行转让注册商标。转让注册商标,商标权的主体就会发生变化,受让人必须符合商标权主体的资格要求,转让的内容也必须符合法律的规定。另外,商标权是商标主管机关依法定程序核准授予的,因此,商标权的转让必须通过商标主管机关的审核才能实现。自行转让的注册商标不具有法律效力,而且自行转让注册商标的行为也是《商标法》所禁止的行为。④ 连续3年停止使用。商标注册的目的是利用商标和获得法律保护,如果商标注册人长期将商标放置不用,不仅发挥不了商标的功能和作用,而且商标也产生不了价值,所以《商标法》明确规定了商标注册人应当承担注册商标必须使用的义务。对注册商标3年停止使用的,任何人都可以向商标局申请撤销该注册商标。商标局收到申请后,应当通知商标注册人并限期在收到通知之日起3个月内提供该商标的使用证明或有不使用的正当理由。逾期不提供证明或提供的证明无效的,撤销其注册商标。

(3) 对使用注册商标的商品质量的管理。使用注册商标的商品粗制滥造,以次充好,欺骗消费者的,由各级市场监督管理部门分别不同情况,责令限期改正,并予以通报或者处以罚款,或者由商标局撤销其注册商标。

(4) 对已被撤销或者注销的注册商标的管理。在一些注册商标被注销或被撤销时,由于商品本身的影响,即使商标专用权终止,也不等于该商标在市场上彻底消失。为避免出现相同商标,保护消费者利益,对这些已被注销的或者撤销的商标,也要加强管理。《商标法》第50条规定,注册商标被撤销、被宣告无效或者期满不再续展的,自撤销、宣告无效或者注销之日起1年内,商标局对与该商标相同或者近似的商标注册申请,不予核准。

(5) 烟草制品的管理。国家规定必须使用注册商标的商品,必须申请注册,未经核准注册的,不得在市场销售。目前要求必须使用注册商标的商品是烟草制品。申请时,还应附送有关主管部门的批准证明文件。对违反上述规定的,由地方市场监督管理部门责令限期申请注册,可以并处罚款,罚款的数额为非法经营额10%以下。

(6) 对商标注册证的管理。商标注册证是商标所有人的法律凭证。对遗失商标注册证或者商标注册证破损的,必须申请补发。伪造或者变造商标注册证的,可依照刑法有关规定追究刑事责任。①

## 二、未注册商标的使用管理

未注册商标,是指未经国家知识产权局商标局核准注册而直接投放市场使用的商标。

未注册商标没有商标专用权。《商标法》采取自愿注册的原则,允许使用人

---

① 参见《商标法实施条例》第64条。

根据自己的需要来决定是否申请商标注册。目前在市场上未注册商标的使用量比较大,为维护商标注册人的合法权益,维护市场经济的健康发展,商标管理部门根据《商标法》第 52 条,对未注册商标的使用进行管理,主要包括以下几个方面:

(1) 未注册商标不得冒充注册商标。冒充注册商标,是指将未经注册的商标当作注册商标加以使用的行为,以及商标注册人将自己的注册商标使用在未核定使用的商品上,并标明注册标志或字样的行为。这种欺骗性行为,不仅损害了消费者的利益,也扰乱了市场经济秩序。《商标法》第 52 条规定,将未注册商标冒充注册商标使用的,由地方市场监督管理部门予以制止,限期改正,并可以予以通报或者处以罚款。

(2) 未注册商标的构成不得违反《商标法》禁止性条款的规定。未注册商标可以使用,但其文字、图形或者组合不得违反《商标法》第 10 条的规定。对违反上述规定的,由地方市场监督管理部门予以制止,限期改正,并可以予以通报或者处以罚款。

(3) 使用未注册商标的企业应保证其商品或服务的质量。

(4) 使用未注册商标必须标明企业名称和地址。为便于对商品质量进行监督,保护消费者利益,国家工商行政管理局在 1985 年 7 月 15 日发出通知,指出未注册商标应当在商品和包装上标明企业名称和地址。商品上不便标明的,必须在包装上标明。违反者要从严查处,没收其违法所得。

## 第三节 商标印制管理

### 一、商标印制管理的概念

商标印制管理,是指商标管理机关依法对商标印制活动进行监督检查以及对商标印制的违法行为进行查处等活动的总称。

近几年,假冒商标活动十分猖獗,一些印制企业唯利是图,擅自非法印刷、销售他人的注册商标标识。这种行为严重损害了注册商标企业的合法权益,同时也损害了广大消费者的利益。因此,只有加强商标的印制管理活动,才能规范商标印制行为,保护商标专用权人的合法利益。国家工商行政管理局早在 1990 年 8 月就发布了《关于贯彻执行〈商标印制管理办法〉有关问题的通知》,要求各地工商行政管理部门对现有的商标印制单位进行一次全面的清理。1996 年 9 月 5 日,国家工商行政管理局发布了新的《商标印制管理办法》,并于 1998 年 12 月 3

日修订。为了对商标的印制活动进行更加严格的规范,国家工商行政管理总局于 2004 年 8 月 19 日对《商标印制管理办法》作了第二次修订,2020 年 10 月 23 日国家市场监督管理总局进行了第三次修订。新办法的出台对维护商标权人的利益及公平的市场竞争秩序有着十分重要的意义。

### 二、商标印制管理的内容

根据新的《商标印制管理办法》,以印刷、印染、制版、刻字、织字、晒蚀、印铁、铸模、冲压、烫印、贴花等方式制作商标标识的,均应当遵守本办法。商标印制管理的内容主要包括:商标印制主体的要求、商标印制单位的商标印制管理制度以及违反商标印制管理法律规定应承担的法律责任。

(一)商标印制主体的要求

商标印制委托人委托商标印制单位印制商标的,应当出示营业执照副本或者合法的营业证明或者身份证明。商标印制委托人委托印制注册商标的,应当出示商标注册证,并另行提供一份复印件。

签订商标使用许可合同使用他人注册商标,被许可人需印制商标的,还应当出示商标使用许可合同文本并提供一份复印件;商标注册人单独授权被许可人印制商标的,还应当出示授权书并提供一份复印件。

委托印制注册商标的,商标印制委托人提供的有关证明文件及商标图样应当符合下列要求:(1)所印制的商标样稿应当与商标注册证上的商标图样相同;(2)被许可人印制商标标识的,应有明确的授权书,或其所提供的商标使用许可合同含有许可人允许其印制商标标识的内容;(3)被许可人的商标标识样稿应当标明被许可人的企业名称和地址;其注册标记的使用符合《商标法实施条例》的有关规定。

如果委托印制未注册商标的,商标印制委托人提供的商标图样应当符合下列要求:(1)所印制的商标不得违反《商标法》第 10 条的规定;(2)所印制的商标不得标注"注册商标"字样或者使用注册标记。

商标印制单位应当对商标印制委托人提供的证明文件和商标图样进行核查。根据《商标印制管理办法》的规定,商标印制委托人未提供本办法所规定的证明文件,或者其要求印制的商标标识不符合本办法相关规定的,商标印制单位不得承接印制。

(二)商标印制的管理制度

根据《商标印制管理办法》的规定,商标印制单位应建立相应的管理制度,规

范商标的印制行为,其主要内容包括:

(1) 商标印制的审核制度。在承印商标印制业务时,印制单位的商标印刷业务管理人员应当严格审查委托人提供的有关证明文件及商标图样,凡手续齐全符合法定条件的,可予以承印,否则应予以拒印。

(2) 商标登记制度和档案制度。商标印制单位应将商标印制委托人委托印制商标的情况填入商标印制业务登记表,上面要写明商标印制委托人所提供的证明文件的主要内容,如营业执照副本或者合法的身份证明、商标注册证或者由注册人所在地的县级工商行政管理局签章的商标注册证复印件,其中的商标图样应由商标印制业务管理人员加盖骑缝章。商标标识印制完毕,商标印制单位应当在15天内提取标识样品,连同商标印制业务登记表及商标注册证复印件、商标使用许可合同复印件、商标印制授权书复印件等一并造册存档。其中,商标印制业务登记表和商标标识出入库台账应当存档备查,存查的期限为2年。这一制度可以如实地反映商标的印制情况,对于商标案件的审理有着十分重要的意义。

(3) 商标标识出入库制度。商标标识出入库时,商标印制单位应当清点数量和登记台账,保证印制的商标出入正确,杜绝违法印制的商标投放市场。

(4) 废次商标标识销毁制度。废次商标销毁制,是指对印刷中产生的废次商标标识进行登记造册,由印制单位统一销毁的制度。建立这一制度有利于杜绝废次商标流失的现象,保护注册商标使用人的合法利益。

(三) 违反商标印制管理规定的法律责任

根据《商标法》《商标法实施条例》以及《商标印制管理办法》的规定,违反商标印制管理规定的行为有以下几种:(1) 不按规定审查印制委托人提供的材料而承印了法律规定不能印制的商标;(2) 未取得商标印制单位证书,而承接商标印刷业务;(3) 擅自承印违反《商标印制管理办法》规定的承印条件的商标,如印制未注册商标,违反《商标法》禁用条款的规定或者标有"注册商标"字样或注册标记等行为;(4) 非法印制和买卖商标标识。

对上述违法行为,由所在地市场监督管理部门责令其限期改正,并视其情节予以警告,处以非法所得额3倍以下的罚款,但最高不超过3万元,没有违法所得的,可以处以1万元以下的罚款。销售自己注册商标标识的,商标局还可以撤销其注册商标。属于侵犯商标专用权的,依照《商标法实施条例》的规定,可以采取如下措施:责令停止销售;收缴并销毁侵权商标标识;消除现存商品上的侵权商标;收缴直接专门用于商标侵权的模具、印版和其他作案工具;采取前四项措施不足以制止侵权行为的,或者侵权商标与商品难以分离的,责令并监督销毁侵权物品。如果商标印制单位的违法行为构成犯罪的,根据《商标印制管理办法》的规定,所在地或者行为地市场监督管理部门应及时将案件移送司法机关追究其刑事责任。

### 实例分析

#### 使用非法商标存在的问题

甲公司是一家制衣企业。为了方便产品销售,甲公司打算将美国国旗作为自己产品的商标。于是甲公司找到印刷企业乙公司要求其代为印制该商标,并在商标上注明"注册商标"字样。乙公司就按照甲公司的要求印制完毕后将商标标识交给了甲公司。以上案情存在哪些违法之处?

本案的违法之处有:

(1) 甲公司使用美国国旗作为商标的行为违法。《商标法》第10条规定,同外国的国家名称、国旗、国徽、军旗等相同或者近似的名称、标志不得作为商标使用,但该国政府同意的除外。甲公司使用美国国旗作为商标且未得到美国政府的同意,属于违法行为。

(2) 甲公司将未注册商标冒充注册商标的行为违法。《商标法》第52条规定,将未注册商标冒充注册商标使用的,由地方市场监督管理部门予以制止,限期改正,并可以予以通报或者处以罚款。甲公司在未注册的商标上标明了注册商标的字样,属于冒充注册商标,违反了《商标法》的规定。

(3) 乙公司作为商标印制企业未尽审查义务而接受委托代为印制商标的行为违法。《商标印制管理办法》第6条规定:"委托印制未注册商标的,商标印制委托人提供的商标图样应当符合下列要求:(一) 所印制的商标不得违反《商标法》第十条的规定;(二) 所印制的商标不得标注'注册商标'字样或者使用注册标记。"第7条规定:"商标印制单位应当对商标印制委托人提供的证明文件和商标图样进行核查。商标印制委托人未提供本办法第三条、第四条所规定的证明文件,或者其要求印制的商标标识不符合本办法第五条、第六条规定的,商标印制单位不得承接印制。"乙公司作为商标印制单位,在接受甲公司的委托前应当审查甲公司要求印制的商标图样,现乙公司未尽到审查义务,违反了《商标印制管理办法》的规定。

## 实例分析

### 使用"双龙"商标法律意见书

甲公司是一家生产人造皮革的企业,于2006年取得国家工商行政管理总局商标局颁发的商标注册证,取得了注册商标"双龙",核定使用商品为第18类:皮革及人造皮革,不属别类的皮革及人造皮革制品,毛皮,箱子及旅行袋,雨伞及阳伞,手杖,鞭和马具。

因甲公司生产的双龙牌人造皮革质量优异,被下游厂商广泛用于服装上。2007年甲公司决定将产业向纵深发展,进军服装行业,以本公司产品人造皮革为面料生产皮衣,并在皮衣上冠以注册商标"双龙"字样。如果你是甲公司的知识产权法律顾问,对甲公司在商标使用方面有何法律建议?

甲公司在扩大产业的同时在商标使用方面应注意的法律问题有:

(1) 甲公司未取得注册商标"双龙"在服装等商品上的专用权,在皮衣上冠以注册商标"双龙"字样属于冒充注册商标的行为。地方工商行政管理部门可以予以制止,限期改正,情节严重时可以予以通报或者处以罚款。甲公司应停止在皮衣上冠以注册商标"双龙"的字样。

在查询了注册商标的登记情况后,如果在服装类别上"双龙"商标未被注册,则甲公司可以继续使用"双龙"商标,但不能标识为注册商标。从企业的长远利益来看,应将"双龙"商标在服装类别上注册,因为注册商标能获得比未注册商标更强的保护。

(2) 如果他人已在服装类别上注册了"双龙"商标,则甲公司可以考虑与他人协商,签订注册商标转让协议或注册商标使用许可合同,取得注册商标"双龙"的使用权。

(3) 甲公司生产的皮衣在面料成分标注上应注明人造皮革,以免引起消费者的混淆,被工商行政管理部门以使用注册商标的商品粗制滥造,以次充好,欺骗消费者为由进行处罚。

### 思考题

1. 为什么要对商标进行管理?
2. 注册商标的使用管理主要包括哪些内容?
3. 为什么要对未注册商标进行管理?
4. 如何完善企业内部的商标管理?

# 第十一章 地理标志的保护

☞ **本章导读**

地理标志的概念源于 1994 年的 TRIPS 协定,是由产地标志和原产地名称逐渐演变而成的,因此,国际社会对地理标志的保护可追溯到 100 多年前的《巴黎公约》。我国对地理标志的保护源于 20 世纪 80 年代,相比于国际社会,我国对之保护只有 30 多年的历史。地理标志问题是世界贸易组织新一轮多边贸易谈判的三大议题之一,国际社会缔结了一系列公约对地理标志进行保护。地理标志是中国知识产权的长项和强项,也是目前我国知识产权领域中关注的热点问题之一。我国 2001 年修改的《商标法》中增加了对地理标志保护的规定。本章应重点掌握地理标志的概念和特点,了解国际社会对地理标志的保护,掌握我国立法对地理标志的规定。

## 第一节 地理标志的特点和法律属性

### 一、地理标志的概念和特点

地理标志(geographical indications),又称"原产地标记"。《与贸易有关的知识产权协定》第 22 条第 1 款规定:"本协议的地理标志,系指下列标志:标示出某商品来源于某成员地域内,或来源于该地域中的某地区或某地方,该商品的特定质量、信誉或其他特征,主要与该地理来源相关联。"由此可见,地理标志,是指标示出某商品来源于某一地域内,该商品的特定质量、信誉或其他特征,主要与该地理来源相关联的一种标志。

从上述定义中可以看出地理标志具有以下特点:

1. **地理标志的地理名称具有真实性**

地理标志标明了商品或服务的真实来源地,对地理名称的范围没有限制,大到可以是国家,如中国丝绸,小到可以是省、市、县、镇、村,如青海昆仑玉、孝感酥糖、山东高青黄河鲤鱼、江西石城白莲、安溪铁观音等。地理标志就是这一特定地域内某种产品的生产、制造、加工者共同使用的一种商业标记。

## 2. 地理标志所标示的商品或服务具有独特的品质

地理标志所标示的商品或服务具有独特的品质、声誉或其他特点,不同于同类的其他产品或服务。如中国的金华火腿,始于唐,盛于宋,至今已有一千多年历史。在宋代,相传金华籍抗金名将宗泽曾把家乡"腌腿"献给朝廷,皇帝赵构见其肉色鲜红如火赞不绝口,赐名"火腿"。元朝初期,意大利旅行家马可·波罗将金华火腿的制作方法传到欧洲。清光绪年间,金华火腿在德国莱比锡举办的国际博览会上获金奖。1915年,金华火腿在美国旧金山为庆祝巴拿马运河开通举办的万国商品博览会上再度夺得金奖,被公认为世界三大名牌火腿之冠(另两大产品分别产自德国和意大利)。再如西湖龙井,具有色翠、香郁、味醇、形美的品质和特性,被誉为"啜其一口,留香三日"。波尔多是法国酿酒业中心,是闻名于世的波尔多葡萄酒原产地,"波尔多葡萄园之旅"成为世界性的观光旅游品牌,从葡萄园到酿酒作坊到藏酒窖,每年吸引着众多游客来参观,已成为颇具特色的观光农业。

## 3. 地理标志与其所标示的商品或服务的特定质量密切相关

这是地理标志最本质的特征,由于地理标志与其所标示的商品或服务的特定质量密切相关,因此它具有区别于同类其他产品的功能。一般地理名称之所以能发展成地理标志,关键是因为产品或服务的特定质量是由产地内的自然因素和人为因素决定的。这里的自然因素是指产地内的环境、气候、土质、水源、物种等,人为因素往往是指传统工艺、配方、秘诀等。如新疆哈密瓜,是指产于我国新疆地区,由于该地区独特的自然条件和地理位置以及特殊的工艺等因素,决定了新疆哈密瓜特殊的品质。再如,金华火腿之所以扬名于世,主要原因是它选用主产于浙江金华的中国名猪"金华两头乌"品种猪的后腿为原料,加上金华地区特殊的地理气候和民间千年形成的独特腌制、加工方法而制成。西湖龙井茶的声誉更是与其特定的地域和特殊的工艺密切相关。从自然因素上看,它生长的地方比较特殊,周围是山,树木繁多,虽然四季分明却终日烟雾缭绕,而且山上的泉水较多,水质又好,适于泡茶。最关键的是这里的土壤是沙土而不是黄泥,这种沙土中有机质磷的含量比较高,这有利于茶的香味的形成。另外,龙井茶的栽培与加工都是全手工操作。采摘的时候就像小鸡吃米一样,原先都是一只手采摘,后来西湖区著名的采茶十姐妹练就了双手采茶的技术并加以普及,才有了现在的双手采摘。尽管如此,一般一个采茶姑娘一天也就能采两三斤。炒制塑形更加费功夫,半天也就做一二两。西湖龙井茶独一无二的自然属性、品质特征以及文化内涵使它具有今天的价值。

## 二、地理标志的法律属性

通过对上述地理标志特点的分析,地理标志的法律属性主要有以下几点:

1. 地理标志是一种知识产权

地理标志的知识产权属性,是它的本质属性。地理标志是工业产权的保护对象之一,这一点早在一百多年前的《保护工业产权巴黎公约》中就已经得到确认。① 世界贸易组织的《与贸易有关的知识产权协定》中对地理标志也作了专门的规定和保护,重申了地理标志是知识产权法的保护对象。作为一项知识产权,地理标志具有显著的经济价值。对于侵害地理标志的行为,要采取相应的措施加以制止。《与贸易有关的知识产权协定》要求,只要是世界贸易组织的成员,就有义务采取措施对地理标志加以保护。

2. 地理标志是一种集体性的共有权利

地理标志的集体性和共有性,是地理标志区别于传统知识产权的一个显著属性。地理标志是基于商品产地的自然条件和生产者的集体智慧而形成的,是归产地生产者和经营者集体共有的一项权利。这一法律属性意味着:其一,地理标志不允许由个人独自注册,若独家注册则势必会剥夺该地域内其他生产经营者的使用权。其二,产地内的所有企业和个人只要其产品符合真实、稳定的传统条件,具有一定的质量和特点,都可以使用该地理标志。也就是说,该地理标志的使用权主要针对产地内所有其产品符合该产品特质的企业和个人,而禁止使用的对象为产地外的企业、个人,以及虽在产地内但其产品不符合一定特质的企业和个人。其三,在盗用、假冒地理标志或侵权行为发生时,任一权利人都可提起诉讼。根据《保护工业产权巴黎公约》的规定,在虚假产地标记所标示的国家、地区或地方,生产经营该项商品的任何人都应被视为"有关当事人"而有权起诉。其四,地理标志具有不可转让性。地理标志是一种集体性的共有权利,具有不可转让性。该项权利虽具有财产意义,但使用这一标记的任何生产经营者都不得转让或许可他人使用,这是由权利客体即地理标记的本源性所决定的。倘若允许地理标志转让使用,就会造成商品地域来源的混淆,扰乱社会经济秩序,从而也就丧失了地理标志的本来功能与作用。

3. 地理标志具有永久性

地理标志可以永久得到保护的法律属性不同于其他知识产权。其他知识产

---

① 《保护工业产权巴黎公约》规定,工业产权的保护范围包括:专利、实用新型、外观设计、商标、服务标记、厂商名称、原产地标记或货源标记和制止不正当竞争。

权如专利权和版权中的财产权都有时间限制,权利人在法律赋予的保护期内具有专有权,过了保护期限该智力成果就进入公有领域,成为人类的共同财富,任何人都可无偿使用。地理标志则没有时间限制,一般可以永续存在。

## 第二节 地理标志与相关标记的区别

为更进一步了解地理标志,有必要将地理标志与商标、货源标志、商品通用名称以及商号等放在一起,进行比较研究。地理标志和这些标记有很多共性,但也有很多不同点。

### 一、地理标志和商标的区别

商标是指商品或服务的生产者、经营者在其商品或服务项目上使用的,由文字、图案或者其组合构成,具有显著特征,便于识别商品或服务来源的标记。商标与地理标志一样使用在商品包装或容器上,两者都具有识别商品来源的功能,便于消费者选购商品,起着促购利销的作用;地理标志有时还与商标融为一体,起着引导产品质量的作用,两者关系十分密切。地理标志和商标一样,都是商品内在信息的传播载体,这就是很多国家将其规定在商标法中的原因。但是,商标与地理标记相比,有着明显的不同,它们的区别主要表现在:

1. 权利主体和权利属性不同

商标权具有独占性或排他性,注册商标的权利主体是特定的,注册商标只属于特定的商标权人,他人不经商标所有人许可,不得在同类商品或类似商品上使用与注册商标相同或近似的商标。而地理标志不具有专有性、独占性,它不应归属于特定的主体,不属于某个特定的企业和个人单独享有,而是属于该特产所在的国家、地区或地方的所有生产同类产品的企业或个人共同占有。

2. 保护期不同

商标的注册有效期为10年,10年期满可以续展,续展的次数不受限制。如不续展就会失去效力,商标局可注销其商标。而地理标志具有永久性,不受时间限制。它与某类生产者相联系而存在,因此是一种无法定消灭事由的永续性权利。

3. 构成要素不同

商标的构成要素通常包括文字、图形、符号、颜色、三维标志以及其组合等,构成较复杂。而地理标志一般使用文字,构成较简单。另外,地理标志不能作为商标进行注册或使用,因为地理标志作为商标不仅会使商标的显著性降低,而且会造成地理名称使用上的不公平垄断。《与贸易有关的知识产权协定》规定,禁止在缔约方商品的商标中,使用这种使公众对真实原产地产生误解的地理标志;如果使用的地理标志是真实的原产地,则法律是允许的。①

4. 权利获得的前提条件和处分权的行使不同

商标权的获得必须以商标的注册为先决条件,而地理标志一般不以注册为先决条件。商标是自然人或法人的私有财产,可以转让、买卖,或者许可他人使用。而地理标志属于国家文化遗产,不具有可转让性,任何企业和个人不得将其转让,也不得许可他人使用。

5. 标示作用不同

商标标示商品出处的作用主要表现在使公众识别出商品的生产者,以区别不同生产者或服务者生产的同类商品或提供的同类服务。而地理标志则直接标示商品的来源,即商品的产出地,以区别该产地与其他地方生产的同类商品。对于同一产地内生产同类商品的不同生产者,由于其使用共同的地理标志,因此只能借助于商标,来区别不同生产者的商品。

另外,地理标志不仅仅是一个简单的识别标志,同时也是一种质量标准。商标也具有标示商品质量的作用,但这种作用是间接的,它取决于生产者的信誉。而地理标志一经形成,就直接表示产品的质量和特点。总之,地理标志和商标共存于商品的标签上。商标的主要功能是将自己的产品与竞争对手的产品区别开,但商标没有直接的质量概念;而地理标志的主要功能就是区别同类商品的质量和产地。

## 二、地理标志和货源标记的区别

货源标记,又称为"产地标记"或"产源标记",是指表示一种产品来源于某个国家、地区或地方的说明标记,通常由名称、标记或符号组成。货源标记与地理标志一样,都表明产品的产地,能使消费者得到商品生产地的信息,但两者传递的信息内容却有很大的不同。货源标记往往只是产品"国籍"的标识,仅凭它一般是不能向消费者传递关于商品的品质、厂家的信誉或其他信息的,在国际贸易中,其作用通常在于确认可享有特定待遇的资格,并且在世界贸易组织中是受《原产地规则协议》规范的。两者主要存在以下区别:

---

① 参见《与贸易有关的知识产权协定》第22条第3款。

1. 使用的目的不同

地理标志使用的目的在于对产品的质量和特性作出说明,向消费者保证该商品的质量和特点,让人联想到该产品所具有的与该原产地独特的地理环境或者自然或人为的因素密切相关的某些特性,并对该产品产生一种信赖感。如中国丝绸,标志了原产于中国并由中国特定的蚕桑养(种)殖技术、缎丝、丝织、印染等自然和人为因素确定的质量和特点的丝绸产品。而货源标记只是标明商品的来源地,如"中国制造""中国北京"等,其目的仅在于直接或间接地表明同类产品具有同一性。任何商品都可使用货源标记,但地理标志只能作为出产于该地区的商品的货源标记。

2. 标示的区域范围不同

地理标志所指示的范围大多是一个比较特殊、相对较小的地方或区域,如西湖龙井等。而货源标志所示的地域范围较宽,如"法国制造""日本制造"等。

3. 标示范围的稳定性不同

地理标志所示的范围取决于特殊地理环境的覆盖面积和特殊工艺技术流传使用的区域范围,一般比较稳定。而货源标记所示的范围仅取决于货源范围,一般产品的货源范围是可变的。

4. 所标识的商品范围不同

货源标记可以标识产于某国或某地的任何商品。而地理标志只能用于特定区域的特定商品,一般为天然产品、农产品和地方名优土特产品。如美国的摩托罗拉手机是在中国天津制造的,商品的包装上会有"中国天津制造"的字样,但这并不是应予保护的地理标志;再如标有"法国香槟"的葡萄酒,则为地理标志,表明这种商品来源于法国,其产品的品质与该特定区域有关。可见,地理标志有时可以涵盖制造国标记,但反过来用货源标记涵盖地理标志却不行。

### 三、地理标志和商号的区别

商号,是指经营者在经营活动中用于表明自己的营业或者企业的名称。商号是经营者人格化的一种标志,使不同的经营者相互区分开来。良好的商号与地理标志一样,通常在公众中享有较高的商业信誉,对消费者有着巨大的吸引力,是企业重要的无形资产。两者相比有以下不同之处:

1. 权利主体不同

商号为一个经营者所独有,是经营者的人格权、特定化的标志。商号依法登记后,其经营主体就取得了对商号的专有使用权,即商号权。商号与经营主体的营业相联系，与经营主体及其营业共生存。商号权作为人格权，意味着商号权人可以排除其他经营主体对其商号作出相同或者近似的使用。而地理标志则是由一定区域内达到一定标准的企业所共有。由于特定的地理、气候或其他原因，使得某一类产品独具特色，并经过认定，该区域内达到或符合其标准的企业，均可以在自己的产品上使用该地理标志。

2. 影响力的形成因素不同

商号往往是经营者在长期经营中，由于其信誉、经营产品的优良质量或者优质的特色服务在广大消费者心目中得到认可而形成的。而地理标志在于这些商品的品质特点是全部或部分地由其原产地的地理环境，包括气候、土壤或传统制作工艺等因素所赋予的。

3. 影响力的范围和区域不同

商号对经营者经营的所有产品都能形成良好的影响，不论是哪一种产品或者是在什么地方生产的。如美国可口可乐公司在世界很多国家都有生产企业，其产品遍及世界各地。而地理标志往往只对在特定地区生产的经过核准的特定产品产生作用，如宁夏枸杞。

**四、地理标志和商品通用名称的区别**

商品的通用名称是指在某一区域内为生产经营者或消费者普遍用于称呼某一商品的文字，一般由生产或经营该商品的企业用于商品或商品的包装上，以便消费者辨认商品。商品的通用名称作为同一种商品的称谓和标记，不能为某一个企业或个人所专有。商品的通用名称并不是绝对的，地理标志在一定条件下可以演变为该商品的通用名称。例如，云南大理生产的大理石，现已成为同种商品的通用名称。当地理标志成为交易上的通用名称时，其专有性也就丧失，非产地内的生产者对该地理标志的使用不再受到限制。

## 第三节 地理标志的国际保护

通过以上分析可以看出，地理标志是一种无形资产，具有经济价值，正因如此，无权使用人搭便车及假冒侵权等行为层出不穷，屡禁不止。如何保护地理标志不被滥用、如何有效禁止假冒侵权行为成为国际社会和各国立法机关共同关注的问题。

## 一、国际公约对地理标志的保护

地理标志是由原产地标记和原产地名称逐渐演变形成的概念,自1883年的《巴黎公约》开始,国际社会对地理标志的保护已经有100多年历史,并逐步得到强化。

(一)《保护工业产权巴黎公约》(简称《巴黎公约》)

1883年缔结的《保护工业产权巴黎公约》是最早保护地理标志的国际公约,该公约明确将原产地标记即地理标志列入工业产权的保护对象,同时对侵权行为也作了规定。《巴黎公约》第10条规定,有人直接或间接假冒产品的原产地时,适用公约第9条的规定,各成员国可以采取在进口时扣押商品、在国内扣押或禁止进口等措施。原产地的利害关系人都有权要求取缔假冒的行为。

(二)《制止商品来源虚假或欺骗性标记马德里协定》

1891年缔结的《制止商品来源虚假或欺骗性标记马德里协定》,是《巴黎公约》的一个特别协定,对成员国之间制止虚假货源标记作了具体规定。该协定要求,成员国如发现任何商品上标示着涉及某成员国或成员国内企业或地方的虚假标志或欺骗性标志,无论是间接的还是直接的,都必须禁止该商品进口或者在进口时予以扣押,或采取其他制裁措施。

(三)《保护原产地名称及其国际注册里斯本协定》

依照1958年《保护原产地名称及其国际注册里斯本协定》的要求,成员国在其领域内有义务保护其他国家产品的原产地名称。该协定首次概括了原产地和原属国的定义,还对保护原产地名称的目的及原产地的国际注册作了规定。协定规定,原产地名称需要受到国际保护的,由该产地所属成员国的工业产权主管部门,向世界知识产权组织国际局申请国际注册,并说明产地的地理名称、使用该原产地的商品项目以及该原产地产品的使用人。获准国际注册后,各成员国(在规定期限内声明不保护该原产地名称的除外)都应保护该原产地名称,禁止本国的任何产品的生产经营者不经许可而使用该原产地名称。

(四)《发展中国家原产地名称和产地标记示范法》

20世纪60年代通过的《发展中国家原产地名称和产地标记示范法》,为广大发展中国家保护原产地标记提供了一个立法的范本。它为原产地标记的保护提供了更完善的保护措施,详细规定了对原产地标记予以保护的条件以及违法使用的责任等。①

(五)《与贸易有关的知识产权协定》(简称"TRIPS 协定")

1994 年 4 月 15 日世界贸易组织签署了《与贸易有关的知识产权协定》,其中的第 3 节第 22 条第 1—4 款,专门规定了有关地理标志的条款,并把它与商标、专利、版权并列,作为一项独立的知识产权加以保护。TRIPS 协定是目前保护地理标志的最新、最全面的国际条约。该协定对地理标志作了专门规定:

1. 要求各缔约方采取措施保护地理标志

第一,在商品的名称或介绍中,使用任何手段指明或标示该商品来源于一个非真实原产地的地域,其方式导致公众对商品地域来源产生误解的,应予制止。

第二,任何构成《巴黎公约》(1967 年文本)第 10 条之 2 所指的不正当竞争行为的使用,即直接或间接使用虚假货源或生产者标记的,应予制止。

第三,若某种商品不产自于某个地理标志所指的地域,而其商标又包含了该地理标志或由其组成,如果该商品商标中的该标志,具有在商品原产地方面误导公众的性质,则成员方在其法律许可的条件下或应利益方之请求应拒绝或注销该商标的注册。

第四,某一地理标志虽然在字面上表明该商品的真实国家、地域或地方,但向公众欺骗性地表明该商品来源于另一个国家,此种情况可适用第三项所述的规定。

2. 关于葡萄酒和白酒(wines and spirits)的地理标志的额外保护

考虑到一些酒类的品质、特色常常与酿造此类酒的地域的水质、土壤、气候等地理环境或自然因素以及酿造的技术水平有关,因此地理标志对酒类产品的使用和保护有着非常重要的意义。在一些国家尤其是一些名酒在国际贸易中所占重要地位的西欧国家的极力要求下,TRIPS 协定在其第 23 条中对葡萄酒和白酒的地理标志规定了额外的保护措施。

第一,向利害关系方提供法律措施。TRIPS 协定第 23 条第 1 款规定,各成员方应该为利害关系方提供法律措施,以阻止利用某种地理标志来表示并非来源于该标志所指的地方的葡萄酒或白酒,即使有关的地理标志表明了真实的原产地,或者即使以翻译的方式使用或是与诸如"式""型""类""仿"或其他类似的词语一起使用。从此条规定可以明显看出,对于葡萄酒和白酒的地

---

① 参见任自力:《TRIPS 协议与中国工业产权制度——原产地名称保护略探》,载《河北法学》1997 年第 4 期。

理标志的保护范围更广。而且与地理标志保护的一般规则不同的是,本条款并未要求此类标志需要有误导公众的效果,显然其保护力度更强。根据此条款,在我国加入世界贸易组织后,如果我国的酒类企业继续使用诸如"香槟""香槟式""香槟型""香槟类""仿香槟""女士香槟"之类的词语,就将违反世界贸易组织有关规则的规定。

第二,对有关商标拒绝注册或使其注册失效。TRIPS 协定第 23 条第 2 款规定,如果葡萄酒或白酒的商标中包含了并非该葡萄酒或白酒真实原产地的地理标志或者其商标由此种地理标志组成,则各成员方如果其立法允许则应依职权或者应利害关系人的要求,拒绝此类商标的注册或者使其注册失效。需要注意的是,此条款也没有要求有关的地理标志具有一般保护规则所要求的误导公众的效果。

第三,给予葡萄酒的同音异义的地理标志平等的保护。TRIPS 协定第 23 条第 3 款规定,遇有不同的葡萄酒的同音异义的地理标志时,应在第 22 条第 4 款的规定的基础上对每一种标志都给予保护。各成员应在考虑到确保有关生产者得到公平的待遇并且不至于误导消费者的前提下,确定一些实际可行的条件以使此类同音异义的标志能相互区别。值得注意的是,该条款的适用前提是不违背第 22 条第 4 款的规定,即对于虽然字面上真实但却有误导公众的实际效果的地理标志仍然不予保护。而且该条款的规定仅适用于葡萄酒的地理标志,而不适用于白酒的标志。

第四,多边磋商,促进葡萄酒的地理标志的保护。TRIPS 协定第 23 条第 4 款规定,为了促进葡萄酒的地理标志的保护,与贸易有关的知识产权理事会应举行谈判,以就参加该项机制的那些成员方境内受到保护的葡萄酒的地理标志的通知和注册建立一个多边体系进行磋商。该条款的规定同样仅适用于葡萄酒的标志,这在一定程度上也表明了盛产葡萄酒的西欧国家的利益在乌拉圭回合中得到更多的体现。

3. 地理标志保护的例外规定

TRIPS 协定在其第 24 条第 4 款至第 9 款中规定了地理标志保护的一些例外情况。

第一,关于在先使用或善意使用。TRIPS 协定第 24 条第 4 款规定,本节无任何规定,要求一成员方阻止其国民或居住者继续使用或以类似的方式使用属于另一成员方的与商品或服务有关的用以标明葡萄酒或白酒的特定的地理标志。条件是该国民或居住者已经在该成员方境内就同一或相关的商品或服务连续使用该地理标志:(a) 在 1994 年 4 月 15 日之前至少已经使用了 10 年;或(b)

在上述日期前以善意的方式使用。有必要指出的是,该款所规定的"善意使用"的例外并非适用于所有的地理标志的保护,而只适用于葡萄酒和白酒的特定的地理标志的保护。这主要是为了解决在葡萄酒或白酒的地理标志的使用上所存在的历史遗留问题。但是根据我国《商标法》第 16 条的规定,并没有此限制,只要是已经善意取得的注册就继续有效。

第二,关于商标的在先注册或商标权的在先获得。TRIPS 协定第 24 条第 5 款规定,如果(a)在第 6 款的规定在该成员方得以适用以前;或(b)在该地理标志在其原产地国获得保护之前,一项商标已经被善意使用或注册,或者已经通过善意的使用而获得商标权,为实施本节的规定所采取的措施不应因为该商标与某一个地理标志相同或是类似而损害该商标注册的合格性或效力或使用该商标的权利。该条款的规定仍然坚持"善意"的原则。

第三,关于通用名称。TRIPS 协定第 24 条第 6 款规定,本节没有任何规定要求一成员方就任何其他成员方的与商品或服务有关的地理标志有义务适用有关保护地理标志的规定,如果该标志与该成员方境内的通用语言中作为某些商品或服务的通用名称的惯用术语相同。

第四,关于不利使用。TRIPS 协定第 24 条第 7 款规定,成员方可以规定,任何根据本节规定提出的有关商标的使用或注册的要求,必须在对该受保护的标志的不利使用(adverse use)已经在该成员方境内众所周知的 5 年之内提出;或者如果商标在注册之日已经公布,而且该日期在该标志的不利使用已经在各成员境内众所周知之日前,则在该商标在该成员方境内注册之日起 5 年之内提出,条件是对包含有该地理标志的商标的使用或注册不是恶意而为。

第五,关于姓名权的使用。TRIPS 协定第 24 条第 8 款规定,本节的规定无论如何不得损害任何人在经营中使用其姓名或其业务上的前任的姓名的权利,除非该名字是以误导公众的方式使用的。

第六,关于原产地国的保护。TRIPS 协定第 24 条第 9 款规定,如果地理标志在原产地国没有或被终止保护,或者在该国已经被废弃,则没有依据本协定对其进行保护的义务。[①]

4. 地理标志的司法和行政保护

TRIPS 协定第 42 条中,要求成员方通过司法程序避免酒类商品的地理标

---

① 参见刘成伟:《加强地理标志的商标保护》,载《知识产权》2002 年第 2 期。

志对公众产生误导。① 在 TRIPS 协定第 23 条注释 4 中,也允许成员方不采用司法程序,而采用行政程序。② 这种规定也反映出世界贸易组织并不是完全禁止采用行政程序,而只是禁止成员方滥用行政权力。③ 在我国对地理标志的保护实践中,目前主要是由市场监督管理机构和各级知识产权管理部门通过行政程序进行的,并且取得了一些成功的经验。2013 年修改的《商标法》又进一步强化了行政部门的执法措施。

## 二、国外立法对地理标志的保护

对地理标志应当给予充分的立法保护,这一思想已为许多国家所接受。各国保护地理标志的法律形式以及保护内容存在较大的差异。一般来讲,各国对地理标志的保护主要分为三种类型:专门立法保护、商标法保护和反不正当竞争法保护。

（一）专门法保护

专门法保护,是指通过专门立法的形式对地理标志进行全面保护的一种方式。法国是对地理标志的保护探索最早的国家,立法较为完备。法国于 1919 年 5 月 6 日颁布了《原产地标志保护法》,确立了原产地命名制度。该法明确规定了原产地名称的注册登记制度以及保护原产地名称的行政和司法程序,民事法庭和有关行政机构可根据原产地名称利害关系人的请求,根据地理来源和质量等标准,确定原产地名称。该法明确规定盗用原产地名称属不法行为。这种立法模式充分考虑到原产地名称权作为一项特殊工业产权的特点,并赋予产地范围内特定经营者对原产地名称的专属使用权和禁止权,保护力度较强。

（二）商标法保护

商标法保护,是指把地理标志当作一种特殊的商标,利用注册集体商标或证明商标对其加以保护的一种方式。英、美等国家将地理标志纳入商标法保护体系,规定地理标志可以作为一类证明商标获准注册,并取得保护,注册人可以依据商标法对假冒等行为追究侵权责任。同时,这些国家对商标注册人的主体资

---

① 《与贸易有关的知识产权协定》第 42 条规定,各成员应向权利持有人提供有关本协议所规定的知识产权执法的民事司法程序。被告应有权取得及时的并且足够详细的书面通知,包括权利主张的根据。应允许当事人有独立的法律顾问代表出庭,程序中不应有强制当事人本人出庭的过分沉重的要求。参与程序的所有当事人都应有权证明其主张和提出一切有关的证据。程序应提供识别和保护机密信息的方法,除非这违反宪法的要求。

② 《与贸易有关的知识产权协定》第 23 条注释 4 规定,尽管有第 42 条第一句的规定,就这些义务而言,各成员仍可依照行政行为执法。

③ 参见郑成思:《知识产权法》,法律出版社 1997 年版,第 219 页。

格作了限制,规定只有符合条件的政府机构或民间组织才有权申请注册,并取得商标权。商标注册人制订使用该地理标志的规章,授权符合使用条件的企业或个人使用。目前,世界上大多数国家都采用了这种立法模式。

（三）反不正当竞争法保护

反不正当竞争法保护,是指利用反不正当竞争法,对市场上使用地理标志的行为进行规范的一种保护方式。通过实施反不正当竞争法,规范市场秩序,预防和惩治假冒、滥用行为,维护合法使用者的权益。例如,日本《不正当竞争防止法》将假冒商品的行为和使用让人误认商品出处的标志的行为,作为不正当竞争行为而加以禁止。这种立法模式强调了假冒产地名称的不正当竞争行为的性质,侧重于从维护市场秩序和消费者利益的角度保护地理标志。

需要指出的是,地理标志的保护模式没有优劣之分,每个国家根据本国地理标志保护的需要选择最适合本国的保护模式。例如,法国选择专门法保护模式是因为国内有丰富的地理标志资源,需要加强保护;而美国采取商标法保护模式是因为国内地理标志资源并不是很多,没有必要采用高成本的专门法保护模式。

## 第四节　我国对地理标志的保护

现阶段,我国对地理标志的保护方式主要有国家知识产权局负责的地理标志集体商标和证明商标注册保护、地理标志产品的审查登记保护,农村农业部负责的农产品地理标志认证保护。

### 一、商标法对地理标志集体商标和证明商标的注册保护

1985年我国加入《巴黎公约》,由此拉开了对原产地名称和地理标志保护的序幕。我国最早涉及地理标志的是1986年11月6日国家工商行政管理局商标局《就县级以上行政区划名称作商标等问题的复函》（复安徽省工商局）,其中规定,县级以上行政区划名称作商标与保护原产地名称产生矛盾。该函件中虽未明确规定地理标志的含义,但从侧面说明它至少应包含以下含义:地理标志具有商标所具有的显著性特点;地理标志是一种集体权利,不应由某一个企业或个人作为商标注册而排除该地区其他企业或个人在同一种商品上使用;地理标志作为一种事实上的区别标志是受我国法律保护的。

国家工商行政管理局1989年10月26日下达了《关于停止在酒类商品上使用香槟或Champagne字样的通知》。该通知明文规定:我国是《巴黎公约》的成

员国,有义务依该公约的规定保护原产地名称。我国企业单位和个体工商户以及在中国的外国企业(法国除外)不得在酒类商品上使用"Champagne"或"香槟"(包括大香槟、小香槟、女士香槟)字样。对现有商品上使用上述字样的,要限期使用,逾期不得再使用。显然,上述通知是以单行规定的方式,对原产地名称给予特殊的保护。1988年修订的《商标法实施细则》规定,县级以上(含县级)行政区划名称和公众知晓的外国地名不得作为商标。1993年2月22日《商标法》第一次修改后对此作了明确的规定:"县级以上行政区划的地名或者公众知晓的外国地名,不得作为商标,但是,地名具有其他含义的除外;已经注册的使用地名的商标继续有效。"这项规定起到了间接保护地理标志的作用。为配合《商标法》修改后的实施工作,1993年《商标法实施细则》再一次作了修订,增加了集体商标和证明商标注册和保护的规定。1994年12月30日国家工商行政管理总局依据《商标法》及其实施细则发布了《集体商标、证明商标注册和管理办法》,将证明商品原产地的标志作为证明商标的一种类型纳入了商标法保护范围,规定了地理标志可以作为证明商标予以注册。该办法于1995年3月1日起施行。同年,商标局正式受理国内外地理标志证明商标的注册申请,如"库尔勒香梨"、美国的"佛罗里达柑橘",开始依法行使对地理标志证明商标的管理和保护职能。

  上述这些规定,实际上在我国建立了地理标志不得注册为一般商标但可注册为证明商标,并通过《商标法》予以特殊保护的法律制度,类似于英国和美国对地理标志保护的立法模式。

  为适应中国加入世界贸易组织的需要并与TRIPS协定相衔接,2001年《商标法》第二次修改后在第16条对地理标志作了非常明确的规定:"地理标志,是指标示某商品来源于某地区,该商品的特定质量、信誉或者其他特征,主要由该地区的自然因素或者人文因素所决定的标志。"

  在2002年发布的《商标法实施条例》第6条中进一步规定地理标志"可以依照商标法和本条例的规定,作为证明商标或者集体商标申请注册"。2003年4月17日国家工商行政管理总局重新发布了《集体商标、证明商标注册和管理办法》,对地理标志申请这两种商标的注册程序与管理作出了具体规定。以地理标志作为证明商标注册的,其商标符合使用该地理标志条件的自然人、法人或者其他组织可以要求使用该证明商标,控制该证明商标的组织应当允许。以地理标志作为集体商标注册的,其商品符合使用该地理标志条件的自然人、法人或者其他组织,可以要求参加以该地理标志作为集体商标注册的团体、协会或者其他组织,该团体、协会或者其他组织应当依据其章程接纳其为会员;不要求参加以该地理标志作为集体商标注册的团体、协会或者其他组织的,也可以正当使用该地理标志,该团体、协会或者其他组织无权禁止。国家工商行政管理总局商标局已受理并批准多起地理标志证明商标注册申请,如江西的"景德镇陶瓷"、浙江的"绍兴黄酒"、福建的"漳州芦柑"、重庆的"涪陵榨菜"、山东的"章丘大葱"等。这些地理标志的注册和使用,对促进当地经济的发展起到了积极作用。

### 典型案例

#### "BORDEAUX 波尔多"地理标志集体商标保护

法国波尔多地区是世界著名的葡萄酒产区,波尔多葡萄酒行业联合委员会(英文简称 CIVB)是依法成立的行业协会,隶属于法国农业渔业部,致力于向全世界推广波尔多葡萄酒,保护 CIVB 成员的合法权益,并保护消费者不受欺诈。CIVB 为第 10474883 号"BORDEAUX 波尔多"地理标志集体商标的注册人,核定使用商品为第 33 类的葡萄酒,注册有效期限自 2012 年 7 月 14 日至 2022 年 7 月 13 日止。经过多年的宣传,"BORDEAUX 波尔多"商标具有较高的知名度。

"BORDEAUX 波尔多"商标在我国多地均有行政保护记录,比如,2017 年 6 月 1 日,蓬莱市市场监督管理局对烟台百淇公司进行了现场检查,在其生产车间及仓库查获带有"BORDEAUX"及"波尔多法定产区"字样的葡萄酒共计 27582 瓶。2017 年 11 月 1 日,蓬莱市市场监督管理局针对烟台百淇公司生产侵害注册商标专用权的葡萄酒及生产标签含有虚假内容葡萄酒的违法行为作出了行政处罚,没收全部侵权产品,并处罚款 1197202.50 元。

除了行政保护,CIVB 于 2018 年 5 月以烟台百淇公司商标侵权和不正当竞争为由,向烟台市中级人民法院提起诉讼,请求法院判令被告停止商标侵权及不正当竞争行为,并赔偿原告经济损失。法院经审理后认为,被控侵权产品标贴上标有"bordeaux"或"BORDEAUX"标识,属于商标性使用;标注"波尔多法定产区"字样,但实际并非在波尔多地区生产,该行为构成伪造产地;被告生产的部分葡萄酒酒精度不符合标准,属于对商品质量引人误解的虚假表示(见图 79、80)。根据《商标法》和《反不正当竞争法》的规定,被告行为构成商标侵权及不正当竞争,判定被告停止侵权行为,赔偿 CIVB 经济损失和合理开支共计人民币 50 万元。被告烟台百淇公司不服一审判决,向山东省高级人民法院提起上诉。二审法院维持一审判决,驳回上诉。①

---

① 参见(2019)鲁民终 530 号判决书。本案二审判决是 CIVB 在对其注册的地理标志集体商标进行维权的过程中获得的第一个高院判定的地理标志集体商标侵权的终审判决,对于类似产品地理标志集体商标侵权的认定有重要的参考价值。本案参见安戎生、杨爱琴:《波尔多 Bordeaux 地理标志集体商标成功制止他人的侵权及不正当竞争》,载"万慧达知识产权"微信公众号 2020 年 1 月 10 日。

第十一章　地理标志的保护　　275

图 79　原告商标

图 80　被告商标

除了上述行政保护和民事诉讼外,"BORDEAUX 波尔多"地理标志集体商标还获得了刑事保护。2019 年 2 月,被告上海某公司委托他人生产带有"BORDEAUX 波尔多"地理标志集体商标的葡萄酒 1660 箱,上海市浦东新区知识产权局接到商标权利人投诉后,查获被告假冒"BORDEAUX"商标的葡萄酒 1608 箱。根据被告单位对该葡萄酒的平均定价,其非法经营额达 24 万余元。因涉嫌犯罪,上海市浦东新区人民检察院以被告单位及被告人构成假冒注册商标罪诉至上海市浦东新区人民法院。被告人辩称,其用于灌装的葡萄酒原液来自法国波尔多地区,故在涉案葡萄酒上使用"BORDEAUX"标识,同时也使用了自己的商标,属于对地名的正当使用。

法院经审理认为,鉴于"BORDEAUX"除了是注册商标,还是法国的地名,故应就上述被告行为是否属于对"BORDEAUX"地名的正当使用进行评判。根据《商标法》第 59 条的规定,商标注册人无权禁止他人正当使用注册商标中含有的地名。本案中,并无证据证明涉案葡萄酒原液来自法国波尔多地区,且即便来自波尔多地区,也无证据证明其满足波尔多地理标志产品章程中规定的关于葡萄品种、种植条件、酿造工艺等方面的特定要求。法官特别指出,保护地理标志的本质在于保护受特殊自然、人文、气候等因素作用所形成的特定的商品质量、信誉、性能,故地理标志的正当使用标准不仅要求被诉产品来源于地理标志产品的产地,还要求其在实质上符合地理标志产品所要求具备的特性。被告单位的行为明显不是正当使用地名"BORDEAUX",而是为了攀附波尔多葡萄酒产区及涉案商标的商誉。被告单位未经注册商标所有人许可,在同一种商品上使用与其注册商标相同的商标,情节严重,其行为构成假冒注册商标罪。据此判决:被告单位犯假冒注册商标罪,判处罚金 10 万元;被告单位负责人犯假冒注册商标罪,判处有期徒刑 1 年 6 个月,缓刑 1 年 6 个月,并处罚金 5 万元;查获的假冒注册商标的葡萄酒予以没收;禁止被告人在缓刑考验期限内从事食品生产、销售及相关活动。①

关于地理标志集体商标的刑事保护,最高人民法院刑事审判第二庭对该问题早已有过明确批复:《刑法》第213条至第215条所规定的"注册商标"应当涵盖"集体商标";商标标识中注明了自己的注册商标的同时,又使用了他人注册为集体商标的地理名称,可以认定为刑法规定的"相同的商标"。②

## 理论研究

### 地理标志集体商标的权利行使及限制

根据我国立法规定,地理标志可申请集体商标受到商标法的保护。获得权利后,地理标志集体商标权人如何利用和行使其权利?有何限制?下面结合"潼关肉夹馍"热点案件进行分析。

"潼关肉夹馍"是作为集体商标注册的地理标志,于2015年12月14日核准注册第14369120号"潼关肉夹馍"图形加文字商标(见图81),核定使用在第30类"肉夹馍"商品上。原商标注册人为老潼关小吃协会,2021年1月27日公告核准变更商标注册人名称为潼关肉夹馍协会。自2021年,河南多家商户因在经营中使用"潼关肉夹馍"被诉商标侵权,原告陕西潼关肉夹馍协会要求3万元—5万元侵权赔偿,并表示商户如想继续使用"潼关肉夹馍"需缴纳99800元加盟费,一时间引起社会非议。在这起事件中,地理标志集体商标与其他商标有何不同?协会如何正确使用、可否维权?是否可以征收加盟费?小商户是否可以继续使用"潼关肉夹馍"字样?

图81

---

① 参见(2020)沪0115刑初985号判决书。
② 参见最高人民法院刑事审判第二庭《关于集体商标是否属于我国刑法的保护范围问题的复函》。

首先,地理标志集体商标的注册和使用范围。根据《集体商标、证明商标注册和管理办法》的规定,集体商标只有该集体商标注册人的集体成员才可以使用,而该集体商标注册人不能对外许可非集体成员使用,即使该非集体成员满足集体商标使用管理规则。结合本案,潼关肉夹馍协会注册的"潼关肉夹馍"是作为集体商标进行商标注册的地理标志集体商标,同时提交了《"潼关肉夹馍"地理标志集体商标使用管理规则》。根据规则要求,"潼关肉夹馍"地理标志集体商标的使用范围有三个条件的严格限制:其一,潼关肉夹馍协会所属成员;其二,成员应限于陕西省渭南市潼关县地域范围内;其三,"肉夹馍"需通过特殊方法制作并具有特定品质。只有满足以上条件的潼关肉夹馍协会成员,才可在经营活动中使用"潼关肉夹馍"地理标志集体商标。换言之,潼关肉夹馍协会并无权利许可潼关县地域范围外的商户使用"潼关肉夹馍"地理标志集体商标,更无权向范围外商户收取"加盟费"。

其次,地理标志集体商标的保护。潼关肉夹馍协会作为商标所有人,根据商标法规定,可以通过诉讼维护其注册商标专用权,但其行使权利是有限制的,要依法维权不得滥用权利。潼关肉夹馍协会的维权行为之所以备受争议,在于其试图以维权为手段,收取"加盟费"的行为就超出了地理标志集体商标的要求。尽管"潼关肉夹馍"事件以陕西潼关肉夹馍协会宣告停止维权告终,但这并不意味着使用地理标志集体商标的行为不构成侵权。因为地理标志集体商标往往代表着某一地区的特有产品质量、历史习俗、地域文化等附加属性,有着巨大的经济价值和文化价值。假冒地理标志集体商标,声称其产品来源于该地区,但其产品质量与该地理标志集体商标代表的产品质量严重不符。如果该种侵权行为得不到及时制止,一方面会损害该地理标志集体商标蕴含的价值和声誉,另一方面也会损害消费者的利益。地理标志集体商标和注册商标一样,在我国受到立法行政以及司法的多重保护。

最后,地理标志集体商标的限制。任何权利的行使都是有限制的,地理标志集体商标也不例外。根据《商标法实施条例》第4条,自然人、法人或者其他组织的商品若符合使用某地理标志的条件,即使未参加以该地理标志作为集体商标注册的团体、协会或者其他组织的,也可以正当使用该地理标志,该团体、协会或者其他组织无权禁止。[①] 结合本案,陕西潼关肉夹馍协会的成员在遵守前述

---

① 《集体商标、证明商标注册和管理办法》第18条第2款规定:"实施条例第六条第二款中的正当使用该地理标志是指正当使用该地理标志中的地名。"2021年11月26日国家知识产权局发布的《关于"逍遥镇""潼关肉夹馍"商标纠纷答记者问》提到:"潼关肉夹馍"是作为集体商标注册的地理标志,其注册人无权向潼关特定区域外的商户许可使用该地理标志集体商标并收取加盟费。同时,也无权禁止潼关特定区域内的商家正当使用该地理标志集体商标中的地名。此处答复和上述办法一致。

管理规则的前提下,当然有权使用"潼关肉夹馍"地理标志集体商标。但是,在陕西省渭南市潼关县地域范围内的商户,如果按照该管理规则的制作规范制作潼关肉夹馍,则陕西潼关肉夹馍协会无权禁止该商户使用"潼关肉夹馍"地理标志集体商标的行为。需要澄清的是,虽然"潼关肉夹馍"地理标志集体商标只能由特定区域内的行为人合法使用,但这并不意味着特定区域之外的行为人只要将"潼关"与"肉夹馍"结合使用就会构成商标侵权。因地理标志集体商标一般由"地名+商品名称"构成,其显著性不高,且属于公共资源,在具体个案中,还要考虑使用商户是否属于正当使用。根据《商标法》第59条第1款和第3款的规定,注册商标中含有的本商品的通用名称、图形、型号,或直接表示商品的质量、主要原料、功能、用途、重量、数量及其他特点,或含有的地名,或者,他人已经先于商标注册人申请日前开始使用的,注册商标专用权人无权禁止他人正当使用。但商户经营户也要依法正当使用,合理避让和尊重他人的注册商标权。使用人可写明自己的商标或字号、来源于潼关等标记以示区别;正当标注并不得突出使用他人注册商标。

**典型案例**

## "安吉白茶"地理标志证明商标侵权案

"安吉白茶"产自浙江省安吉县,是国家地理标志保护产品。2015年5月,安吉县农业农村局所属的安吉茶叶站注册了"安吉白茶"地理标志证明商标,商品生产地域范围为安吉县行政区域,有效期至2025年5月6日。自2021年,在某知名电商平台上出现了一家名为"安吉某某茶叶"的网络店铺,该店铺商品名称、商品介绍页面、售后服务卡等显著标注"安吉白茶"。2022年2月,安吉茶叶站以某茶叶经营部侵犯其地理标志证明商标权为由诉至浙江省湖州市中级人民法院,诉请判令某茶叶经营部立即停止销售侵权产品,并赔偿其经济损失以及为制止侵权而支出的合理费用10万元。

湖州市中级人民法院审理后认为,某茶叶经营部的行为构成对"安吉白茶"注册商标的侵权。从举证材料看,该经营部在商品链接、商品介绍页面及售后服务卡上均使用"安吉白茶"标识,容易造成消费者对白茶产地及品质产生错误认识。该经营部也未能举证证明其生产、销售的"白茶"产自安吉并具备特定品质。据此,法院判决立即停止在"安吉某某茶叶"网店内的商品链接、商品介绍页面及售后服务卡等使用"安吉白茶"标识;某茶叶经营部赔偿安吉茶叶站经济损失2万元;驳回安吉茶叶站的其他诉讼请求。宣判后,双方均未上诉,判决现已生效。

针对某营业部以正当使用为由的抗辩，法院认为，地理标志证明商标正当使用的标注方式，一般有以下三种情形：(1) 经地理标志证明商标注册人许可，可使用该商标标识；(2) 对于产品产自地理标志特定区域，无论是否具备特定品质的，生产者只能用描述性方式正当使用地名，比如"源自（或产自）＋地名"不能直接用"地名＋产品名称"的方式，且不能用地理标志证明商标或者集体商标中的特有图案；(3) 由于产品与产地的关联是地理标志的核心要素，所以对于产品非产自地理标志特定区域范围的，可用"实际产地地名＋产品"来表述。本案中，某茶叶经营部在未经"安吉白茶"地理标志证明商标权利人安吉茶叶站许可的情况下，在商品链接、商品介绍页面及售后服务卡上突出使用"安吉白茶"字样，并非对"安吉"这一地名进行描述性合理使用，不属于"安吉白茶"地理标志证明商标正当使用的情形。①

从上述论述中可以看到，我国商标法对地理标志的保护模式是采用证明商标和集体商标的方法。而实际上地理标志和商标是两种互相独立的工业产权，它们本身不仅具有显著的差异，而且存在着天然的矛盾。用商标法来保护地理标志，证明商标和集体商标在多大程度上可以实现保护地理标志的功能则成为一个值得研究的问题。

**理论研究**

### 可否采用商标法模式保护地理标志

目前，世界上许多国家采用证明商标和集体商标保护地理标志，主要原因有以下几点：第一，这两种商标基本上可以实现地理标志的主要功能，即标示产品来源；标示产品具有与该地理标志紧密相连的特殊质量、信誉和特征等。第二，这两种商标都是一种集体性的权利，其垄断性较弱，从而回避了一般注册商标和地理标志之间可能产生的冲突。地理标志的形成是某一区域内劳动者世代集体智慧的结晶，任何生产者都无权垄断或独占这一权利，它是特定区域内生产经营者共同享有的集体性权利。第三，利用这两种商标可以节省资源。通过证明商标和集体商标保护地理标志使用的是现有的商标体制，无须其他资源的投入。另外，这两种商标制度还体现了很大的自治性和自助性，大大节约了国家的立法和执法资源。其自治性表现在：这两种商标所标示的产品或服务应达到的质量

---

① 参见《商品来源是判断地理标志证明商标是否正当使用的重要标准》，载《人民法院报·理论周刊》2022年5月12日第7版。

标准都由申请人制定,国家一般只负责审查。对申请人是否确保标准的执行,国家也不调查核实。因为只有维护产品质量标准的精度和高标准,证明商标和集体商标所有人才能从中受益,而且产品的竞争者和消费者也会促使证明商标和集体商标的所有人保证质量。其自助性表现在:如果有侵权行为发生,特定区域的生产者或标记所有人都会提出其权利受到侵害,或商标使用人未能遵守证明商标标准、集体成员资格标准等,而无须援用额外的执行手段确保遵从。证明商标、集体商标具有的这种自治性和自助性是与其集体权利的属性相关联的,特别是证明商标的申请人或所有人必须具有足够的控制力。地理标志同样属于集体权利,完全可以借鉴证明商标和集体商标的有关制度。

尽管采用商标法保护地理标志有其诸多优势,但地理标志毕竟是一种独立于商标体制之外的知识产权,而属于商标体制内的证明商标和集体商标无法全面实现对地理标志的保护与规范。理由如下:

其一,证明商标和集体商标所具有的"商标"特征和地理标志所具有的特征之间存在着矛盾。(1)从注册商标的构成上看,各国立法都普遍禁止使用地名和产品通用名称作为商标注册,以保证商标的显著性,证明商标和集体商标也应遵守这一规定。但被作为证明商标或集体商标保护的地理标志却正是由地名和产品通用名称组成的,如"中国丝绸""宁夏枸杞"等,要将地理标志注册为证明商标和集体商标,如何解决这一矛盾?(2)从注册商标的适用范围上看,证明商标和集体商标既可适用于产品也可适用于服务,适用的对象范围较宽泛。而地理标志一般只适用于产品,适用的对象较窄。可见证明商标和集体商标对地理标志的保护不可能是专门的和有针对性的。(3)从注册商标的保护期和权利的终止看,注册商标的有效期为10年,如想取得长期保护,要经过续展程序,才可保证其权利具有永久性,过了续展期和宽展期后,商标权即告终止和丧失,进入公有领域。另外,商标的注销和被撤销也是导致权利灭亡的原因。而地理标志没有保护期,不受时间的限制,是一种无法定消灭事由的永续性权利,不能落入公共领域。(4)从注册商标的权利主体和权利属性看,商标权具有独占性或排他性,注册商标的权利主体是特定的,注册商标只属于特定的商标权人,他人不经商标所有人许可,不得在同类商品或类似商品上使用与注册商标相同或近似的商标;而地理标志不具有专有性、独占性,它不应归属于特定的主体,而是属于该特产所在地区的所有生产同类产品的企业或个人共同占有。(5)从商标所标示的作用看,商标标示商品出处的作用主要表现在使公众识别出同类商品的生产者或同类服务的提供者,具有区别同类产品生产者的功能。而地理标志则直接标示商品的来源,即商品的产出地,以区别该产地与其他地方生产的同类商品,不仅具有识别商品产地来源的功能和作用,而且具有质量标准。

其二,证明商标和集体商标的法律"授权性"和地理标志的"自然权利"属性之间存在着矛盾。证明商标和集体商标的取得同一般商标一样,是向国家商标管理机关申请注册,由该机关通过一定的审查和审批程序后授予。没有注册登记的证明商标和集体商标无法得到法律的保护。换言之,两种商标权利是通过法律的授权即注册取得的。而地理标志是一种自然权利,其产生基于产品的独特品质与地理环境的自然事实。尽管多数国家制定了地理标志的注册登记制度,但这种注册登记的目的是起到一个公示和证明作用,并非获得法律保护的前提。凡是具备了条件的地理标志都应受到法律的保护,不管它在形式上是否进行了登记和注册。

1999年欧盟曾审理了一起商标申请案,在该案中英国一家葡萄酒制造商申请将ARCADIA作为共同体商标适用于整个欧盟范围,遭到拒绝。原因是ARCADIA是希腊的一个葡萄酒产地的名称,该英国制造商不服向欧盟法院上诉。本案中的关键是ARCADIA是否为地理标志?根据1993年12月20日欧盟发布的40/94号指令第7条(1)(c)的规定,禁止将地理标志注册为共同体商标。分析本案中的ARCADIA,并未在希腊或其他国家申请注册为地理标志,但欧盟法院考察了各方面因素后最终认为,ARCADIA已经在事实上具备了地理标志的各项实质要件,应将其作为地理标志进行保护,并据此驳回了上诉。[①] 通过该案例可以看出,对地理标志如果仅靠证明商标和集体商标来保护,就会使那些已经具备了地理标志保护条件但尚未履行登记注册的地理标志得不到应有的保护,这显然和地理标志的自然权利属性相悖。

其三,证明商标和集体商标的属性与地理标志所具有的功能之间存在着矛盾。证明商标并不表示商品来源,也不能区分该商标使用者与其他人的商品或服务。这就意味着任何达到证明商标标准的单位都可以被授权使用证明商标,不管其所处的地域是否相同。而地理标志的使用则要求不仅其产品具有独特的品质或其他特征,而且这些特征是与该地理环境有着必然的因果联系。也就是说,地理标志同时具备这两种功能。由于证明商标和集体商标并非专门只用于地理标志,法律不能强制性地将它们标识的产品质量和特定的地理环境联系起来,两者并不必然存在密切的因果关系。即证明商标和集体商标的标示作用并不能表明该产品与某特定区域的产品的特定品质或其他特

---

① 参见杨欢:《地理标志的证明商标、集体商标法律规范制度评析》,载《当代法学研究》2001年第3期。

征有关。

综上所述,地理标志毕竟是一种独立于商标法律体制之外的知识产权,被框在证明商标和集体商标之下名不副实,也不利于对地理标志进行保护。因此,建立独立的地理标志保护体系,制定统一的地理标志保护法应是大势所趋。①

## 二、专门法对地理标志产品的保护

### (一) 地理标志产品的保护

为了有效保护我国的地理标志产品,规范地理标志产品名称和专用标志的使用,保证地理标志产品的质量和特色,2005年6月7日国家质量监督检验检疫总局公布了《地理标志产品保护规定》,自2005年7月15日起施行,国家质量技术监督局公布的《原产地域产品保护规定》同时废止。2018年国家机构改革,将国家工商行政管理总局的商标管理职责、国家质量监督检验检疫总局的原产地地理标志管理职责、国家知识产权局的职责进行整合,重新组建国家知识产权局,隶属于国家市场监督管理总局。国家知识产权局负责全国地理标志以及专用标志的管理和保护工作;统一受理和审查地理标志申请,依法认定地理标志。地方知识产权管理部门负责本行政区域内地理标志以及专用标志的管理和保护工作。县级以上市场监督管理部门负责本行政区域内的地理标志以及专用标志的行政执法工作。

《地理标志产品保护规定》中所称地理标志产品,是指产自特定地域,所具有的质量、声誉或其他特性本质上取决于该产地的自然因素和人文因素,经审核批准以地理名称进行命名的产品。地理标志产品包括:(1) 来自本地区的种植、养殖产品。(2) 原材料全部来自本地区或部分来自其他地区,并在本地区按照特定工艺生产和加工的产品。如新疆葡萄干、金华火腿、西湖龙井、宁德大黄鱼、道口烧鸡等,是由其特定的区域、特殊的气候条件、品质精良的原料以及独特的传统技术形成的产品。

#### 1. 地理标志产品的申请

地理标志产品保护申请,由当地县级以上人民政府指定的地理标志产品保护申请机构或人民政府认定的协会和企业(以下简称"申请人")提出,并征求相关部门意见。出口企业的地理标志产品的保护申请向本辖区内出入境检验检疫部门提出;按地域提出的地理标志产品的保护申请和其他地理标志产品的保护申请向当地(县级或县级以上)知识产权部门提出。

---

① 参见王莲峰:《制定我国地理标志保护法的构想》,载《法学》2005年第5期。

## 2. 地理标志产品审核及批准

国家知识产权局对收到的申请进行形式审查,审查合格的,向社会发布受理公告;审查不合格的,应书面告知申请人。有关单位和个人对申请有异议的,可在公告后的 2 个月内向国家知识产权局提出。国家知识产权局组织专家审查委员会对没有异议或者有异议但被驳回的申请进行技术审查,审查合格的,发布批准该产品获得地理标志产品保护的公告。

## 3. 地理标志产品的保护和监督

各地市场监督管理部门依法对地理标志保护产品实施保护。对于擅自使用或伪造地理标志名称及专用标志的,或者不符合地理标志产品标准和管理规范要求而使用该地理标志产品的名称的,或者使用与专用标志相近、易产生误解的名称或标识及可能误导消费者的文字或图案标志,使消费者将该产品误认为地理标志保护产品的行为,市场监督管理部门将依法进行查处。社会团体、企业和个人可监督、举报。

获准使用地理标志产品专用标志资格的生产者,未按相应标准和管理规范组织生产的,或者在 2 年内未在受保护的地理标志产品上使用专用标志的,国家知识产权局将注销其地理标志产品专用标志使用注册登记,停止其使用地理标志产品专用标志并对外公告。

### (二)地理标志产品保护规定的修订

如上所述,现行的《地理标志产品保护规定》由国家质检总局于 2005 年制定实施,与之配套的规范性文件《国外地理标志产品保护办法》于 2016 年发布并于 2019 年进行了修订,上述规章和规范性文件在有效保护地理标志产品、促进地方经济发展方面起到了重要作用。但由于规章制定时间较早,在实施过程中发现一些问题,具体表现为:一是审查程序相关规定不完善,尤其是撤销理由不够全面、缺少异议理由;二是权利保护较弱,侵权的法律责任不清晰;三是侧重对地理标志产品和专用标志的审核批准,使用管理的规定较少;四是国内外地理标志相关内容分列于上述规章和规范性文件中,缺乏统一性。

为满足地理标志保护的现实需求,2020 年 9 月 24 日国家知识产权局发布了《地理标志保护规定(征求意见稿)》(以下简称《征求意见稿》)修改说明,综合考虑现行规章和规范性文件的规定,针对上述问题进行补充完善:一是明确多方主体及其权利义务;二是完善优化地理标志申请和审查程序;三是加强地理标志保护和地理标志产品质量监管;四是整合国内外地理标志相关规定,实现同等保护。

### 1. 调整规章名称和整体框架

依据《民法典》,将规章名称由《地理标志产品保护规定》修改为《地理标志保护规定》。《征求意见稿》由原规章的总则、申请及受理、审核及批准、标准制订及专用标志使用、保护和监督等六章调整为总则、申请、审查和认定、撤销和变更、管理、运用和使用、法律责任等七章,从原28条扩充为42条。

2. 明确多方主体的权利义务

地理标志的申请主体为县级以上人民政府指定的生产者协会或者保护申请机构。地理标志获得保护后,申请人应当采取措施对地理标志产品名称和专用标志的使用、产品质量特色等进行管理。地理标志产品生产者有权使用地理标志产品名称和专用标志,应当按照相应标准或者管理规范组织生产。

3. 规定不给予地理标志保护的情形

明确规定不给予地理标志保护的情形,包括产品或者产品名称违反法律、社会公德或者妨害公共利益,产品名称仅为产品的通用名称,与在先地理标志、商标权、动植物品种冲突等,并将其作为异议和撤销的理由。

4. 完善优化地理标志申请和审查程序

将地理标志申请和专用标志使用申请两个程序合二为一,规定申请人在提出地理标志申请时可以一并提交申请使用专用标志的生产者或者中国经销商列表,切实减轻当事人负担;明确申请人对驳回申请的决定不服的可以请求复审,对复审决定不服的可以向人民法院起诉。

5. 加强地理标志的保护

任何单位或者个人使用产品名称或者产品描述使公众对产品产地来源产生误认、未经批准擅自在产品上使用专用标志或者与专用标志相似的标志使公众产生误认的,依照《中华人民共和国产品质量法》进行处理;在产地范围之外的相同或者类似产品上使用受保护地理标志产品名称构成侵权,由市场监督管理部门予以制止和罚款。

6. 强化地理标志产品质量监管责任

为保持地理标志产品的质量特色,除申请人和生产者应当承担相应义务外,产地范围所在的地方人民政府应当建立并实施受保护地理标志的产品标准体系、检测体系和质量保证体系;地方知识产权管理部门应当对本行政区域内受保护地理标志的产品质量特色、产品的标准符合性等方面进行日常监管。同时,规定了申请人或者生产者未履行相关义务时的罚则。

7. 统筹国内外地理标志保护

明确外国人、外国企业或者外国其他组织申请地理标志依据规定办理。考虑到外国地理标志申请的特殊性,规定外国申请人申请地理标志时还应当提交在所属国或者地区获得地理标志保护的官方证明文件等,并可以委托依法设立的专利代理机构、在国家知识产权局备案的商标代理机构或者依法设立的律师事务所办理。

我国采用专门立法模式保护地理标志,借鉴了法国对地理标志的保护形式。法国于1991年5月6日颁布《原产地名称保护法》,之后又进行了多次修改。该法明确规定了原产地名称的注册登记制度以及保护原产地名称的行政和司法程序。这种立法模式充分考虑到了原产地名称权作为一项特殊工业产权的特点,并赋予了产地范围内特定经营者对原产地名称的专属使用权和禁止他人使用权。这种登记注册制度既将原产地范围内的特定使用者即权利人具体化,又对权利人的使用行为进行了规范,值得借鉴。[①]

### 三、农村农业部对农产品地理标志的登记保护

中国是农业大国,目前我国的地理标志产品几乎都是农产品,面对上述管理模式带来的不足和疏漏,农业部门认为由其来执行农产品地理标识的认证和管理工作效率相对高、引起纷争较少。因此,凭着对农业管理便利的优势,2002年12月,《中华人民共和国农业法》(以下简称《农业法》)进行了修改,其中,第23条第3款规定,"符合规定产地及生产规范要求的农产品可以依照有关法律或者行政法规的规定申请使用农产品地理标志"。[②] 为规范农产品地理标志的使用,保证地理标志农产品的品质和特色,提升农产品市场竞争力,国家农业部于2007年12月又专门颁布了《农产品地理标志管理办法》,随后开始接受申请,颁发农业部"农产品地理标志"专用标识(见图82,英文简称AGI)。可以看到,农业部门可以根据其部门规章对某一农产品进行检测评判并准许使用农产品地理标志,但由于缺乏法律层次上的依据,在执法方面也存在着很大的障碍。

农产品地理标志,是指标示农产品来源于特定地域,产品品质和相关特征主要取决于自然生态环境和历史人文因素,并以地域名称冠名的特有农产品标志。国家对农产品地理标志实行登记制度。经登记的农产品地理标志受法律保护。农产品地理标志登记不收取费用。县级以上人民政府农业行政主管部门应当将农产品地理标志管理经费编入本部门年度预算。

申请地理标志登记的农产品,应当符合下列条件:(1)称谓由地理区域名称

---

[①] 参见王莲峰、黄泽雁:《地理标志保护模式之争与我国立法的选择》,载《华东政法学院学报》2006年第6期。

[②] 我国《商标法》2001年修改后,为了履行TRIPS协定(地理标志是一种知识产权)的承诺,在第16条增加了地理标志的规定。因此,《农业法》上述"有关法律或者行政法规"应当是指《商标法》或《地理标志保护规定》。2018年国务院机构改革后,商标的执法权由国家知识产权局和市场监管局负责。

图 82

和农产品通用名称构成;(2)产品有独特的品质特性或者特定的生产方式;(3)产品品质和特色主要取决于独特的自然生态环境和人文历史因素;(4)产品有限定的生产区域范围;(5)产地环境、产品质量符合国家强制性技术规范要求。如崇明金瓜、海淀玉巴达杏、平阳黄汤茶、阳山水蜜桃、宜都宜红茶、固始皇姑山茶、荣成蜜桃、伟德山板栗等,均为符合条件的地理标志农产品。[①]

农产品地理标志登记申请人为县级以上地方人民政府根据下列条件择优确定的农民专业合作经济组织、行业协会等组织:(1)具有监督和管理农产品地理标志及其产品的能力;(2)具有为地理标志农产品生产、加工、营销提供指导服务的能力;(3)具有独立承担民事责任的能力。

农产品地理标志使用人有相应的权利和义务。具体权利为:可以在产品及其包装上使用农产品地理标志,可以使用登记的农产品地理标志进行宣传和参加展览、展示及展销;具体义务为:自觉接受登记证书持有人的监督检查,保证地理标志农产品的品质和信誉,正确规范地使用农产品地理标志。

农村农业部负责全国农产品地理标志的登记工作,农村农业部农产品质量安全中心负责农产品地理标志登记的审查和专家评审工作。省级人民政府农业行政主管部门负责本行政区域内农产品地理标志登记申请的受理和初审工作。农村农业部设立的农产品地理标志登记专家评审委员会负责专家评审。农产品地理标志登记专家评审委员会由种植业、畜牧业、渔业和农产品质量安全等方面的专家组成。例如,农业部公告(第 1517 号):池州市贵池霄坑村生绿茶叶专业

---

① 参见农业部公告第 2105 号。

合作社等单位申请对"霄坑绿茶"等 96 个农产品实施农产品地理标志保护。经过初审、专家评审和公示,符合农产品地理标志登记程序和条件,准予登记,特颁发中华人民共和国农产品地理标志登记证书。

符合下列条件的单位和个人,可以向登记证书持有人申请使用农产品地理标志:(1)生产经营的农产品产自登记确定的地域范围;(2)已取得登记农产品相关的生产经营资质;(3)能够严格按照规定的质量技术规范组织开展生产经营活动;(4)具有地理标志农产品市场开发经营能力。使用农产品地理标志,应当按照生产经营年度与登记证书持有人签订农产品地理标志使用协议,在协议中载明使用的数量、范围及相关的责任义务。农产品地理标志登记证书持有人不得向农产品地理标志使用人收取使用费。

综上所述,我国目前对地理标志保护有三种模式,存在"多头管理"现状,不仅造成地理标志注册人及社会公众的困惑与混淆,影响了正常的地理标志市场监管秩序,而且也不利于对地理标志的培育和保护。

本书注意到,农村农业部信访处近期针对网民关于"农产品地理标志认证政策咨询"的留言回复:"按照中央编办构建地理标志统一认定制度有关工作要求,2022 年 3 月,我部已停止了农产品地理标志登记工作,包括受理、评审、公示和公告,2022 年制定的有关登记计划也相应停止实施。按照部门'三定',我部正配合国家知识产权局构建地理标志统一认定制度。"① 关于地理标志的专门立法工作,本书也将予以持续关注。

### 四、地理标志专用标志的变化

以下地理标志的专用标志分别是由国家工商行政管理总局商标局颁发的中国地理标志 GI(见图 83)、农业部颁发的农产品地理标志 AGI(见图 84)、国家质量监督检验检疫总局颁发的地理标志保护产品标志 PGI(见图 85)。

图 83　　　　　　　图 84　　　　　　　图 85

---

① 《信访处答网民关于"农产品地理标志认证政策咨询"的留言》,http://www.moa.gov.cn/bzxx-lyhf/xfwy/netizen/replyDetail.html? strMinisterCode=W20220922009,2022 年 11 月 10 日访问。

2019年10月16日,机构改革后的国家知识产权局发布了新的地理标志GI(见图86),原相关地理标志产品专用标志同时废止。根据商标法、专利法等有关规定,国家知识产权局对地理标志专用标志予以登记备案,并纳入官方标志保护。自2020年12月31日以后,市面上只会看到下述两种标志。专用标志使用人可以将专用标志用于商品、商品包装或容器上,或者用于广告宣传、展览及其他商业活动中,但不得随意改变专用标志的图形和颜色。

图86

图87

地理标志的管理、运用和保护已成为国家品牌战略的重要组成部分,地理标志产品不仅可有效带动该地理标志区域整体产业链生长,实现提质增效,而且有利于提升中国优质农产品在世界市场的知名度;通过地理标志专用标志的使用,可在市场上形成高识别度、品质卓越、消费者放心的品牌形象。截至2020年9月,我国地理标志产品(GI)共计注册数量为2269个,农产品地理标志(AGI)共计注册数量为3088个。2020年7月20日,中、欧正式签署中欧地理标志协定。欧盟的100个农业食品地理标志在中国得到保护,同样,100个中国地理标志也得到欧盟的保护。①

对地理标志的保护,国际社会和各国立法机关一直在关注,并成为引发新一轮世界贸易组织多边贸易谈判的议题。针对《与贸易有关的知识产权协定》中遗留的问题,2001年《TRIPS与公共健康多哈宣言》已经注意到将地理标志的保护延及于葡萄酒、白酒以外的其他产品上,以保护发展中国家和最不发达国家的利益;关于规定成员方就葡萄酒和白酒的地理标志通告与注册多边体系问题,欧盟和美国、加拿大等国发生争执,该问题将成为下一轮多边贸易谈判的议题。

---

① 参见《深度解读地理标志》,https://new.qq.com/omn/20210330/20210330A03NY700.html,2022年5月1日访问。

第十一章 地理标志的保护

图 88　欧盟原产地保护标签(PDO)

图 89　欧盟地理标志保护标签(PGI)

> 思考题

1. 地理标志是一种独立的权利吗?
2. 地理标志和商标有何不同?
3. 简答《与贸易有关的知识产权协定》对地理标志的保护。
4. 你认为我国应如何对地理标志进行保护?

# 第十二章　世界其他主要国家和地区的商标法

## ☞ 本章导读

商标是国际经济和商贸活动中的"世界语",是企业的无形资产。商标注册是企业进入国际市场,在竞争中维护企业知识产权的第一步。本章主要介绍几个有代表性国家的商标法制度,如大陆法系的法国、德国和日本,英美法系的美国等,以及独具特色的欧盟商标法律制度。通过对这些国家和地区商标法的学习,有助于对两大法系的商标法律制度有一个比较全面的了解。为适应各国经济的发展,这些国家对本国的商标法作了多次修改,一方面与商标的国际保护公约相一致;另一方面也有力地促进了本国经济的发展。本章对比分析和借鉴国外的商标法律制度,以期完善我国的商标法制。

## 第一节　欧盟商标法

### 一、欧盟商标概述

欧盟商标是指根据《欧共体商标条例》规定的条件,获得欧盟内部市场协调局注册的、在欧盟成员国[①]范围内有效的、用来识别和区分商品或服务的标记。

1996年1月1日,位于西班牙阿利坎特(Alicante)的欧盟商标局开始受理欧盟商标申请。欧盟商标的申请人不限于欧盟成员国的国民,其他如《保护工业产权巴黎公约》、世界知识产权组织成员国的国民也可提出申请。

欧盟最初的组织形式为欧洲共同体,为实现欧盟内部各成员之间贸易的自由流通,欧共体自20世纪60年代初开始致力于建立统一的共同体商标体系。其立法成果有:1988年12月21日《协调成员国商标立法欧洲共同体理事会第一号指令》;1993年12月20日通过的《欧共体商标条例》,该条例1995年3月15日生效,1996年4月1日正式运行。

---

① 欧盟成员国包括:法国、德国、意大利、比利时、荷兰、卢森堡、丹麦、爱尔兰、希腊、西班牙、葡萄牙、奥地利、芬兰、瑞典、塞浦路斯、捷克、爱沙尼亚、匈牙利、立陶宛、拉脱维亚、马耳他、波兰、斯洛伐克、斯洛文尼亚、罗马尼亚、保加利亚。

为促使欧盟商标制度更加现代化,欧盟于 2015 年 12 月正式通过了对欧盟商标制度的一揽子改革方案。其中《商标指令》(2015/2436)于 2016 年 1 月 13 日起正式生效,《欧盟商标条例》(2015/2424)于 2016 年 3 月 23 日起正式生效。此次商标法改革对主管机构的名称、注册程序、收费标准、涉嫌商标侵权的过境货物、商标保护程度等多个方面都作了重点调整。欧盟作为一体化程度最高的区域性政治经济组织,其商标法改革将对欧盟内部产生影响。[1]

欧盟商标立法修改后,一些值得关注的变化有:其一,管理机关名称的变化。根据《欧盟商标条例》第 1 条,原"欧共体内部市场协调局(商标及外观设计)"将改为"欧盟知识产权局"(EUIPO),但其管辖的仍然只是商标和外观设计案件,并不包括其他类型的知识产权案件。原"共同体商标"将改为"欧盟商标"(EU-TM)。其二,增加了作为商标标识的元素如颜色、声音等,明确将颜色及声音列为可注册标志,"图形表示"将不再是申请文件必须包含的要素。这表现出欧盟对于非传统类型的商标将持有更宽容的态度。其三,增加了欧盟证明商标。其四,完善对声誉商标的保护。《商标指令》要求所有成员国提供对声誉商标的特别保护,同时明确声誉商标的保护与商品是否相同或类似无关。其五,对他人抢注所获的商标,相关权利人有权要求直接移转给被抢注的商标持有人,无须再请求宣告该商标无效。其六,禁止将他人的商标作为自己的企业名称使用。[2]

**二、欧盟商标的特点**

1. 单一性

单一性是"欧共体商标制度最主要之特色"[3]。欧盟商标及其注册申请在整个欧盟有效。商标申请及其相应的注册会自动延伸至所有成员国。另外,任何一欧盟商标的无效、驳回或期满都会适用于整个欧盟。同时,欧盟商标是一个单一的财产。它只能作为整个欧盟(而不是单独成员国)的财产被转让。

2. 灵活性

欧盟商标注册体系对其成员国商标注册体系没有任何影响(包括比、荷、卢商标体系)。企业可以自由选择申请单独成员国商标注册或欧盟商标注册,也可以二者都申请。大批现有的、已在成员国获得注册的商标仍然有效。是

---

[1] 参见易继明、黄晓稣:《欧盟商标法的改革及意义》,载《陕西师范大学学报(哲学社会科学版)》2016 年第 6 期。

[2] 参见黄晖:《欧盟商标立法做出重大修改》,http://www.wanhuida.com/tabid/146/ArticleID/5305/Default.aspx?,2018 年 7 月 10 日访问。

[3] 曾陈明汝:《商标法原理》,中国人民大学出版社 2003 年版,第 247 页。

完全依赖欧盟商标的保护,还是同时获得成员国商标和欧盟商标的双重保护,完全取决于商标申请人和所有人的战略需要。但是,如果成员国的商标注册先于欧盟商标的注册,那么成员国商标享有在先权;反之亦然。成员国的工业产权局不会主动审查该在先权,只有在先权拥有人可以提出请求,即在欧盟商标公告之日起3个月内提交异议,或根据有关规定在欧盟商标注册后申请其无效。

### 三、欧盟商标的注册标记和不予注册的标记

1. 允许注册的标记

欧盟商标可包括任何可用图表代表的标记,特别是文字,包括人名、图案、字母、数字、商品形状或其包装外观,只要这些标记能够把一种商品或服务用途同其他种类的用途区分开来。因此,以下标记可以用来作为商标进行注册:(1) 文字标记,包括字母、数字,或字母、数字和文字的组合;(2) 包含或不包含文字的图形标记;(3) 彩色图形标记;(4) 颜色或多种颜色的组合;(5) 三维立体标记;(6) 声音标记等。其中,颜色和声音是2015年欧盟商标立法修改后新增加的内容。

2. 不予注册的标记

尽管一些标记符合商标的定义,但如果存在一个绝对的驳回理由,这些标记仍不能被注册为欧盟商标。下列标记不能申请注册:(1) 不具备任何显著性特征;(2) 专指商品或服务的种类、质量、数量、用途、价值、产地、生产日期或提供服务日期、其他商品或服务特征;(3) 在现行语言或商业现有及普遍实践中已成为惯例;(4) 同公共政策或广为接受的道德准则相违背;(5) 具有欺骗公众的性质,如对商品或服务的性质、质量或产地的不实描述;(6) 对于产品形状、酒精饮料产地或某些官方象征有被驳回的绝对理由。

### 四、欧盟商标的注册程序

欧盟商标的基本注册程序如下:申请人向欧盟商标局或欧盟成员国的商标局提出申请;欧盟商标局将申请通知各成员国的商标主管机关,以进行各国的商标审查;审查通过后,进行3个月的公告。在此期间第三者可提出各种异议。如果没有第三者提出异议,申请的商标将在1年内获准注册。欧盟商标整个申请过程大约需要12—15个月。

欧盟商标保护期为10年,从申请提交之日起计算。根据《欧盟商标条例》规定,商标期满可续展,每次续展保护期为10年。

### 五、欧盟商标注册的利弊

欧盟商标注册的优点主要表现为:(1)费用低。只需申请注册一次,即可在整个欧盟成员国范围内使用该商标。较之于在各个成员国分别提出申请,费用大幅度减少。(2)保护程序集中化。一件商标注册可获得欧盟成员国的保护,有关商标案件的裁决将在欧盟所有的国家得到执行。(3)注册商标可仅在一个欧盟国家使用。商标在欧盟任何一个国家的使用就足以对抗以未使用商标为由提出的撤销申请。(4)享有《保护工业产权巴黎公约》的优先权。同一商标用于一种或多种指定商品或服务名称的,在《保护工业产权巴黎公约》成员国申请后6个月内申请欧盟商标时,可享有优先权。(5)已经在一个欧盟成员国公布的注册商标,在申请欧盟商标时,可请求优先权。

欧盟商标注册的缺点主要表现为:对商标的显著性要求较高,成员国中只要有一个成员国提出异议,将导致所有成员国商标注册被驳回。因此对我国企业而言,如果商标的显著性不强,不宜申请欧盟商标注册。

## 第二节 德国商标法

### 一、德国商标立法

德国最早的商标立法始于1874年德意志帝国时期颁布的《商标保护法》。1968年又制定了《德国商标法》,1979年和1987年曾进行过修改。这部商标法在世界上享有较高声誉,得益于其严密的逻辑结构。

德国现行商标法的全称是《商标和其他标志保护法》(以下简称《德国商标法》)。该法制定于1994年10月25日,1995年1月1日生效。1996年7月24日进行了修改,其修改部分于1996年7月25日生效,2017年7月17日又进行修改。经过修改后的商标法,具有鲜明的时代特征,不仅对国际社会普遍关注的地理标志作了专章规定,而且适应《与贸易有关的知识产权协定》的要求,增加了对侵权商品的海关保护措施。[①] 为适应经济发展的需要,2019年《德国商标法》又作了新的修改。

---

① 参见《德国商标法》第六部分和第八部分第二章。

## 二、《德国商标法》的主要内容

### (一)《德国商标法》保护的范围

《德国商标法》保护的范围包括:商标、商业标志和地理来源标志。

#### 1. 商标

任何能够将其使用的商品或服务与使用其他标志的商品或服务相区别的标志,可以作为商标获得保护,尤其是文字(包括人名)、图案、字母、数字、声音标志、三维造型(包括商品或其包装以及容器的形状),还包括颜色或颜色的组合。

仅由下列形状组成的标志不能作为商标保护:(1)该形状是由商品本身的性质决定的;(2)该形状是为获取一种技术效果所必需的;(3)该形状为商品提供了实质的价值。

#### 2. 商业标志

公司标志和作品标题可以作为商业标志保护的对象。

公司标志,是指在商业过程中作为名称、商号或者工商业企业的特殊标志使用的标志。用来区别不同企业,并在相关商业圈内被认为是一个企业的具有显著特征的标志和其他标志,等同于一个商业企业的特殊标志。

作品标题,是指印刷出版物、电影作品、音乐作品、戏剧作品或其他类似作品的名称或特殊标志。

#### 3. 地理标志

地理标志,是指地点、地方、地区或州的名称以及其他在商业流通中用以标明商品或服务的地理产地的标志。凡在商业流通中违反法律规定不当使用地理标志的,权利人可要求行为人停止侵权并可主张损害赔偿。

《德国商标法》同时规定,对商标、商业标志和地理标志的保护不排除适用其他规定。

根据《德国商标法》,商标权一般只有经过注册才能取得,但也有例外。标志通过在商业过程中使用,能在相关商业范围内获得作为商标的第二含义的,或者具有《保护工业产权巴黎公约》第6条之2意义上的驰名商标的知名度的,这两种商标也可获得保护。

### (二)注册商标的必要条件

#### 1. 申请人

注册商标的申请人可以是自然人、法人,或者有能力获得权利和承担义务的合伙组织。

2. 不能获得注册的商标

商标在下列情况下不能获准注册：

（1）缺乏与商品和服务相关的任何显著性的商标；

（2）仅由可在贸易中表示种类、质量、数量、用途、价值、地理来源、商品的生产日期或服务的提供日期，或者表示商品或服务的其他特征的标志或标记组成的商标；

（3）仅由在当前语言环境中或在善意中成为习惯并成为标记商品或服务的商业惯例的标志或标记组成的商标；

（4）具有欺骗公众，尤其是关于商品或服务的性质、质量或地理来源的特征的商标；

（5）违背公共秩序和善良风俗的商标；

（6）含有政府的徽章、旗帜或其他徽记，或含有地区社团或国内其他公有联合团体的徽章的商标；

（7）官方标志和检验印记在内的表明控制和保证的商标，不能作为商标有效注册；

（8）国际政府间组织的徽章、旗帜或其他标志、印章或标记的商标，不能作为商标有效注册；

（9）根据有关公共利益的其他规定，明显禁止使用的商标；

（10）提出恶意申请的。

在注册日之前，随着商标的使用，如果该商标在相关商业圈内成为在其申请的商品和服务上的区别性标志，则上述前三项不应适用。

（三）对驰名商标和在先权的保护

如果一个商标与《保护工业产权巴黎公约》第6条之2意义上的在德国境内驰名的在先商标相同或近似，则该商标不应获准注册。

通过使用获得的商标和商业标志具有在先权。其他在先权利包括：（1）名称权；（2）肖像权；（3）著作权；（4）植物品种名称；（5）地理标志；（6）其他工业产权。

（四）商标的注册

专利局是商标管理的机构。对符合要求的申请书经过实质审查，达到条件的，即在商标公报上予以公开。公报发布后的3个月内，任何人都可提出异议，由专利局对异议进行裁决。申请人不服的可向法院诉讼，由法院判决。没有异议或异议不成立的，核准注册。

对注册商标的保护期为10年，自申请之日起计算。期满可以续展，每次为

10 年。

（五）商标权的保护

商标侵权行为具体表现为：

（1）未经商标权利人同意，第三方在商业活动中在同种商品或服务上使用与该商标相同的任何标志；

（2）在同种或类似商品或服务上，使用与该商标相同或近似的任何标志，并且在相关公众中存在混淆的可能，包括该标志和该商标之间产生联系的可能；

（3）在与受保护的商标所使用的不相近似的商品或服务上，使用与该商标相同或近似的任何标志，但是该商标在德国范围内享有较高声誉，并且没有正当理由使用该标志不公平地利用或损害了该商标的显著性或声誉。

对侵权行为的制裁方法有：除去非法标志、销毁侵权产品、责令赔偿损失、处以罚金或者监禁。

### 三、2019 年德国商标法的修改

2019 年 1 月 14 日，德国《商标法现代化法案》（The Trade Mark Law Modernisation Act）生效，本次修改并未涉及对现有商标法体系的根本变动，但有一些较为重要的实质修改，主要内容如下：

1. 增加证明商标类型

德国在商标法中引入了一种新类型的商标：证明商标。证明商标一般用于证明使用该商标的商品或者服务的材料、产品制造方法/服务提供方式、质量或者其他品质达到了特定标准和质量要求；证明商标的标志可以贴在不同厂商的符合质量和相关标准的产品上。不同于一般的商标，证明商标不注重商标作为原产地标志的功能，更注重保证商品质量和标准的功能。证明商标所有人必须保持中立，不能同时提供自己认证的商品和服务，在有关商标使用的规定中，必须公开其产品和质量特征的标准以及使用条件。

2. 将商标删除程序更名为失效或无效程序

修改后的德国商标法，将以前的商标删除程序改为失效或无效程序，自 2020 年 5 月 1 日起，除了禁止绝对注册理由之外，禁止相对注册理由也可在无效程序中提出。

3. 增加禁止绝对注册事由

本次修法后，在德国商标无效程序中，受到成员国国内或欧盟相关法律及公约保护的地理标志和原产地名称（尤其涉及食品、葡萄酒、烈酒等产品），也将被纳入德国商标禁止绝对注册事由的审查范围中；同样适用于受保护的传统葡萄

酒名称、传统特色食品及种类名称。

4. 增加商标异议请求的事由和冷静期制度

修改后的德国商标法,商标异议程序发生的变化主要有:第一,异议程序请求将不再局限于单一的在先权利,而是可以基于多项在先权利提起;第二,地理标志和原产地名称也将被纳入到异议理由中;第三,提请商标异议程序费用将由过去的120欧元增至250欧元;第四,异议申请受理后,为便于异议双方的进一步谈判,德国专利商标局将基于双方共同提出的申请而提供至少2个月的冷静期,这一期限还可依据双方共同的请求而延长。

5. 增加商标许可新规定

商标许可信息包含被许可人信息、许可类型以及可能的限制性规定等内容,将依请求呈现在官方登记簿中;获得商标独占许可的被许可人将可在特定情况下以商标侵权为诉由自行向法院提起诉讼。

6. 对商标保护期限及续展相关规定进行调整

自2019年1月14日起新注册的德国商标,其每10年的商标续展截止日期将不再是以往所规定的申请日所在月月末,而是调整为申请日所在日当天。在该日期前已注册的德国商标,则其续展费缴费期限仍沿用旧规定。德国专利商标局也会在商标有效期届满前8个月预先提醒权利人。续展费可以在保护期届满前6个月内进行缴纳,或随滞纳金于保护期届满后6个月的宽限期内进行补缴。

7. 增加新的商标类型和构成要素

新类型商标包括声音标志、位置标志、样品标志、移动标志、全息标志、多媒体标志等多种类型,可以通过在电子商标注册处申领加入二维码。

8. 不再强制要求商标具有书面可呈现性

为适应技术发展,随着商标登记簿信息电子化的日益完善,拟寻求德国商标保护的标识被允许通过一般现有技术以合适的形式进行呈现,只要其呈现能够满足清晰、精确、自洽、可外化等条件即可。

其他修改内容还包括:对于注册商标使用证据的要求将进一步严格,"5年未使用"起算日期将由现在的注册公告日修改为申请日或优先权日。商标使用的宽限期起始及截止日期后续将在德国商标登记簿中呈现。[①]

---

① 霍雨佳:《自2020年5月1日起德国商标权利失效和无效程序的最新变化》,http://www.huasun.org/ipnews/715,2022年5月1日访问;伊羽:《德国〈商标法现代化法案〉生效》,载《中国知识产权报》2019年3月27日。

## 第三节　法国商标法

　　法国是对国际知识产权保护做出过重要贡献的国家，1883年世界上第一个保护知识产权的国际公约——《保护工业产权巴黎公约》在法国签订，《保护文学和艺术作品伯尔尼公约》（简称《伯尔尼公约》）的最新文本也在法国巴黎修订。法国还于1992年率先颁布了世界上第一部知识产权法典，并先后对该法典进行了多次修改和增补，使得法国的知识产权立法始终处于世界各国的前列。

### 一、法国商标法的历史沿革

　　法国是世界上第一个制定成文商标法的国家，早在1857年就颁布了《关于以使用原则和不审查原则为内容的制造标记和商标的法律》。该法规定，对商标的注册申请不进行任何审查，商标注册的有效性要在与第三方的冲突中由法院裁定；商标不管注册与否，一律可获得专有权，但不允许相同商标的专有权同时存在于不同的人手中，只允许最先使用人或最先注册人享有专有权；对获得注册的商标，不管是否使用一律有效。这项法律对商标注册和商标权保护的规定较自由，显然不能对注册商标提供有效的保护。[①]

　　1964年法国又制定了具有现代意义的《商品及服务商标法》。该法对原有的商标注册制度作了重大修改，主要有三项内容：第一，商标专有权只有通过注册才能获得，不注册的商标虽未被宣布为非法，但受到侵犯时，未注册的商标所有人无权起诉要求保护；第二，对申请注册的商标要进行形式审查，但不进行实质审查；第三，注册商标必须在贸易活动中使用，连续5年不使用者，丧失其商标权。[②]

　　1991年，法国按照1988年《协调成员国商标立法欧洲共同体理事会第一号指令》的要求，全面修改了《商品及服务商标法》。其修改的主要内容有：第一，增加对声音商标的保护；第二，设立商标的异议制度；第三，对著名商标进行扩大保护，增加对驰名商标保护的规定；第四，承认权利穷竭及显著性可以经使用而产生或丧失的理论；第五，允许对欺诈注册提起所有权追还诉讼；第六，强化对制假售假惩罚的力度。[③] 该法的刑事处罚力度全面加强，通过增加司法警察进行查

---

[①] 参见郑成思：《知识产权法通论》，法律出版社1986年版，第258页。
[②] 参见黄勤南主编：《新编知识产权法教程》，中国政法大学出版社1995年版，第123页。
[③] 参见《法国知识产权法典（法律部分）》，黄晖译，郑成思审校，商务印书馆1999年版，第10页。

扣、法人承担侵权刑事责任、判令侵权人停业、剥夺上市选举资格、没收侵权物品、累犯加倍处罚等一系列措施,有效地威慑和打击了知识产权犯罪。同时,加强了商标权的保护手段。在查处商标案件时,专门设置了侵权扣押和海关扣押程序。权利人可以及时有效地获得有关侵权的来源、范围等信息,并作为证据在法庭中被采用,极大地方便了案件的查处。①

**二、法国商标法的主要内容**

1992年7月1日法国颁发了92-597号法律,将当时23个与知识产权有关的单行立法汇编整理成统一的《法国知识产权法典(法律部分)》,其中,第七卷第一编规定了"制造、商业及服务商标"。中间历经1993年、1994年、1996年和2007年等多次修改。为了与修订后的《欧盟商标条例》保持一致,2019年《法国知识产权法典》第七卷第七编商标法部分又作了修改。修改后的法国商标法,处于世界领先的地位。该法的主要内容为:

1. 商标的构成要素

商标的构成要素包括任何用于区别自然人或法人的商品或服务,并可用于书写描绘的标记。可以是各种形式的文字,如字、字的搭配、姓氏、地名、假名、数字、缩写词;也可以是音响标记,如声音、乐句;同时还包括图形标记和颜色的标记,如图画、标签、戳记、边纹、全息图像、徽标、合成图像和颜色的排列、组合或色调。但是,通用或常用名称的标记或文字,用以表示商品或服务的特征,尤其是种类、质量、数量、用途、价值、产源、商品生产或服务提供的年代的标记或文字,以及纯由商品性质或功能所决定的外形的标记,不能作为商标。此外,违反公共秩序或善良风俗的标记,或被法律禁止使用的标记不得用作商标或其组成部分。

侵犯在先权利的标记不得作为商标,在先权包括:在先注册商标或《保护工业产权巴黎公约》第6条之2所称的驰名商标;公司名称或字号;全国范围内知名的厂商名称或标牌;受保护的原产地名称;著作权;受保护的工业品外观设计权;第三人的人身权,尤其是姓氏、笔名或肖像权;地方行政单位的名称、形象或声誉。

2. 商标权利的取得

商标所有权通过注册取得。商标可以共有形式取得。凡在法国境内的自然人和法人,都可以申请商标注册。居住国外的申请人,应在法国指定送达地址。申请书应包括商标图样并列举商标所应使用的商品或服务。

---

① 参见《法国知识产权法典(法律部分)》,黄晖译,郑成思审校,商务印书馆1999年版,第11页。

国家工业产权局受理商标注册申请书并予以公告。注册申请公告2个月内,注册商标或申请在先商标所有人或享受优先权日的商标所有人,或在先驰名商标所有人可向国家工业产权局局长对注册申请提出异议。独占被许可人享有同等权利,但是合同中有相反约定的除外。自上述规定的期限届满6个月内没有裁定的,视为异议不成立,同时也规定了这一期限中止的情形。如果申请人在注册申请时欺骗了第三人的权利,或者违反了法定或约定的义务,则认为对该商标享有权利者可向法院要求所有权。注册自申请提交之日起10年有效,并可多次续展。

3. 注册商标赋予的权利及权利限制

商标注册赋予其注册人的所有权以指定的商品及服务为限。

注册商标权人的权利包括以下内容:(1) 非经所有人同意,不得在相同商品或服务上复制、使用或贴附商标,即使加上"程式""式样""方法""仿式""同类""方式"等字样,也不得使用复制的商标;(2) 不得消除或变动依法贴附的商标标识;(3) 非经所有人同意并可能在公众意识中造成混淆,他人不得在类似商品或服务上复制、使用或贴附商标以及使用复制的商标;(4) 不得在相同或类似的商品或服务上仿冒该商标或使用仿冒商标。在不类似的商品或服务上使用著名商标或驰名商标给商标所有人造成损失或者构成对该商标不当使用的,侵害人应当承担民事责任。

注册商标权人的权利限制包括:(1) 商标权所有人无权禁止他人在经所有人或经其同意将带有该商标的商品投放欧盟或欧洲经济空间的市场后使用该商标。但是,如有正当理由,尤其是商品投放市场后有所变化或改动的,商标所有人可禁止商品的进一步流通。(2) 商标注册并不妨碍在下列情况下使用与其相同和近似的标记:第一,用作公司名称、厂商名称或标牌,只要该使用先于商标注册,或者是第三人善意使用其姓氏;第二,标注商品或服务尤其是零部件的用途时所必需的参照说明,只要不会导致产源误认。但是,这种使用损害注册人权利的,注册人可要求限制或禁止其使用。

4. 商标权的移转和灭失

商标权可全部转让或部分转让,即使是部分转让也不得附带地域限制。商标权可全部或部分作独占或非独占性许可使用,非独占许可依使用章程产生。商标权也可作为质押。所有权的移转或质押,应当采用书面形式,否则无效。

商标权在下列情况下会导致灭失:(1) 注册申请人或注册商标所有人可就商标指定的全部或部分商品或服务放弃该申请或注册的效力。(2) 对违反商标构成要素及侵犯在先权的商标注册,由司法判决形式宣告无效。如果商标已善意获得注册且已被使用5年的,该诉讼不予受理。(3)无正当理由连续5年没有在注册时指定的商品或服务上使用商标的,其所有人丧失商标权利。这里的商标使用包括:经商标所有人同意的使用,或依章程对集体商标的使用;形式有所变化但不改变显著特征的使用;将商标贴附于纯用于出口的商品或其包装的使用。(4)商标所有人因其所为而使商标出现下列情况的丧失商标权:在商业中成为该商品或服务的通用名称;引人误解,尤其是在商品或服务的性质、质量或产源方面。

5. 集体商标

《法国知识产权法典》第七卷第一编第五章对集体商标作了专门规定。集体商标指可由任何人按注册所有人制定的使用章程使用的商标。集体商标的特点表现为:(1) 只能由商品或服务的制造者、进口者及销售者以外的法人申请;(2) 申请应包括规定商标使用条件的章程;(3) 任何所有人以外的符合章程规定条件的商品或服务的提供者均得使用该商标;(4) 该商标不得转让、质押或作为任何强制执行的标的;但是,作为所有人的法人解散的,该商标得依行政法院政令移转至其他法人。注册申请不符合有关证明的法规的,即予驳回。集体商标违反法律规定的,检察院或任何利害关系人可要求宣告其注册无效。无效决定具有绝对效力。

6. 法院的禁止令及担保制度

受理侵权诉讼的法院院长可依紧急诉讼程序临时禁止被告继续被指控的侵权行为,并判逾期罚款或者判令被告为继续其行为提供担保以赔偿商标所有人或专用权受益人的损失。要求禁止令或被告提供担保的,只有在实质诉讼可能成立并且在商标所有人或专用权受益人得知侵权事实短时间内起诉的情形方予准许。法官可要求原告提供担保供其败诉时赔偿被告之损失。

注册申请人、注册商标所有人或独占被许可人,可依大审法院应请求开具的命令,要求任何执达员在他指定的专家配合下,或者对他认为非法标有、销售、提供的商品或服务作详细笔录并扣押少量样品,或者进行实际扣押。法院院长可要求申请实际扣押者提供担保以供其败诉后赔偿被告之损失。自扣押之日起15天内扣押申请人没有提起民事或刑事诉讼的,扣押自动失效,并且不影响他人可能提出的损害赔偿要求。

7. 边境措施

海关管理部门可依注册商标所有人或专用权受益人书面请求,在其检查范围内扣留申请人指控带有假冒其注册商标或享有专用权商标的货物。海关管理部门应立即将扣留情况通报共和国检察官、申请人、货物申报人及占有人。申请人自货物扣留通知之日起 10 个工作日内不能满足下列要求的,扣留决定自动失效:由大审法院决定的保全措施;提起民事或刑事诉讼并提供担保以承担侵权不成立的责任。

为提起前款所称诉讼,申请人可从海关管理部门获知货物的发运人、进口人及收货人或货物占有人的名称和地址,以及货物数量,而不必遵照《海关法典》第 59 条之 2 有关海关管理人员必须保守职业秘密的规定。

8. 对侵权者的处罚

司法警察发现有下列情形者,可以扣押非法制造、进口、占有、销售、供应或提供的商品及专用于此的器材:(1) 侵犯商标注册赋予的权利及由此派生的禁令复制、仿制、使用、贴附、消除或变动商标、集体商标或集体证明商标的;(2) 进口或者出口带有假冒商标的商品;(3) 无正当理由占有明知带有假冒侵权商标的商品,或者故意出售、经销、供应或提供带有此种商标的商品和服务;(4) 故意供应或提供与指定注册商标不符的商品或服务。

凡有下列行为者,处 2 年监禁及 100 万法郎罚金:(1) 故意不按集体证明商标申请时附送的章程规定的条件使用该商标;(2) 故意出售或经销不当使用集体证明商标的商品;(3) 已使用过的集体证明商标不受保护之日起 10 年内,故意使用该商标的复制或仿制商标,或者故意出售、经销、供应或提供带有该商标的商品或服务。

上述侵犯商标权的法人依据《法国刑法典》的规定可被判负刑事责任。对侵权的累犯及同受害人有过协议的初犯可加倍处罚。罪犯此外可在不超过 5 年内被剥夺商事法庭、工商会、行业协会、劳资协会的选举权和被选举权。

法院在任何情况下可判决由败诉方依照《法国刑法典》第 51 条的条件和要求张贴判决书,并在其指定的报纸上全文或摘要刊登,但刊登费用不得超过所处罚金。同时,法院可判决没收商品及作案工具;没收商品归商标所有人,并且不妨害损害赔偿;或者销毁该商品。

### 三、法国商标法的重大修改

法国 2019 年 11 月 13 日颁布法令,启动对《法国知识产权法典》第七卷第七编商标法部分的修改,旨在与 2017 年修订的《欧盟商标条例》保持一致。本次修订内容广泛:既涉及法国商标注册的实质要件,又涉及商标注册的程序要件;强化商标使用义务;加强对商标权利的保护等。目前修改内容已经生效,本次修法将对法国商标保护制度产生重要的影响,修改的主要内容包括以下几个方面:

1. 修改禁止注册的绝对和相对事由

禁止注册的绝对事由方面，原法没有规定显著性问题，第 L711-2 条仅规定通用名称、描述性标识或名称、由功能决定的标识应被视为缺乏显著性，从而不予注册。本次修改后，明确规定缺乏显著性的商标不予注册，从而使得显著性要求首次作为独立的要件被法律确认。同时，将恶意注册列入独立的无效理由（第 L711-2 条）。立法还增加了禁止注册的相对事由。除第 L711-4 条已列举的在先权利外，补充规定侵犯机构、机关或组织的名称、形象或声誉的商标不予注册。

2. 异议程序的变化

异议程序中扩大了可援引的在先权利的范围，增加了驰名或著名商标（如果争议申请注册的商标不正当利用或损害商标声誉），存在公众混淆可能性的公司名称或字号，地理标志及地方政府、机构、机关、公法组织的名称、形象或声誉。法国商标异议程序修改后将更接近于欧盟商标异议程序。如果申请注册的商标侵犯在先权利，可在该商标公布后 2 个月内向法国工业产权局提交书面异议声明，随后，异议人将获得一个月的额外时间陈述理由和提交证据以支持其异议。

3. 增加了新的商标无效及撤销行政程序

原法典中只允许申请人向法院提起商标无效或撤销商标诉讼，从而否定商标效力。为和欧盟商标条例相一致，同时考虑到部分欧盟国家是通过行政程序宣告商标无效或撤销商标的通常做法，本次修订后，将原属于法院的权力转授给法国工业产权局。通过修订第 L716-5 条，规定无效宣告请求和撤销请求仅可向法国工业产权局提出，从而明确了工业产权局的专属权力。其专属受理无效或撤销请求，可基于不予注册的绝对事由以及部分相对事由，后者包括有损在先商标权、企业名称、地理标志、地方政府名称等。但如果基于其他相对事由，如侵犯他人著作权、域名等，仍归法院专属管辖。除此以外，如果无效或撤销请求是在商标侵权诉讼中以反诉请求形式提出，或与商标侵权诉讼相关联，则仍归法院专属管辖。可见，新设的行政程序对宣告无效或撤销商标提供了一个有效与快速的途径；同时，也为当事人提供了快捷、低廉的争端解决机制，通过明确工业产权局和司法机关在商标无效和不使用撤销程序上的分工（第 L716-5 条），允许工业产权局就败诉方的费用问题进行裁决，并赋予该裁决以民事判决的执行力（第 L716-1-1 条）。[①]

---

[①] 参见黄晖、朱志刚：《法国全面落实欧盟商标指令，对商标法进行重大修改》，载"万慧达知识产权"微信公众号 2019 年 12 月 6 日。

#### 4. 重新设计证明商标和集体商标制度

针对目前立法中存在的问题,重新构建证明商标(第 L715-1 至 L715-5 条)和集体商标(第 L715-6 至 L715-10 条)法律制度,对法国证明商标作出了新的表述。但为避免与原产地名称地理标志制度冲突,不允许注册含有地名的证明商标或集体商标。

#### 5. 强化注册商标的使用义务

本次修改规定,无论在后商标是否注册,注册已满 5 年的在先商标起诉时不能证明其真实使用的,法院将不予受理(第 L716-4-3 条)。具体是指在后商标权利人合法获取商标权后,在先商标因 5 年未使用或具备其他无效情形而不具备对抗力。

#### 6. 加强对商标权利人的保护

明确将侵犯声誉商标的行为列入商标侵权行为(第 L713-3、L716-4 条),同时,通过民事责任处理侵犯未注册驰名商标的行为(第 L713-5 条),明确去除商标也是商标侵权行为,重新设立针对过境商品的海关监管制度;制裁制作商标侵权标识等侵权预备行为(第 L713-3-3 条),对于字典侵权的行为加强管理(第 L713-3-4 条)。①

#### 7. 便利新类型商标的注册

取消商标申请采用书面表达的要求,便利新类型商标的注册,如声音商标或者电子格式的动态商标(第 L711-1 条),以适应技术发展和方便申请人申请。

## 第四节 日本商标法

### 一、日本商标立法

日本地处亚洲,是全球经济发达的国家之一。日本现行商标法是 1959 年 4 月 13 日制定的,此后经历了多次修改,引入了服务商标、集体商标、防御商标、纯颜色组合和声音商标等。经过频繁修改后的日本商标法,一方面反映了日本经济的变化,另一方面与保护商标的国际公约协调一致,从而使得日本的商标法不仅促进了本国经济的发展,提升了本国企业的国际竞争能力,而且其立法具有时代感,在国际社会中也不落伍。修改后增加的主要内容有:第一,引进了立体商

---

① 参见黄晖、朱志刚:《法国全面落实欧盟商标指令,对商标法进行重大修改》,载"万慧达知识产权"微信公众号 2019 年 12 月 6 日。

标的保护,允许立体商标申请注册;第二,强化了商标权的保护;第三,简化了商标的申请程序,使得权利被迅速赋予;第四,对法人侵权实行重罚,对该法人科以15000万日元以下的罚金;第五,增加了地理标志的保护以及有关葡萄酒或白酒地理名称禁止注册的规定;第六,对外国的著名商标给予一定的保护。

**二、日本商标法的主要内容**

（一）商标注册与申请

日本商标法对商标作了明确的定义:文字、图形、符号,或立体图形,或它们的组合,或它们与色彩的组合。

1. 商标注册的要件

在与自己业务有关的商品或服务上所使用的商标,除下列商标外,可以取得商标注册:

（1）仅由以普通方式表示其商品或服务通用名称的标志组成的商标;

（2）其商品或服务上所惯用的商标;

（3）仅由以普通方式表示其商品的产地、销售地、品质、原材料、效能、用途、数量、形状（包括包装的形状）、价格,或生产、使用的方法,或时期的标志,或提供其服务的场所、质量、供提供服务用的物品、效能、用途数量、形状、价格,或提供服务的方法,或由表示时期的标识组成的商标;

（4）仅由以普通方式表示常见的姓氏或名称的标志组成的商标;

（5）仅由极简单且常见的标志组成的商标;

（6）除前各款所列者外,消费者不能分辨出是与某人业务有关的商品或服务的商标。

2. 不能获得注册的商标

下列商标不能获得注册:

（1）与国旗、菊花徽章、勋章、奖章或外国的国旗相同或近似的商标;

（2）与通商产业大臣指定的《保护工业产权巴黎公约》成员国的国徽和其他徽章（除《巴黎公约》成员国的国旗外）相同或近似的商标;

（3）与通商产业大臣指定的表示联合国和其他国际组织的标志相同或近似的商标;

（4）与白底红十字标志,或红十字,或日内瓦十字的名称相同或近似的商标;

（5）含有与通商产业大臣指定的日本国,或《巴黎公约》成员国、世界贸易组织的成员国,或商标法条约的缔约国的政府或地方公共团体监督用,或证明用的

图章或符号相同或近似的标志,并用于与使用这些图章或符号的商品或服务相同或类似的商品或服务上的商标;

（6）与表示国家、地方公共团体及其机关,或表示不以营利为目的的公益团体,或表示不以营利为目的的公益事业的著名标志相同或近似的商标;

（7）可能损害公共秩序或善良风俗的商标;

（8）含有他人肖像或姓氏、名称,或著名的雅号、艺名、笔名及其著名的简称的商标(得到他人许可者除外);

（9）含有与由政府、地方公共团体(以下称"政府等")开设的或由政府等以外的人开设的而经特许厅长官指定的展览会,以及在外国为其政府或受政府的许可而开设的国际展览会上所发的奖章的标志相同或近似的商标(奖章获得者使用其标志作为商标的一部分者除外);

（10）与表示他人业务相关的商品或服务,且为消费者广泛熟知的商标或与之近似的商标,并用于这些商品或服务或与其类似的商品或服务上的商标;

（11）与该商标注册申请日前他人已注册的商标相同或近似的,并用于该商标注册所指定的商品或指定的服务上的商标;

（12）与他人已注册的防护商标(系指取得防护商标注册的标志,以下同)相同的商标,并用于该防护商标注册所指定的商品或服务上的商标;

（13）商标权失效日起未满1年的他人商标或与其近似的商标,并用于该商标权所指定的商品或服务或与其类似的商品或服务上的商标;

（14）与根据《种苗法》第12条之4第1项品种注册的规定已注册的品种的名称相同或近似的商标,并用于该品种的种苗或与其类似的商品或服务上的商标;

（15）可能与他人业务有关的商品或服务发生混淆的商标;

（16）可能对商品品质或服务质量产生误认的商标;

（17）日本国内葡萄酒或蒸馏酒的产地中,被特许厅长官指定为表示产地的标志或世界贸易组织的成员国葡萄酒或蒸馏酒表示产地的标志中,被禁止在该成员国该产地以外的地区或产地的葡萄酒或蒸馏酒上使用带有该产地标志的商标,使用于该产地以外的地区或产地的葡萄酒或蒸馏酒上的;

（18）商品或商品包装的形状是为了确保本商品或商品包装的功能而不可缺少的立体形状,以其构成的商标;

（19）与表示他人业务有关的商品或服务且在日本国内或外国消费者间已广为知晓的商标相同或近似的商标,出于不正当的目的持有并使用的。

3. 注册商标的申请

欲取得商标注册者，必须向特许厅长官提交记载以下所列事项内容的申请书，并附上必要的图样：(1) 商标注册申请人的姓名或名称、住址或居所；(2) 欲取得商标注册的商标；(3) 指定商品或指定服务的分类。填写申请书时实行"一商标一申请"的原则。

欲取得商标注册的商标是由立体形状（包括文字、图形、符号或色彩，或其组合）构成的商标时，必须在申请书上载明此意图。

申请受理后，由特许厅长官认定有关商标注册申请的申请书提出之日即为商标注册申请日。对不符合要求的申请书，特许厅长官可以要求商标注册者在指定期间将商标注册申请补充完整。在规定的指定期间没有补充完整该商标注册申请的，特许厅长官可以退回该商标注册申请。

当有两个以上用于相同或类似的商品或服务上的相同或近似商标的注册于不同日期申请时，只有最先提出商标注册的申请人才能够取得该商标的注册。当有两个以上用于相同或类似的商品或服务上的相同或近似商标的注册在同日申请时，由申请人根据协商决定仅有一个商标注册申请人就该商标获得注册。如协议未能达成，或在前项规定中的指定期间未能如期呈报协商结果的报告的，特许厅长官将根据公正的方法进行抽签，只有一个抽中的商标注册申请人能够取得该商标的注册。申请人可以根据《保护工业产权巴黎公约》的规定主张优先权。

（二）商标的审查和授权

对申请注册的商标由特许厅进行形式审查和实质审查后，认为无驳回理由的，则在商标公告上发表。一经公开，任何人均可在 2 个月内对该商标提出异议，特许厅把异议副本转给申请人，申请人要在限期内提出答辩书。

特许厅根据双方理由裁决，并把结果通知双方。当事人仍不服的，可以要求起诉。如果法院判决异议成立，申请人则要放弃申请。公告后无人提出异议或有异议但理由不成立的，特许厅将作出审定，通知申请人，刊登商标公告。

经缴费后，商标将在注册簿上注册，商标权开始生效。

商标权的保护期为 10 年，期满前可以续展。

（三）商标侵权行为及其处罚

下列行为视为侵害商标权：

(1) 在指定商品或指定服务上使用与注册商标相近似的商标，或在与指定商品或指定服务相类似的商品或服务上使用注册商标或与其相近似的商标；

(2) 为了转让或交付，而持有在指定商品或与指定商品或指定服务相类似

的商品上或其商品包装上附以注册商标或与其相近似的商标的行为;

(3) 为了提供服务,在提供指定服务或与指定服务或指定商品类似的服务时,持有或进口被服务者利用的服务或商品中附以注册商标或与其相近似商标的服务或商品的行为;

(4) 为了提供服务用的物品而转让、交付或为了转让、交付而持有或进口,使用在指定服务或与指定服务,或与指定商品相类似的服务中供被服务者利用的物品上附以注册商标或与其相近似商标的行为;

(5) 为了在指定商品或指定服务上或在与其相类似的商品或服务上使用注册商标或与其相近似的商标,而持有表示注册商标或与其相近似商标物品的行为;

(6) 为了使他人在指定商品或指定服务,或者在与其相类似的商品或服务上使用注册商标或与其相近似商标,而进行转让、交付或为了转让、交付而持有表示注册商标或与其相近似商标物品的行为;

(7) 为了自己或使他人,在指定商品或指定服务,或者在与其相类似的商品或服务上使用注册商标或与其相近似的商标,而制造或进口表示注册商标或与其相近似商标物品的行为;

(8) 只是为了制造表示注册商标或与其相近似商标的物品,而以制造、转让、交付或进口所需物品为业的行为。

对上述侵权行为,商标权人可以请求其停止或预防这种侵害;同时可以请求废弃构成侵害行为的物品、撤销供侵害行为所用的设备或其他为预防侵害的必要行为。

侵权人不仅要负民事责任,赔偿损失,情节严重的,还要承担刑事责任,被处以5年以下的徒刑或500万日元以下的罚金。[1]

## 第五节 美国商标法

美国商标法是在其判例法基础上发展起来的。美国于1870年颁布第一部《联邦商标法》。从1905年开始,美国把注册商标与虽未注册但其使用超出了一州地域的商标,都纳入了《联邦商标法》调整的范围。

---

[1] 参见杨和义:《日本商标法的特点》,载唐广良主编:《知识产权研究》(第12卷),中国方正出版社2002年版,第454页。

## 一、美国商标立法

美国现行商标注册和保护的法律有 1946 年制定的商标法,通常将其称为《兰哈姆法》(Lanham Act),该法于 1947 年 7 月 5 日生效,载于《美国法典》第 15 编。其他法规还包括 1984 年《商标假冒条例》、1989 年 10 月 11 日的商标法实施细则、1996 年《联邦商标淡化法》以及与反不正当竞争有关的成文法规和商标案例实践规则。[①]

美国商标法在创立和完善的过程中,深受英国商标法的影响,某些原则和规定与英国十分相似,如对商标的注册申请采用混合原则,商标注册分为"主簿"与"副簿"两部分等,但同时美国商标法有着自己的特点。美国各州都有商标立法权,有商标的"州级注册权",并设有州级注册机关。在美国,商标权的地域性特点不仅反映在国与国之间,而且还反映在州与州之间。但各州商标局均无权接受外国人的商标注册申请,即使外国人在美国从事贸易活动的范围仅以一个州为限,要想获得商标注册也只能向联邦专利商标局申请。美国商标法中还包含制裁不公平竞争活动的规定。

## 二、《兰哈姆法》的主要内容

### (一)商标注册应具备的条件

《兰哈姆法》规定,任何文字、符号或标记,产品外形、包装、颜色、声音、地理名称等或其组合作为商标,均可申请注册,但有下列情形之一者不得注册:(1)不道德的或违反"公共秩序"的标记;(2)与国际公约及美国法律所禁用的一些国旗、国徽、国际组织标志相同或相似的标记;(3)未经本人同意而使用其姓名、签名或肖像的标记;或在总统夫人在世时,未经其书面同意,使用美国已故总统的名字、签字或肖像作为商标;(4)可能在市场上引起混淆的标记;(5)说明性的标记或该说明与商品内容不符的标记,包括地名与产地不同的地名标记、美国常用的姓。前四种标记是必须绝对排斥在"主簿"之外的;对第五种标记,如果经审查认为它具有将一企业的产品与其他企业的产品相区别的功能,则可以批准在"副簿"注册。在"副簿"注册的商标,如果经一定时期使用证明它完全具备注册商标条件,则有可能上升到"主簿"中去。因此,"副簿"相当于"准注册簿"。

### (二)注册商标的使用

《兰哈姆法》规定,获得注册的商标必须在商标图案上加"注册商标"字样或

---

[①] 参见陆普舜主编:《各国商标法律与实务》(修订版),中国工商出版社 2006 年版,第 384 页。

"Ⓡ"标记。

商标所有人对于商标局不批准注册的决定不服,或利害关系人对商标所有权有争议的,可以按照民事诉讼法向联邦区法院起诉或向巡回上诉法院起诉,也可以按商标法实施细则向专利商标局的商标审定及申诉委员会申诉,而后向关税与专利上诉法院上诉。在权利冲突诉讼中,如果当事人的任何一方选择了按民事诉讼法起诉的程序,另一方就不得再按商标法实施细则的程序起诉或应诉了。也就是说,民事诉讼法的程序是优先的。

《兰哈姆法》规定,服务标志、集体标志和证明商标在法律上受保护的地位与商品商标相同。美国是第一个在成文法中把服务标志与商品商标同等对待的国家。

《兰哈姆法》对商标有使用要求,即不使用则失去商标权。因为美国国会制定商标法的根据是美国宪法中的贸易条款,所以十分注重商标在商业贸易中的使用。"使用"的含义不限于在经销的产品上使用,它包括在与商品有关的标签上,及与商品有关的展览、陈列或广告中使用。要求申请人在商标注册申请案中写明"首次使用"的日期,以及"首次在贸易活动中使用"的日期。已注册的商标要维持注册有效,也必须使用。商标注册人每隔 5 年要向专利商标局提交一份"使用誓词",保证自己一直在使用该商标。

在"主簿"注册的商标,即使仅仅在一州或数州地域内使用,也享有在全国地域内的专有权。如果注册人同时又是第一个在贸易活动中使用商标的人,他就有权在全国范围排斥其他任何人使用相同或相似的商标;如果在注册人之外还另有在贸易活动中先使用了相同或相似的商标的人即第一个使用人,注册人就有权把第一个使用人的使用范围限制在其原使用地域而不准扩大,同时有权排斥其他人使用。在"主簿"注册之后,商标在 5 年内从未间断使用,也未受到争议或争议不能成立,则商标权被视为永久确立,该商标成为"无争议商标"。在"主簿"上注册的商标权人有权制止其他人的带有相同或相似标记的商品进口。

如果商标在任何注册簿(包括"主簿"和"副簿")中注册后,商标权人连续 3 年无正当理由不使用该商标,就视为初步放弃商标权;由于注册人经营中的疏忽或错误而使商标失去作为原产地标志的作用,也视为商标放弃。

商标权可以转让或许可他人使用。商标权转让必须连同企业本身或企业信誉,而不能单独转让。同时,美国的判例法还规定,如果企业倒闭或结业,其经营信誉即不复存在,企业的有形财产可以转移给第三方,但商标权不能转让,即使转让了也视为无效。凡在联邦注册的商标,转让时都必须在联邦专利商标局登记,否则转让无效。美国国内税法把商标转让及许可证收入的所得税作为长期资本利得税对待,但如果许可人有权通过控制被许可人的产品质量而控制后者的生产经营活动,则许可证或特许证的使用费的税收就不能作为资本利得税对待。

(三)商标续展

1989 年 11 月 17 日前的商标注册和续展有效期均为 20 年。自商标修改法令生效后即 1989 年 11 月 16 日以后核准的商标注册,注册有效期改为 10 年,自注册之日起计算。每次续展的有效期也是 10 年。

提交续展的时间为注册期满前半年至注册期满后 3 个月内,注册期满后的 3 个月宽展期内提交续展须支付罚金。[①]

(四)商标权的保护

1. 商标侵权行为的表现

任何人未经注册人同意,有下列行为的,构成商标侵权:(1)在商业中将一注册商标的复制、伪造、仿冒或逼真的仿制品用于与任何商品或服务的销售、推销、经销或广告宣传有关方面,这种使用可能引起混淆,或引起误认,或可能是欺骗;(2)复制、伪造、抄袭或逼真地仿制一注册商标,并将这种复制、伪造、抄袭或逼真仿制的商标应用于企图在商业中与商品或服务的销售、推销、经销或广告有关方面使用的标签、招牌、印刷品、包装、包纸、容器或广告上,这种使用可能引起混淆,或引起误认,或者可能是欺骗。

2. 商标侵权的赔偿范围

如果商标注册人权利受到侵害,而且在按该法的民事起诉中侵权事实成立,原告有权向被告要求下列赔偿:(1)禁令救济;(2)被告人从侵权中获得的利润;(3)原告所受一切损失,必要时有可能是实际损失的 3 倍;(4)"特殊情况"下的律师费;(5)诉讼费用和其他费用。[②]

法院应对索赔的利润和损失进行估算或按其指示进行估算。估算利润时要求原告对被告的销售提供证明;估算损失时,要求被告对各项成本或折扣提供证明。对估算的损失,法院可根据案情,作出高于实际损失的裁决,但不得超过 3 倍。当法院发觉根据利润获得的数字不足或超出实际数字,可根据案情,对不足或超出部分作出适当裁定。

凡依据《兰哈姆法》提出的侵权诉讼,不论涉及的金额高低,均不能由州法院

---

① 参见陆普舜主编:《各国商标法律与实务》(修订版),中国工商出版社 2006 年版,第 393 页。
② 参见〔美〕阿瑟·R. 米勒、迈克尔·H. 戴维斯:《知识产权法概要》,周林、孙建红、张灏译,中国社会科学出版社 1998 年版,第 182 页。

受理,而要由联邦法院受理。在权利冲突的诉讼中,已在联邦商标局"主簿"中注册的商标的地位优于未在该簿注册的商标,在一般情况下法院均判定在"主簿"的注册人为商标权的当然所有人。

(五) 涉外商标权的保护

《兰哈姆法》规定,美国所参加的含有商标保护内容的国际公约的成员国国民,或与美国订有双边商标注册协议的国家的国民,如果在其本国已经申请了商标注册,则在半年之内享有在美国就同一商标注册的优先权。

外国人在美国申请商标注册可以其在本国申请或获得注册的证件副本为依据,也可以其在美国已经在贸易活动中使用该商标的事实为依据。如果商标在其本国已获得商标注册,则同一商标在美国的注册申请一般不会被拒绝;如果尚未在本国注册,但在该国与美国之间的贸易活动中已经使用了该商标,那也符合美国"靠使用获专有权"的原则,有可能被批准注册。

### 三、美国《商标现代化法案》

为了改善和加强美国商标注册的准确性和完整性,打击用不实使用声明获得欺诈性商标注册与申请的现象,2020 年 12 月 27 日,美国《商标现代化法案》(The Trademark Modernization Act of 2020)正式签署成为法律,其中的主要举措有以下几点:

1. 新增两项可单方申请撤销注册商标的程序:删除和重新审查

删除(expungement),类似于我国的对商标进行无效宣告,任何第三方都可以对已经注册但没有商业使用证据的商标的部分或者所有产品与服务提出删除。提出时间可以是从注册日算起 3 年到 10 年内。主要是针对大量的已经注册但并没有实际进行商业使用的商标,这些商标对新注册商标形成很大的阻碍,也浪费了商标保护的资源。

重新审查(reexamination),类似于我国的商标公告期进行的异议,任何第三方都可以对以意向使用或者实际使用为基础申请注册的美国商标请求复审异议,要求删除该商标的部分或者所有保护产品与服务的注册登记。提出时间必须在商标注册 5 年内。主要是针对提供虚假商业使用商标证据的商标持有人。这种类型的商标申请须对应每一项产品与服务的使用证据,如果都要美国商标局进行核验则太过浪费时间与金钱,所以商标局把这个核验的权力下放到第三方。

上述两项措施均要求申请人提交声明,以证明自己已经进行了合理的调查来确定该商标是否用于特定的商品或服务。除此以外,还需要提交证据和缴纳相关申请费用。如果最终认定请求质疑成立,商标注册的全部或者部分产品与服务将会被撤销。除了依请求提起,该程序同样可以由局长依职权提起。

这项政策进一步表明商标局对于打击虚假商标申请、维护商标注册的诚信和真实性的决心。如果商标申请人不按照商标真实使用情况去申请,一旦被提起删除或重新审查程序,商标所有人将不得不耗费大量财力与精力去答复,而即使答复也不一定能够成功。在答复失败的情况下,商标申请将会被全部或者部分撤销。虽然商标所有人可以上诉至商标庭审和上诉委员会,或进一步上诉至美国联邦法院,但这无疑会给商标所有人带来诉累。

2. 答复期限缩短

为提高审查效率,官方下发审查意见后,答复审查意见的期限将由原本的 6 个月缩短为 3 个月。

商标抢注已成跨境圈"毒瘤",此次美国《商标现代化法案》的出台,新增了删除和重新审查程序,可在一定程度上打击未真实使用的商标注册和囤积行为,但也提高了商标注册的审核标准和申请难度。如要在美国申请商标注册,必须按照美国商标法规定将商标投入商业中使用。

### 思考题

1. 根据法国知识产权法的规定,商标权人的权利有哪些限制?
2. 德国商标法的保护范围和我国商标法有何不同?
3. 修改后的日本商标法增加了哪些内容?
4. 美国商标法对商标的使用有何要求?
5. 简述欧盟商标注册的利弊。

# 第十三章  商标保护的国际公约

☞ **本章导读**

1883年缔结的《保护知识产权巴黎公约》(简称《巴黎公约》),是知识产权领域中最早的一部保护知识产权的国际公约,该公约所提倡的基本原则和制度,至今仍是各国知识产权保护的基本原则。世界知识产权组织是联合国的一个专门机构,负责各种知识产权条约的管理。1994年签订的《与贸易有关的知识产权协定》是目前知识产权国际保护领域中的一个重要的协议。本章应重点掌握《巴黎公约》的基本原则和《与贸易有关的知识产权协定》关于商标的规定,了解《商标注册用商品和服务国际分类尼斯协定》和《商标国际注册马德里协定》的主要内容。

商标保护的国际公约可以分为三类:

第一类是程序性的国际公约,包括《商标国际注册马德里协定》《商标国际注册马德里协定议定书》《商标注册条约》及《商标法新加坡条约》等。旨在解决各国商标注册制度的不统一性和保护的地域性对国际经济的交流产生的巨大阻力,方便申请人进行商标国际注册。

第二类是实体性的国际公约,包括《巴黎公约》和《与贸易有关的知识产权协定》,规定了知识产权所包含的权利内容,同时也显示出由于知识经济的发展,知识产权的外延在逐步扩大。《与贸易有关的知识产权协定》不属于世界知识产权组织管理的知识产权条约,但它是目前知识产权国际保护领域中很重要的一个协议,被誉为知识产权的"国际法典"。该协议对中国知识产权法律制度产生了深刻影响,商标法也不例外。

第三类是建立商标国际分类的公约,包括《商标注册用商品和服务国际分类尼斯协定》和《商标图形国际分类维也纳协定》。

## 第一节  《建立世界知识产权组织公约》

世界知识产权组织(World Intellectual Property Organization,WIPO),是

根据 1967 年 7 月 14 日签订的《建立世界知识产权组织公约》设立的,该公约于 1970 年 4 月 26 日生效。我国于 1980 年加入该公约。

世界知识产权组织的前身是保护知识产权联合国际局,是由《巴黎公约》和《伯尔尼公约》的管理机构合并而成的。为适应国际经济发展的需要,20 世纪 60 年代,保护知识产权联合国际局提议要建立世界知识产权组织。1967 年,在斯德哥尔摩召开了由 51 个国家参加的会议,签订了《建立世界知识产权组织公约》。根据该公约,世界知识产权组织宣告成立,1974 年成为联合国的一个专门机构。可见,世界知识产权组织的产生是知识产权保护国际化的产物。

## 一、《建立世界知识产权组织公约》的内容

（一）知识产权所包含的权利范围

《建立世界知识产权组织公约》规定,知识产权包含以下权利:

（1）与文学、艺术及科学作品有关的权利;

（2）与表演艺术家的表演活动、与录音制品及广播有关的权利;

（3）与人类在一切领域内发明有关的权利;

（4）与科学发现有关的权利;

（5）与工业品外观设计有关的权利;

（6）与商品商标、服务商标、商号及其他商业标记有关的权利;

（7）与防止不正当竞争有关的权利;

（8）一切其他来自工业、科学及文学艺术领域的智力创作活动所产生的权利。

（二）世界知识产权组织的宗旨

世界知识产权组织的宗旨有二:一是促进世界范围内的知识产权保护;二是保证各条约成员国所组织的各联盟之间的行政合作。为实现其目标,世界知识产权组织鼓励各国缔结保护知识产权的国际公约,协调各国的立法;执行巴黎联盟和伯尔尼联盟的行政任务;同时,对现有的国际公约进行管理。另外,根据发展中国家的要求,在知识产权保护方面提供技术援助和法律帮助。

目前,世界知识产权组织管理的和商标相关的公约主要有:《巴黎公约》《制裁商品来源虚假或欺骗性标记马德里协定》《商标法新加坡条约》《商标注册用商品和服务国际分类尼斯协定》及《保护原产地名称及其国际注册里斯本协定》等。

## 二、世界知识产权组织的地位及其机构

1974 年联合国承认世界知识产权组织为知识产权领域的专门机构。在以

后的近 20 年中,世界知识产权组织在促进世界各国对知识产权的保护中发挥了独特的作用,成为世界知识产权领域的主导机构。1994 年,《马拉喀什建立世界贸易组织协定》通过,1995 年 1 月 1 日世界贸易组织正式成立。作为上述协定附件之一的《与贸易有关的知识产权协定》也同时生效,该协议是由世界贸易组织管理的最新和最全面的保护知识产权的国际公约。由于世界经济格局的变化,世界知识产权组织的主导地位发生动摇,世界贸易组织将与世界知识产权组织分庭抗礼,并逐渐占据重要的地位。

世界知识产权组织下设四个机构,分别为:

1. 大会

大会是该组织的最高权力机构,由成员国中参加巴黎联盟和伯尔尼联盟的国家组成。

2. 成员国会议

成员国会议由全体成员国组成。其职责是制定法律、计划及计划的财政预算。

3. 协调委员会

协调委员会由巴黎联盟和伯尔尼联盟执行委员会的成员国组成。其主要职能是就行政和财务问题提供咨询意见;拟定大会的议程草案以及成员国会议的议程草案;提出总干事职位人选,由大会任命。

4. 国际局

国际局是该组织的常设办事机构,设总干事一人,副总干事若干人。国际局主要负责该组织的日常行政工作。

## 第二节 《保护工业产权巴黎公约》

### 一、《巴黎公约》及其联盟组织

(一)《巴黎公约》的产生与修订

《保护工业产权巴黎公约》(Paris Convention for the Protection of Industrial Property,简称《巴黎公约》),是世界上第一个有关保护工业产权的综合性国际公约。19 世纪中叶,随着大工业生产和商品经济的发展,人们对工业产权保护的意识不断增强。为了保护发明者和经营者的权益,不少国家建立了工业产权制度。由于对本国工业产权保护具有严格的地域限制,一国授予的工业产权只在本国得到法律的保护。一国权利人向他国申请权利保护的前提是权利人的所属国与他国之间签订有工业产权保护的双边协定,而当时只有少数国家之间订立了相关的双边协定。这种状况与大工业商品经济国际化发展的要求极不适应。因此,制定保护工业产权的国际公约已成为历史发展的必然趋势,《巴黎公约》就是在这种历史背景下产生的。

1878年,在巴黎举办国际展览会期间,召开了工业产权国际会议。会议决定成立一个常设委员会筹备召开一次正式的国际会议,以确定保护工业产权的统一立法基础。按照这次国际会议的决定,常设委员会中的法国代表起草了一份立法草案,该草案经1880年巴黎国际会议讨论通过。这一草案实际上成为《巴黎公约》的立法基础。1883年3月16日,在法国首都巴黎召开了保护工业产权的国际会议。会议通过了《巴黎公约》,当时在该公约上签字的国家有法国、意大利、荷兰、葡萄牙、瑞士、比利时、西班牙、巴西、萨尔瓦多、塞尔维亚、危地马拉共11个国家。1884年6月,《巴黎公约》的签署国在交换批准书时,英国、突尼斯和厄瓜多尔也加入了该公约。1884年7月《巴黎公约》正式生效,成员国为14个。

《巴黎公约》对世界各国开放。根据公约的有关规定,任何国家均可加入该公约,成为公约联盟的成员。一般情况下,申请加入《巴黎公约》的,只要向联盟总干事提交加入书,自总干事将该加入书向各公约缔约国发出通知之日起3个月后,公约即对该申请加入公约的国家生效;如果加入书另定有日期的,公约在指定的日期对该国生效。2017年2月14日,阿富汗加入公约。截至2017年底,《巴黎公约》(各文本)所有的签约方共195个。《巴黎公约》生效之后的100多年间,曾召开了多次修订会议。目前,大部分国家适用1967年的斯德哥尔摩修订文本。

《巴黎公约》共有30条,其内容大致可分为两大部分:其一为实体条款,从第1条至第12条,主要是关于知识产权方面的规定;其二为行政条款,主要是关于《巴黎公约》各缔约国所组成的保护工业产权联盟组织方面的规定。《巴黎公约》所保护的工业产权,"包括专利、实用新型、工业品外观设计、商标、服务标记、厂商名称、货源标记或原产地名称,及制止不正当竞争"[①]。公约对工业产权的规定,主要是关于一些重要原则和缔约国国内相关立法的最低要求。其中有关商标的规定,在实体规定中占的比例最大。

我国于1984年11月14日由全国人大常委会决定加入《巴黎公约》。按照公约的规定,1985年3月19日我国正式加入《巴黎公约》,适用斯德哥尔摩文

---

① 《保护工业产权巴黎公约》第1条之2。

本。我国在加入公约时,提出对第28条第1款保留声明。这样,如果我国在对公约进行解释或适用时,与其他国家发生争议不能依谈判解决的,将不按照国际法院规约把争议交由国际法院解决。

(二)保护工业产权联盟

按照《巴黎公约》的规定,参加公约的国家组成保护工业产权联盟。保护工业产权联盟作为一个国际组织,保障了各项法律文件不同文本组成公约的连续性和稳定性。保护工业产权联盟设有联盟大会、执行委员会和世界知识产权组织国际局三个机构。

1. 联盟大会

保护工业产权联盟设大会,由参加《巴黎公约》接受联盟组织规则约束的国家组成。大会的职权主要是:处理有关维持和发展本联盟及执行本公约的一切事项;审查、批准总干事有关本联盟的报告和活动,指导总干事工作;选举大会执行委员会的委员,审查和批准执行委员会的报告和活动,并对该委员会作指示;决定联盟的计划和两年预算并批准决算,审议通过联盟的财务规则;必要时成立专家委员会和工作组;依联盟规则对联盟组织管理相关重要事项作出决议等。

2. 执行委员会

联盟大会设执行委员会。执行委员会由大会从其成员国中选出的国家组成,其数目应相当于大会成员国的1/4。联盟组织总部所在地国家,一般情况下应在委员会有当然席位。执行委员会的职权主要是:拟定联盟大会的议事日程草案;就总干事拟订的联盟计划草案和两年预算向大会提出建议;向大会提交总干事的定期报告和年度会计检查报告以及执行委员会的意见;行使《巴黎公约》所规定的其他职能。

3. 国际局

联盟设国际局,负责执行有关联盟的行政工作,负责联盟各机构的秘书处工作。国际局负责有关工业产权信息和情报的搜集工作,并予以公布,出版刊物,依请求向联盟成员国提供有关保护工业产权的情报和信息服务。联盟组织的总干事,是联盟最高行政官员,并代表联盟。

## 二、《巴黎公约》对商标保护的原则

在《巴黎公约》中,涉及商标权国际保护的原则有两个:国民待遇原则和商标权独立原则。

(一)国民待遇原则

国民待遇通常是指一国政府将其给予本国公民的权利待遇同样地给予他国

国民,使他国国民在该国能够享有与该国国民相同的法律待遇。在国际经济活动中遵循国民待遇原则具有重要意义。一方面,这一原则尊重了各国的国家主权,国民待遇要由国家认同和实施;另一方面,这一原则体现了人格平等的法律理念,强调法律主体的地位平等,实际上是强调不给予外国国民低于本国国民的待遇,外国国民应获得与本国国民相同的法律待遇和法律保护。

《巴黎公约》第 2 条明示适用国民待遇原则。国民待遇原则是《巴黎公约》建立知识产权国际保护体系的重要基础之一。这一原则的适用,使得各成员国之间的经济主体得到平等的商标保护,使不同国度的经济主体在商标使用和保护方面免受歧视。没有这个基础,要在国外取得对商标等知识产权的充分保护将会是很困难的。

(二) 商标权独立性原则

商标权独立性原则是指某一《巴黎公约》缔约国对商标注册、保护的法律规定,与其他缔约国对商标注册、保护的法律规定无关,是彼此相互独立的。这一原则体现了《巴黎公约》对各缔约国主权的尊重。

《巴黎公约》之所以确立商标的独立性原则,首先是由于商标权具有一般工业产权的地域性法律属性。商标权的保护依赖于一个国家法律强制效力的作用,而国家的法律效力总是有一定区域的,因此,基于国家法律制度保护下的商标权也必然是有地域性的。商标的独立性原则适应了商标权地域性的基本特性要求。其次,由于各国国情的差异,各国对商标注册的条件、保护的方式等方面的法律规定不尽一致,这种客观必然的现象,使得《巴黎公约》必须予以正视,在尊重各国商标独立性的前提下,使各国相互协调,实现对商标权的国际保护。

《巴黎公约》第 6 条规定,商标权独立性原则的内容主要有:

(1) 商标的申请和注册条件,由每一个缔约国的本国法律规定。

(2) 当一个缔约国对某一商标的申请予以驳回,或对某一已注册的商标予以撤销,或对保护期已届满的注册商标不予以续展时,不能要求其他公约的成员国也按该缔约国的要求对该商标的申请予以驳回,或对某一已注册的商标予以撤销,或对保护期已届满的商标不予以续展。对一个公约成员国商标注册申请人提出的申请,不能以未在所属国申请、注册或续展为理由加以拒绝或使其注册无效。

(3) 在一个缔约国内获得注册的商标,并不必然在其他缔约国也当然获得注册。在一个本同盟成员国正式注册的商标,得视为与在其他本同盟成员国(包括所属国)注册的商标无关。

### 三、《巴黎公约》对商标的专门规定

（一）商标的申请和注册

《巴黎公约》对商标申请和注册的规定主要有以下四个方面内容：

1. 各缔约国对商标的申请注册享有独立性

按照独立性原则，申请和注册商标的条件，由公约各成员国的本国法律决定。对某一缔约国国民所提出的商标注册申请，不能以未在所属国申请、注册或续展为理由加以拒绝。

2. 各缔约国的国民对商标注册申请享有优先权

公约的任何一个缔约成员国的商标注册申请人向某一缔约成员国正式提出商标注册申请后，又向其他缔约成员国提出同样的申请时享有优先权。例如，A国为《巴黎公约》缔约国，其国内一企业向A国申请商标注册后，虽然尚未获准，但在6个月内，又向另一公约缔约国B国提出相同的商标注册申请，这时，B国应当以该申请在A国提出的申请日为该企业在B国提出申请的申请日。申请人能够享有优先权的条件是：申请人为公约缔约国国民；申请人向公约缔约国正式提出商标注册申请；在不同缔约国提出申请的间隔期限不超过规定的优先权期限。按照《巴黎公约》的规定，商标注册的优先权期限为6个月。

3. 商标的注册不受商品性质的影响

《巴黎公约》第7条规定，"使用商标的商品的性质，在任何情况下不能妨碍该商标的注册。"《巴黎公约》的这一规定是为了避免某些商品的本身的属性特质在销售过程中对商标的注册可能造成的影响。例如，许多国家对一些涉及人身安全的产品有检验的要求，有些产品未经检验不得销售，对这类产品，无论是否经过检验，都不影响该商品获得注册商标。这是因为，从理论上讲，商标的功能主要在于区别不同的商品和商业服务，识别不同商品的不同生产者和不同商业服务的提供者，至于商品性质所涉及的性能等则是另一个法律制度的任务。从实践上看，由于商品性质导致不能销售的现象往往是暂时的，如果因此拒绝申请人的申请，就可能使其他人在因商品性质不能销售的情况消除后及时申请，这样对前一个先申请的人来说是不公平的。①

4. 关于无权代理或代表的注册申请

在国际贸易中，商家通过代理或代表经销商品或提供服务是一种普遍经营方式。为了保护商家对其商标所拥有的权益，《巴黎公约》对无权代理或代表的

---

① 参见郑成思：《知识产权论》，法律出版社1998年版，第483页。

注册申请问题作出了规定,按照《巴黎公约》第 6 条之 7 的规定,任何一个公约缔约国的商标所有人的代理人或代表人未经该所有人同意,而以其本人名义向另外一个以上的其他公约缔约国申请商标注册的,该商标的所有人有权对该项注册提出异议或要求取消。如果受理申请的国家法律允许,商标所有人也可以要求以优惠条件将该项注册转让给他,但是,若该代理人或代表人能提出自己的申请行为正当的证明,商标所有人将该项注册转让给他的要求将难以实现。此外,如果代理人或代表人未将该商标申请注册,但未经商标所有人同意而自行使用,商标所有人还有权予以反对,提出异议。为了维系正常的经营秩序,缔约国也可以规定当代理人或代表人未经商标所有人同意申请注册或自行使用时,商标所有人提出异议的合理期限。

(二) 商标标记的禁例及其适用

由于历史传统、经济文化等具体国情不同,世界各国都对商标的标记有禁止性的规定,而且不尽一致。《巴黎公约》为了尊重各国的主权以及具体国情,对商标标记的禁例只有两个方面:一是禁止将各缔约国的国徽、国旗和其他的国家以及官方用以表明管制和保证的标记和检验印记,用作商标或商标的组成部分。其中,对表明官方管制和保证的标记和检验印记的禁用,仅适用于带有这种标记的商标企图用于同类或类似商品的情况。二是禁止将缔约国政府间国际组织的军事纹章、旗帜、其他证章、缩写和名称等用作商标或商标的组成部分。在这里,政府间的国际组织仅指国家一级的政府间组织,不包括联邦国家内部的政府间组织和单一制国家内部的地方政府间组织。

(三) 所属国已注册商标在其他缔约国的保护

《巴黎公约》规定,凡所属国予以正式注册的商标,除依公约有关规定指明的保留外,其他公约成员国也应予以注册,原样接受申请并给予保护。这称为"按照原样"规则。[①]

适用"按照原样"规则的重要前提是,商标已在所属国正式注册。这是因为,申请人只有在所属国正式注册,才能进入法律保护的程序,并为其他缔约国提供保护的基本依据。

依据"按照原样"规则,申请人在公约缔约国申请注册的商标,与所属国正式注册的商标样式相同的,被申请的公约缔约国就不应予以拒绝。如果申请人申请注册的商标与在所属国正式注册的商标有所不同,只要未改变其显著特征的,被申请的缔约国也应当予以注册,或对已注册商标宣告无效。

---

[①] 参见汤宗舜:《知识产权的国际保护》,人民法院出版社 1999 年版,第 55 页。

### (四) 商标的转让

在转让商标时,是否要求商标所属的企业同时转让,世界各国立法规定不尽一致:有的规定商标可以单独转让,有的规定商标与所属企业同时转让。即使要求商标与企业同时转让的,有关法律的具体规定也有所区别:有的规定只要求在本国的商标所属企业同时转让,有的则规定要求商标所属的全部企业,包括在国外的部分一起转让。

《巴黎公约》对此基本上是适用商标权独立性原则,同时也兼顾灵活性,其第 6 条之 4 规定:"如依照一个本同盟成员国的法律,商标的转让只有连同该商标所属的厂商或牌号同时转让方为有效,则只需将该厂商或牌号在该国的部分连同在该国制造和销售带有被转让的商标的商品的专用权一起转让给受让人,就足以认可其有效。"按此规定,《巴黎公约》缔约国的企业商标的转让,是否要求与企业同时转让,首先要依照商标所有人所在国的法律规定,只有当商标所有人所在国的法律规定需要企业同时转让的,才要求企业与商标同时转让,否则商标可以单独转让;其次,如果该国法律规定要求企业与商标一起转让的,需要转让的企业仅限于在该国国内的部分,而不包括国外的部分。

虽然《巴黎公约》允许企业依照本国的法律规定对商标进行转让,但是,公约还要求这种转让不应当使公众产生误解。如果受让人使用该商标会引起公众对带有该商标的商品的来源、性质或其品质有所误解的,其他公约成员国可以不承认该商标转让的效力。

### (五) 驰名商标的保护

为了保护驰名商标,维护公平竞争秩序,《巴黎公约》第 6 条之 2 规定:"一个商标如构成对经注册国或使用国主管机关认为是属一个享有本公约保护的人所有,用于相同或类似商品上已在该国驰名商标的伪造、模仿或翻译,易于造成混淆,本同盟成员国都要按其本国法律允许的职权,或应有关当事人的请求,拒绝或取消注册,并禁止使用。"按照这一规定,公约成员国权利人的驰名商标,在其他各公约成员国均受到保护。在与驰名商标相同或类似的商品上,对于伪造、模仿或翻译,易于造成与驰名商标混淆的注册商标申请或已注册的商标的,公约成员国应当予以拒绝或取消注册;对使用伪造、模仿或翻译、易于造成与驰名商标混淆的商标标记的,公约成员国应当予以禁止。公约对驰名商标的这种国际保护,并不要求相关商标的标记与驰名商标的标记在整体上相同或类似,只要相关商标在主要部分显系伪造或模仿驰名商标并易于造成混淆,即属于应予制止之列。按照公约的规定,驰名商标的权利人自注册之日起至少 5 年内应提出取消相关商标的请求;公约成员国可自行规定驰名商标权利人请求禁止使用相关商标的期限。但是,对以欺诈取得注册的或使用的商标不受上述期限规定限制。对构成侵犯驰名商标的相关商标的制止,公约成员国的主管机关可以根据本国法律的规定依职权进行,也可以依驰名商标权利人的申请而进行。

(六)服务商标的保护

对服务商标,《巴黎公约》规定各成员国应当予以保护,但不要求成员国对其他成员国权利人的服务商标在该国予以保护是否需要进行注册作出规定。这样一来,尽管公约规定服务商标在成员国之间获得保护,但采用什么具体方式给予保护,留有空白。从理论上讲,公约成员国有两种保护服务商标的途径:一是通过注册的方式予以保护,二是适用反不正当竞争的方式给予保护。在实践中,有关成员国大都采用第一种方式。

(七)集体商标的保护

按照《巴黎公约》的规定,只要拥有集体商标的团体组织[①]的成立不违反其所属的公约成员国的法律,各公约成员国均有义务保护该团体组织的集体商标。由于集体商标的作用主要是保障各商标使用人的商品质量,而不在于区别不同企业之间的商品,所以《巴黎公约》对团体组织的集体商标的保护不要求这一团体组织有工商业营业所,并规定"对任何没有违反所属国法律的团体的商标,不得以该团体在所请求保护的国家无营业所或其未按该国法律组成为理由,拒绝保护。"

(八)商标注册续展费缴纳的宽限期

注册商标的保护期限届满后,商标权人可以申请续展,并缴纳续展费。按照《巴黎公约》的规定,公约各成员国对其他成员国权利人商标注册续展费的缴纳,应当允许至少有6个月的宽限期。同时,也允许该国依据本国法律的规定要求申请人缴纳附加费。

(九)在国际展览会中的临时保护

公约成员国应当按其本国法律,对在其他公约成员国内举办的官方的或经官方承认的国际展览会上所展出商品的商标,给予临时保护。这一保护不应延展公约有关商标申请优先权规定的期间。如以后权利人要求优先权的,任何公约成员国的主管机关可以规定其期间自该商品在展览会展出之日开始。当然,该国可以要求申请人提供证明文件,证明展出的物品所使用的商标及其在展览会展出的日期。

---

[①] 《巴黎公约》的英文版为"association",有的译为"协会",有的译为"社团"。从我国的一般语言习惯考虑,本书将其译为"团体"。

（十）对商标侵权的制裁

对商标侵权的制裁，除由各公约成员国自行立法规定外，《巴黎公约》主要在以下两方面进行了规定：

1. 扣押带有侵犯受到本国法律保护商标的输入商品

公约成员国对一切非法带有在该国受法律保护的商标或厂商名称的商品得在其输入该国时予以扣押。如果该国法律不允许在进口时扣押，则可以代之以禁止进口或进口以后在国内扣押；如果该国法律既不允许在进口时扣押，也不允许禁止进口或在国内扣押，则应当适用国民待遇原则，按照该国法律在此情况下对其国民采取的行动和救济办法。例如，当该国国民对此提起诉讼时，则可通过诉讼程序对商标侵权人予以制裁，并给予受害者以司法救济。

按照《巴黎公约》的规定，公约成员国对有关商品的扣押，应按各国国内法规定，依检察官或其他主管机关或有关当事人的请求执行。另外，主管机关对于过境商品不一定予以扣押。

2. 制止在商品经营活动中的商标侵权行为

按照《巴黎公约》第 10 条之 3 的规定，公约成员国应当对其他本成员国国民保证采取适当的法律救济措施，有效地制止在商品经营中直接或间接地假冒商标标记、商人标记以及其他不正当竞争手段混淆商业信誉的行为。各公约成员国应当允许相关权利人对这些应当予以制止的行为，在本国法律规定的范围内，向法院或有关行政机关控告，并对侵权行为予以制止，对相关权利人予以救济。

## 第三节 《与贸易有关的知识产权协定》

### 一、TRIPS 协定的地位

随着全球经济的发展，发达国家和发展中国家之间的知识产权和贸易的摩擦越来越多。而现有的世界知识产权组织管理的国际公约，并未建立起有效的解决争端机制，也缺乏对知识产权保护的有力措施。为此，1986 年乌拉圭回合谈判时，美国等发达国家强烈要求将知识产权问题列入谈判议程，虽然遭到了发展中国家的反对，但最终在 1986 年 9 月，将知识产权连同服务贸易和投资措施三大议题列入了谈判议程，并于 1994 年 4 月 15 日通过了《与贸易有关的知识产权协定》(Agreement on Trade-related Aspects of Intellectual Property Rights，简称"TRIPS 协定")，于 1995 年 1 月生效。该协定不属于世界知识产权组织管理的知识产权条约，但它是知识产权国际保护领域中很重要的一个协议，被誉为知识产权的"国际法典"。我国在2001年加入世界贸易组织后,也要遵守世界贸易组织的一揽子协议,其中就包括TRIPS协定。该协定对我国知识产权的立法、行政执法、司法等产生了深刻的影响。我国2001年《商标法》修改时,主要的参照依据就是TRIPS协定。

**二、TRIPS协定的主要内容**

TRIPS协定共分为7个部分,计73条,主要内容如下:

(一) TRIPS协定的基本原则和目标

TRIPS协定在前言中指出,为减少国际贸易中的扭曲与阻力,考虑到有必要促进对知识产权充分、有效的保护,保证知识产权执法措施与程序不至于变成合法贸易的障碍,特制定本协定。TRIPS协定承认知识产权为私权,强调通过多边程序解决与贸易有关的知识产权争端。TRIPS协定规定成员在知识产权保护方面对其他成员的国民应提供国民待遇和最惠国待遇。

TRIPS协定第7条规定了目标:知识产权的保护与权利的行使,目的应在于促进技术的革新、技术的转让与技术的传播,以有利于社会及经济福利的方式去促进技术知识的生产者与使用者互利,并促进权利与义务的平衡。

(二) 知识产权的效力、范围及利用的标准

TRIPS协定第二部分规定了知识产权的取得、范围及利用的标准。根据第二部分的规定,知识产权包括版权与有关权利、商标权、地理标志权、工业品外观设计权、专利权、集成电路布图设计(拓扑图)权、未披露过的信息专有权(商业秘密)。其中,TRIPS协定第15条至第21条对商标权作了规定。

(三) 知识产权执法

TRIPS协定要求全体成员应有合理的民事、行政、刑事程序解决知识产权的保护问题。

如TRIPS协定第41条第4款规定,对于行政的终局决定,以及至少对案件是非的初审司法判决中的法律问题,诉讼当事人应有机会提交司法当局复审。

TRIPS协定还规定了民事与行政程序及救济。该协议第45条关于损害赔偿作了规定:侵权人既要支付权利人损害赔偿费,还要支付权利人的合理开支,其中可包括适当的律师费。

另外,为加强对知识产权的保护,TRIPS协定专门规定了保护知识产权的临时措施和边境措施。

(四) 权利的获得与维持以及解决争议的程序

有关要求获得知识产权的程序,如当事人之间的异议、注册的无效及撤销等

等,均应以书面的形式进行,且应送达有关当事人。TRIPS 协定第 62 条第 3 款还规定,《巴黎公约》中有关商标优先权的规定原则上适用于服务商标。

(五) 争端的防止与解决

TRIPS 协定要求成员应保持法律法规的透明度,即各成员所实施的与协议有关的法律、条例,以及普遍适用的终审司法判决和终局行政裁决,均应以本国的文字予以颁布;如果在实践中无颁布的可能,则应以该国文字使公众能够获得,以使各成员政府和知识产权权利持有人知晓。另外,TRIPS 协定规定争端首先应由争端方协商解决,解决不了的由世界贸易组织的成员多边协商解决。这一点同《巴黎公约》规定的由国际法院解决有根本的不同。

(六) 过渡条款

这一部分是发达国家和发展中国家相互妥协的结果,即考虑到发展中国家的实际情况,TRIPS 协定允许发展中国家有 5 年的过渡期来适用 TRIPS 协定的规定,其中最不发达国家可以有 10 年的过渡期。

(七) 机构安排和最终条款

TRIPS 协定第 69 条规定,成员应在其行政机关内设立联络处,以进行成员之间的信息交流,尤其是海关之间应加强有关假冒商标商品及盗版产品贸易的信息交换与合作。

另外,此部分还规定了属于保证安全的例外,即 TRIPS 协定不得解释为要求成员披露涉及国家安全的信息,也不能妨碍有关国家安全的行动。

### 三、TRIPS 协定的特点

与原有的保护知识产权的国际公约相比,TRIPS 协定的产生,将对世界各国知识产权的保护产生深远的影响。该协定的特点主要为:

(一) 强化了知识产权公约的实施力度

在国际争端的防止和解决上,TRIPS 协定引入了透明度原则和世界贸易组织的争端解决机制,比原有知识产权国际公约中的提交国际法院的方式更为有力和高效。

(二) 增加了贸易报复措施

TRIPS 协定把知识产权保护与最惠国待遇紧密联系起来,通过最惠国待遇的实施直接影响各成员的经济利益。由于存在中止最惠国待遇和停止对某缔约国应承担义务的制裁手段,显然,TRIPS 协定对缔约方的约束力要高于其他的知识产权公约。

（三）世界贸易组织成为知识产权保护的主要国际组织

由于知识产权争端常和国际技术贸易相联系，因此，各成员便利用世界贸易组织就知识产权问题展开磋商、解决争端。尽管世界贸易组织不可能完全取代世界知识产权组织的作用，但显然重心已转移到世界贸易组织。

（四）提高了对知识产权保护的标准

TRIPS 协定对知识产权保护的客体，其范围之宽是以前的知识产权国际条约所从未有过的。除了传统的知识产权领域即专利、商标和版权之外，还对集成电路布图设计、商业秘密、地理标志的保护等都作了规定。关于作品的保护期限，TRIPS 协定第 12 条规定，除摄影作品或实用艺术作品外，不以自然人的一生为计算基础的作品的保护期不少于经许可而出版之年年终起 50 年，自作品完成起 50 年未被许可出版的，则保护期应不少于作品完成之年年终起 50 年。而根据《伯尔尼公约》，电影作品的保护期 50 年是自作品经作者同意向公众提供之后计算，即只要是合法地向公众提供，不以出版为限。由此看来，TRIPS 协定规定的保护期实际上可能较《伯尔尼公约》长。其他如对表演者和录音制品制作者提供的保护期也远比《保护表演者、音像制品制作者和广播组织罗马公约》长。

由于 TRIPS 协定代表了美国等工业发达国家的要求，在今后较长的一段时间内，发达国家和发展中国家会出现经济和技术发展的不平衡。另外，TRIPS 协定对新技术条件下的知识产权保护问题没有作出规定，如电子商务的知识产权问题、生物技术对知识产权的冲击等。中国作为发展中国家，在加入世界贸易组织后，一方面要加速发展国民经济，另一方面要完善我国的知识产权立法，与 TRIPS 协定相衔接。

**四、TRIPS 协定对商标权的规定**

在 TRIPS 协定中，第二部分第二节对商标权的保护作了专门的规定。从内容方面来看，TRIPS 协定对商标权的保护并非一个完整而独立的部分，而是对《巴黎公约》中关于商标权保护内容的补充性规定。TRIPS 协定第 2 条就明文规定，"关于本协议第二、第三及第四部分，各成员方应遵守《巴黎公约》(1967 年文本)第 1 条至第 12 条以及第 19 条规定"，"本协议第一至第四部分的所有规定均不得减损各成员方按照《巴黎公约》……而可能相互承担的现行义务"。但鉴于世界贸易组织的成员与《巴黎公约》不尽相同的情况，TRIPS 协定的规定无疑又是把《巴黎公约》的使用扩大到非《巴黎公约》的世界贸易组织成员方之中。从这一点意义上说，《巴黎公约》关于商标权的规定是 TRIPS 协定中商标权保护的一个组成部分。

在原则适用方面,在 TRIPS 协定中,商标权保护不仅仅适用"国民待遇原则"和"优先权原则",而且还适用协议所确立的"最惠国待遇原则",而后者是《巴黎公约》等有关商标权保护公约中所不具有的原则。"国民待遇原则"可以让成员国的国民或在成员国有居所、营业地的国民互享各国对于本国国民在商标保护方面的待遇;而"最惠国待遇原则"又使得某个成员国对另一成员国的最惠待遇迅速地普及其他成员国。"优先权原则"则尽可能地给予先注册商标以最有利的国际保护。

(一)在可保护的客体方面

TRIPS 协定规定任何能够将一个企业的商品或服务与其他企业的商品或服务相区别的标记或标记的组合,均可构成商标。这一概念界定一改《巴黎公约》中的模糊性规定,明确了商标构成的主要特征,即商标的识别性。毋庸置疑,商标的基本功能便是区别商品或服务的来源,使不同的商品或服务的提供者不致混淆。为此,TRIPS 协定还特别说明,如果符号本身不能区别相关货物或服务,成员亦可根据使用而获得的识别性来确定其是否可以注册。言下之意,就是说,当标记和商品或服务之间没有关联时,申请人可以通过商标的使用使公众对标记所标示的商品或服务产生识别,获得第二含义,从而获得注册。同时,考虑到大多数国家的现状,TRIPS 协定未对商标客体的范围加以强制要求,而是允许各国可以"视觉上可感知"作为注册条件。

在商标使用范围上,TRIPS 协定的定义又将其扩大到服务领域,规定服务商标应与商品商标受到同样的保护。TRIPS 协定中适用于服务商标的规定,各成员有义务遵守。反观其原因,不难发现,《巴黎公约》的最后修订是于 20 世纪 60 年代完成的,此时世界各国的第三产业尚不发达,即便在发达国家也是刚刚处于兴起阶段,对商标的保护自然主要限于商品商标。而 TRIPS 协定的签订则在 20 世纪的 90 年代,西方各大国尤其是对协议签订起重要影响的美国已经基本上完成了产业结构的调整,服务业在国民经济中占有最大比重,对服务商标的保护自然也要求进一步提高,上升到与商品保护同等重要的地位。

(二)在商标注册方面

TRIPS 协定的新规定包含三点重要内容:第一,成员可将商标的注册取决于使用,但不得将实际使用作为申请注册的先决条件,不得仅仅以在申请之日起 3 年内未实现使用意图而驳回申请。其意义在于,未经使用的商标也可用于申请,只要其以使用为目的即可;商标能否注册与其使用达到的效果无关,仅仅因为未达到使用目的而不予注册,有悖公平。第二,使用商标的商品或服务的性质,在任何情况下均不应成为商标注册的障碍。本条意指,成员方注册机关不得因商品或服务本身的情况而阻止申请标记成为商标。例如,在商品或服务与申请标记本身没有内在或外在的关联时,申请标记若符合法律的规定,便可成为商品或服务的商标。第三,规定了商标注册前后的公告和提供撤销注册和提出异议的合理机会。这一条款,承接《巴黎公约》中对无权代理人或代表人申请注册商标侵害真正所有人利益时的补救措施,并扩大了其适用,对于恶意注册等其他有害真正权利人利益的行为进行预防和补救。同时,商标注册的独立性原则也由于对《巴黎公约》的遵守而当然地承续下来。

(三) 对驰名商标的认定和保护

《巴黎公约》对驰名商标的认定只是笼统地规定了由注册国或使用国主管机关认定。TRIPS 协定虽然也未能给出统一的标准,但对认定驰名商标"应当顾及有关公众对其知晓程度,包括在该成员地域内因宣传该商标而使公众知晓的程度"作了规定,显然,这一标准是成员方必须遵守的,这就大大减少了认定驰名商标中的不确定因素。TRIPS 协定对驰名商标的保护力度进一步加大:第一,驰名商标不经过注册也能受到保护,而且是按照比普通商标更高的标准进行保护。第二,对驰名商标实行"跨类"保护,不仅包括了在相同或类似的商品或服务上的保护,而且还扩大到不相类似的商品或服务上。第三,驰名商标的反淡化保护。TRIPS 协定规定了他人对该注册商标的使用不得表明与该注册商标所有人之间存在联系,而且不得使该注册所有人的利益可能因这种使用而受到损害。如将柯达胶卷商标用于自行车上,或者将柯达商标登记注册为商号等。这些规定比以往任何公约对驰名商标的保护力度都大。

(四) 商标的确权和保护

TRIPS 协定增加了提供司法机构或准司法机构复审机会的规定,尽管这一规定未必能从根本上解决问题,然而,毕竟为当事人多提供了一条救济途径,符合商标权作为一种私权由法院最终裁量的法律理念。

(1) 在权利保护的程度上。TRIPS 协定规定了商标侵权,只要在相同或类似商品或服务上使用了与有效注册的商标相同或类似的商标,有造成混淆可能的,即构成商标侵权,应承担相应的民事、行政甚至刑事责任。如果在相同商品或服务上使用相同商标,则推定混淆。另一方面,在对侵权责任的追究方面,TRIPS 协定的制度设计也更为完备,有一整套的民事、行政、司法救济程序,包括刑事程序的严格保护:"全体成员均应提供刑事程序及刑事惩罚,至少对于有意以商业规模假冒商标或对版权盗版的情况是如此。可以采用的救济应包括处以足够起威慑作用的监禁,或处以罚金,或二者并处,以符合适用于相应严重罪行的惩罚标准为限。"

（2）在保护的期限方面。TRIPS 协定第 18 条规定，商标首次注册以及各次续展注册的期限，均不应少于 7 年，且商标注册可以无限次续展，这一规定，是原有国际公约中皆未有规定的。协定中，公约对于 7 年注册或续展期限的规定只是最低限度的要求，各国可以根据情况制订比这更高的标准；不限制续展的次数亦符合了商业经营活动中商标经营和使用的要求，利于商标品牌的培养和商标价值的利用。

## 第四节 《商标国际注册马德里协定》及其议定书

### 一、《商标国际注册马德里协定》

随着市场经济的发展，世界各国的商标注册制度逐步发展完善，对构建本国良好的经济秩序发挥了重要的积极作用。但与此同时，各国商标注册制度的不统一性和注册商标保护的地域性，对国际经济的交流产生了巨大的阻力。为了解决这一问题，1891 年 4 月 14 日，已实行商标注册制度的法国、西班牙、比利时、瑞士、突尼斯等国在西班牙首都马德里缔结了一个国际商标注册协定，这就是著名的《商标国际注册马德里协定》(Madrid Agreement Concerning the International of Marks，简称《马德里协定》)。该协定于 1892 年生效。

在此后一百多年的历史中，《马德里协定》多次修改，重要的有 6 次，并形成了 6 个不同的文本：1900 年 11 月 14 日修订形成了布鲁塞尔文本；1911 年 6 月 2 日修订形成了华盛顿文本；1925 年 11 月 6 日修订形成了海牙文本；1934 年 6 月 2 日修订形成了伦敦文本；1957 年 6 月 15 日修订形成了尼斯文本；1967 年 7 月 14 日修订形成了斯德哥尔摩文本。我国于 1989 年 10 月 4 日加入该公约，适用斯德哥尔摩文本。

为有效实施协定的规则，保护国际注册的商标，《马德里协定》规定协定所适用的国家组成商标国际注册特别联盟。特别联盟设特别联盟大会、国际局和总干事等机构。特别联盟大会由批准或加入协定的国家组成，大会处理有关维持和发展特别联盟以及实施协定的一切事宜；国际局办理国际注册并处理特别联盟担负的其他行政工作，尤其是筹备大会的会议，并为大会以及可能成立的专家委员会和工作小组提供秘书处；总干事是特别联盟的最高官员，代表特别联盟。

（一）《马德里协定》的适用

《马德里协定》适用的商标注册包括商品商标的注册和服务商标的注册。申请人可以单独申请商品商标的注册或单独申请服务商标的注册，也可以申请同时适用于商品和服务的商标注册。

能够适用《马德里协定》申请商标国际注册的申请人包括两类：其一是协定缔约国的国民；其二是符合《马德里协定》规定的非协定成员国的国民。按照《马德里协定》第3条的规定，未参加协定的国家的国民，在协定成员国的领土内设有住所或有真实和有效的工商业营业所的，可以获得与该国民同等待遇，适用《马德里协定》申请国际商标注册。

与《巴黎公约》一样，协定所称的国民包括自然人和法人。《马德里协定》适用于所有批准或加入协定的国家。一方面，这些国家有权依据协定的规定，支持本国国民和可以享有本国国民待遇的外国国民申请国际注册；另一方面，这些国家有义务按照协定的规定，保护国际注册的商品商标和服务商标。

(二) 国际注册的前提与程序

申请人的商标已在原属国正式注册，这是申请国际注册的前提。

申请人申请国际注册，应当通过原属国的主管机关进行；以我国为原属国的，通过商标局进行。[①] 申请国际注册的，应当按照规定的格式提出，并指明申请商标保护的商品或服务，如果可能，还应根据《商标注册用商品和服务国际分类尼斯协定》制定的分类表，指明相应的类别。申请人要求将颜色作为其商标显著成分保护的，应当声明要求该项保护，并在申请书中注明请求保护颜色和颜色组合，同时在申请中附送该商标的彩色图样。

对符合规定的国际商标申请，国际局应立即予以注册。如果申请人向原属国申请国际注册后2个月内，国际局收到该申请的，以原属国主管机关收到国际注册申请的日期为国际注册日期；如果申请人向原属国申请国际注册后2个月内，国际局没有收到该申请的，则以国际局收到申请的日期为国际注册日期。国际局应将该项国际注册通知有关主管机关。倘若申请人未指明类别的，国际局应将有关商品或服务划分到相应类别，申请人指定的类别须经国际局会同该国家主管机关审查。国家主管机关和国际局意见有分歧的，以国际局意见为准。国际注册的商标应按注册申请的内容在国际局出版的刊物上公告。

(三) 国际注册的效力

1. 国际注册的地域效力

依据《马德里协定》第1条第2款，该协定采用普遍性原则，也就是说，申请人获准国际注册后，其商标的国际注册效力自动遍及原属国以外的所有协定缔约国。但是，按照《马德里协定》第3条第2款，对这一普遍性原则的适用加以领

---

① 参见《马德里商标国际注册实施办法》第5条。

域限制。

《马德里协定》第 3 条第 2 款规定,国际注册商标要获得在其他缔约国的保护,必须由商标所有人提出专门申请,才能使其注册的商标扩大到其希望获得保护的缔约国。各缔约国可随时书面通知总干事,通过国际注册取得保护;该通知于总干事通告其他缔约国之日起 6 个月后生效。在国际注册后申请保护领域延伸的,应按照规定的格式,通过原属国主管机关提出。国际局应立即注册领土延伸申请,随即将该注册通知有关主管机关,并在国际局出版的定期刊物上公告。保护领域的延伸,在《国际注册簿》登记之日起生效,至有关商标国际注册期满时失效。

2. 保护范围的效力

获得国际局注册的商标,在各有关缔约国的保护应如同此商标在该国直接提出注册一样。一方面,申请国际注册的商标所有人,在请求保护国中与该国国民商标申请相同,可获得该国商标法的保护;另一方面,申请人依《马德里协定》的有关规定对商品和服务类别的说明,不得在确定商标保护范围方面约束请求保护的缔约国。

3. 国际注册的独立效力

国际注册的独立效力,是指按照《马德里协定》经国际局注册的商标在满一定期限后,可不依原属国的注册而独立存在的效力。

《马德里协定》第 6 条规定,自国际注册之日起满 5 年后,该注册即与在原属国原先注册的国家商标无关系。但是,自国际注册之日起 5 年内,如果在原属国原先注册的国家商标已全部或部分不再享受法律保护的,那么无论国际注册是否已经转让,不得再全部或部分取得该保护;如果在 5 年期限届满前,因提起诉讼而停止法律保护的,国际注册的保护也将因此而停止。如果注册商标在原属国自愿注销或被行政注销的,原属国主管机关应向国际局申请注销商标,国际局应予注销商标;如果在 5 年期内发生法律诉讼的,原属国商标主管机关应当自行或经原告请求,将起诉书或其他证明起诉的文件副本以及终审判决寄交国际局,国际局将此在《国际注册簿》上登记。

4. 国际注册的有效期限与续展

国际注册商标的有效期为 20 年。注册商标有效期满时,商标所有人申请续展。续展期为 20 年,自上一期届满起计算。

(四)《马德里协定》的利弊分析

《马德里协定》生效一个多世纪以来,经过不断修改与完善,为协定缔约国国民提供了一条简便的商标国际注册途径。申请人在其原属国主管机关注册后,通过其所属国,只需法语这一种语言就可向国际局提出申请,不必向其他各缔约国分别申请,手续简便,省时省钱。同时,对其他协定缔约国来说,减少了商标所有人在其国家申请注册所需要的受理、审查等程序,减少了工作量。因此,受到了一些国家的欢迎。

但是,《马德里协定》也存在一定的弊端,主要是:

第一,按照《马德里协定》的规定,申请国际注册必须先在原属国正式注册,这对实行商标注册实质性审查制度国家的国民就十分不利。一般来说,实质性审查需要的时间长得多,这就对商标所有人适用《马德里协定》申请国际注册形成了巨大的障碍。另外,由于各国商标注册制度的规定不尽相同,这会产生不合理的现象:在某个协定缔约国,按该国商标法的规定,某一商标不能获得注册,从而也不能获得依《马德里协定》获得国际注册;而在另一协定缔约国,按该国商标法的规定,这一商标却能够获得注册,从而就能获得国际注册。

第二,虽然协定各缔约国有权对国际注册的商标在本国的保护依其本国法律予以拒绝,但是,《马德里协定》规定其在收到国际局有关通知后 1 年内进行审查并提出理由,时间明显紧张。

第三,《马德里协定》适用于商品商标和服务商标,而在有些国家对服务商标未实行注册制度,这种不协调的现象有待于进一步完善。

由于《马德里协定》明显的局限性,未能将美国、日本等经济大国吸引进来,使得该协定的作用受到了极大的影响。

**二、《商标国际注册马德里协定议定书》**

为了弥补《马德里协定》的不足,吸引更多的国家加入到协定的体系中来,在世界知识产权组织的主持下,1989 年 6 月 27 日在西班牙首都马德里通过了《商标国际注册马德里协定议定书》(简称《马德里议定书》)。我国于 1995 年 12 月 1 日签署加入了《马德里议定书》,该议定书于 1995 年对我国生效。

(一)《马德里协定》与《马德里议定书》的关系

《马德里议定书》在性质上是对《马德里协定》的补充,其条文结构与《马德里协定》的条文是相对应的。按照《马德里议定书》第 1 条的规定,参加本议定书的国家,即便未加入 1967 年修改的《马德里协定》(斯德哥尔摩文本),以及其他相关议定书所指出的组织的国家,均属于马德里协定同一联盟的成员。

如果某项国际申请或某项国际注册的原属国,既参加了《马德里议定书》,又参加了《马德里协定》(斯德哥尔摩文本),那么,《马德里议定书》的各项规定在同属本议定书和《马德里协定》(斯德哥尔摩文本)的任一其他国家的领土内不具有效力。这样,对这一国家来说,它虽然签署了《马德里议定书》,但仍适用《马德里协定》的规定。

(二)《马德里议定书》的主要内容及其与《马德里协定》的区别

《马德里议定书》与《马德里协定》是两个独立的法律文件,执行机构相同,原则相同,但参加的国家不完全一样。《马德里议定书》对《马德里协定》进行了修改和补充,增加了一些新内容。

1. 申请国际注册的条件不同

《马德里议定书》规定,申请人不仅可以原属国主管机关批准的注册作为根据,还可以根据其向该机关提交的注册申请提出国际申请;而《马德里协定》要求申请国际注册必须以在本国批准的注册为前提。关于申请人的所属国,《马德里议定书》规定,在有关缔约国有国籍,或者有住所,或者设有真实、有效的工商业营业所的缔约国,三者具备其一即可;而《马德里协定》则规定得比较严格。

2. 注册效力的原则不同

《马德里协定》对注册的效力采用普遍性原则,但缔约国可以通知世界知识产权组织总干事,采用领域限制原则,即只有在申请人明确提出请求时才能延伸到该国;而《马德里议定书》取消了普遍性原则,规定只在申请人指定要求保护的国家得到保护,原属国除外。

3. 缔约国主管机关的拒绝声明的时间不同

《马德里协定》规定,缔约国主管机关接到国际局某一商标的国际注册延伸到该国的通知后,根据本国的立法可以给予拒绝注册,但这种拒绝声明必须在商标国际注册后1年之内通知国际局;而《马德里议定书》规定,任何缔约国可以声明以18个月代替这1年期间,而且在有异议的情况下,在18个月届满以后的更长期间通知国际局。

4. 国际注册的期限不同

《马德里议定书》规定国际注册的期限为10年,期满可以续展;而《马德里协定》规定的国际注册期限为20年,期满可以续展。

5. 对5年期满商标撤销与否的规定不同

《马德里协定》要求,在国际注册之日起5年内,对作为国际注册依据的原属国注册商标提起司法诉讼,5年期满前没有终局判决的,原属国主管机关应将证明诉讼的书面证据的副本送交国际局;5年期满后作出终局判决时应将判决送交国际局,国际局应在《国际注册簿》上作相应的记载,但不撤销国际注册。而《马德里议定书》规定,对上述情况的注册商标,在5年期满后作出驳回、撤销或无效等终局判决的,应撤销该商标的国际注册。

6. 撰写申请书的文字不同

《马德里协定》要求商标国际注册申请必须用法语来撰写；而《马德里议定书》则规定，既可以用法语，也可以用英语撰写。

7. 收费标准和方式不同

《马德里议定书》规定，对商标的附加注册费和补充注册费，允许各成员国收取"单独规费"，而不必完全按照马德里联盟大会规定的固定收费标准由国际局统一收取，从而可以缓解部分成员国在办理商标注册过程中与其国内收费标准不一致的矛盾。另外，《马德里议定书》还规定，商标国际注册的注册费和规费可由申请人或者代理人直接缴纳给世界知识产权组织国际局。

## 第五节 《商标注册条约》

### 一、《商标注册条约》的产生

1973年，在维也纳召开的外交会议上，为了弥补《马德里协定》的不足，由英国和美国等14个国家发起，签署了《商标注册条约》(Trademark Registration Treaty, TRT)，该条约于1980年8月生效。

该条约的签订，主要是因为一些使用英语的国家不愿参加《马德里协定》，按照该协定，必须先在本国注册后才能申请国际注册，而国内申请注册的时间一般较长，商标有可能在这段时间内在其他缔约国被抢注。

《商标注册条约》的工作语言为英语和法语，希望更多使用英语的国家参加。到20世纪90年代初，只有5个国家参加该条约，它们是刚果、加蓬、多哥、苏联、布基纳法索。我国未参加。因苏联解体，该条约的成员国已不够生效的最低数目，实际上它已失去了作用。

### 二、《商标注册条约》的内容

《商标注册条约》的主要内容有：

(1) 缔约国的国民可以直接向世界知识产权组织的国际事务局提出国际注册申请，而并不需要在所属国申请注册。

(2) 商标从国际注册之日起与其在所属国的注册没有依赖关系。所属国对注册商标的撤销不会影响到国际注册的效力。

(3) 对要求给予保护的缔约国，在接到通知的15个月内，可以声明拒绝给予保护。

（4）商标获准国际注册后，可以延缓 3 年使用。缔约国不能因该商标没有实际使用而拒绝承认其效力。

（5）商标国际注册的有效期为 10 年，续展期也为 10 年。

## 第六节 《商标注册用商品和服务国际分类尼斯协定》

### 一、《尼斯协定》的产生

根据各国商标法的要求，申请商标注册应按照商品和服务分类表填写。由于商品和服务种类繁多，为了便于查找，必须有一个统一的分类表。另外，分类表对各国商标主管机关管理注册商标档案也是必不可少的。为此，各国分别制定了本国的分类表，但各自差别很大。为了便于当事人在不同国家之间的申请，有必要协调各国在商标审查、注册方面的形式标准。1957 年在法国尼斯举行的《马德里协定》的修订会议上，签订了《商标注册用商品和服务国际分类尼斯协定》（简称《尼斯协定》）。该协定曾于 1967 年、1977 年、1979 年进行过修正。协定对《巴黎公约》缔约国开放，加入书或批准书交世界知识产权总干事保存。我国于 1988 年正式使用尼斯国际商品分类，并于 1994 年 5 月 5 日加入该协定，同年 8 月 9 日生效，适用 1997 年日内瓦文本。

《尼斯协定》建立了商标注册用商品和服务的国际分类，协定成员国的注册机关应当在商标注册或公告中标明商品或服务的国际分类类别号。除此之外，按照《马德里协定》及其议定书办理的商标国际注册，也必须使用尼斯分类。

虽然协定的成员国只有 50 多个，但世界上有 130 多个国家和一些国际组织的商标注册部门使用尼斯分类。

### 二、分类表的内容及作用

《尼斯协定》建立了商品和服务的分类表，包括 45 类，其中，商品 34 类，服务 11 类，共包含一万多个商品和服务项目。

分类的标准是根据商品或服务的共同属性，如商品的原料、功能和用途以及服务行业的特性等来进行划分的。这些商品和服务的分类是不断变化的，随着新的商品的出现及新的服务项目的问世，尼斯联盟对分类表及时进行修改，增删商品和服务项目，调整部分商品或服务的类别，这些修改是由成员国代表组成的专家委员会来进行的，大约每四至五年进行一次大的修改。具体的程序是，首先由联盟成员国商标主管部门提出具体修改建议，交由尼斯联盟专家委员会筹备工作组讨论,工作组的意见由专家委员会讨论通过后即纳入尼斯分类。根据世界知识产权组织的要求,尼斯联盟各成员国于2020年1月1日起正式使用尼斯分类第11版2020年文本。

国际商品分类是在总结、吸收了许多国家商标注册管理经验的基础上逐渐完善起来的,它为各国商标的检索、申请和档案管理提供了统一工具,为实现商标国际注册创造了条件。了解商品分类的依据,有助于确定申请注册的商品范围,避免过宽或过窄。

《尼斯协定》对商品及服务进行分类时,一般遵照下列原则,各国管理机关及申请人在遇到分类表上没有的商品及服务项目,需要进行分类时,也可按照以下标准划分:

1. 商品类

(1) 制成品原则上按其功能、主要用途分类,如果分类表没有规定分类的标准,该制成品即按字母排列的分类表同类似的其他制成品分在一类,也可以根据辅助的分类标准,即根据这些制成品的材料或其操作方式进行分类;

(2) 多功能的组合制成品(如钟和无线电收音机的组合产品)可以根据产品中各组成部分的功能或用途,把该产品分在与这些功能或用途相应的不同类别里,若类别表中没有规定这些标准,则可以采用第(1)条中所示的标准;

(3) 原料、未加工品或半成品原则上按其组成的原料进行分类;

(4) 构成其他商品某一部分的商品,原则上与其他商品归为一类,但这种同类商品在正常情况下不能用于其他用途;其他所有情况均按上述标准(1)进行分类;

(5) 成品或半成品按其组成的原材料分类时,如果由几种不同的原材料制成,原则上按其主要原材料划分类别;

(6) 用于盛放商品的盒、箱等容器,原则上与该商品归为同一类。

2. 服务类

(1) 服务原则上按照服务分类名及其注释所划分的行业进行分类,也可以按字母排列分类表中类似的服务进行划分;

(2) 出租业的服务,原则上与通过出租物所实现的服务分在同一类别(如出租电话机分在38类);

(3) 按照标准(1)无法进行分类的服务,原则上划归第42类。

此外,协定还建立了按字母顺序排列的商品和服务表(简称字母顺序表),并对每个商品和服务项目进行编号。这种编号有利于实现商标检索的计算机化。

根据《尼斯协定》缔结的目的,商品和服务的分类表只是起到便于申请人注册和商标主管机关管理的作用。《尼斯协定》第 2 条第 1 款规定，分类的效力取决于特别同盟的每一个国家，特别是在对任何商标提供保护的范围或对服务商标的认可方面，对其他同盟国家不具有约束力。因此，有的国家采用分类表的目的只是为了检索；有的国家利用分类表来限定注册商标的权利范围。例如，我国《商标法》第 56 条规定，注册商标的专用权，以核准注册的商标和核定使用的商品为限。有的国家则要求一份申请只能填写一类商品等。

## 第七节 《建立商标图形要素国际分类维也纳协定》

《商标图形国际分类维也纳协定》制定于 1973 年，由巴西、奥地利、比利时、丹麦、法国和南斯拉夫等国家发起，在维也纳缔结，故又称《维也纳协定》。该协定于 1977 年生效，同年进行过修订。我国尚未加入该协定。该协定对《巴黎公约》成员国开放，加入书交世界知识产权组织总干事保存。目前，世界上有 30 多个国家采用该协定建立的图形要素进行分类。

《维也纳协定》缔结的目的在于避免接受相同或相似商标的注册申请，有利于减少商标所有人之间的权利冲突。

《维也纳协定》对包括图形要素的商标建立了分类，该分类由商标图形要素按大类、小类及组分类的一览表组成，并根据情况加以注释。全部分类包括 29 个大类、144 个小类、1569 个组分类。各成员国的注册机构应在商标注册、公告等官方文件中标明此类商标的图形要素分类的号码。协定授权由成员国派员组成的专家委员会定期对分类进行修订，维也纳分类第一版于 1973 年发布，分别于 1988 年、1993 年、1997 年、2002 年、2007 年、2012 年进行了修订，现行的第七版于 2013 年 1 月 1 日起生效。

**思考题**

1. 世界知识产权组织的宗旨是什么？
2. 简答《巴黎公约》对商标保护的原则。
3. 简述商标国际注册的效力和保护期。
4. TRIPS 协定有何特点？
5. 简答 TRIPS 协定对商标的保护。

# 附录一 《中华人民共和国商标法》对比表
（2001 年、2013 年和 2019 年）

| 2001 年《商标法》 | 现行《商标法》[①] |
|---|---|
| 目录<br>第一章　总则<br>第二章　商标注册的申请<br>第三章　商标注册的审查和核准<br>第四章　注册商标的续展、转让和使用许可<br>第五章　注册商标争议的裁定<br>第六章　商标使用的管理<br>第七章　注册商标专用权的保护<br>第八章　附则 | 目录<br>第一章　总则<br>第二章　商标注册的申请<br>第三章　商标注册的审查和核准<br>第四章　注册商标的续展、变更、转让和使用许可<br>第五章　注册商标的无效宣告<br>第六章　商标使用的管理<br>第七章　注册商标专用权的保护<br>第八章　附则 |
| **第一章　总则** | **第一章　总则** |
| 　第一条　为了加强商标管理，保护商标专用权，促使生产、经营者保证商品和服务质量，维护商标信誉，以保障消费者和生产、经营者的利益，促进社会主义市场经济的发展，特制定本法。 | 　第一条　为了加强商标管理，保护商标专用权，促使生产、经营者保证商品和服务质量，维护商标信誉，以保障消费者和生产、经营者的利益，促进社会主义市场经济的发展，特制定本法。 |
| 　第二条　国务院工商行政管理部门商标局主管全国商标注册和管理的工作。<br>　国务院工商行政管理部门设立商标评审委员会，负责处理商标争议事宜。 | 　第二条　国务院工商行政管理部门商标局主管全国商标注册和管理的工作。<br>　国务院工商行政管理部门设立商标评审委员会，负责处理商标争议事宜。 |
| 　第三条　经商标局核准注册的商标为注册商标，包括商品商标、服务商标和集体商标、证明商标；商标注册人享有商标专用权，受法律保护。 | 　第三条　经商标局核准注册的商标为注册商标，包括商品商标、服务商标和集体商标、证明商标；商标注册人享有商标专用权，受法律保护。 |

---

[①] 2019 年《商标法》共修改了 6 条，分别为第 4 条第 1 款、第 19 条第 3 款、第 33 条、第 44 条第 1 款、第 63 条、第 68 条，用下划线标注。其余均为 2013 年修改的内容。

(续表)

| 2001年《商标法》 | 现行《商标法》 |
|---|---|
| 本法所称集体商标,是指以团体、协会或者其他组织名义注册,供该组织成员在商事活动中使用,以表明使用者在该组织中的成员资格的标志。<br>本法所称证明商标,是指由对某种商品或者服务具有监督能力的组织所控制,而由该组织以外的单位或者个人使用于其商品或者服务,用以证明该商品或者服务的原产地、原料、制造方法、质量或者其他特定品质的标志。<br>集体商标、证明商标注册和管理的特殊事项,由国务院工商行政管理部门规定。 | 本法所称集体商标,是指以团体、协会或者其他组织名义注册,供该组织成员在商事活动中使用,以表明使用者在该组织中的成员资格的标志。<br>本法所称证明商标,是指由对某种商品或者服务具有监督能力的组织所控制,而由该组织以外的单位或者个人使用于其商品或者服务,用以证明该商品或者服务的原产地、原料、制造方法、质量或者其他特定品质的标志。<br>集体商标、证明商标注册和管理的特殊事项,由国务院工商行政管理部门规定。 |
| 第四条 自然人、法人或者其他组织对其生产、制造、加工、拣选或者经销的商品,需要取得商标专用权的,应当向商标局申请商品商标注册。<br>自然人、法人或者其他组织对其提供的服务项目,需要取得商标专用权的,应当向商标局申请服务商标注册。<br>本法有关商品商标的规定,适用于服务商标。 | 第四条 自然人、法人或者其他组织在生产经营活动中,对其商品或者服务需要取得商标专用权的,应当向商标局申请商标注册。不以使用为目的的恶意商标注册申请,应当予以驳回。<br>本法有关商品商标的规定,适用于服务商标。 |
| 第五条 两个以上的自然人、法人或者其他组织可以共同向商标局申请注册同一商标,共同享有和行使该商标专用权。 | 第五条 两个以上的自然人、法人或者其他组织可以共同向商标局申请注册同一商标,共同享有和行使该商标专用权。 |
| 第六条 国家规定必须使用注册商标的商品,必须申请商标注册,未经核准注册的,不得在市场销售。 | 第六条 法律、行政法规规定必须使用注册商标的商品,必须申请商标注册,未经核准注册的,不得在市场销售。 |
| 第七条 商标使用人应当对其使用商标的商品质量负责。各级工商行政管理部门应当通过商标管理,制止欺骗消费者的行为。 | 第七条 申请注册和使用商标,应当遵循诚实信用原则。<br>商标使用人应当对其使用商标的商品质量负责。各级工商行政管理部门应当通过商标管理,制止欺骗消费者的行为。 |

(续表)

| 2001年《商标法》 | 现行《商标法》 |
|---|---|
| 第八条 任何能够将自然人、法人或者其他组织的商品与他人的商品区别开的可视性标志,包括文字、图形、字母、数字、三维标志和颜色组合,以及上述要素的组合,均可以作为商标申请注册。 | 第八条 任何能够将自然人、法人或者其他组织的商品与他人的商品区别开的标志,包括文字、图形、字母、数字、三维标志、颜色组合和声音等,以及上述要素的组合,均可以作为商标申请注册。 |
| 第九条 申请注册的商标,应当有显著特征,便于识别,并不得与他人在先取得的合法权利相冲突。<br>商标注册人有权标明"注册商标"或者注册标记。 | 第九条 申请注册的商标,应当有显著特征,便于识别,并不得与他人在先取得的合法权利相冲突。<br>商标注册人有权标明"注册商标"或者注册标记。 |
| 第十条 下列标志不得作为商标使用:<br>(一)同中华人民共和国的国家名称、国旗、国徽、军旗、勋章相同或者近似的,以及同中央国家机关所在地特定地点的名称或者标志性建筑物的名称、图形相同的;<br>(二)同外国的国家名称、国旗、国徽、军旗相同或者近似的,但该国政府同意的除外;<br>(三)同政府间国际组织的名称、旗帜、徽记相同或者近似的,但经该组织同意或者不易误导公众的除外;<br>(四)与表明实施控制、予以保证的官方标志、检验印记相同或者近似的,但经授权的除外;<br>(五)同"红十字"、"红新月"的名称、标志相同或者近似的;<br>(六)带有民族歧视性的;<br>(七)夸大宣传并带有欺骗性的;<br>(八)有害于社会主义道德风尚或者有其他不良影响的。<br>县级以上行政区划的地名或者公众知晓的外国地名,不得作为商标。但是,地名具有其他含义或者作为集体商标、证明商标组成部分的除外;已经注册的使用地名的商标继续有效。 | 第十条 下列标志不得作为商标使用:<br>(一)同中华人民共和国的国家名称、国旗、国徽、国歌、军旗、军徽、军歌、勋章等相同或者近似的,以及同中央国家机关的名称、标志、所在地特定地点的名称或者标志性建筑物的名称、图形相同的;<br>(二)同外国的国家名称、国旗、国徽、军旗等相同或者近似的,但经该国政府同意的除外;<br>(三)同政府间国际组织的名称、旗帜、徽记等相同或者近似的,但经该组织同意或者不易误导公众的除外;<br>(四)与表明实施控制、予以保证的官方标志、检验印记相同或者近似的,但经授权的除外;<br>(五)同"红十字"、"红新月"的名称、标志相同或者近似的;<br>(六)带有民族歧视性的;<br>(七)带有欺骗性,容易使公众对商品的质量等特点或者产地产生误认的;<br>(八)有害于社会主义道德风尚或者有其他不良影响的。<br>县级以上行政区划的地名或者公众知晓的外国地名,不得作为商标。但是,地名具有其他含义或者作为集体商标、证明商标组成部分的除外;已经注册的使用地名的商标继续有效。 |

（续表）

| 2001年《商标法》 | 现行《商标法》 |
|---|---|
| 第十一条　下列标志不得作为商标注册：<br>（一）仅有本商品的通用名称、图形、型号的；<br>（二）仅仅直接表示商品的质量、主要原料、功能、用途、重量、数量及其他特点的；<br>（三）缺乏显著特征的。<br>前款所列标志经过使用取得显著特征，并便于识别的，可以作为商标注册。 | 第十一条　下列标志不得作为商标注册：<br>（一）仅有本商品的通用名称、图形、型号的；<br>（二）仅直接表示商品的质量、主要原料、功能、用途、重量、数量及其他特点的；<br>（三）其他缺乏显著特征的。<br>前款所列标志经过使用取得显著特征，并便于识别的，可以作为商标注册。 |
| 第十二条　以三维标志申请注册商标的，仅由商品自身的性质产生的形状、为获得技术效果而需有的商品形状或者使商品具有实质性价值的形状，不得注册。 | 第十二条　以三维标志申请注册商标的，仅由商品自身的性质产生的形状、为获得技术效果而需有的商品形状或者使商品具有实质性价值的形状，不得注册。 |
| 第十三条　就相同或者类似商品申请注册的商标是复制、摹仿或者翻译他人未在中国注册的驰名商标，容易导致混淆的，不予注册并禁止使用。<br>就不相同或者不相类似商品申请注册的商标是复制、摹仿或者翻译他人已经在中国注册的驰名商标，误导公众，致使该驰名商标注册人的利益可能受到损害的，不予注册并禁止使用。 | 第十三条　为相关公众所熟知的商标，持有人认为其权利受到侵害时，可以依照本法规定请求驰名商标保护。<br>就相同或者类似商品申请注册的商标是复制、摹仿或者翻译他人未在中国注册的驰名商标，容易导致混淆的，不予注册并禁止使用。<br>就不相同或者不相类似商品申请注册的商标是复制、摹仿或者翻译他人已经在中国注册的驰名商标，误导公众，致使该驰名商标注册人的利益可能受到损害的，不予注册并禁止使用。 |
| 第十四条　认定驰名商标应当考虑下列因素：<br>（一）相关公众对该商标的知晓程度；<br>（二）该商标使用的持续时间；<br>（三）该商标的任何宣传工作的持续时间、程度和地理范围；<br>（四）该商标作为驰名商标受保护的记录；<br>（五）该商标驰名的其他因素。 | 第十四条　驰名商标应当根据当事人的请求，作为处理涉及商标案件需要认定的事实进行认定。认定驰名商标应当考虑下列因素：<br>（一）相关公众对该商标的知晓程度；<br>（二）该商标使用的持续时间；<br>（三）该商标的任何宣传工作的持续时间、程度和地理范围；<br>（四）该商标作为驰名商标受保护的记录； |

(续表)

| 2001年《商标法》 | 现行《商标法》 |
|---|---|
|  | （五）该商标驰名的其他因素。<br>在商标注册审查、工商行政管理部门查处商标违法案件过程中，当事人依照本法第十三条规定主张权利的，商标局根据审查、处理案件的需要，可以对商标驰名情况作出认定。<br>在商标争议处理过程中，当事人依照本法第十三条规定主张权利的，商标评审委员会根据处理案件的需要，可以对商标驰名情况作出认定。<br>在商标民事、行政案件审理过程中，当事人依照本法第十三条规定主张权利的，最高人民法院指定的人民法院根据审理案件的需要，可以对商标驰名情况作出认定。<br>生产、经营者不得将"驰名商标"字样用于商品、商品包装或者容器上，或者用于广告宣传、展览以及其他商业活动中。 |
| 第十五条　未经授权，代理人或者代表人以自己的名义将被代理人或者被代表人的商标进行注册，被代理人或者被代表人提出异议的，不予注册并禁止使用。 | 第十五条　未经授权，代理人或者代表人以自己的名义将被代理人或者被代表人的商标进行注册，被代理人或者被代表人提出异议的，不予注册并禁止使用。<br>就同一种商品或者类似商品申请注册的商标与他人在先使用的未注册商标相同或者近似，申请人与该他人具有前款规定以外的合同、业务往来关系或者其他关系而明知该他人商标存在，该他人提出异议的，不予注册。 |
| 第十六条　商标中有商品的地理标志，而该商品并非来源于该标志所标示的地区，误导公众的，不予注册并禁止使用；但是，已经善意取得注册的继续有效。<br>前款所称地理标志，是指标示某商品来源于某地区，该商品的特定质量、信誉或者其他特征，主要由该地区的自然因素或者人文因素所决定的标志。 | 第十六条　商标中有商品的地理标志，而该商品并非来源于该标志所标示的地区，误导公众的，不予注册并禁止使用；但是，已经善意取得注册的继续有效。<br>前款所称地理标志，是指标示某商品来源于某地区，该商品的特定质量、信誉或者其他特征，主要由该地区的自然因素或者人文因素所决定的标志。 |

(续表)

| 2001年《商标法》 | 现行《商标法》 |
|---|---|
| 第十七条　外国人或者外国企业在中国申请商标注册的,应当按其所属国和中华人民共和国签订的协议或者共同参加的国际条约办理,或者按对等原则办理。 | 第十七条　外国人或者外国企业在中国申请商标注册的,应当按其所属国和中华人民共和国签订的协议或者共同参加的国际条约办理,或者按对等原则办理。 |
| 第十八条　外国人或者外国企业在中国申请商标注册和办理其他商标事宜的,应当委托国家认可的具有商标代理资格的组织代理。 | 第十八条　申请商标注册或者办理其他商标事宜,可以自行办理,也可以委托依法设立的商标代理机构办理。<br>外国人或者外国企业在中国申请商标注册和办理其他商标事宜的,应当委托依法设立的商标代理机构办理。 |
|  | 第十九条　商标代理机构应当遵循诚实信用原则,遵守法律、行政法规,按照被代理人的委托办理商标注册申请或者其他商标事宜;对在代理过程中知悉的被代理人的商业秘密,负有保密义务。<br>委托人申请注册的商标可能存在本法规定不得注册情形的,商标代理机构应当明确告知委托人。<br><u>商标代理机构知道或者应当知道委托人申请注册的商标属于本法第四条、第十五条和第三十二条规定情形的,不得接受其委托。</u><br>商标代理机构除对其代理服务申请商标注册外,不得申请注册其他商标。 |
|  | 第二十条　商标代理行业组织应当按照章程规定,严格执行吸纳会员的条件,对违反行业自律规范的会员实行惩戒。商标代理行业组织对其吸纳的会员和对会员的惩戒情况,应当及时向社会公布。 |
|  | 第二十一条　商标国际注册遵循中华人民共和国缔结或者参加的有关国际条约确立的制度,具体办法由国务院规定。 |

(续表)

| 2001年《商标法》 | 现行《商标法》 |
|---|---|
| **第二章 商标注册的申请** | **第二章 商标注册的申请** |
| 第十九条 申请商标注册的,应当按规定的商品分类表填报使用商标的商品类别和商品名称。 | 第二十二条 商标注册申请人应当按规定的商品分类表填报使用商标的商品类别和商品名称,提出注册申请。<br>商标注册申请人可以通过一份申请就多个类别的商品申请注册同一商标。<br>商标注册申请等有关文件,可以以书面方式或者数据电文方式提出。 |
| 第二十条 商标注册申请人在不同类别的商品上申请注册同一商标的,应当按商品分类表提出注册申请。 | |
| 第二十一条 注册商标需要在同一类的其他商品上使用的,应当另行提出注册申请。 | 第二十三条 注册商标需要在核定使用范围之外的商品上取得商标专用权的,应当另行提出注册申请。 |
| 第二十二条 注册商标需要改变其标志的,应当重新提出注册申请。 | 第二十四条 注册商标需要改变其标志的,应当重新提出注册申请。 |
| 第二十三条 注册商标需要变更注册人的名义、地址或者其他注册事项的,应当提出变更申请。 | |
| 第二十四条 商标注册申请人自其商标在外国第一次提出商标注册申请之日起六个月内,又在中国就相同商品以同一商标提出商标注册申请的,依照该外国同中国签订的协议或者共同参加的国际条约,或者按照相互承认优先权的原则,可以享有优先权。<br>依照前款要求优先权的,应当在提出商标注册申请的时候提出书面声明,并且在三个月内提交第一次提出的商标注册申请文件的副本;未提出书面声明或者逾期未提交商标注册申请文件副本的,视为未要求优先权。 | 第二十五条 商标注册申请人自其商标在外国第一次提出商标注册申请之日起六个月内,又在中国就相同商品以同一商标提出商标注册申请的,依照该外国同中国签订的协议或者共同参加的国际条约,或者按照相互承认优先权的原则,可以享有优先权。<br>依照前款要求优先权的,应当在提出商标注册申请的时候提出书面声明,并且在三个月内提交第一次提出的商标注册申请文件的副本;未提出书面声明或者逾期未提交商标注册申请文件副本的,视为未要求优先权。 |

（续表）

| 2001年《商标法》 | 现行《商标法》 |
|---|---|
| 第二十五条　商标在中国政府主办的或者承认的国际展览会展出的商品上首次使用的，自该商品展出之日起六个月内，该商标的注册申请人可以享有优先权。<br>依照前款要求优先权的，应当在提出商标注册申请的时候提出书面声明，并且在三个月内提交展出其商品的展览会名称、在展出商品上使用该商标的证据、展出日期等证明文件；未提出书面声明或者逾期未提交证明文件的，视为未要求优先权。 | 第二十六条　商标在中国政府主办的或者承认的国际展览会展出的商品上首次使用的，自该商品展出之日起六个月内，该商标的注册申请人可以享有优先权。<br>依照前款要求优先权的，应当在提出商标注册申请的时候提出书面声明，并且在三个月内提交展出其商品的展览会名称、在展出商品上使用该商标的证据、展出日期等证明文件；未提出书面声明或者逾期未提交证明文件的，视为未要求优先权。 |
| 第二十六条　为申请商标注册所申报的事项和所提供的材料应当真实、准确、完整。 | 第二十七条　为申请商标注册所申报的事项和所提供的材料应当真实、准确、完整。 |
| **第三章　商标注册的审查和核准** | **第三章　商标注册的审查和核准** |
| 第二十七条　申请注册的商标，凡符合本法有关规定的，由商标局初步审定，予以公告。 | 第二十八条　对申请注册的商标，商标局应当自收到商标注册申请文件之日起九个月内审查完毕，符合本法有关规定的，予以初步审定公告。 |
|  | 第二十九条　在审查过程中，商标局认为商标注册申请内容需要说明或者修正的，可以要求申请人做出说明或者修正。申请人未做出说明或者修正的，不影响商标局做出审查决定。 |
| 第二十八条　申请注册的商标，凡不符合本法有关规定或者同他人在同一种商品或者类似商品上已经注册的或者初步审定的商标相同或者近似的，由商标局驳回申请，不予公告。 | 第三十条　申请注册的商标，凡不符合本法有关规定或者同他人在同一种商品或者类似商品上已经注册的或者初步审定的商标相同或者近似的，由商标局驳回申请，不予公告。 |

(续表)

| 2001年《商标法》 | 现行《商标法》 |
| --- | --- |
| 第二十九条 两个或者两个以上的商标注册申请人,在同一种商品或者类似商品上,以相同或者近似的商标申请注册的,初步审定并公告申请在先的商标;同一天申请的,初步审定并公告使用在先的商标,驳回其他人的申请,不予公告。 | 第三十一条 两个或者两个以上的商标注册申请人,在同一种商品或者类似商品上,以相同或者近似的商标申请注册的,初步审定并公告申请在先的商标;同一天申请的,初步审定并公告使用在先的商标,驳回其他人的申请,不予公告。 |
|  | 第三十二条 申请商标注册不得损害他人现有的在先权利,也不得以不正当手段抢先注册他人已经使用并有一定影响的商标。 |
| 第三十条 对初步审定的商标,自公告之日起三个月内,任何人均可以提出异议。公告期满无异议的,予以核准注册,发给商标注册证,并予公告。 | 第三十三条 对初步审定公告的商标,自公告之日起三个月内,在先权利人、利害关系人认为违反本法第十三条第二款和第三款、第十五条、第十六条第一款、第三十条、第三十一条、第三十二条规定的,或者任何人认为违反本法第四条、第十条、第十一条、第十二条、第十九条第四款规定的,可以向商标局提出异议。公告期满无异议的,予以核准注册,发给商标注册证,并予公告。 |
| 第三十一条 申请商标注册不得损害他人现有的在先权利,也不得以不正当手段抢先注册他人已经使用并有一定影响的商标。 |  |
| 第三十二条 对驳回申请、不予公告的商标,商标局应当书面通知商标注册申请人。商标注册申请人不服的,可以自收到通知之日起十五日内向商标评审委员会申请复审,由商标评审委员会做出决定,并书面通知申请人。<br>当事人对商标评审委员会的决定不服的,可以自收到通知之日起三十日内向人民法院起诉。 | 第三十四条 对驳回申请、不予公告的商标,商标局应当书面通知商标注册申请人。商标注册申请人不服的,可以自收到通知之日起十五日内向商标评审委员会申请复审。商标评审委员会应当自收到申请之日起九个月内做出决定,并书面通知申请人。有特殊情况需要延长的,经国务院工商行政管理部门批准,可以延长三个月。当事人对商标评审委员会的决定不服的,可以自收到通知之日起三十日内向人民法院起诉。 |

（续表）

| 2001年《商标法》 | 现行《商标法》 |
| --- | --- |
| 第三十三条　对初步审定、予以公告的商标提出异议的，商标局应当听取异议人和被异议人陈述事实和理由，经调查核实后，做出裁定。当事人不服的，可以自收到通知之日起十五日内向商标评审委员会申请复审，由商标评审委员会做出裁定，并书面通知异议人和被异议人。<br>　　当事人对商标评审委员会的裁定不服的，可以自收到通知之日起三十日内向人民法院起诉。人民法院应当通知商标复审程序的对方当事人作为第三人参加诉讼。 | 第三十五条　对初步审定公告的商标提出异议的，商标局应当听取异议人和被异议人陈述事实和理由，经调查核实后，自公告期满之日起十二个月内做出是否准予注册的决定，并书面通知异议人和被异议人。有特殊情况需要延长的，经国务院工商行政管理部门批准，可以延长六个月。<br>　　商标局做出准予注册决定的，发给商标注册证，并予公告。异议人不服的，可以依照本法第四十四条、第四十五条的规定向商标评审委员会请求宣告该注册商标无效。<br>　　商标局做出不予注册决定，被异议人不服的，可以自收到通知之日起十五日内向商标评审委员会申请复审。商标评审委员会应当自收到申请之日起十二个月内做出复审决定，并书面通知异议人和被异议人。有特殊情况需要延长的，经国务院工商行政管理部门批准，可以延长六个月。被异议人对商标评审委员会的决定不服的，可以自收到通知之日起三十日内向人民法院起诉。人民法院应当通知异议人作为第三人参加诉讼。<br>　　商标评审委员会在依照前款规定进行复审的过程中，所涉及的在先权利的确定必须以人民法院正在审理或者行政机关正在处理的另一案件的结果为依据的，可以中止审查。中止原因消除后，应当恢复审查程序。 |
| 第三十四条　当事人在法定期限内对商标局做出的裁定不申请复审或者对商标评审委员会做出的裁定不向人民法院起诉的，裁定生效。 | 第三十六条　法定期限届满，当事人对商标局做出的驳回申请决定、不予注册决定不申请复审或者对商标评审委员会做出的复审决定不向人民法院起诉的，驳回申请决定、不予注册决定或者复审决定生效。 |

(续表)

| 2001年《商标法》 | 现行《商标法》 |
|---|---|
| 经裁定异议不能成立的,予以核准注册,发给商标注册证,并予公告;经裁定异议成立的,不予核准注册。<br>经裁定异议不能成立而核准注册的,商标注册申请人取得商标专用权的时间自初审公告三个月期满之日起计算。 | 经审查异议不成立而准予注册的商标,商标注册申请人取得商标专用权的时间自初步审定公告三个月期满之日起计算。自该商标公告期满之日起至准予注册决定做出前,对他人在同一种或者类似商品上使用与该商标相同或者近似的标志的行为不具有追溯力;但是,因该使用人的恶意给商标注册人造成的损失,应当给予赔偿。 |
| 第三十五条 对商标注册申请和商标复审申请应当及时进行审查。 | 第三十七条 对商标注册申请和商标复审申请应当及时进行审查。 |
| 第三十六条 商标注册申请人或者注册人发现商标申请文件或者注册文件有明显错误的,可以申请更正。商标局依法在其职权范围内作出更正,并通知当事人。<br>前款所称更正错误不涉及商标申请文件或者注册文件的实质性内容。 | 第三十八条 商标注册申请人或者注册人发现商标申请文件或者注册文件有明显错误的,可以申请更正。商标局依法在其职权范围内作出更正,并通知当事人。<br>前款所称更正错误不涉及商标申请文件或者注册文件的实质性内容。 |
| **第四章 注册商标的续展、转让和使用许可** | **第四章 注册商标的续展、变更、转让和使用许可** |
| 第三十七条 注册商标的有效期为十年,自核准注册之日起计算。 | 第三十九条 注册商标的有效期为十年,自核准注册之日起计算。 |
| 第三十八条 注册商标有效期满,需要继续使用的,应当在期满前六个月内申请续展注册;在此期间未能提出申请的,可以给予六个月的宽展期。宽展期满仍未提出申请的,注销其注册商标。<br>每次续展注册的有效期为十年。<br>续展注册经核准后,予以公告。 | 第四十条 注册商标有效期满,需要继续使用的,商标注册人应当在期满前十二个月内按照规定办理续展手续;在此期间未能办理的,可以给予六个月的宽展期。每次续展注册的有效期为十年,自该商标上一届有效期满次日起计算。期满未办理续展手续的,注销其注册商标。<br>商标局应当对续展注册的商标予以公告。 |
| | 第四十一条 注册商标需要变更注册人的名义、地址或者其他注册事项的,应当提出变更申请。 |

(续表)

| 2001年《商标法》 | 现行《商标法》 |
|---|---|
| 第三十九条 转让注册商标的,转让人和受让人应当签订转让协议,并共同向商标局提出申请。受让人应当保证使用该注册商标的商品质量。<br>转让注册商标经核准后,予以公告。受让人自公告之日起享有商标专用权。 | 第四十二条 转让注册商标的,转让人和受让人应当签订转让协议,并共同向商标局提出申请。受让人应当保证使用该注册商标的商品质量。<br>转让注册商标的,商标注册人对其在同一种商品上注册的近似的商标,或者在类似商品上注册的相同或者近似的商标,应当一并转让。<br>对容易导致混淆或者有其他不良影响的转让,商标局不予核准,书面通知申请人并说明理由。<br>转让注册商标经核准后,予以公告。受让人自公告之日起享有商标专用权。 |
| 第四十条 商标注册人可以通过签订商标使用许可合同,许可他人使用其注册商标。许可人应当监督被许可人使用其注册商标的商品质量。被许可人应当保证使用该注册商标的商品质量。<br>经许可使用他人注册商标的,必须在使用该注册商标的商品上标明被许可人的名称和商品产地。<br>商标使用许可合同应当报商标局备案。 | 第四十三条 商标注册人可以通过签订商标使用许可合同,许可他人使用其注册商标。许可人应当监督被许可人使用其注册商标的商品质量。被许可人应当保证使用该注册商标的商品质量。<br>经许可使用他人注册商标的,必须在使用该注册商标的商品上标明被许可人的名称和商品产地。<br>许可他人使用其注册商标的,许可人应当将其商标使用许可报商标局备案,由商标局公告。商标使用许可未经备案不得对抗善意第三人。 |
| **第五章 注册商标争议的裁定** | **第五章 注册商标的无效宣告** |
| 第四十一条 已经注册的商标,违反本法第十条、第十一条、第十二条规定的,或者是以欺骗手段或者其他不正当手段取得注册的,由商标局撤销该注册商标;其他单位或者个人可以请求商标评审委员会裁定撤销该注册商标。 | 第四十四条 已经注册的商标,违反本法第四条、第十条、第十一条、第十二条、第十九条第四款规定的,或者是以欺骗手段或者其他不正当手段取得注册的,由商标局宣告该注册商标无效;其他单位或者个人可以请求商标评审委员会宣告该注册商标无效。 |

(续表)

| 2001年《商标法》 | 现行《商标法》 |
|---|---|
| 已经注册的商标,违反本法第十三条、第十五条、第十六条、第三十一条规定的,自商标注册之日起五年内,商标所有人或者利害关系人可以请求商标评审委员会裁定撤销该注册商标。对恶意注册的,驰名商标所有人不受五年的时间限制。<br><br>除前两款规定的情形外,对已经注册的商标有争议的,可以自该商标经核准注册之日起五年内,向商标评审委员会申请裁定。<br><br>商标评审委员会收到裁定申请后,应当通知有关当事人,并限期提出答辩。 | 商标局做出宣告注册商标无效的决定,应当书面通知当事人。当事人对商标局的决定不服的,可以自收到通知之日起十五日内向商标评审委员会申请复审。商标评审委员会应当自收到申请之日起九个月内做出决定,并书面通知当事人。有特殊情况需要延长的,经国务院工商行政管理部门批准,可以延长三个月。当事人对商标评审委员会的决定不服的,可以自收到通知之日起三十日内向人民法院起诉。<br><br>其他单位或者个人请求商标评审委员会宣告注册商标无效的,商标评审委员会收到申请后,应当书面通知有关当事人,并限期提出答辩。商标评审委员会应当自收到申请之日起九个月内做出维持注册商标或者宣告注册商标无效的裁定,并书面通知当事人。有特殊情况需要延长的,经国务院工商行政管理部门批准,可以延长三个月。当事人对商标评审委员会的裁定不服的,可以自收到通知之日起三十日内向人民法院起诉。人民法院应当通知商标裁定程序的对方当事人作为第三人参加诉讼。 |
| 第四十二条 对核准注册前已经提出异议并经裁定的商标,不得再以相同的事实和理由申请裁定。 | |
| 第四十三条 商标评审委员会做出维持或者撤销注册商标的裁定后,应当书面通知有关当事人。<br><br>当事人对商标评审委员会的裁定不服的,可以自收到通知之日起三十日内向人民法院起诉。人民法院应当通知商标裁定程序的对方当事人作为第三人参加诉讼。 | 第四十五条 已经注册的商标,违反本法第十三条第二款和第三款、第十五条、第十六条第一款、第三十条、第三十一条、第三十二条规定的,自商标注册之日起五年内,在先权利人或者利害关系人可以请求商标评审委员会宣告该注册商标无效。对恶意注册的,驰名商标所有人不受五年的时间限制。 |

(续表)

| 2001年《商标法》 | 现行《商标法》 |
| --- | --- |
|  | 商标评审委员会收到宣告注册商标无效的申请后,应当书面通知有关当事人,并限期提出答辩。商标评审委员会应当自收到申请之日起十二个月内做出维持注册商标或者宣告注册商标无效的裁定,并书面通知当事人。有特殊情况需要延长的,经国务院工商行政管理部门批准,可以延长六个月。当事人对商标评审委员会的裁定不服的,可以自收到通知之日起三十日内向人民法院起诉。人民法院应当通知商标裁定程序的对方当事人作为第三人参加诉讼。<br>　　商标评审委员会在依照前款规定对无效宣告请求进行审查的过程中,所涉及的在先权利的确定必须以人民法院正在审理或者行政机关正在处理的另一案件的结果为依据的,可以中止审查。中止原因消除后,应当恢复审查程序。 |
|  | 第四十六条　法定期限届满,当事人对商标局宣告注册商标无效的决定不申请复审或者对商标评审委员会的复审决定、维持注册商标或者宣告注册商标无效的裁定不向人民法院起诉的,商标局的决定或者商标评审委员会的复审决定、裁定生效。 |
|  | 第四十七条　依照本法第四十四条、第四十五条的规定宣告无效的注册商标,由商标局予以公告,该注册商标专用权视为自始即不存在。<br>　　宣告注册商标无效的决定或者裁定,对宣告无效前人民法院做出并已执行的商标侵权案件的判决、裁定、调解书和工商行政管理部门做出并已执行的商标侵权案件的处理决定以及已经履行的商标转让或者使用许可合同不具有追溯力。但是,因商标注册人的恶意给他人造成的损失,应当给予赔偿。 |

(续表)

| 2001年《商标法》 | 现行《商标法》 |
|---|---|
|  | 依照前款规定不返还商标侵权赔偿金、商标转让费、商标使用费，明显违反公平原则的，应当全部或者部分返还。 |
| **第六章　商标使用的管理** | **第六章　商标使用的管理** |
|  | 第四十八条　本法所称商标的使用，是指将商标用于商品、商品包装或者容器以及商品交易文书上，或者将商标用于广告宣传、展览以及其他商业活动中，用于识别商品来源的行为。 |
| 第四十四条　使用注册商标，有下列行为之一的，由商标局责令限期改正或者撤销其注册商标：<br>（一）自行改变注册商标的；<br>（二）自行改变注册商标的注册人名义、地址或者其他注册事项的；<br>（三）自行转让注册商标的；<br>（四）连续三年停止使用的。 | 第四十九条　商标注册人在使用注册商标的过程中，自行改变注册商标、注册人名义、地址或者其他注册事项的，由地方工商行政管理部门责令限期改正；期满不改正的，由商标局撤销其注册商标。<br>注册商标成为其核定使用的商品的通用名称或者没有正当理由连续三年不使用的，任何单位或者个人可以向商标局申请撤销该注册商标。商标局应当自收到申请之日起九个月内做出决定。有特殊情况需要延长的，经国务院工商行政管理部门批准，可以延长三个月。 |
| 第四十五条　使用注册商标，其商品粗制滥造，以次充好，欺骗消费者的，由各级工商行政管理部门分别不同情况，责令限期改正，并可以予以通报或处以罚款，或者由商标局撤销其注册商标。 |  |
| 第四十六条　注册商标被撤销的或者期满不再续展的，自撤销或者注销之日起一年内，商标局对与该商标相同或者近似的商标注册申请，不予核准。 | 第五十条　注册商标被撤销、被宣告无效或者期满不再续展的，自撤销、宣告无效或者注销之日起一年内，商标局对与该商标相同或者近似的商标注册申请，不予核准。 |

(续表)

| 2001年《商标法》 | 现行《商标法》 |
|---|---|
| 第四十七条 违反本法第六条规定的,由地方工商行政管理部门责令限期申请注册,可以并处罚款。 | 第五十一条 违反本法第六条规定的,由地方工商行政管理部门责令限期申请注册,违法经营额五万元以上的,可以处违法经营额百分之二十以下的罚款,没有违法经营额或者违法经营额不足五万元的,可以处一万元以下的罚款。 |
| 第四十八条 使用未注册商标,有下列行为之一的,由地方工商行政管理部门予以制止,限期改正,并可以予以通报或者处以罚款:<br>(一) 冒充注册商标的;<br>(二) 违反本法第十条规定的;<br>(三) 粗制滥造,以次充好,欺骗消费者的。 | 第五十二条 将未注册商标冒充注册商标使用的,或者使用未注册商标违反本法第十条规定的,由地方工商行政管理部门予以制止,限期改正,并可以予以通报,违法经营额五万元以上的,可以处违法经营额百分之二十以下的罚款,没有违法经营额或者违法经营额不足五万元的,可以处一万元以下的罚款。 |
|  | 第五十三条 违反本法第十四条第五款规定的,由地方工商行政管理部门责令改正,处十万元罚款。 |
| 第四十九条 对商标局撤销注册商标的决定,当事人不服的,可以自收到通知之日起十五日内向商标评审委员会申请复审,由商标评审委员会做出决定,并书面通知申请人。<br>当事人对商标评审委员会的决定不服的,可以自收到通知之日起三十日内向人民法院起诉。 | 第五十四条 对商标局撤销或者不予撤销注册商标的决定,当事人不服的,可以自收到通知之日起十五日内向商标评审委员会申请复审。商标评审委员会应当自收到申请之日起九个月内做出决定,并书面通知当事人。有特殊情况需要延长的,经国务院工商行政管理部门批准,可以延长三个月。当事人对商标评审委员会的决定不服的,可以自收到通知之日起三十日内向人民法院起诉。 |
|  | 第五十五条 法定期限届满,当事人对商标局做出的撤销注册商标的决定不申请复审或者对商标评审委员会做出的复审决定不向人民法院起诉的,撤销注册商标的决定、复审决定生效。<br>被撤销的注册商标,由商标局予以公告,该注册商标专用权自公告之日起终止。 |

(续表)

| 2001年《商标法》 | 现行《商标法》 |
|---|---|
| 第五十条 对工商行政管理部门根据本法第四十五条、第四十七条、第四十八条的规定做出的罚款决定,当事人不服的,可以自收到通知之日起十五日内,向人民法院起诉;期满不起诉又不履行的,由有关工商行政管理部门申请人民法院强制执行。 | |
| **第七章 注册商标专用权的保护** | **第七章 注册商标专用权的保护** |
| 第五十一条 注册商标的专用权,以核准注册的商标和核定使用的商品为限。 | 第五十六条 注册商标的专用权,以核准注册的商标和核定使用的商品为限。 |
| 第五十二条 有下列行为之一的,均属侵犯注册商标专用权:<br>(一) 未经商标注册人的许可,在同一种商品或者类似商品上使用与其注册商标相同或者近似的商标的;<br>(二) 销售侵犯注册商标专用权的商品的;<br>(三) 伪造、擅自制造他人注册商标标识或者销售伪造、擅自制造的注册商标标识的;<br>(四) 未经商标注册人同意,更换其注册商标并将该更换商标的商品又投入市场的;<br>(五) 给他人的注册商标专用权造成其他损害的。 | 第五十七条 有下列行为之一的,均属侵犯注册商标专用权:<br>(一) 未经商标注册人的许可,在同一种商品上使用与其注册商标相同的商标的;<br>(二) 未经商标注册人的许可,在同一种商品上使用与其注册商标近似的商标,或者在类似商品上使用与其注册商标相同或者近似的商标,容易导致混淆的;<br>(三) 销售侵犯注册商标专用权的商品的;<br>(四) 伪造、擅自制造他人注册商标标识或者销售伪造、擅自制造的注册商标标识的;<br>(五) 未经商标注册人同意,更换其注册商标并将该更换商标的商品又投入市场的;<br>(六) 故意为侵犯他人商标专用权行为提供便利条件,帮助他人实施侵犯商标专用权行为的;<br>(七) 给他人的注册商标专用权造成其他损害的。 |
| | 第五十八条 将他人注册商标、未注册的驰名商标作为企业名称中的字号使用,误导公众,构成不正当竞争行为的,依照《中华人民共和国反不正当竞争法》处理。 |

(续表)

| 2001年《商标法》 | 现行《商标法》 |
|---|---|
|  | 第五十九条　注册商标中含有的本商品的通用名称、图形、型号，或者直接表示商品的质量、主要原料、功能、用途、重量、数量及其他特点，或者含有的地名，注册商标专用权人无权禁止他人正当使用。<br>　　三维标志注册商标中含有的商品自身的性质产生的形状、为获得技术效果而需有的商品形状或者使商品具有实质性价值的形状，注册商标专用权人无权禁止他人正当使用。<br>　　商标注册人申请商标注册前，他人已经在同一种商品或者类似商品上先于商标注册人使用与注册商标相同或者近似并有一定影响的商标的，注册商标专用权人无权禁止该使用人在原使用范围内继续使用该商标，但可以要求其附加适当区别标识。 |
| 第五十三条　有本法第五十二条所列侵犯注册商标专用权行为之一，引起纠纷的，由当事人协商解决；不愿协商或者协商不成的，商标注册人或者利害关系人可以向人民法院起诉，也可以请求工商行政管理部门处理。工商行政管理部门处理时，认定侵权行为成立的，责令立即停止侵权行为，没收、销毁侵权商品和专门用于制造侵权商品、伪造注册商标标识的工具，并可处以罚款。当事人对处理决定不服的，可以自收到处理通知之日起十五日内依照《中华人民共和国行政诉讼法》向人民法院起诉；侵权人期满不起诉又不履行的，工商行政管理部门可以申请人民法院强制执行。进行处理的工商行政管理部门根据当事人的请求，可以就侵犯商标专用权的赔偿数额进行调解；调解不成的，当事人可以依照《中华人民共和国民事诉讼法》向人民法院起诉。 | 第六十条　有本法第五十七条所列侵犯注册商标专用权行为之一，引起纠纷的，由当事人协商解决；不愿协商或者协商不成的，商标注册人或者利害关系人可以向人民法院起诉，也可以请求工商行政管理部门处理。<br>　　工商行政管理部门处理时，认定侵权行为成立的，责令立即停止侵权行为，没收、销毁侵权商品和主要用于制造侵权商品、伪造注册商标标识的工具，违法经营额五万元以上的，可以处违法经营额五倍以下的罚款，没有违法经营额或者违法经营额不足五万元的，可以处二十五万元以下的罚款。对五年内实施两次以上商标侵权行为或者有其他严重情节的，应当从重处罚。销售不知道是侵犯注册商标专用权的商品，能证明该商品是自己合法取得并说明提供者的，由工商行政管理部门责令停止销售。 |

(续表)

| 2001年《商标法》 | 现行《商标法》 |
|---|---|
|  | 对侵犯商标专用权的赔偿数额的争议,当事人可以请求进行处理的工商行政管理部门调解,也可以依照《中华人民共和国民事诉讼法》向人民法院起诉。经工商行政管理部门调解,当事人未达成协议或者调解书生效后不履行的,当事人可以依照《中华人民共和国民事诉讼法》向人民法院起诉。 |
| 第五十四条 对侵犯注册商标专用权的行为,工商行政管理部门有权依法查处;涉嫌犯罪的,应当及时移送司法机关依法处理。 | 第六十一条 对侵犯注册商标专用权的行为,工商行政管理部门有权依法查处;涉嫌犯罪的,应当及时移送司法机关依法处理。 |
| 第五十五条 县级以上工商行政管理部门根据已经取得的违法嫌疑证据或者举报,对涉嫌侵犯他人注册商标专用权的行为进行查处时,可以行使下列职权:<br>(一)询问有关当事人,调查与侵犯他人注册商标专用权有关的情况;<br>(二)查阅、复制当事人与侵权活动有关的合同、发票、账簿以及其他有关资料;<br>(三)对当事人涉嫌从事侵犯他人注册商标专用权活动的场所实施现场检查;<br>(四)检查与侵权活动有关的物品;对有证据证明是侵犯他人注册商标专用权的物品,可以查封或者扣押。<br>工商行政管理部门依法行使前款规定的职权时,当事人应当予以协助、配合,不得拒绝、阻挠。 | 第六十二条 县级以上工商行政管理部门根据已经取得的违法嫌疑证据或者举报,对涉嫌侵犯他人注册商标专用权的行为进行查处时,可以行使下列职权:<br>(一)询问有关当事人,调查与侵犯他人注册商标专用权有关的情况;<br>(二)查阅、复制当事人与侵权活动有关的合同、发票、账簿以及其他有关资料;<br>(三)对当事人涉嫌从事侵犯他人注册商标专用权活动的场所实施现场检查;<br>(四)检查与侵权活动有关的物品;对有证据证明是侵犯他人注册商标专用权的物品,可以查封或者扣押。<br>工商行政管理部门依法行使前款规定的职权时,当事人应当予以协助、配合,不得拒绝、阻挠。<br>在查处商标侵权案件过程中,对商标权属存在争议或者权利人同时向人民法院提起商标侵权诉讼的,工商行政管理部门可以中止案件的查处。中止原因消除后,应当恢复或者终结案件查处程序。 |

(续表)

| 2001年《商标法》 | 现行《商标法》 |
|---|---|
| 第五十六条 侵犯商标专用权的赔偿数额,为侵权人在侵权期间因侵权所获得的利益,或者被侵权人在被侵权期间因被侵权所受到的损失,包括被侵权人为制止侵权行为所支付的合理开支。<br><br>前款所称侵权人因侵权所得利益,或者被侵权人因被侵权所受损失难以确定的,由人民法院根据侵权行为的情节判决给予五十万元以下的赔偿。<br><br>销售不知道是侵犯注册商标专用权的商品,能证明该商品是自己合法取得的并说明提供者的,不承担赔偿责任。 | 第六十三条 侵犯商标专用权的赔偿数额,按照权利人因被侵权所受到的实际损失确定;实际损失难以确定的,可以按照侵权人因侵权所获得的利益确定;权利人的损失或者侵权人获得的利益难以确定的,参照该商标许可使用费的倍数合理确定。对恶意侵犯商标专用权,情节严重的,可以在按照上述方法确定数额的一倍<u>以上五倍</u>以下确定赔偿数额。赔偿数额应当包括权利人为制止侵权行为所支付的合理开支。<br><br>人民法院为确定赔偿数额,在权利人已经尽力举证,而与侵权行为相关的账簿、资料主要由侵权人掌握的情况下,可以责令侵权人提供与侵权行为相关的账簿、资料;侵权人不提供或者提供虚假的账簿、资料的,人民法院可以参考权利人的主张和提供的证据判定赔偿数额。<br><br>权利人因被侵权所受到的实际损失、侵权人因侵权所获得的利益、注册商标许可使用费难以确定的,由人民法院根据侵权行为的情节判决给予<u>五百万元</u>以下的赔偿。<br><br><u>人民法院审理商标纠纷案件,应权利人请求,对属于假冒注册商标的商品,除特殊情况外,责令销毁;对主要用于制造假冒注册商标的商品的材料、工具,责令销毁,且不予补偿;或者在特殊情况下,责令禁止前述材料、工具进入商业渠道,且不予补偿。</u><br><br><u>假冒注册商标的商品不得在仅去除假冒注册商标后进入商业渠道。</u> |
| | 第六十四条 注册商标专用权人请求赔偿,被控侵权人以注册商标专用权人未使用注册商标提出抗辩的,人民法院可以要求注册商标专用权人提供此前三年内实际使用该注册商标的证据。注册商标专用权人不能证明此前三年内实际使用过该注册商标,也不能证明因侵权行为受到其他损失的,被控侵权人不承担赔偿责任。<br><br>销售不知道是侵犯注册商标专用权的商品,能证明该商品是自己合法取得并说明提供者的,不承担赔偿责任。 |

(续表)

| 2001年《商标法》 | 现行《商标法》 |
|---|---|
| 第五十七条 商标注册人或者利害关系人有证据证明他人正在实施或者即将实施侵犯其注册商标专用权的行为,如不及时制止将会使其合法权益受到难以弥补的损害的,可以在起诉前向人民法院申请采取责令停止有关行为和财产保全的措施。<br>人民法院处理前款申请,适用《中华人民共和国民事诉讼法》第九十三条至第九十六条和第九十九条的规定。 | 第六十五条 商标注册人或者利害关系人有证据证明他人正在实施或者即将实施侵犯其注册商标专用权的行为,如不及时制止将会使其合法权益受到难以弥补的损害的,可以依法在起诉前向人民法院申请采取责令停止有关行为和财产保全的措施。 |
| 第五十八条 为制止侵权行为,在证据可能灭失或者以后难以取得的情况下,商标注册人或者利害关系人可以在起诉前向人民法院申请保全证据。<br>人民法院接受申请后,必须在四十八小时内做出裁定;裁定采取保全措施的,应当立即开始执行。<br>人民法院可以责令申请人提供担保,申请人不提供担保的,驳回申请。<br>申请人在人民法院采取保全措施后十五日内不起诉的,人民法院应当解除保全措施。 | 第六十六条 为制止侵权行为,在证据可能灭失或者以后难以取得的情况下,商标注册人或者利害关系人可以依法在起诉前向人民法院申请保全证据。 |
| 第五十九条 未经商标注册人许可,在同一种商品上使用与其注册商标相同的商标,构成犯罪的,除赔偿被侵权人的损失外,依法追究刑事责任。<br>伪造、擅自制造他人注册商标标识或者销售伪造、擅自制造的注册商标标识,构成犯罪的,除赔偿被侵权人的损失外,依法追究刑事责任。<br>销售明知是假冒注册商标的商品,构成犯罪的,除赔偿被侵权人的损失外,依法追究刑事责任。 | 第六十七条 未经商标注册人许可,在同一种商品上使用与其注册商标相同的商标,构成犯罪的,除赔偿被侵权人的损失外,依法追究刑事责任。<br>伪造、擅自制造他人注册商标标识或者销售伪造、擅自制造的注册商标标识,构成犯罪的,除赔偿被侵权人的损失外,依法追究刑事责任。<br>销售明知是假冒注册商标的商品,构成犯罪的,除赔偿被侵权人的损失外,依法追究刑事责任。 |

(续表)

| 2001年《商标法》 | 现行《商标法》 |
| --- | --- |
|  | 第六十八条　商标代理机构有下列行为之一的，由工商行政管理部门责令限期改正，给予警告，处一万元以上十万元以下的罚款；对直接负责的主管人员和其他直接责任人员给予警告，处五千元以上五万元以下的罚款；构成犯罪的，依法追究刑事责任：<br>（一）办理商标事宜过程中，伪造、变造或者使用伪造、变造的法律文件、印章、签名的；<br>（二）以诋毁其他商标代理机构等手段招徕商标代理业务或者以其他不正当手段扰乱商标代理市场秩序的；<br>（三）违反本法第四条、第十九条第三款和第四款规定的。<br>商标代理机构有前款规定行为的，由工商行政管理部门记入信用档案；情节严重的，商标局、商标评审委员会并可以决定停止受理其办理商标代理业务，予以公告。<br>商标代理机构违反诚实信用原则，侵害委托人合法利益的，应当依法承担民事责任，并由商标代理行业组织按照章程规定予以惩戒。<br>对恶意申请商标注册的，根据情节给予警告、罚款等行政处罚；对恶意提起商标诉讼的，由人民法院依法给予处罚。 |
| 第六十条　从事商标注册、管理和复审工作的国家机关工作人员必须秉公执法，廉洁自律，忠于职守，文明服务。<br>商标局、商标评审委员会以及从事商标注册、管理和复审工作的国家机关工作人员不得从事商标代理业务和商品生产经营活动。 | 第六十九条　从事商标注册、管理和复审工作的国家机关工作人员必须秉公执法，廉洁自律，忠于职守，文明服务。<br>商标局、商标评审委员会以及从事商标注册、管理和复审工作的国家机关工作人员不得从事商标代理业务和商品生产经营活动。 |
| 第六十一条　工商行政管理部门应当建立健全内部监督制度，对负责商标注册、管理和复审工作的国家机关工作人员执行法律、行政法规和遵守纪律的情况，进行监督检查。 | 第七十条　工商行政管理部门应当建立健全内部监督制度，对负责商标注册、管理和复审工作的国家机关工作人员执行法律、行政法规和遵守纪律的情况，进行监督检查。 |

(续表)

| 2001年《商标法》 | 现行《商标法》 |
|---|---|
| 第六十二条　从事商标注册、管理和复审工作的国家机关工作人员玩忽职守、滥用职权、徇私舞弊,违法办理商标注册、管理和复审事项,收受当事人财物,牟取不正当利益,构成犯罪的,依法追究刑事责任;尚不构成犯罪的,依法给予行政处分。 | 第七十一条　从事商标注册、管理和复审工作的国家机关工作人员玩忽职守、滥用职权、徇私舞弊,违法办理商标注册、管理和复审事项,收受当事人财物,牟取不正当利益,构成犯罪的,依法追究刑事责任;尚不构成犯罪的,依法给予处分。 |
| 第八章　附则 | 第八章　附则 |
| 第六十三条　申请商标注册和办理其他商标事宜的,应当缴纳费用,具体收费标准另定。 | 第七十二条　申请商标注册和办理其他商标事宜的,应当缴纳费用,具体收费标准另定。 |
| 第六十四条　本法自1983年3月1日起施行。1963年4月10日国务院公布的《商标管理条例》同时废止;其他有关商标管理的规定,凡与本法抵触的,同时失效。<br>本法施行前已经注册的商标继续有效。 | 第七十三条　本法自1983年3月1日起施行。1963年4月10日国务院公布的《商标管理条例》同时废止;其他有关商标管理的规定,凡与本法抵触的,同时失效。<br>本法施行前已经注册的商标继续有效。 |

# 附录二 《中华人民共和国商标法实施条例》对比表（2002年和2014年）

| 2002年《商标法实施条例》 | 2014年《商标法实施条例》 |
| --- | --- |
| 目录<br>第一章　总则<br>第二章　商标注册的申请<br>第三章　商标注册申请的审查<br>第四章　注册商标的变更、转让、续展<br>第五章　商标评审<br>第六章　商标使用的管理<br>第七章　注册商标专用权的保护<br>第八章　附则 | 目录<br>第一章　总则<br>第二章　商标注册的申请<br>第三章　商标注册申请的审查<br>第四章　注册商标的变更、转让、续展<br>第五章　商标国际注册<br>第六章　商标评审<br>第七章　商标使用的管理<br>第八章　注册商标专用权的保护<br>第九章　商标代理<br>第十章　附则 |
| **第一章　总则** | **第一章　总则** |
| 第一条　根据《中华人民共和国商标法》（以下简称商标法），制定本条例。 | 第一条　根据《中华人民共和国商标法》（以下简称商标法），制定本条例。 |
| 第二条　本条例有关商品商标的规定，适用于服务商标。 | 第二条　本条例有关商品商标的规定，适用于服务商标。 |
| 第三条　商标法和本条例所称商标的使用，包括将商标用于商品、商品包装或者容器以及商品交易文书上，或者将商标用于广告宣传、展览以及其他商业活动中。 | |
| 第四条　商标法第六条所称国家规定必须使用注册商标的商品，是指法律、行政法规规定的必须使用注册商标的商品。 | |
| 第五条　依照商标法和本条例的规定，在商标注册、商标评审过程中产生争议时，有关当事人认为其商标构成驰名商标的，可以相应向商标局或者商标评审委员会请求认定驰名商标，驳回违反商标法第十三条规定的商标注册申请或者撤销违反商标法第十 | 第三条　商标持有人依照商标法第十三条规定请求驰名商标保护的，应当提交其商标构成驰名商标的证据材料。商标局、商标评审委员会应当依照商标法第十四条的规定，根据审查、处理案件的需要以及当事人提交的证据材料，对其商标驰名情况作出认定。 |

(续表)

| 2002年《商标法实施条例》 | 2014年《商标法实施条例》 |
| --- | --- |
| 三条规定的商标注册。有关当事人提出申请时,应当提交其商标构成驰名商标的证据材料。<br>商标局、商标评审委员会根据当事人的请求,在查明事实的基础上,依照商标法第十四条的规定,认定其商标是否构成驰名商标。 | |
| 第六条 商标法第十六条规定的地理标志,可以依照商标法和本条例的规定,作为证明商标或者集体商标申请注册。<br>以地理标志作为证明商标注册的,其商品符合使用该地理标志条件的自然人、法人或者其他组织可以要求使用该证明商标,控制该证明商标的组织应当允许。以地理标志作为集体商标注册的,其商品符合使用该地理标志条件的自然人、法人或者其他组织,可以要求参加以该地理标志作为集体商标注册的团体、协会或者其他组织,该团体、协会或者其他组织应当依据其章程接纳为会员;不要求参加以该地理标志作为集体商标注册的团体、协会或者其他组织的,也可以正当使用该地理标志,该团体、协会或者其他组织无权禁止。 | 第四条 商标法第十六条规定的地理标志,可以依照商标法和本条例的规定,作为证明商标或者集体商标申请注册。<br>以地理标志作为证明商标注册的,其商品符合使用该地理标志条件的自然人、法人或者其他组织可以要求使用该证明商标,控制该证明商标的组织应当允许。以地理标志作为集体商标注册的,其商品符合使用该地理标志条件的自然人、法人或者其他组织,可以要求参加以该地理标志作为集体商标注册的团体、协会或者其他组织,该团体、协会或者其他组织应当依据其章程接纳为会员;不要求参加以该地理标志作为集体商标注册的团体、协会或者其他组织的,也可以正当使用该地理标志,该团体、协会或者其他组织无权禁止。 |
| 第七条 当事人委托商标代理组织申请商标注册或者办理其他商标事宜,应当提交代理委托书。代理委托书应当载明代理内容及权限;外国人或者外国企业的代理委托书还应当载明委托人的国籍。<br>外国人或者外国企业的代理委托书及与其有关的证明文件的公证、认证手续,按照对等原则办理。<br>商标法第十八条所称外国人或者外国企业,是指在中国没有经常居所或者营业所的外国人或者外国企业。 | 第五条 当事人委托商标代理机构申请商标注册或者办理其他商标事宜,应当提交代理委托书。代理委托书应当载明代理内容及权限;外国人或者外国企业的代理委托书还应当载明委托人的国籍。<br>外国人或者外国企业的代理委托书及与其有关的证明文件的公证、认证手续,按照对等原则办理。<br>申请商标注册或者转让商标,商标注册申请人或者商标转让受让人为外国人或外国企业的,应当在申请书中指定中国境内接收 |

(续表)

| 2002年《商标法实施条例》 | 2014年《商标法实施条例》 |
| --- | --- |
|  | 人负责接收商标局、商标评审委员会后继商标业务的法律文件。商标局、商标评审委员会后继商标业务的法律文件向中国境内接收人送达。<br>商标法第十八条所称外国人或者外国企业,是指在中国没有经常居所或者营业所的外国人或者外国企业。 |
| 第八条　申请商标注册或者办理其他商标事宜,应当使用中文。<br>依照商标法和本条例规定提交的各种证件、证明文件和证据材料是外文的,应当附送中文译文;未附送的,视为未提交该证件、证明文件或者证据材料。 | 第六条　申请商标注册或者办理其他商标事宜,应当使用中文。<br>依照商标法和本条例规定提交的各种证件、证明文件和证据材料是外文的,应当附送中文译文;未附送的,视为未提交该证件、证明文件或者证据材料。 |
| 第九条　商标局、商标评审委员会工作人员有下列情形之一的,应当回避,当事人或者利害关系人可以要求其回避:<br>(一)是当事人或者当事人、代理人的近亲属的;<br>(二)与当事人、代理人有其他关系,可能影响公正的;<br>(三)与申请商标注册或者办理其他商标事宜有利害关系的。 | 第七条　商标局、商标评审委员会工作人员有下列情形之一的,应当回避,当事人或者利害关系人可以要求其回避:<br>(一)是当事人或者当事人、代理人的近亲属的;<br>(二)与当事人、代理人有其他关系,可能影响公正的;<br>(三)与申请商标注册或者办理其他商标事宜有利害关系的。 |
|  | 第八条　以商标法第二十二条规定的数据电文方式提交商标注册申请等有关文件,应当按照商标局或者商标评审委员会的规定通过互联网提交。 |
| 第十条　除本条例另有规定的外,当事人向商标局或者商标评审委员会提交文件或者材料的日期,直接递交的,以递交日为准;邮寄的,以寄出的邮戳日为准;邮戳日不清晰或者没有邮戳的,以商标局或者商标评审委员会实际收到日为准,但是当事人能够提出实际邮戳日证据的除外。 | 第九条　除本条例第十八条规定的情形外,当事人向商标局或者商标评审委员会提交文件或者材料的日期,直接递交的,以递交日为准;邮寄的,以寄出的邮戳日为准;邮戳日不清晰或者没有邮戳的,以商标局或者商标评审委员会实际收到日为准,但是当事人能够提出实际邮戳日证据的除外。通过邮政 |

(续表)

| 2002年《商标法实施条例》 | 2014年《商标法实施条例》 |
| --- | --- |
|  | 企业以外的快递企业递交的,以快递企业收寄日为准;收寄日不明确的,以商标局或者商标评审委员会实际收到日为准,但是当事人能够提出实际收寄日证据的除外。以数据电文方式提交的,以进入商标局或者商标评审委员会电子系统的日期为准。<br>当事人向商标局或者商标评审委员会邮寄文件,应当使用给据邮件。<br>当事人向商标局或者商标评审委员会提交文件,以书面方式提交的,以商标局或者商标评审委员会所存档案记录为准;以数据电文方式提交的,以商标局或者商标评审委员会数据库记录为准,但是当事人确有证据证明商标局或者商标评审委员会档案、数据库记录有错误的除外。 |
| 第十一条 商标局或者商标评审委员会的各种文件,可以通过邮寄、直接递交或者其他方式送达当事人。当事人委托商标代理组织的,文件送达商标代理组织视为送达当事人。<br>商标局或者商标评审委员会向当事人送达各种文件的日期,邮寄的,以当事人收到的邮戳日为准;邮戳日不清晰或者没有邮戳的,自文件发出之日起满15日,视为送达当事人;直接递交的,以递交日为准。文件无法邮寄或者无法直接递交的,可以通过公告方式送达当事人,自公告发布之日起满30日,该文件视为已经送达。 | 第十条 商标局或者商标评审委员会的各种文件,可以通过邮寄、直接递交、数据电文或者其他方式送达当事人;以数据电文方式送达当事人的,应当经当事人同意。当事人委托商标代理机构的,文件送达商标代理机构视为送达当事人。<br>商标局或者商标评审委员会向当事人送达各种文件的日期,邮寄的,以当事人收到的邮戳日为准;邮戳日不清晰或者没有邮戳的,自文件发出之日起满15日视为送达当事人,但是当事人能够证明实际收到日的除外;直接递交的,以递交日为准;以数据电文方式送达的,自文件发出之日起满15日视为送达当事人,但是当事人能够证明文件进入其电子系统日期的除外。文件通过上述方式无法送达的,可以通过公告方式送达,自公告发布之日起满30日,该文件视为送达当事人。 |

（续表）

| 2002年《商标法实施条例》 | 2014年《商标法实施条例》 |
|---|---|
| 第十二条　商标国际注册依照我国加入的有关国际条约办理。具体办法由国务院工商行政管理部门规定。 | |
| | 第十一条　下列期间不计入商标审查、审理期限：<br>（一）商标局、商标评审委员会文件公告送达的期间；<br>（二）当事人需要补充证据或者补正文件的期间以及因当事人更换需要重新答辩的期间；<br>（三）同日申请提交使用证据及协商、抽签需要的期间；<br>（四）需要等待优先权确定的期间；<br>（五）审查、审理过程中，依案件申请人的请求等待在先权利案件审理结果的期间。 |
| | 第十二条　除本条第二款规定的情形外，商标法和本条例规定的各种期限开始的当日不计算在期限内。期限以年或者月计算的，以期限最后一月的相应日为期限届满日；该月无相应日的，以该月最后一日为期限届满日；期限届满日是节假日的，以节假日后的第一个工作日为期限届满日。<br>商标法第三十九条、第四十条规定的注册商标有效期从法定日开始起算，期限最后一月相应日的前一日为期限届满日，该月无相应日的，以该月最后一日为期限届满日。 |
| **第二章　商标注册的申请** | **第二章　商标注册的申请** |
| 第十三条　申请商标注册，应当按照公布的商品和服务分类表按类申请。每一件商标注册申请应当向商标局提交《商标注册申请书》1份、商标图样5份；指定颜色的，并应当提交着色图样5份、黑白稿1份。<br>商标图样必须清晰、便于粘贴，用光洁耐用的纸张印制或者用照片代替，长或者宽应当不大于10厘米，不小于5厘米。 | 第十三条　申请商标注册，应当按照公布的商品和服务分类表填报。每一件商标注册申请应当向商标局提交《商标注册申请书》1份、商标图样1份；以颜色组合或者着色图样申请商标注册的，应当提交着色图样，并提交黑白稿1份；不指定颜色的，应当提交黑白图样。<br>商标图样应当清晰、便于粘贴，用光洁耐用的纸张印制或者用照片代替，长和宽应当不大于10厘米，不小于5厘米。 |

(续表)

| 2002年《商标法实施条例》 | 2014年《商标法实施条例》 |
| --- | --- |
| 以三维标志申请注册商标的,应当在申请书中予以声明,并提交能够确定三维形状的图样。<br>以颜色组合申请注册商标的,应当在申请书中予以声明,并提交文字说明。<br>申请注册集体商标、证明商标的,应当在申请书中予以声明,并提交主体资格证明文件和使用管理规则。<br>商标为外文或者包含外文的,应当说明含义。 | 以三维标志申请商标注册的,应当在申请书中予以声明,说明商标的使用方式,并提交能够确定三维形状的图样,提交的商标图样应当至少包含三面视图。<br>以颜色组合申请商标注册的,应当在申请书中予以声明,说明商标的使用方式。<br>以声音标志申请商标注册的,应当在申请书中予以声明,提交符合要求的声音样本,对申请注册的声音商标进行描述,说明商标的使用方式。对声音商标进行描述,应当以五线谱或者简谱对申请用作商标的声音加以描述并附加文字说明;无法以五线谱或者简谱描述的,应当以文字加以描述;商标描述与声音样本应当一致。<br>申请注册集体商标、证明商标的,应当在申请书中予以声明,并提交主体资格证明文件和使用管理规则。<br>商标为外文或者包含外文的,应当说明含义。 |
| 第十四条 申请商标注册的,申请人应当提交能够证明其身份的有效证件的复印件。商标注册申请人的名义应当与所提交的证件相一致。 | 第十四条 申请商标注册的,申请人应当提交其身份证明文件。商标注册申请人的名义与所提交的证明文件应当一致。<br>前款关于申请人提交其身份证明文件的规定适用于向商标局提出的办理变更、转让、续展、异议、撤销等其他商标事宜。 |
| 第十五条 商品名称或者服务项目应当按照商品和服务分类表填写;商品名称或者服务项目未列入商品和服务分类表的,应当附送对该商品或者服务的说明。<br>商标注册申请等有关文件,应当打字或者印刷。 | 第十五条 商品或者服务项目名称应当按照商品和服务分类表中的类别号、名称填写;商品或者服务项目名称未列入商品和服务分类表的,应当附送对该商品或者服务的说明。<br>商标注册申请等有关文件以纸质方式提出的,应当打字或者印刷。<br>本条第二款规定适用于办理其他商标事宜。 |

(续表)

| 2002年《商标法实施条例》 | 2014年《商标法实施条例》 |
|---|---|
| 第十六条 共同申请注册同一商标的,应当在申请书中指定一个代表人;没有指定代表人的,以申请书中顺序排列的第一人为代表人。 | 第十六条 共同申请注册同一商标或者办理其他共有商标事宜的,应当在申请书中指定一个代表人;没有指定代表人的,以申请书中顺序排列的第一人为代表人。<br>商标局和商标评审委员会的文件应当送达代表人。 |
| 第十七条 申请人变更其名义、地址、代理人,或者删减指定的商品的,可以向商标局办理变更手续。<br>申请人转让其商标注册申请的,应当向商标局办理转让手续。 | 第十七条 申请人变更其名义、地址、代理人、文件接收人或者删减指定的商品的,应当向商标局办理变更手续。<br>申请人转让其商标注册申请的,应当向商标局办理转让手续。 |
| 第十八条 商标注册的申请日期,以商标局收到申请文件的日期为准。申请手续齐备并按照规定填写申请文件的,商标局予以受理并书面通知申请人;申请手续不齐备或者未按照规定填写申请文件的,商标局不予受理,书面通知申请人并说明理由。<br>申请手续基本齐备或者申请文件基本符合规定,但是需要补正的,商标局通知申请人予以补正,限其自收到通知之日起30日内,按照指定内容补正并交回商标局。在规定期限内补正并交回商标局的,保留申请日期;期满未补正的,视为放弃申请,商标局应当书面通知申请人。 | 第十八条 商标注册的申请日期以商标局收到申请文件的日期为准。<br>商标注册申请手续齐备、按照规定填写申请文件并缴纳费用的,商标局予以受理并书面通知申请人;申请手续不齐备、未按照规定填写申请文件或者未缴纳费用的,商标局不予受理,书面通知申请人并说明理由。申请手续基本齐备或者申请文件基本符合规定,但是需要补正的,商标局通知申请人予以补正,限其自收到通知之日起30日内,按照指定内容补正并交回商标局。在规定期限内补正并交回商标局的,保留申请日期;期满未补正的或者不按照要求进行补正的,商标局不予受理并书面通知申请人。<br>本条第二款关于受理条件的规定适用于办理其他商标事宜。 |
| 第十九条 两个或者两个以上的申请人,在同一种商品或者类似商品上,分别以相同或者近似的商标在同一天申请注册的,各申请人应当自收到商标局通知之日起30日内提交其申请注册前在先使用该商标的证据。同日使用或者均未使用的,各申请人 | 第十九条 两个或者两个以上的申请人,在同一种商品或者类似商品上,分别以相同或者近似的商标在同一天申请注册的,各申请人应当自收到商标局通知之日起30日内提交其申请注册前在先使用该商标的证据。同日使用或者均未使用的,各申请人可以 |

| 2002年《商标法实施条例》 | 2014年《商标法实施条例》 |
| --- | --- |
| 可以自收到商标局通知之日起30日内自行协商,并将书面协议报送商标局;不愿协商或者协商不成的,商标局通知各申请人以抽签的方式确定一个申请人,驳回其他人的注册申请。商标局已经通知但申请人未参加抽签的,视为放弃申请,商标局应当书面通知未参加抽签的申请人。 | 自收到商标局通知之日起30日内自行协商,并将书面协议报送商标局;不愿协商或者协商不成的,商标局通知各申请人以抽签的方式确定一个申请人,驳回其他人的注册申请。商标局已经通知但申请人未参加抽签的,视为放弃申请,商标局应当书面通知未参加抽签的申请人。 |
|   第二十条 依照商标法第二十四条规定要求优先权的,申请人提交的第一次提出商标注册申请文件的副本应当经受理该申请的商标主管机关证明,并注明申请日期和申请号。<br>  依照商标法第二十五条规定要求优先权的,申请人提交的证明文件应当经国务院工商行政管理部门规定的机构认证;展出其商品的国际展览会是在中国境内举办的除外。 |   第二十条 依照商标法第二十五条规定要求优先权的,申请人提交的第一次提出商标注册申请文件的副本应当经受理该申请的商标主管机关证明,并注明申请日期和申请号。 |
| 第三章 商标注册申请的审查 | 第三章 商标注册申请的审查 |
|   第二十一条 商标局对受理的商标注册申请,依照商标法及本条例的有关规定进行审查,对符合规定的或者在部分指定商品上使用商标的注册申请符合规定的,予以初步审定,并予以公告;对不符合规定或者在部分指定商品上使用商标的注册申请不符合规定的,予以驳回或者驳回在部分指定商品上使用商标的注册申请,书面通知申请人并说明理由。<br>  商标局对在部分指定商品上使用商标的注册申请予以初步审定的,申请人可以在异议期满之日前,申请放弃在部分指定商品上使用商标的注册申请;申请人放弃在部分指定商品上使用商标的注册申请的,商标局应当撤回原初步审定,终止审查程序,并重新公告。 |   第二十一条 商标局对受理的商标注册申请,依照商标法及本条例的有关规定进行审查,对符合规定的或者在部分指定商品上使用商标的注册申请符合规定的,予以初步审定,并予以公告;对不符合规定或者在部分指定商品上使用商标的注册申请不符合规定的,予以驳回或者驳回在部分指定商品上使用商标的注册申请,书面通知申请人并说明理由。 |

(续表)

| 2002 年《商标法实施条例》 | 2014 年《商标法实施条例》 |
| --- | --- |
|  | 第二十二条 商标局对一件商标注册申请在部分指定商品上予以驳回的,申请人可以将该申请中初步审定的部分申请分割成另一件申请,分割后的申请保留原申请的申请日期。<br>需要分割的,申请人应当自收到商标局《商标注册申请部分驳回通知书》之日起 15 日内,向商标局提出分割申请。<br>商标局收到分割申请后,应当将原申请分割为两件,对分割出来的初步审定申请生成新的申请号,并予以公告。 |
|  | 第二十三条 依照商标法第二十九条规定,商标局认为对商标注册申请内容需要说明或者修正的,申请人应当自收到商标局通知之日起 15 日内作出说明或者修正。 |
| 第二十二条 对商标局初步审定予以公告的商标提出异议的,异议人应当向商标局提交商标异议书一式两份。商标异议书应当写明被异议商标刊登《商标公告》的期号及初步审定号。商标异议书应当有明确的请求和事实依据,并附送有关证据材料。<br>商标局应当将商标异议书副本及时送交被异议人,限其自收到商标异议书副本之日起 30 日内答辩。被异议人不答辩的,不影响商标局的异议裁定。<br>当事人需要在提出异议申请或者答辩后补充有关证据材料的,应当在申请书或者答辩书中声明,并自提交申请书或者答辩书之日起 3 个月内提交;期满未提交的,视为当事人放弃补充有关证据材料。 | 第二十四条 对商标局初步审定予以公告的商标提出异议的,异议人应当向商标局提交下列商标异议材料一式两份并标明正、副本:<br>(一)商标异议申请书;<br>(二)异议人的身份证明;<br>(三)以违反商标法第十三条第二款和第三款、第十五条、第十六条第一款、第三十条、第三十一条、第三十二条规定为由提出异议的,异议人作为在先权利人或者利害关系人的证明。<br>商标异议申请书应当有明确的请求和事实依据,并附送有关证据材料。 |
| 第二十三条 商标法第三十四条第二款所称异议成立,包括在部分指定商品上成立。异议在部分指定商品上成立的,在该部分指定商品上的商标注册申请不予核准。<br>被异议商标在异议裁定生效前已经刊发注册公告的,撤销原注册公告,经异议裁定核准注册的商标重新公告。<br>经异议裁定核准注册的商标,自该商标异议期满之日起至异议裁定生效前,对他人在同一种或者类似商品上使用与该商标相同或者近似的标志的行为不具有追溯力;但是,因该使用人的恶意给商标注册人造成的损失,应当给予赔偿。<br>经异议裁定核准注册的商标,对其提出评审申请的期限自该商标异议裁定公告之日起计算。 |  |

(续表)

| 2002年《商标法实施条例》 | 2014年《商标法实施条例》 |
|---|---|
|  | 第二十五条　商标局收到商标异议申请书后,经审查,符合受理条件的,予以受理,向申请人发出受理通知书。 |
|  | 第二十六条　商标异议申请有下列情形的,商标局不予受理,书面通知申请人并说明理由:<br>（一）未在法定期限内提出的;<br>（二）申请人主体资格、异议理由不符合商标法第三十三条规定的;<br>（三）无明确的异议理由、事实和法律依据的;<br>（四）同一异议人以相同的理由、事实和法律依据针对同一商标再次提出异议申请的。 |
|  | 第二十七条　商标局应当将商标异议材料副本及时送交被异议人,限其自收到商标异议材料副本之日起30日内答辩。被异议人不答辩的,不影响商标局作出决定。<br>当事人需要在提出异议申请或者答辩后补充有关证据材料的,应当在商标异议申请书或者答辩书中声明,并自提交商标异议申请书或者答辩书之日起3个月内提交;期满未提交的,视为当事人放弃补充有关证据材料。但是,在期满后生成或者当事人有其他正当理由未能在期满前提交的证据,在期满后提交的,商标局将证据交对方当事人并质证后可以采信。 |
|  | 第二十八条　商标法第三十五条第三款和第三十六条第一款所称不予注册决定,包括在部分指定商品上不予注册决定。<br>被异议商标在商标局作出准予注册决定或者不予注册决定前已经刊发注册公告的,撤销该注册公告。经审查异议不成立而准予注册的,在准予注册决定生效后重新公告。 |
|  | 第二十九条　商标注册申请人或者商标注册人依照商标法第三十八条规定提出更正申请的,应当向商标局提交更正申请书。符合更正条件的,商标局核准后更正相关内容;不符合更正条件的,商标局不予核准,书面通知申请人并说明理由。<br>已经刊发初步审定公告或者注册公告的商标经更正的,刊发更正公告。 |

(续表)

| 2002年《商标法实施条例》 | 2014年《商标法实施条例》 |
| --- | --- |
| **第四章　注册商标的变更、转让、续展** | **第四章　注册商标的变更、转让、续展** |
| 第二十四条　变更商标注册人名义、地址或者其他注册事项的,应当向商标局提交变更申请书。商标局核准后,发给商标注册人相应证明,并予以公告;不予核准的,应当书面通知申请人并说明理由。<br>变更商标注册人名义的,还应当提交有关登记机关出具的变更证明文件。未提交变更证明文件的,可以自提出申请之日起30日内补交;期满不提交的,视为放弃变更申请,商标局应当书面通知申请人。<br>变更商标注册人名义或者地址的,商标注册人应当将其全部注册商标一并变更;未一并变更的,视为放弃变更申请,商标局应当书面通知申请人。 | 第三十条　变更商标注册人名义、地址或者其他注册事项的,应当向商标局提交变更申请书。变更商标注册人名义的,还应当提交有关登记机关出具的变更证明文件。商标局核准的,发给商标注册人相应证明,并予以公告;不予核准的,应当书面通知申请人并说明理由。<br>变更商标注册人名义或者地址的,商标注册人应当将其全部注册商标一并变更;未一并变更的,由商标局通知其限期改正;期满未改正的,视为放弃变更申请,商标局应当书面通知申请人。 |
| 第二十五条　转让注册商标的,转让人和受让人应当向商标局提交转让注册商标申请书。转让注册商标申请手续由受让人办理。商标局核准转让注册商标申请后,发给受让人相应证明,并予以公告。<br>转让注册商标的,商标注册人对其在同一种或者类似商品上注册的相同或者近似的商标,应当一并转让;未一并转让的,由商标局通知其限期改正;期满不改正的,视为放弃转让该注册商标的申请,商标局应当书面通知申请人。<br>对可能产生误认、混淆或者其他不良影响的转让注册商标申请,商标局不予核准,书面通知申请人并说明理由。 | 第三十一条　转让注册商标的,转让人和受让人应当向商标局提交转让注册商标申请书。转让注册商标申请手续应当由转让人和受让人共同办理。商标局核准转让注册商标申请的,发给受让人相应证明,并予以公告。<br>转让注册商标,商标注册人对其在同一种或者类似商品上注册的相同或者近似的商标未一并转让的,由商标局通知其限期改正;期满未改正的,视为放弃转让该注册商标的申请,商标局应当书面通知申请人。 |
| 第二十六条　注册商标专用权因转让以外的其他事由发生移转的,接受该注册商标专用权移转的当事人应当凭有关证明文件或者法律文书到商标局办理注册商标专用权移转手续。<br>注册商标专用权移转的,注册商标专用权人在同一种或者类似商品上注册的相同或者近似的商标,应当一并移转;未一并移转的,由商标局通知其限期改正;期满不改正的,视为放弃该移转注册商标的申请,商标局应当书面通知申请人。 | 第三十二条　注册商标专用权因转让以外的继承等其他事由发生移转的,接受该注册商标专用权的当事人应当凭有关证明文件或者法律文书到商标局办理注册商标专用权移转手续。<br>注册商标专用权移转的,注册商标专用权人在同一种或者类似商品上注册的相同或者近似的商标,应当一并移转;未一并移转的,由商标局通知其限期改正;期满未改正的,视为放弃该移转注册商标的申请,商标局应当书面通知申请人。<br>商标移转申请经核准的,予以公告。接受该注册商标专用权移转的当事人自公告之日起享有商标专用权。 |

(续表)

| 2002年《商标法实施条例》 | 2014年《商标法实施条例》 |
| --- | --- |
| 第二十七条 注册商标需要续展注册的,应当向商标局提交商标续展注册申请书。商标局核准商标注册续展申请后,发给相应证明,并予以公告。<br>续展注册商标有效期自该商标上一届有效期满次日起计算。 | 第三十三条 注册商标需要续展注册的,应当向商标局提交商标续展注册申请书。商标局核准商标续展申请的,发给相应证明并予以公告。 |
| | **第五章 商标国际注册** |
| | 第三十四条 商标法第二十一条规定的商标国际注册,是指根据《商标国际注册马德里协定》(以下简称马德里协定)、《商标国际注册马德里协定有关议定书》(以下简称马德里议定书)及《商标国际注册马德里协定及该协定有关议定书的共同实施细则》的规定办理的马德里商标国际注册。<br>马德里商标国际注册申请包括以中国为原属国的商标国际注册申请、指定中国的领土延伸申请及其他有关的申请。 |
| | 第三十五条 以中国为原属国申请商标国际注册的,应当在中国设有真实有效的营业所,或者在中国有住所,或者拥有中国国籍。 |
| | 第三十六条 符合本条例第三十五条规定的申请人,其商标已在商标局获得注册的,可以根据马德里协定申请办理该商标的国际注册。<br>符合本条例第三十五条规定的申请人,其商标已在商标局获得注册,或者已向商标局提出商标注册申请并被受理的,可以根据马德里议定书申请办理该商标的国际注册。 |
| | 第三十七条 以中国为原属国申请商标国际注册的,应当通过商标局向世界知识产权组织国际局(以下简称国际局)申请办理。<br>以中国为原属国的,与马德里协定有关的商标国际注册的后期指定、放弃、注销,应当通过商标局向国际局申请办理;与马德里协定有关的商标国际注册的转让、删减、变更、续展,可以通过商标局向国际局申请办理,也可以直接向国际局申请办理。<br>以中国为原属国的,与马德里议定书有关的商标国际注册的后期指定、转让、删减、放弃、注销、变更、续展,可以通过商标局向国际局申请办理,也可以直接向国际局申请办理。 |

(续表)

| 2002年《商标法实施条例》 | 2014年《商标法实施条例》 |
| --- | --- |
|  | 第三十八条 通过商标局向国际局申请商标国际注册及办理其他有关申请的,应当提交符合国际局和商标局要求的申请书和相关材料。 |
|  | 第三十九条 商标国际注册申请指定的商品或者服务不得超出国内基础申请或者基础注册的商品或者服务的范围。 |
|  | 第四十条 商标国际注册申请手续不齐备或者未按照规定填写申请书的,商标局不予受理,申请日不保留。<br>申请手续基本齐备或者申请书基本符合规定,但需要补正的,申请人应当自收到补正通知书之日起30日内予以补正,逾期未补正的,商标局不予受理,书面通知申请人。 |
|  | 第四十一条 通过商标局向国际局申请商标国际注册及办理其他有关申请的,应当按照规定缴纳费用。<br>申请人应当自收到商标局缴费通知单之日起15日内,向商标局缴纳费用。期满未缴纳的,商标局不受理其申请,书面通知申请人。 |
|  | 第四十二条 商标局在马德里协定或者马德里议定书规定的驳回期限(以下简称驳回期限)内,依照商标法和本条例的有关规定对指定中国的领土延伸申请进行审查,作出决定,并通知国际局。商标局在驳回期限内未发出驳回或者部分驳回通知的,该领土延伸申请视为核准。 |
|  | 第四十三条 指定中国的领土延伸申请人,要求将三维标志、颜色组合、声音标志作为商标保护或者要求保护集体商标、证明商标的,自该商标在国际局国际注册簿登记之日起3个月内,应当通过依法设立的商标代理机构,向商标局提交本条例第十三条规定的相关材料。未在上述期限内提交相关材料的,商标局驳回该领土延伸申请。 |

(续表)

| 2002年《商标法实施条例》 | 2014年《商标法实施条例》 |
|---|---|
|  | 第四十四条 世界知识产权组织对商标国际注册有关事项进行公告,商标局不再另行公告。 |
|  | 第四十五条 对指定中国的领土延伸申请,自世界知识产权组织《国际商标公告》出版的次月1日起3个月内,符合商标法第三十三条规定条件的异议人可以向商标局提出异议申请。<br>商标局在驳回期限内将异议申请的有关情况以驳回决定的形式通知国际局。<br>被异议人可以自收到国际局转发的驳回通知书之日起30日内进行答辩,答辩书及相关证据材料应当通过依法设立的商标代理机构向商标局提交。 |
|  | 第四十六条 在中国获得保护的国际注册商标,有效期自国际注册日或者后期指定日起算。在有效期届满前,注册人可以向国际局申请续展,在有效期内未申请续展的,可以给予6个月的宽展期。商标局收到国际局的续展通知后,依法进行审查。国际局通知未续展的,注销该国际注册商标。 |
|  | 第四十七条 指定中国的领土延伸申请办理转让的,受让人应当在缔约方境内有真实有效的营业所,或者在缔约方境内有住所,或者是缔约方国民。<br>转让人未将其在相同或者类似商品或者服务上的相同或者近似商标一并转让的,商标局通知注册人自发出通知之日起3个月内改正;期满未改正或者转让容易引起混淆或者有其他不良影响的,商标局作出该转让在中国无效的决定,并向国际局作出声明。 |
|  | 第四十八条 指定中国的领土延伸申请办理删减,删减后的商品或者服务不符合中国有关商品或者服务分类要求或者超出原指定商品或者服务范围的,商标局作出该删减在中国无效的决定,并向国际局作出声明。 |

(续表)

| 2002年《商标法实施条例》 | 2014年《商标法实施条例》 |
|---|---|
|  | 第四十九条　依照商标法第四十九条第二款规定申请撤销国际注册商标,应当自该商标国际注册申请的驳回期限届满之日起满3年后向商标局提出申请;驳回期限届满时仍处在驳回复审或者异议相关程序的,应当自商标局或者商标评审委员会作出的准予注册决定生效之日起满3年后向商标局提出申请。<br>依照商标法第四十四条第一款规定申请宣告国际注册商标无效的,应当自该商标国际注册申请的驳回期限届满后向商标评审委员会提出申请;驳回期限届满时仍处在驳回复审或者异议相关程序的,应当自商标局或者商标评审委员会作出的准予注册决定生效后向商标评审委员会提出申请。<br>依照商标法第四十五条第一款规定申请宣告国际注册商标无效的,应当自该商标国际注册申请的驳回期限届满之日起5年内向商标评审委员会提出申请;驳回期限届满时仍处在驳回复审或者异议相关程序的,应当自商标局或者商标评审委员会作出的准予注册决定生效之日起5年内向商标评审委员会提出申请。对恶意注册的,驰名商标所有人不受5年的时间限制。 |
|  | 第五十条　商标法和本条例下列条款的规定不适用于办理商标国际注册相关事宜:<br>（一）商标法第二十八条、第三十五条第一款关于审查和审理期限的规定;<br>（二）本条例第二十二条、第三十条第二款;<br>（三）商标法第四十二条及本条例第三十一条关于商标转让由转让人和受让人共同申请并办手续的规定。 |
| 第五章　商标评审 | 第六章　商标评审 |
| 第二十八条　商标评审委员会受理依据商标法第三十二条、第三十三条、第四十一条、第四十九条的规定提出的商标评审申请。商标评审委员会根据事实,依法进行评审。 | 第五十一条　商标评审是指商标评审委员会依照商标法第三十四条、第三十五条、第四十四条、第四十五条、第五十四条的规定审理有关商标争议事宜。当事人向商标评审委员会提出商标评审申请,应当有明确的请求、事实、理由和法律依据,并提供相应证据。<br>商标评审委员会根据事实,依法进行评审。 |

(续表)

| 2002年《商标法实施条例》 | 2014年《商标法实施条例》 |
|---|---|
| 第二十九条 商标法第四十一条第三款所称对已经注册的商标有争议,是指在先申请注册的商标注册人认为他人在后申请注册的商标与其在同一种或者类似商品上的注册商标相同或者近似。 | |
| | 第五十二条 商标评审委员会审理不服商标局驳回商标注册申请决定的复审案件,应当针对商标局的驳回决定和申请人申请复审的事实、理由、请求及评审时的事实状态进行审理。<br>商标评审委员会审理不服商标局驳回商标注册申请决定的复审案件,发现申请注册的商标有违反商标法第十条、第十一条、第十二条和第十六条第一款规定情形,商标局并未依据上述条款作出驳回决定的,可以依据上述条款作出驳回申请的复审决定。商标评审委员会作出复审决定前应当听取申请人的意见。 |
| | 第五十三条 商标评审委员会审理不服商标局不予注册决定的复审案件,应当针对商标局的不予注册决定和申请人申请复审的事实、理由、请求及原异议人提出的意见进行审理。<br>商标评审委员会审理不服商标局不予注册决定的复审案件,应当通知原异议人参加并提出意见。原异议人的意见对案件审理结果有实质影响的,可以作为评审的依据;原异议人不参加或者不提出意见的,不影响案件的审理。 |
| | 第五十四条 商标评审委员会审理依照商标法第四十四条、第四十五条规定请求宣告注册商标无效的案件,应当针对当事人申请和答辩的事实、理由及请求进行审理。 |
| | 第五十五条 商标评审委员会审理不服商标局依照商标法第四十四条第一款规定作出宣告注册商标无效决定的复审案件,应当针对商标局的决定和申请人申请复审的事实、理由及请求进行审理。 |

(续表)

| 2002年《商标法实施条例》 | 2014年《商标法实施条例》 |
| --- | --- |
|  | 第五十六条　商标评审委员会审理不服商标局依照商标法第四十九条规定作出撤销或者维持注册商标决定的复审案件,应当针对商标局作出撤销或者维持注册商标决定和当事人申请复审时所依据的事实、理由及请求进行审理。 |
| 第三十条　申请商标评审,应当向商标评审委员会提交申请书,并按照对方当事人的数量提交相应份数的副本;基于商标局的决定书或者裁定书申请复审的,还应当同时附送商标局的决定书或者裁定书副本。<br>商标评审委员会收到申请书后,经审查,符合受理条件的,予以受理;不符合受理条件的,不予受理,书面通知申请人并说明理由;需要补正的,通知申请人自收到通知之日起30日内补正。经补正仍不符合规定的,商标评审委员会不予受理,书面通知申请人并说明理由;期满未补正的,视为撤回申请,商标评审委员会应当书面通知申请人。<br>商标评审委员会受理商标评审申请后,发现不符合受理条件的,予以驳回,书面通知申请人并说明理由。 | 第五十七条　申请商标评审,应当向商标评审委员会提交申请书,并按照对方当事人的数量提交相应份数的副本;基于商标局的决定书申请复审的,还应当同时附送商标局的决定书副本。<br>商标评审委员会收到申请书后,经审查,符合受理条件的,予以受理;不符合受理条件的,不予受理,书面通知申请人并说明理由;需要补正的,通知申请人自收到通知之日起30日内补正。经补正仍不符合规定的,商标评审委员会不予受理,书面通知申请人并说明理由;期满未补正的,视为撤回申请,商标评审委员会应当书面通知申请人。<br>商标评审委员会受理商标评审申请后,发现不符合受理条件的,予以驳回,书面通知申请人并说明理由。 |
| 第三十一条　商标评审委员会受理商标评审申请后,应当及时将申请书副本送交对方当事人,限其自收到申请书副本之日起30日内答辩;期满未答辩的,不影响商标评审委员会的评审。 | 第五十八条　商标评审委员会受理商标评审申请后应当及时将申请书副本送交对方当事人,限其自收到申请书副本之日起30日内答辩;期满未答辩的,不影响商标评审委员会的评审。 |
| 第三十二条　当事人需要在提出评审申请或者答辩后补充有关证据材料的,应当在申请书或者答辩书中声明,并自提交申请书或者答辩书之日起3个月内提交;期满未提交的,视为放弃补充有关证据材料。 | 第五十九条　当事人需要在提出评审申请或者答辩后补充有关证据材料的,应当在申请书或者答辩书中声明,并自提交申请书或者答辩书之日起3个月内提交;期满未提交的,视为放弃补充有关证据材料。但是,在期满后生成或者当事人有其他正当理由未能在期满前提交的证据,在期满后提交的,商标评审委员会将证据交对方当事人并质证后可以采信。 |

(续表)

| 2002年《商标法实施条例》 | 2014年《商标法实施条例》 |
| --- | --- |
| 第三十三条 商标评审委员会根据当事人的请求或者实际需要,可以决定对评审申请进行公开评审。<br>商标评审委员会决定对评审申请进行公开评审的,应当在公开评审前15日书面通知当事人,告知公开评审的日期、地点和评审人员。当事人应当在通知书指定的期限内作出答复。<br>申请人不答复也不参加公开评审的,其评审申请视为撤回,商标评审委员会应当书面通知申请人;被申请人不答复也不参加公开评审的,商标评审委员会可以缺席评审。 | 第六十条 商标评审委员会根据当事人的请求或者实际需要,可以决定对评审申请进行口头审理。<br>商标评审委员会决定对评审申请进行口头审理的,应当在口头审理15日前书面通知当事人,告知口头审理的日期、地点和评审人员。当事人应当在通知书指定的期限内作出答复。<br>申请人不答复也不参加口头审理的,其评审申请视为撤回,商标评审委员会应当书面通知申请人;被申请人不答复也不参加口头审理的,商标评审委员会可以缺席评审。 |
| 第三十四条 申请人在商标评审委员会作出决定、裁定前,要求撤回申请的,经书面向商标评审委员会说明理由,可以撤回;撤回申请的,评审程序终止。 | 第六十一条 申请人在商标评审委员会作出决定、裁定前,可以书面向商标评审委员会要求撤回申请并说明理由,商标评审委员会认为可以撤回的,评审程序终止。 |
| 第三十五条 申请人撤回商标评审申请的,不得以相同的事实和理由再次提出评审申请;商标评审委员会对商标评审申请已经作出裁定或者决定的,任何人不得以相同的事实和理由再次提出评审申请。 | 第六十二条 申请人撤回商标评审申请的,不得以相同的事实和理由再次提出评审申请。商标评审委员会对商标评审申请已经作出裁定或者决定的,任何人不得以相同的事实和理由再次提出评审申请。但是,经不予注册复审程序予以核准注册后向商标评审委员会提起宣告注册商标无效的除外。 |
| 第三十六条 依照商标法第四十一条的规定撤销的注册商标,其商标专用权视为自始即不存在。有关撤销注册商标的决定或者裁定,对在撤销前人民法院作出并已执行的商标侵权案件的判决、裁定,工商行政管理部门作出并已执行的商标侵权案件的处理决定,以及已经履行的商标转让或者使用许可合同,不具有追溯力;但是,因商标注册人恶意给他人造成的损失,应当给予赔偿。 | |

(续表)

| 2002年《商标法实施条例》 | 2014年《商标法实施条例》 |
|---|---|
| 第六章　商标使用的管理 | 第七章　商标使用的管理 |
| 第三十七条　使用注册商标,可以在商品、商品包装、说明书或者其他附着物上标明"注册商标"或者注册标记。<br><br>注册标记包括注和®。使用注册标记,应当标注在商标的右上角或者右下角。 | 第六十三条　使用注册商标,可以在商品、商品包装、说明书或者其他附着物上标明"注册商标"或者注册标记。<br><br>注册标记包括注和®。使用注册标记,应当标注在商标的右上角或者右下角。 |
| 第三十八条　《商标注册证》遗失或者破损的,应当向商标局申请补发。《商标注册证》遗失的,应当在《商标公告》上刊登遗失声明。破损的《商标注册证》,应当在提交补发申请时交回商标局。<br><br>伪造或者变造《商标注册证》的,依照刑法关于伪造、变造国家机关证件罪或者其他罪的规定,依法追究刑事责任。 | 第六十四条　《商标注册证》遗失或者破损的,应当向商标局提交补发《商标注册证》申请书。《商标注册证》遗失的,应当在《商标公告》上刊登遗失声明。破损的《商标注册证》,应当在提交补发申请时交回商标局。<br><br>商标注册人需要商标局补发商标变更、转让、续展证明,出具商标注册证明,或者商标申请人需要商标局出具优先权证明文件的,应当向商标局提交相应申请书。符合要求的,商标局发给相应证明;不符合要求的,商标局不予办理,通知申请人并告知理由。<br><br>伪造或者变造《商标注册证》或者其他商标证明文件的,依照刑法关于伪造、变造国家机关证件罪或者其他罪的规定,依法追究刑事责任。 |
|  | 第六十五条　有商标法第四十九条规定的注册商标成为其核定使用的商品通用名称情形的,任何单位或者个人可以向商标局申请撤销该注册商标,提交申请时应当附送证据材料。商标局受理后应当通知商标注册人,限其自收到通知之日起2个月内答辩;期满未答辩的,不影响商标局作出决定。 |
| 第三十九条　有商标法第四十四条第(一)项、第(二)项、第(三)项行为之一的,由工商行政管理部门责令商标注册人限期改正;拒不改正的,报请商标局撤销其注册商标。<br><br>有商标法第四十四条第(四)项行为的,任何人可以向商标局申请撤销该注册商标,并说明有关情况。商标局应当通知商标注册人,限其自收到通知之日起2个月内提交该商标在撤销申请提出前使用的证据材料或者说明不使用的正当理由;期满不提供使用的证据材料或者证据材料无效并没有正当理由的,由商标局撤销其注册商标。<br><br>前款所称使用的证据材料,包括商标注册人使用注册商标的证据材料和商标注册人许可他人使用注册商标的证据材料。 | 第六十六条　有商标法第四十九条规定的注册商标无正当理由连续3年不使用情形的,任何单位或者个人可以向商标局申请撤销该注册商标,提交申请时应当说明有关情况。商标局受理后应当通知商标注册人,限其自收到通知之日起2个月内提交该商标在撤销申请提出前使用的证据材料或者说明不使用的正当理由;期满未提供使用的证据材料或者证据材料无效并没有正当理由的,由商标局撤销其注册商标。<br><br>前款所称使用的证据材料,包括商标注册人使用注册商标的证据材料和商标注册人许可他人使用注册商标的证据材料。<br><br>以无正当理由连续3年不使用为由申请撤销注册商标的,应当自该注册商标注册公告之日起满3年后提出申请。 |

(续表)

| 2002年《商标法实施条例》 | 2014年《商标法实施条例》 |
| --- | --- |
| 第四十条 依照商标法第四十四条、第四十五条的规定被撤销的注册商标,由商标局予以公告;该注册商标专用权自商标局的撤销决定作出之日起终止。 | |
| | 第六十七条 下列情形属于商标法第四十九条规定的正当理由:<br>(一)不可抗力;<br>(二)政府政策性限制;<br>(三)破产清算;<br>(四)其他不可归责于商标注册人的正当事由。 |
| 第四十一条 商标局、商标评审委员会撤销注册商标,撤销理由仅及于部分指定商品的,撤销在该部分指定商品上使用的商标注册。 | 第六十八条 商标局、商标评审委员会撤销注册商标或者宣告注册商标无效,撤销或者宣告无效的理由仅及于部分指定商品的,对在该部分指定商品上使用的商标注册予以撤销或者宣告无效。 |
| 第四十二条 依照商标法第四十五条、第四十八条的规定处以罚款的数额为非法经营额20%以下或者非法获利2倍以下。<br>依照商标法第四十七条的规定处以罚款的数额为非法经营额10%以下。 | |
| 第四十三条 许可他人使用其注册商标的,许可人应当自商标使用许可合同签订之日起3个月内将合同副本报送商标局备案。 | 第六十九条 许可他人使用其注册商标的,许可人应当在许可合同有效期内向商标局备案并报送备案材料。备案材料应当说明注册商标使用许可人、被许可人、许可期限、许可使用的商品或者服务范围等事项。 |
| | 第七十条 以注册商标专用权出质的,出质人与质权人应当签订书面质权合同,并共同向商标局提出质权登记申请,由商标局公告。 |
| 第四十四条 违反商标法第四十条第二款规定的,由工商行政管理部门责令限期改正;逾期不改正的,收缴其商标标识;商标标识与商品难以分离的,一并收缴、销毁。 | 第七十一条 违反商标法第四十三条第二款规定的,由工商行政管理部门责令限期改正;逾期不改正的,责令停止销售,拒不停止销售的,处10万元以下的罚款。 |

(续表)

| 2002年《商标法实施条例》 | 2014年《商标法实施条例》 |
|---|---|
| 第四十五条　使用商标违反商标法第十三条规定的,有关当事人可以请求工商行政管理部门禁止使用。当事人提出申请时,应当提交其商标构成驰名商标的证据材料。经商标局依照商标法第十四条的规定认定为驰名商标的,由工商行政管理部门责令侵权人停止违反商标法第十三条规定使用该驰名商标的行为,收缴、销毁其商标标识;商标标识与商品难以分离的,一并收缴、销毁。 | 第七十二条　商标持有人依照商标法第十三条规定请求驰名商标保护的,可以向工商行政管理部门提出请求。经商标局依照商标法第十四条规定认定为驰名商标的,由工商行政管理部门责令停止违反商标法第十三条规定使用商标的行为,收缴、销毁违法使用的商标标识;商标标识与商品难以分离的,一并收缴、销毁。 |
| 第四十六条　商标注册人申请注销其注册商标或者注销其商标在部分指定商品上的注册的,应当向商标局提交商标注销申请书,并交回原《商标注册证》。<br>商标注册人申请注销其注册商标或者注销其商标在部分指定商品上的注册的,该注册商标专用权或者该注册商标专用权在该部分指定商品上的效力自商标局收到其注销申请之日起终止。 | 第七十三条　商标注册人申请注销其注册商标或者注销其商标在部分指定商品上的注册的,应当向商标局提交商标注销申请书,并交回原《商标注册证》。<br>商标注册人申请注销其注册商标或者注销其商标在部分指定商品上的注册,经商标局核准注销的,该注册商标专用权或者该注册商标专用权在该部分指定商品上的效力自商标局收到其注销申请之日起终止。 |
| 第四十七条　商标注册人死亡或者终止,自死亡或者终止之日起1年期满,该注册商标没有办理移转手续的,任何人可以向商标局申请注销该注册商标。提出注销申请的,应当提交有关该商标注册人死亡或者终止的证据。<br>注册商标因商标注册人死亡或者终止而被注销的,该注册商标专用权自商标注册人死亡或者终止之日起终止。 | |
| 第四十八条　注册商标被撤销或者依照本条例第四十六条、第四十七条的规定被注销的,原《商标注册证》作废;撤销该商标在部分指定商品上的注册的,或者商标注册人申请注销其商标在部分指定商品上的注册的,由商标局在原《商标注册证》上加注发还,或者重新核发《商标注册证》,并予公告。 | 第七十四条　注册商标被撤销或者依照本条例第七十三条的规定被注销的,原《商标注册证》作废,并予以公告;撤销该商标在部分指定商品上的注册的,或者商标注册人申请注销其商标在部分指定商品上的注册的,重新核发《商标注册证》,并予以公告。 |

(续表)

| 2002年《商标法实施条例》 | 2014年《商标法实施条例》 |
| --- | --- |
| 第七章　注册商标专用权的保护 | 第八章　注册商标专用权的保护 |
| 第四十九条　注册商标中含有的本商品的通用名称、图形、型号,或者直接表示商品的质量、主要原料、功能、用途、重量、数量及其他特点,或者含有地名,注册商标专用权人无权禁止他人正当使用。 | |
| 第五十条　有下列行为之一的,属于商标法第五十二条第(五)项所称侵犯注册商标专用权的行为:<br>(一)在同一种或者类似商品上,将与他人注册商标相同或者近似的标志作为商品名称或者商品装潢使用,误导公众的;<br>(二)故意为侵犯他人注册商标专用权行为提供仓储、运输、邮寄、隐匿等便利条件的。 | 第七十五条　为侵犯他人商标专用权提供仓储、运输、邮寄、印制、隐匿、经营场所、网络商品交易平台等,属于商标法第五十七条第六项规定的提供便利条件。 |
| | 第七十六条　在同一种商品或者类似商品上将与他人注册商标相同或者近似的标志作为商品名称或者商品装潢使用,误导公众的,属于商标法第五十七条第二项规定的侵犯注册商标专用权的行为。 |
| 第五十一条　对侵犯注册商标专用权的行为,任何人可以向工商行政管理部门投诉或者举报。 | 第七十七条　对侵犯注册商标专用权的行为,任何人可以向工商行政管理部门投诉或者举报。 |
| 第五十二条　对侵犯注册商标专用权的行为,罚款数额为非法经营额3倍以下;非法经营额无法计算的,罚款数额为10万元以下。 | |
| 第五十三条　商标所有人认为他人将其驰名商标作为企业名称登记,可能欺骗公众或者对公众造成误解的,可以向企业名称登记主管机关申请撤销该企业名称登记。企业名称登记主管机关应当依照《企业名称登记管理规定》处理。 | |

（续表）

| 2002年《商标法实施条例》 | 2014年《商标法实施条例》 |
|---|---|
| | 第七十八条　计算商标法第六十条规定的违法经营额，可以考虑下列因素：<br>（一）侵权商品的销售价格；<br>（二）未销售侵权商品的标价；<br>（三）已查清侵权商品实际销售的平均价格；<br>（四）被侵权商品的市场中间价格；<br>（五）侵权人因侵权所产生的营业收入；<br>（六）其他能够合理计算侵权商品价值的因素。 |
| | 第七十九条　下列情形属于商标法第六十条规定的能证明该商品是自己合法取得的情形：<br>（一）有供货单位合法签章的供货清单和货款收据且经查证属实或者供货单位认可的；<br>（二）有供销双方签订的进货合同且经查证已真实履行的；<br>（三）有合法进货发票且发票记载事项与涉案商品对应的；<br>（四）其他能够证明合法取得涉案商品的情形。 |
| | 第八十条　销售不知道是侵犯注册商标专用权的商品，能证明该商品是自己合法取得并说明提供者的，由工商行政管理部门责令停止销售，并将案件情况通报侵权商品提供者所在地工商行政管理部门。 |
| | 第八十一条　涉案注册商标权属正在商标局、商标评审委员会审理或者人民法院诉讼中，案件结果可能影响案件定性的，属于商标法第六十二条第三款规定的商标权属存在争议。 |
| | 第八十二条　在查处商标侵权案件过程中，工商行政管理部门可以要求权利人对涉案商品是否为权利人生产或者其许可生产的产品进行辨认。 |
| | **第九章　商标代理** |
| | 第八十三条　商标法所称商标代理，是指接受委托人的委托，以委托人的名义办理商标注册申请、商标评审或者其他商标事宜。 |

(续表)

| 2002年《商标法实施条例》 | 2014年《商标法实施条例》 |
| --- | --- |
|  | 第八十四条　商标法所称商标代理机构,包括经工商行政管理部门登记从事商标代理业务的服务机构和从事商标代理业务的律师事务所。<br>商标代理机构从事商标局、商标评审委员会主管的商标事宜代理业务的,应当按照下列规定向商标局备案:<br>(一)交验工商行政管理部门的登记证明文件或者司法行政部门批准设立律师事务所的证明文件并留存复印件;<br>(二)报送商标代理机构的名称、住所、负责人、联系方式等基本信息;<br>(三)报送商标代理从业人员名单及联系方式。<br>工商行政管理部门应当建立商标代理机构信用档案。商标代理机构违反商标法或者本条例规定的,由商标局或者商标评审委员会予以公开通报,并记入其信用档案。 |
|  | 第八十五条　商标法所称商标代理从业人员,是指在商标代理机构中从事商标代理业务的工作人员。<br>商标代理从业人员不得以个人名义自行接受委托。 |
|  | 第八十六条　商标代理机构向商标局、商标评审委员会提交的有关申请文件,应当加盖该代理机构公章并由相关商标代理从业人员签字。 |
|  | 第八十七条　商标代理机构申请注册或者受让其代理服务以外的其他商标,商标局不予受理。 |
|  | 第八十八条　下列行为属于商标法第六十八条第一款第二项规定的以其他不正当手段扰乱商标代理市场秩序的行为:<br>(一)以欺诈、虚假宣传、引人误解或者商业贿赂等方式招徕业务的;<br>(二)隐瞒事实,提供虚假证据,或者威胁、诱导他人隐瞒事实,提供虚假证据的;<br>(三)在同一商标案件中接受有利益冲突的双方当事人委托的。 |

(续表)

| 2002年《商标法实施条例》 | 2014年《商标法实施条例》 |
| --- | --- |
|  | 第八十九条 商标代理机构有商标法第六十八条规定行为的,由行为人所在地或者违法行为发生地县级以上工商行政管理部门进行查处并将查处情况通报商标局。 |
|  | 第九十条 商标局、商标评审委员会依照商标法第六十八条规定停止受理商标代理机构办理商标代理业务的,可以作出停止受理该商标代理机构商标代理业务6个月以上直至永久停止受理的决定。停止受理商标代理业务的期间届满,商标局、商标评审委员会应当恢复受理。<br>商标局、商标评审委员会作出停止受理或者恢复受理商标代理的决定应当在其网站予以公告。 |
|  | 第九十一条 工商行政管理部门应当加强对商标代理行业组织的监督和指导。 |
| 第八章 附则 | 第十章 附则 |
| 第五十四条 连续使用至1993年7月1日的服务商标,与他人在相同或者类似的服务上已注册的服务商标相同或者近似的,可以继续使用;但是,1993年7月1日后中断使用3年以上的,不得继续使用。 | 第九十二条 连续使用至1993年7月1日的服务商标,与他人在相同或者类似的服务上已注册的服务商标相同或者近似的,可以继续使用;但是,1993年7月1日后中断使用3年以上的,不得继续使用。<br>已连续使用至商标局首次受理新放开商品或者服务项目之日的商标,与他人在新放开商品或者服务项目相同或者类似的商品或者服务上已注册的商标相同或者近似的,可以继续使用;但是,首次受理之日后中断使用3年以上的,不得继续使用。 |
| 第五十五条 商标代理的具体管理办法由国务院另行规定。 |  |
| 第五十六条 商标注册用商品和服务分类表,由国务院工商行政管理部门制定并公布。<br>申请商标注册或者办理其他商标事宜的文件格式,由国务院工商行政管理部门制定并公布。<br>商标评审委员会的评审规则由国务院工商行政管理部门制定并公布。 | 第九十三条 商标注册用商品和服务分类表,由商标局制定并公布。<br>申请商标注册或者办理其他商标事宜的文件格式,由商标局、商标评审委员会制定并公布。<br>商标评审委员会的评审规则由国务院工商行政管理部门制定并公布。 |

(续表)

| 2002年《商标法实施条例》 | 2014年《商标法实施条例》 |
|---|---|
| 第五十七条 商标局设置《商标注册簿》,记载注册商标及有关注册事项。<br>商标局编印发行《商标公告》,刊登商标注册及其他有关事项。 | 第九十四条 商标局设置《商标注册簿》,记载注册商标及有关注册事项。 |
|  | 第九十五条 《商标注册证》及相关证明是权利人享有注册商标专用权的凭证。《商标注册证》记载的注册事项,应当与《商标注册簿》一致;记载不一致的,除有证据证明《商标注册簿》确有错误外,以《商标注册簿》为准。 |
|  | 第九十六条 商标局发布《商标公告》,刊发商标注册及其他有关事项。<br>《商标公告》采用纸质或者电子形式发布。<br>除送达公告外,公告内容自发布之日起视为社会公众已经知道或者应当知道。 |
| 第五十八条 申请商标注册或者办理其他商标事宜,应当缴纳费用。缴纳费用的项目和标准,由国务院工商行政管理部门会同国务院价格主管部门规定并公布。 | 第九十七条 申请商标注册或者办理其他商标事宜,应当缴纳费用。缴纳费用的项目和标准,由国务院财政部门、国务院价格主管部门分别制定。 |
| 第五十九条 本条例自2002年9月15日起施行。1983年3月10日国务院发布、1988年1月3日国务院批准第一次修订、1993年7月15日国务院批准第二次修订的《中华人民共和国商标法实施细则》和1995年4月23日《国务院关于办理商标注册附送证件问题的批复》同时废止。 | 第九十八条 本条例自2014年5月1日起施行。 |

# 附录三　最高人民法院关于审理商标民事纠纷案件适用法律若干问题的解释

（2002年10月12日最高人民法院审判委员会第1246次会议通过，根据2020年12月23日最高人民法院审判委员会第1823次会议通过的《最高人民法院关于修改〈最高人民法院关于审理侵犯专利权纠纷案件应用法律若干问题的解释（二）〉等十八件知识产权类司法解释的决定》修正）

为了正确审理商标纠纷案件，根据《中华人民共和国民法典》《中华人民共和国商标法》《中华人民共和国民事诉讼法》等法律的规定，就适用法律若干问题解释如下：

第一条　下列行为属于商标法第五十七条第（七）项规定的给他人注册商标专用权造成其他损害的行为：

（一）将与他人注册商标相同或者相近似的文字作为企业的字号在相同或者类似商品上突出使用，容易使相关公众产生误认的；

（二）复制、摹仿、翻译他人注册的驰名商标或其主要部分在不相同或者不相类似商品上作为商标使用，误导公众，致使该驰名商标注册人的利益可能受到损害的；

（三）将与他人注册商标相同或者相近似的文字注册为域名，并且通过该域名进行相关商品交易的电子商务，容易使相关公众产生误认的。

第二条　依据商标法第十三条第二款的规定，复制、摹仿、翻译他人未在中国注册的驰名商标或其主要部分，在相同或者类似商品上作为商标使用，容易导致混淆的，应当承担停止侵害的民事法律责任。

第三条　商标法第四十三条规定的商标使用许可包括以下三类：

（一）独占使用许可，是指商标注册人在约定的期间、地域和以约定的方式，将该注册商标仅许可一个被许可人使用，商标注册人依约定不得使用该注册商标；

（二）排他使用许可，是指商标注册人在约定的期间、地域和以约定的方式，将该注册商标仅许可一个被许可人使用，商标注册人依约定可以使用该注册商

标但不得另行许可他人使用该注册商标;

(三)普通使用许可,是指商标注册人在约定的期间、地域和以约定的方式,许可他人使用其注册商标,并可自行使用该注册商标和许可他人使用其注册商标。

**第四条** 商标法第六十条第一款规定的利害关系人,包括注册商标使用许可合同的被许可人、注册商标财产权利的合法继承人等。

在发生注册商标专用权被侵害时,独占使用许可合同的被许可人可以向人民法院提起诉讼;排他使用许可合同的被许可人可以和商标注册人共同起诉,也可以在商标注册人不起诉的情况下,自行提起诉讼;普通使用许可合同的被许可人经商标注册人明确授权,可以提起诉讼。

**第五条** 商标注册人或者利害关系人在注册商标续展宽展期内提出续展申请,未获核准前,以他人侵犯其注册商标专用权提起诉讼的,人民法院应当受理。

**第六条** 因侵犯注册商标专用权行为提起的民事诉讼,由商标法第十三条、第五十七条所规定侵权行为的实施地、侵权商品的储藏地或者查封扣押地、被告住所地人民法院管辖。

前款规定的侵权商品的储藏地,是指大量或者经常性储存、隐匿侵权商品所在地;查封扣押地,是指海关等行政机关依法查封、扣押侵权商品所在地。

**第七条** 对涉及不同侵权行为实施地的多个被告提起的共同诉讼,原告可以选择其中一个被告的侵权行为实施地人民法院管辖;仅对其中某一被告提起的诉讼,该被告侵权行为实施地的人民法院有管辖权。

**第八条** 商标法所称相关公众,是指与商标所标识的某类商品或者服务有关的消费者和与前述商品或者服务的营销有密切关系的其他经营者。

**第九条** 商标法第五十七条第(一)(二)项规定的商标相同,是指被控侵权的商标与原告的注册商标相比较,二者在视觉上基本无差别。

商标法第五十七条第(二)项规定的商标近似,是指被控侵权的商标与原告的注册商标相比较,其文字的字形、读音、含义或者图形的构图及颜色,或者其各要素组合后的整体结构相似,或者其立体形状、颜色组合近似,易使相关公众对商品的来源产生误认或者认为其来源与原告注册商标的商品有特定的联系。

**第十条** 人民法院依据商标法第五十七条第(一)(二)项的规定,认定商标相同或者近似按照以下原则进行:

(一)以相关公众的一般注意力为标准;

(二)既要进行对商标的整体比对,又要进行对商标主要部分的比对,比对应当在比对对象隔离的状态下分别进行;

（三）判断商标是否近似，应当考虑请求保护注册商标的显著性和知名度。

**第十一条** 商标法第五十七条第（二）项规定的类似商品，是指在功能、用途、生产部门、销售渠道、消费对象等方面相同，或者相关公众一般认为其存在特定联系、容易造成混淆的商品。

类似服务，是指在服务的目的、内容、方式、对象等方面相同，或者相关公众一般认为存在特定联系、容易造成混淆的服务。

商品与服务类似，是指商品和服务之间存在特定联系，容易使相关公众混淆。

**第十二条** 人民法院依据商标法第五十七条第（二）项的规定，认定商品或者服务是否类似，应当以相关公众对商品或者服务的一般认识综合判断；《商标注册用商品和服务国际分类表》《类似商品和服务区分表》可以作为判断类似商品或者服务的参考。

**第十三条** 人民法院依据商标法第六十三条第一款的规定确定侵权人的赔偿责任时，可以根据权利人选择的计算方法计算赔偿数额。

**第十四条** 商标法第六十三条第一款规定的侵权所获得的利益，可以根据侵权商品销售量与该商品单位利润乘积计算；该商品单位利润无法查明的，按照注册商标商品的单位利润计算。

**第十五条** 商标法第六十三条第一款规定的因被侵权所受到的损失，可以根据权利人因侵权所造成商品销售减少量或者侵权商品销售量与该注册商标商品的单位利润乘积计算。

**第十六条** 权利人因被侵权所受到的实际损失、侵权人因侵权所获得的利益、注册商标使用许可费均难以确定的，人民法院可以根据当事人的请求或者依职权适用商标法第六十三条第三款的规定确定赔偿数额。

人民法院在适用商标法第六十三条第三款规定确定赔偿数额时，应当考虑侵权行为的性质、期间、后果，侵权人的主观过错程度，商标的声誉及制止侵权行为的合理开支等因素综合确定。

当事人按照本条第一款的规定就赔偿数额达成协议的，应当准许。

**第十七条** 商标法第六十三条第一款规定的制止侵权行为所支付的合理开支，包括权利人或者委托代理人对侵权行为进行调查、取证的合理费用。

人民法院根据当事人的诉讼请求和案件具体情况，可以将符合国家有关部门规定的律师费用计算在赔偿范围内。

**第十八条** 侵犯注册商标专用权的诉讼时效为三年，自商标注册人或者利害权利人知道或者应当知道权利受到损害以及义务人之日起计算。商标注册人或者利害关系人超过三年起诉的,如果侵权行为在起诉时仍在持续,在该注册商标专用权有效期限内,人民法院应当判决被告停止侵权行为,侵权损害赔偿数额应当自权利人向人民法院起诉之日起向前推算三年计算。

**第十九条** 商标使用许可合同未经备案的,不影响该许可合同的效力,但当事人另有约定的除外。

**第二十条** 注册商标的转让不影响转让前已经生效的商标使用许可合同的效力,但商标使用许可合同另有约定的除外。

**第二十一条** 人民法院在审理侵犯注册商标专用权纠纷案件中,依据民法典第一百七十九条、商标法第六十条的规定和案件具体情况,可以判决侵权人承担停止侵害、排除妨碍、消除危险、赔偿损失、消除影响等民事责任,还可以作出罚款,收缴侵权商品、伪造的商标标识和主要用于生产侵权商品的材料、工具、设备等财物的民事制裁决定。罚款数额可以参照商标法第六十条第二款的有关规定确定。

行政管理部门对同一侵犯注册商标专用权行为已经给予行政处罚的,人民法院不再予以民事制裁。

**第二十二条** 人民法院在审理商标纠纷案件中,根据当事人的请求和案件的具体情况,可以对涉及的注册商标是否驰名依法作出认定。

认定驰名商标,应当依照商标法第十四条的规定进行。

当事人对曾经被行政主管机关或者人民法院认定的驰名商标请求保护的,对方当事人对涉及的商标驰名不持异议,人民法院不再审查。提出异议的,人民法院依照商标法第十四条的规定审查。

**第二十三条** 本解释有关商品商标的规定,适用于服务商标。

**第二十四条** 以前的有关规定与本解释不一致的,以本解释为准。

# 附录四　中华人民共和国反不正当竞争法（部分条款）

（1993年9月2日第八届全国人民代表大会常务委员会第三次会议通过；2017年11月4日第十二届全国人民代表大会常务委员会第三十次会议修订；根据2019年4月23日第十三届全国人民代表大会常务委员会第十次会议《关于修改〈中华人民共和国建筑法〉等八部法律的决定》修正）

## 第一章　总　　则

**第一条**　为了促进社会主义市场经济健康发展，鼓励和保护公平竞争，制止不正当竞争行为，保护经营者和消费者的合法权益，制定本法。

**第二条**　经营者在生产经营活动中，应当遵循自愿、平等、公平、诚信的原则，遵守法律和商业道德。

本法所称的不正当竞争行为，是指经营者在生产经营活动中，违反本法规定，扰乱市场竞争秩序，损害其他经营者或者消费者的合法权益的行为。

本法所称的经营者，是指从事商品生产、经营或者提供服务（以下所称商品包括服务）的自然人、法人和非法人组织。

**第三条**　各级人民政府应当采取措施，制止不正当竞争行为，为公平竞争创造良好的环境和条件。

国务院建立反不正当竞争工作协调机制，研究决定反不正当竞争重大政策，协调处理维护市场竞争秩序的重大问题。

**第四条**　县级以上人民政府履行工商行政管理职责的部门对不正当竞争行为进行查处；法律、行政法规规定由其他部门查处的，依照其规定。

**第五条**　国家鼓励、支持和保护一切组织和个人对不正当竞争行为进行社会监督。

国家机关及其工作人员不得支持、包庇不正当竞争行为。

行业组织应当加强行业自律，引导、规范会员依法竞争，维护市场竞争秩序。

## 第二章 不正当竞争行为

**第六条** 经营者不得实施下列混淆行为,引人误认为是他人商品或者与他人存在特定联系:

(一)擅自使用与他人有一定影响的商品名称、包装、装潢等相同或者近似的标识;

(二)擅自使用他人有一定影响的企业名称(包括简称、字号等)、社会组织名称(包括简称等)、姓名(包括笔名、艺名、译名等);

(三)擅自使用他人有一定影响的域名主体部分、网站名称、网页等;

(四)其他足以引人误认为是他人商品或者与他人存在特定联系的混淆行为。

## 第四章 法律责任

**第十七条** 经营者违反本法规定,给他人造成损害的,应当依法承担民事责任。

经营者的合法权益受到不正当竞争行为损害的,可以向人民法院提起诉讼。

因不正当竞争行为受到损害的经营者的赔偿数额,按照其因被侵权所受到的实际损失确定;实际损失难以计算的,按照侵权人因侵权所获得的利益确定。经营者恶意实施侵犯商业秘密行为,情节严重的,可以在按照上述方法确定数额的一倍以上五倍以下确定赔偿数额。赔偿数额还应当包括经营者为制止侵权行为所支付的合理开支。

经营者违反本法第六条、第九条规定,权利人因被侵权所受到的实际损失、侵权人因侵权所获得的利益难以确定的,由人民法院根据侵权行为的情节判决给予权利人五百万元以下的赔偿。

**第十八条** 经营者违反本法第六条规定实施混淆行为的,由监督检查部门责令停止违法行为,没收违法商品。违法经营额五万元以上的,可以并处违法经营额五倍以下的罚款;没有违法经营额或者违法经营额不足五万元的,可以并处二十五万元以下的罚款。情节严重的,吊销营业执照。

经营者登记的企业名称违反本法第六条规定的,应当及时办理名称变更登记;名称变更前,由原企业登记机关以统一社会信用代码代替其名称。

# 附录五　最高人民法院关于适用《中华人民共和国反不正当竞争法》若干问题的解释（部分条款）

（2022年1月29日由最高人民法院审判委员会第1862次会议通过，自2022年3月20日起施行）

为正确审理因不正当竞争行为引发的民事案件，根据《中华人民共和国民法典》《中华人民共和国反不正当竞争法》《中华人民共和国民事诉讼法》等有关法律规定，结合审判实践，制定本解释。

**第一条**　经营者扰乱市场竞争秩序，损害其他经营者或者消费者合法权益，且属于违反反不正当竞争法第二章及专利法、商标法、著作权法等规定之外情形的，人民法院可以适用反不正当竞争法第二条予以认定。

**第二条**　与经营者在生产经营活动中存在可能的争夺交易机会、损害竞争优势等关系的市场主体，人民法院可以认定为反不正当竞争法第二条规定的"其他经营者"。

**第三条**　特定商业领域普遍遵循和认可的行为规范，人民法院可以认定为反不正当竞争法第二条规定的"商业道德"。

人民法院应当结合案件具体情况，综合考虑行业规则或者商业惯例、经营者的主观状态、交易相对人的选择意愿、对消费者权益、市场竞争秩序、社会公共利益的影响等因素，依法判断经营者是否违反商业道德。

人民法院认定经营者是否违反商业道德时，可以参考行业主管部门、行业协会或者自律组织制定的从业规范、技术规范、自律公约等。

**第四条**　具有一定的市场知名度并具有区别商品来源的显著特征的标识，人民法院可以认定为反不正当竞争法第六条规定的"有一定影响的"标识。

人民法院认定反不正当竞争法第六条规定的标识是否具有一定的市场知名度，应当综合考虑中国境内相关公众的知悉程度，商品销售的时间、区域、数额和对象，宣传的持续时间、程度和地域范围，标识受保护的情况等因素。

**第五条**　反不正当竞争法第六条规定的标识有下列情形之一的，人民法院应当认定其不具有区别商品来源的显著特征：

（一）商品的通用名称、图形、型号；

（二）仅直接表示商品的质量、主要原料、功能、用途、重量、数量及其他特点的标识；

（三）仅由商品自身的性质产生的形状，为获得技术效果而需有的商品形状以及使商品具有实质性价值的形状；

（四）其他缺乏显著特征的标识。

前款第一项、第二项、第四项规定的标识经过使用取得显著特征，并具有一定的市场知名度，当事人请求依据反不正当竞争法第六条规定予以保护的，人民法院应予支持。

**第六条** 因客观描述、说明商品而正当使用下列标识，当事人主张属于反不正当竞争法第六条规定的情形的，人民法院不予支持：

（一）含有本商品的通用名称、图形、型号；

（二）直接表示商品的质量、主要原料、功能、用途、重量、数量以及其他特点；

（三）含有地名。

**第七条** 反不正当竞争法第六条规定的标识或者其显著识别部分属于商标法第十条第一款规定的不得作为商标使用的标志，当事人请求依据反不正当竞争法第六条规定予以保护的，人民法院不予支持。

**第八条** 由经营者营业场所的装饰、营业用具的式样、营业人员的服饰等构成的具有独特风格的整体营业形象，人民法院可以认定为反不正当竞争法第六条第一项规定的"装潢"。

**第九条** 市场主体登记管理部门依法登记的企业名称，以及在中国境内进行商业使用的境外企业名称，人民法院可以认定为反不正当竞争法第六条第二项规定的"企业名称"。

有一定影响的个体工商户、农民专业合作社（联合社）以及法律、行政法规规定的其他市场主体的名称（包括简称、字号等），人民法院可以依照反不正当竞争法第六条第二项予以认定。

**第十条** 在中国境内将有一定影响的标识用于商品、商品包装或者容器以及商品交易文书上，或者广告宣传、展览以及其他商业活动中，用于识别商品来源的行为，人民法院可以认定为反不正当竞争法第六条规定的"使用"。

**第十一条** 经营者擅自使用与他人有一定影响的企业名称（包括简称、字号等）、社会组织名称（包括简称等）、姓名（包括笔名、艺名、译名等）、域名主体部分、网站名称、网页等近似的标识，引人误认为是他人商品或者与他人存在特定联系，当事人主张属于反不正当竞争法第六条第二项、第三项规定的情形的，人民法院应予支持。

**第十二条** 人民法院认定与反不正当竞争法第六条规定的"有一定影响的"标识相同或者近似,可以参照商标相同或者近似的判断原则和方法。

反不正当竞争法第六条规定的"引人误认为是他人商品或者与他人存在特定联系",包括误认为与他人具有商业联合、许可使用、商业冠名、广告代言等特定联系。

在相同商品上使用相同或者视觉上基本无差别的商品名称、包装、装潢等标识,应当视为足以造成与他人有一定影响的标识相混淆。

**第十三条** 经营者实施下列混淆行为之一,足以引人误认为是他人商品或者与他人存在特定联系的,人民法院可以依照反不正当竞争法第六条第四项予以认定:

(一)擅自使用反不正当竞争法第六条第一项、第二项、第三项规定以外"有一定影响的"标识;

(二)将他人注册商标、未注册的驰名商标作为企业名称中的字号使用,误导公众。

**第十四条** 经营者销售带有违反反不正当竞争法第六条规定的标识的商品,引人误认为是他人商品或者与他人存在特定联系,当事人主张构成反不正当竞争法第六条规定的情形的,人民法院应予支持。

销售不知道是前款规定的侵权商品,能证明该商品是自己合法取得并说明提供者,经营者主张不承担赔偿责任的,人民法院应予支持。

**第十五条** 故意为他人实施混淆行为提供仓储、运输、邮寄、印制、隐匿、经营场所等便利条件,当事人请求依据民法典第一千一百六十九条第一款予以认定的,人民法院应予支持。

# 附录六　商标注册用商品和服务国际分类

**商品**

第一类　用于工业、科学、摄影、农业、园艺、森林的化学品,未加工人造合成树脂,未加工塑料物质,肥料,灭火用合成物,淬火和金属焊接用制剂,保存食品用化学品,鞣料,工业用黏合剂。

第二类　颜料,清漆,漆,防锈剂和木材防腐剂,着色剂,媒染剂,未加工的天然树脂,画家、装饰家、印刷商和艺术家用金属箔及金属粉。

第三类　洗衣用漂白剂及其他物料,清洁、擦亮、去渍及研磨用制剂,肥皂,香料,精油,化妆品,发水,牙膏,牙粉。

第四类　工业用油及油脂,润滑剂,吸收、喷洒和黏结灰尘用品,燃料(包括马达用的汽油)和照明材料,蜡烛,灯芯。

第五类　药品、兽药及卫生用品,医用营养品,婴儿食品,膏药,绷敷材料,填塞牙孔和牙模用料,消毒剂,灭有害动物制品,杀真菌剂,除锈剂。

第六类　普通金属及其合金,金属建筑材料,可移动金属建筑物,铁轨用金属材料,非电气用缆索和金属线,小五金器皿,金属管,保险箱,不属别类的普通金属制品,矿砂。

第七类　机器和机床,马达(车辆用的除外),机器转动用联轴节和传动带(车辆用的除外),农业工具,孵化器。

第八类　手工用具和器械(手工操作的),刀叉餐具,佩刀,剃刀。

第九类　科学、航海、测地、电气、摄影、电影、光学、衡具、量具、信号、检验(监督)、救护(营救)和教学用具及仪器,录制、通信、重放声音和形象的器具,磁性数据载体,录音盘,自动售货器和投币启动装置和机械结构,现金收入记录机、计算机和数据处理装置,灭火器械。

第十类　外科、医疗、牙科和兽医用仪器及器械,假肢、假眼和假牙,矫形用品,缝合用材料。

第十一类　照明、加温、蒸汽、烹调、冷藏、干燥、通风、供水以及卫生设备装置。

第十二类　车辆,陆、空、海用运载器。

第十三类　火器,军火及子弹,爆炸物,焰火。

第十四类　贵重金属及其合金以及不属别类的贵重金属制品或镀有贵重金属的物品,珠宝,首饰,宝石,钟表和计时仪器。

第十五类　乐器。

第十六类　不属别类的纸、纸板及其制品,印刷品,装订用品,照片,文具用品,文具或家庭用黏合剂,美术用品,画笔,打字机和办公用品(家具除外),教育或教学用品(仪器除外),包装用塑料物品(不属别类),纸牌,印刷铅字,印版。

第十七类　不属别类的橡胶、古塔波胶、树胶、石棉、云母以及这些原材料的制品,生产用半成品塑料制品,包装、填充和绝缘用材料,非金属软管。

第十八类　皮革及人造皮革,不属别类的皮革及人造皮革制品,毛皮,箱子及旅行袋,雨伞、阳伞及手杖,鞭和马具。

第十九类　非金属的建筑材料,建筑用非金属刚性管,沥青,柏油,可移动非金属建筑物,非金属碑。

第二十类　家具,玻璃镜子,镜框,不属别类的木、软木、苇、藤、柳条、角、骨、象牙、鲸骨、贝壳、琥珀、珍珠母、海泡石制品,这些材料的代用品或塑料制品。

第二十一类　家庭或厨房用具及容器(非贵重金属所制,也非镀有贵重金属等),梳子及海绵,刷子(画笔除外),制刷材料,清扫用具,钢丝绒,未加工或半加工玻璃(建筑用玻璃除外),不属别类的玻璃器皿、瓷器及陶器。

第二十二类　缆,绳,网,帐篷,遮篷,防水遮布,帆、袋(不属别类),衬垫及填充料(橡胶或塑料除外),纺织用纤维原料。

第二十三类　纺织用纱、线。

第二十四类　不属别类的布料及纺织品,床单和桌布。

第二十五类　服装,鞋,帽。

第二十六类　花边及刺绣,饰带及编带,纽扣,领钩扣,饰针及缝针,假花。

第二十七类　地毯,草垫,席类,油毡及其他铺地板用品,非纺织品墙帷。

第二十八类　娱乐品,玩具,不属别类的体育及运动用品,圣诞树用装饰品。

第二十九类　肉,鱼,家禽及野味,肉汁,腌渍、干制和煮熟的水果和蔬菜,果冻,果酱,蛋,奶及乳制品,食用油脂,凉拌菜用的沙司,罐头食品。

第三十类　咖啡,茶,可可,糖,米,淀粉,西米,咖啡代用品,面粉及谷类制品,面包,糕点及糖果,冰制食品,蜂蜜,糖浆,鲜酵母,发酵粉,食盐,芥末,醋,沙司(凉拌菜用的沙司除外),调味用香料,饮用冰。

第三十一类　农业、园艺、林业产品及不属别类的谷物,牲畜,新鲜水果和蔬菜,种子,草木及花卉,动物饲料,麦芽。

第三十二类　啤酒,矿泉水和汽水以及其他不含酒精的饮料,水果饮料及果汁,糖浆及其他供饮料用的制剂。

第三十三类　含酒精的饮料(啤酒除外)。

第三十四类　烟草,烟具,火柴。

**服务**

第三十五类　广告,实业经营,实业管理,办公事务。

第三十六类　保险、金融、货币事务,不动产事务。

第三十七类　房屋建筑、修理、安装服务。

第三十八类　电信。

第三十九类　运输,商品包装和贮藏,旅行安排。

第四十类　材料处理。

第四十一类　教育,提供培训、娱乐、文体活动。

第四十二类　科学技术服务和与之相关的研究与设计服务,工业分析与研究,计算机硬件与软件的设计和开发,法律服务。

第四十三类　提供食物和饮料服务,临时住宿。

第四十四类　医疗服务,兽医服务,人或动物的卫生和美容服务,农业、园艺或林业服务。

第四十五类　由他人提供的为满足个人需要的私人和社会服务,为保护财产和人身安全的服务。

# 参 考 文 献

## 一、著作类

1. 〔美〕阿瑟·R.米勒、迈克尔·H.戴维斯:《知识产权法概要》,周林、孙建红、张灏译,中国社会科学出版社 1998 年版。
2. 北京市高级人民法院知识产权审判庭编:《知识产权诉讼实务研究》,知识产权出版社 2008 年版。
3. 〔荷〕查尔斯·吉伦等编辑:《简明欧洲商标与外观设计法》,李琛、赵湘乐、汪泽译,商务印书馆 2017 年版。
4. 〔美〕达娜·希琳:《商标与不公平竞争精要》,燕清联合译,朱美琴校,中国人民大学出版社 2004 年版。
5. 〔美〕戴维·阿克:《管理品牌资产》,吴进操、常小虹译,机械工业出版社 2012 年版。
6. 《当代外国商标法》,李萍等译,人民法院出版社 2003 年版。
7. 〔美〕德雷特勒:《知识产权许可》,王春燕等译,清华大学出版社 2003 年版。
8. 《法国知识产权法典(法律部分)》,黄晖、朱志刚译,郑成思审校,商务印书馆 2017 年版。
9. 冯寿波:《论地理标志的国际法律保护:以 TRIPS 协议为视角》,北京大学出版社 2008 年版。
10. 冯术杰:《商标注册条件若干问题研究》,知识产权出版社 2016 年版。
11. 国家知识产权局条法司编:《专利法研究》,知识产权出版社 2021 年版。
12. 黄晖编:《郑成思知识产权文集:商标和反不正当竞争卷》,知识产权出版社 2017 年版。
13. 黄晖:《驰名商标和著名商标的法律保护》,法律出版社 2001 年版。
14. 黄晖:《商标法》(第二版),法律出版社 2016 年版。
15. J. Thomas McCarthy, *McCarthy on Trademarks and Unfair Competition*, 5th ed., Thomson Reuters, 2017.
16. 江必新、夏道虎主编:《中华人民共和国民法典重点条文实务详解》,人民法院出版社 2020 年版。

17. 〔英〕杰里米·菲利普斯:《商标法:实证性分析》,马强主译,中国人民大学出版社 2013 年版。

18. 孔祥俊:《商标法适用的基本问题》(第二版),中国法制出版社 2014 年版。

19. Louis Altman and Malla Pollack, *Callmann on Unfair Competition, Trademarks and Monopolies*, 4th ed., Clark Boardman Callaghan, 2018.

20. 郎胜主编:《中华人民共和国商标法释义》,法律出版社 2013 年版。

21. 李明德等:《欧盟知识产权法》,法律出版社 2010 版。

22. 李明德:《美国知识产权法》(第二版),法律出版社 2014 年版。

23. 李雨峰主编:《侵害商标权判定标准研究》,知识产权出版社 2016 年版。

24. 刘茂林:《知识产权法的经济分析》,法律出版社 1996 年版。

25. 刘润涛:《商标识别功能研究》,法律出版社 2021 年版。

26. 陆普舜主编:《各国商标法律与实务》(修订版),中国工商出版社 2006 年版。

27. 〔美〕罗伯特·P. 墨杰斯等:《新技术时代的知识产权法》,齐筠等译,中国政法大学出版社 2003 年版。

28. 〔美〕马特斯尔斯·W. 斯达切尔主编:《网络广告:互联网上的不正当竞争和商标》,孙秋宁译,中国政法大学出版社 2004 年版。

29. 《美国商标法》,杜颖译,知识产权出版社 2013 年版。

30. 孟庆法、冯义高著:《美国专利及商标保护》,专利文献出版社 1992 年版。

31. 《十二国商标法》,《十二国商标法》翻译组译,清华大学出版社 2013 年版。

32. 宿迟主编:《商标与商号的权利冲突问题研究》,中国人民公安大学出版社 2003 年版。

33. 汪泽:《中国商标法律现代化——理论、制度与实践》,中国工商出版社 2017 年版。

34. 王莲峰:《商业标识立法体系化研究》,北京大学出版社 2009 年版。

35. 王莲峰主编:《商标法案例教程》,清华大学出版社 2008 年版。

36. 王莲峰主编:《外国商标案例译评》,北京大学出版社 2014 年版。

37. 王迁:《知识产权法教程》(第七版),中国人民大学出版社 2021 年版。

38. 王太平:《商标法:原理与案例》,北京大学出版社 2015 年版。

39. 〔美〕威廉·M. 兰德斯、理查德·A. 波斯纳:《知识产权法的经济结构》,金海军译,北京大学出版社 2005 年版。

40. 〔日〕纹谷畅男编:《商标法 50 讲》,魏启学译,法律出版社 1987 年版。

41. 吴汉东等:《知识产权基本问题研究》,中国人民大学出版社 2005 年版。

42. 吴汉东:《无形财产权基本问题研究》(第四版),中国人民大学出版社 2020 年版。

43. 吴汉东:《知识产权多维度学理解读》,中国人民大学出版社 2015 年版。

44. 吴汉东:《知识产权法》(第六版),北京大学出版社 2022 年版。

45. 吴汉东:《知识产权前沿问题研究》,中国人民大学出版社 2019 年版。

46. 吴汉东:《知识产权应用问题研究》,中国人民大学出版社 2019 年版。

47. 吴汉东主编:《中国知识产权制度评价与立法建议》,知识产权出版社 2008 年版。

48. 夏叔华:《商标法要论》,中国政法大学出版社 1989 年版。

49. 〔日〕小野昌延:《知识产权 100 点》,李可亮、马庆田译,专利文献出版社 1992 年版。

50. 〔美〕谢尔登·W. 哈尔彭、克雷格·艾伦·纳德、肯尼思·L. 波特:《美国知识产权法原理》,宋慧献译,商务印书馆 2013 年版。

51. 曾陈明汝:《商标法原理》,中国人民大学出版社 2003 年版。

52. 张耕等:《商业标志法》,厦门大学出版社 2006 年版。

53. 张乃根:《国际贸易的知识产权法》(第二版),复旦大学出版社 2007 年版。

54. 张玉敏:《商标注册与确权程序改革研究:追求效率与公平的统一》,知识产权出版社 2016 年版。

55. 郑成思:《世界贸易组织与贸易有关的知识产权》,中国人民大学出版社 1996 年版。

56. 郑成思:《知识产权法》(第二版),法律出版社 2003 年版。

57. 周云川:《商标授权确权诉讼:规则与判例》,法律出版社 2014 年版。

**二、论文类**

1. 曹博:《商标注册无效制度的体系化研究》,载《知识产权》2015 年第 4 期。

2. 曹怀顺:《我国商标恶意抢注之成因与对策研究》,载《上海法治报》2017 年 11 月 7 日第 A07 版。

3. 崔国斌:《商标挟持与注册商标权的限制》,载《知识产权》2015 年第 4 期。

4. 冯术杰:《未注册商标的权利产生机制与保护模式》,载《法学》2013 第

7期。

5. 孔祥俊:《论商标可注册性要件的逻辑关系》,载《知识产权》2016年第9期。

6. 李明德:《商标、商标权与市场竞争——商标法几个基本理论问题新探》,载《甘肃社会科学》2015年第5期。

7. 刘铁光:《规制商标"抢注"与"囤积"的制度检讨与改造》,载《法学》2016年第8期。

8. 田晓玲、张玉敏:《商标抢注行为的法律性质和司法治理》,载《知识产权》2018年第1期。

9. 王芳:《TRIPS协定下注册商标的使用要求》,复旦大学2014年博士学位论文。

10. 王芳:《我国注册商标权利行使上的使用要求之制度构建——以欧盟相关立法为鉴》,载《法学家》2015年第4期。

11. 王莲峰:《商标的实际使用及其立法完善》,载《华东政法大学学报》2011年第6期。

12. 王莲峰:《新〈商标法〉第四条的适用研究》,载《政法论丛》2020年第1期。

13. 王莲峰、曾涛:《国际视角下我国未注册驰名商标保护制度的完善》,载《知识产权》2021年第3期。

14. 周丽婷:《商标恶意注册的司法规制实践》,载《中华商标》2017年第7期。

15. 祝建军:《囤积商标牟利的司法规制——优衣库商标侵权案引发的思考》,载《知识产权》2018年第1期。